Les hauturiers

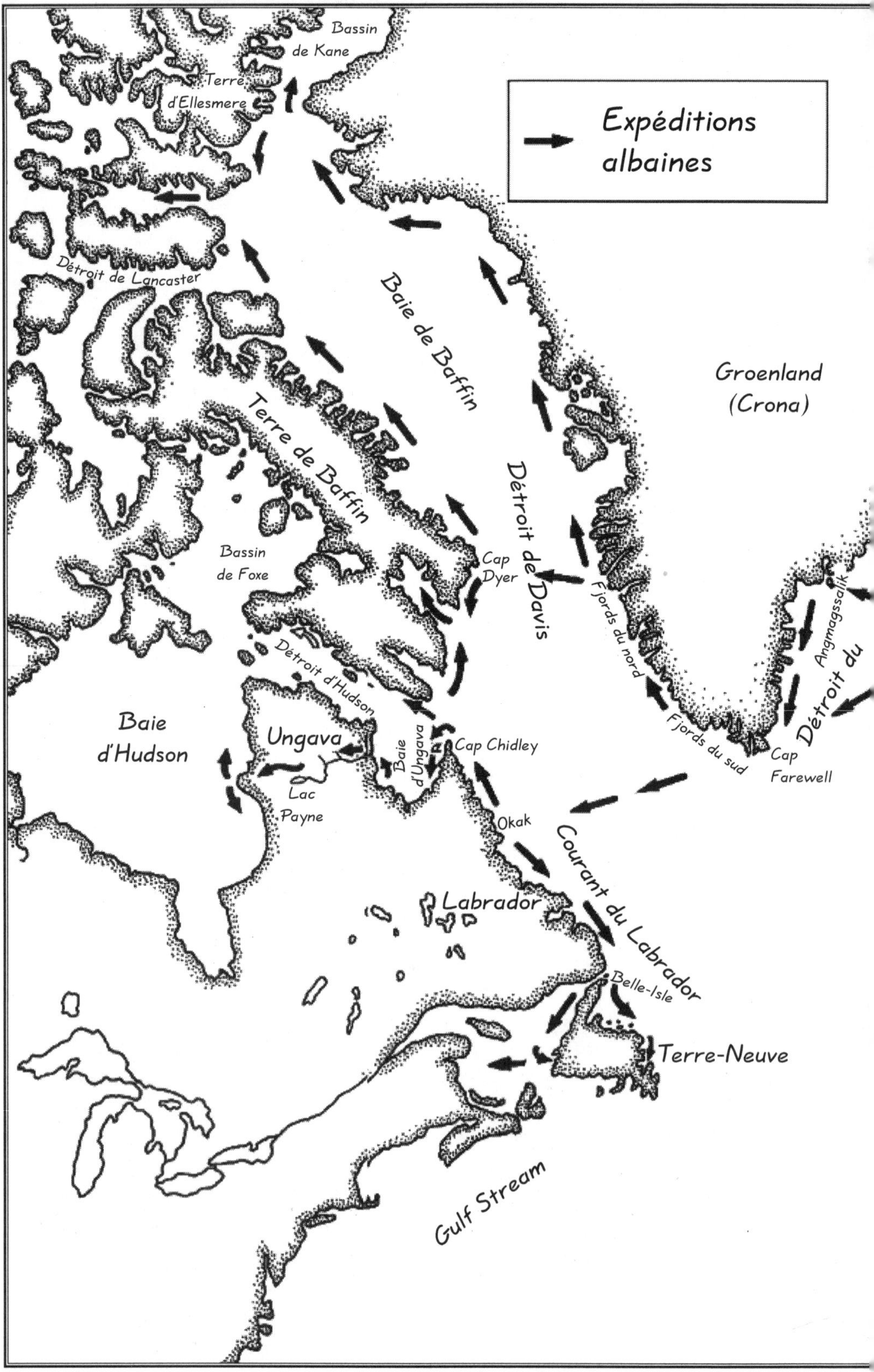
Expéditions albaines
Bassin de Kane
Terre d'Ellesmere
Détroit de Lancaster
Baie de Baffin
Groenland (Crona)
Terre de Baffin
Détroit de Davis
Bassin de Foxe
Cap Dyer
Fjords du nord
Angmagssalik
Détroit du
Détroit d'Hudson
Baie d'Hudson
Ungava
Baie d'Ungava
Cap Chidley
Fjords du sud
Cap Farewell
Lac Payne
Okak
Courant du Labrador
Labrador
Belle-Isle
Terre-Neuve
Gulf Stream

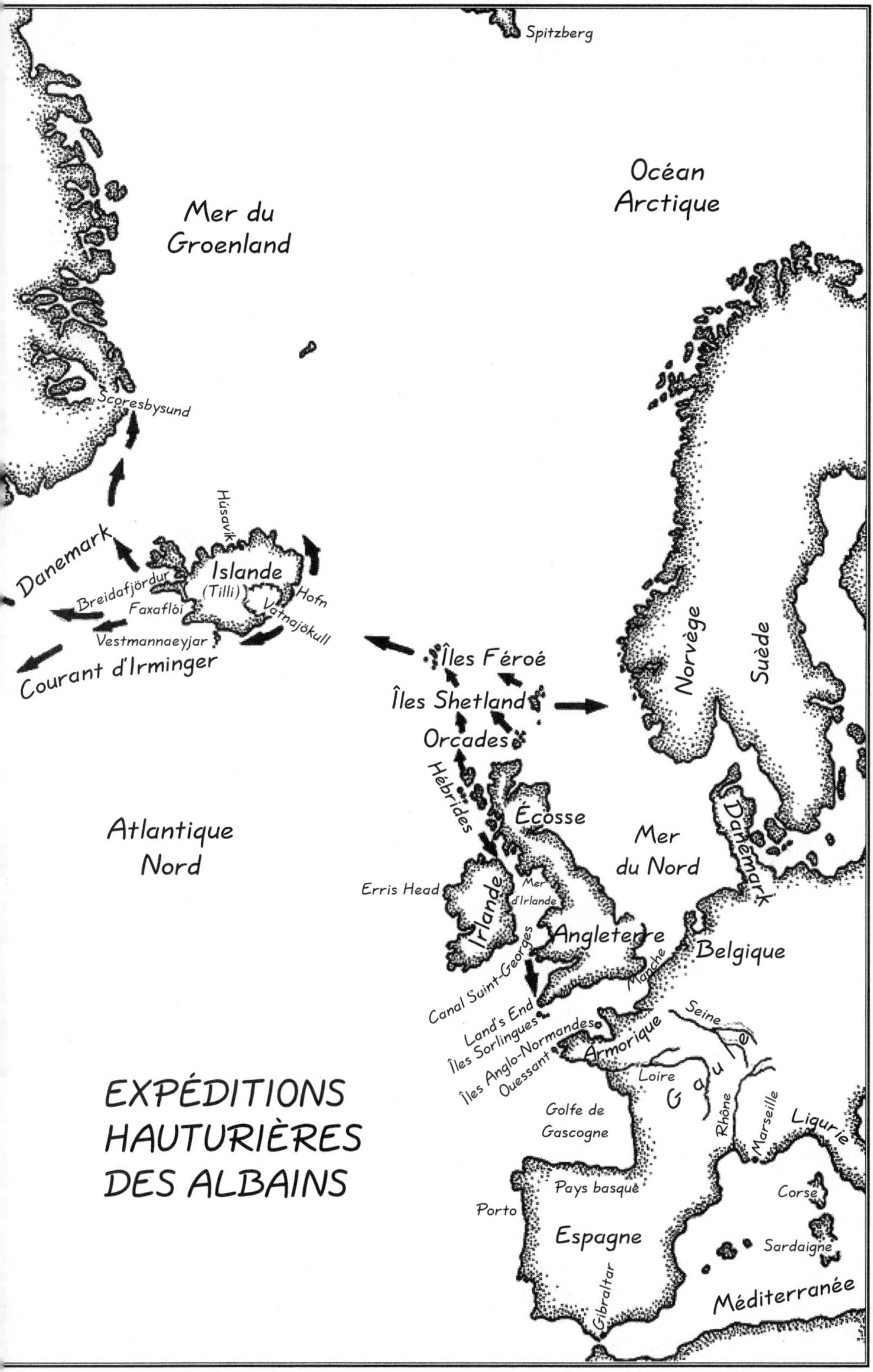

EXPÉDITIONS HAUTURIÈRES DES ALBAINS

Farley Mowat

LES HAUTURIERS

ILS PRÉCÉDÈRENT LES VIKINGS EN AMÉRIQUE

essai fiction

Traduction d'Agnès Guitard

XYZ
éditeur

La publication de cet ouvrage a été rendue possible grâce à l'aide financière du ministère du Patrimoine canadien par l'entremise du Programme d'aide au développement de l'industrie à l'édition (PADIÉ), du Conseil des Arts du Canada, du ministère de la Culture et des Communications du Québec et de la Société de développement des entreprises culturelles.

Titre original : *The Farfarers : Before the Norse*, Key Porter Books, 1998.

1781, rue Saint-Hubert
Montréal (Québec)
H2L 3Z1
Téléphone : 514.525.21.70
Télécopieur : 514.525.75.37
Courriel : xyzed@mlink.net

Dépôt légal : 4e trimestre 2000
Bibliothèque nationale du Canada
Bibliothèque nationale du Québec
ISBN 2-89261-282-9

Distribution en librairie :
Au Canada :
Dimedia inc.
539, boulevard Lebeau
Ville Saint-Laurent (Québec)
H4N 1S2
Téléphone : 514.336.39.41
Télécopieur : 514.331.39.16
Courriel : general@dimedia.qc.ca

En Europe :
D.E.Q.
30, rue Gay-Lussac
75005 Paris, France
Téléphone : 1.43.54.49.02
Télécopieur : 1.43.54.39.15
Courriel : liequebec@cybercable.fr

Crédits des photos et des illustrations :
pages 39, 59, 169 : illustrations de Rob Tuckerman ; pages 2-3, 66, 76, 147, 189, 191, 254 : cartes de Rob Tuckerman ; pages 20, 22, 24, 25, 26, 194, 238 : photos de Thomas Lee, avec la permission de Robert E. Lee ; pages 233, 236 : photos de Robert E. Lee, avec la permission de Robert E. Lee ; pages 29, 91, 284, 372 : photos de Farley Mowat ; pages 92, 107 : avec la permission du Shetland Islands Tourist Board ; page 328 : avec la permission du Musée canadien de la civilisation (illustration no S89-1831).

Mise en pages : Édiscript enr.
Maquette de la couverture : Zirval Design
Illustration de la couverture : Rob Tuckerman
Photographie de l'auteur : Fred Phipps

TABLE DES MATIÈRES

DEUXIÈME PARTIE
LES NOUVEAUX MONDES À L'OUEST

TROISIÈME PARTIE
L'ALBA DE L'OUEST

NOTE DE LA TRADUCTRICE

DANS *Les hauturiers*, toutes les traductions des citations sont de moi. Comme la plupart de ces extraits proviennent d'originaux en langues anciennes (latin, gaélique du IXe siècle, vieux norrois), les traductions existantes en français peuvent différer sensiblement des traductions en anglais, dont l'auteur fait l'exégèse. J'ai donc jugé préférable de coller aux textes anglais.

En islandais et en vieux norrois, beaucoup de voyelles sont accentuées. L'anglais élimine normalement ces signes diacritiques, mais j'ai tenu à les réintroduire en français. Je prie les lecteurs qui connaissent bien ces langues d'excuser mes erreurs.

Pour une meilleure compréhension des toponymes islandais, il est utile de connaître le sens des suffixes les plus usités :

á :	rivière	*jökull* :	glacier
dalur :	vallée	*nes* ou *ness* :	pointe ou cap
ey :	île	*vatna* :	lac
fell ou *fjell* :	montagne	*vík* :	baie ou anse

Notons enfin que, partout où l'auteur emploie des unités de mesure, j'ai utilisé le système métrique, sauf dans les citations de textes anciens.

À Vilhjalmur Stefansson,
Thomas Lee et Thomas Lethbridge,
qui m'ont éclairé en chemin.

REPÈRES CHRONOLOGIQUES

Avant J.-C.

v. 5000 Le climat se réchauffe après le retrait des glaciers et permet la première colonisation des îles du Nord : Shetland, Orcades et Hébrides.

v. 4000 Ayant maîtrisé l'art de fabriquer et de manœuvrer des bateaux recouverts de peaux, les habitants des îles du Nord deviennent des hauturiers.

v. 3000 Des constructions mégalithiques similaires – menhirs et cercles de pierres – apparaissent dans les pays méditerranéens et les îles du Nord.

v. 2000 Le climat s'améliorant toujours, les autochtones de l'Arctique canadien colonisent le nord-est du Groenland.

1500-1200 Des tribus nomades indo-européennes, notamment les ancêtres des Celtes, pénètrent en Europe en provenance d'Asie.

v. 1000 Une sérieuse détérioration du climat oblige les habitants du haut Arctique à émigrer vers le sud. Les ancêtres des Béothuks et des Tunits vivent à Terre-Neuve.

v. 700 Les habitants de la Grande-Bretagne passent de l'âge du bronze à l'âge du fer.

v. 500 Le climat du Groenland devient si rigoureux que les autochtones abandonnent la grande île.

v. 330 Pythéas effectue un voyage de la Méditerranée à l'île de Bretagne ; il pousse au nord jusqu'aux Orcades et à Thulé (Islande), qui sont mentionnés pour la première fois dans l'histoire.

400-300 Une tribu celte, les Belges, traverse la Manche et envahit le sud de l'Alba (Angleterre).

v. 250 Les Celtes occupent la plupart des basses-terres de l'Angleterre et de l'Irlande.

v. 150 L'invasion celte en Alba est arrêtée par les indigènes à la ligne qui va du golfe de Solway à la Tweed. L'Alba continue à exister au nord de cette ligne.

51-50 Les Pictons et d'autres Armoricains fuient l'ouest de la Gaule et se réfugient en Alba (Écosse).

v. 40 Tout indique qu'une guerre éclate entre les Pictes (Pictons) et leurs hôtes albains.

v. 1 Les Armoricains contrôlent la basse Écosse au nord de la Great Glen. Les Albains conservent les territoires du continent et les îles au nord de la Glen.

Après J.-C.

43	Début de l'invasion de la Grande-Bretagne par les troupes de Claude.
71	La ligne Solway-Tyne est devenue une frontière de facto entre la Bretagne romaine et le pays des « barbares du nord ».
79	Agricola attaque le pays des Pictes au nord.
85	Les Romains commencent à se retirer du nord de l'Écosse après une expédition navale aux Orcades.
100-200	Les Pictes attaquent sans relâche la Bretagne romaine. L'Alba au nord de la Great Glen connaît une paix relative.
363	Théodose prend la tête d'une expédition navale vers le nord, atteint tout au moins les Orcades et probablement Tilli (Islande).
400-450	Après avoir poussé leurs raids loin en Grande-Bretagne, les Pictes subissent des attaques soutenues de la part des Romano-Celtes, des Saxons, des Angles et des Irlandais.
500	Le climat de l'Atlantique Nord devient plus ensoleillé et plus sec, incitant à de lointains voyages. Le moine Brendan navigue de l'Irlande aux Féroé, gagne probablement l'Islande et se rend peut-être en vue du Groenland.
550-600	Le pays des Pictes est investi au sud et à l'ouest. Les îles du Nord subissent les raids des Irlandais et des Saxons. Les Pictes et les Albains unissent leurs forces et font renaître l'ancien royaume d'Alba en Écosse.
650-700	Les Scandinaves possèdent maintenant des vaisseaux qui tiennent vraiment bien la mer et ils commencent à s'aventurer vers l'ouest. Ils atteignent les Shetland et les Orcades, où le commerce cède bientôt le pas au pillage.
711	Défaite au sud par les Saxons et les Angles, harcelée à l'ouest par les Irlandais, l'Alba abandonne les îles du Nord aux Vikings.
729	Oengus, roi d'Alba, tente de reconquérir les Shetland et les Orcades, mais sa flotte est détruite. Les Scandinaves envahissent les îles; les habitants s'enfuient vers l'ouest, à Tilli, où ils avaient déjà établi des fermes.
850	Les Scandinaves contrôlent presque tout le nord de la Grande-Bretagne et de l'Irlande. Les Albains se sont installés le long des côtes de l'Islande et ils fréquentent le Groenland. Des documents de l'Église de l'époque mentionnent des établissements chrétiens en Islande et au Groenland.
v. 850	Un Viking appelé Naddod navigue jusqu'en Islande; il s'agit probablement d'une expédition de pillage.
v. 850-890	D'autres incursions vikings en Islande aboutissent à l'occupation de l'île par les Scandinaves.
900	À cette date, il semble que les chasseurs de morse albains aient déjà doublé la pointe sud du Groenland, remonté au nord jusqu'au fond de la baie de Baffin et atteint à l'ouest le détroit d'Hudson et la baie d'Ungava.
981-985	Banni d'Islande pour trois ans, Erik le Rouge va au Groenland. En 985, il y conduit une flotte et colonise les fjords du sud.

985	Le marchand islandais Bjarni Herjólfsson est emporté par une tempête sur la côte est de Terre-Neuve.
996	Leif Eriksson entreprend une expédition à Terre-Neuve en compagnie de Bjarni.
1004-1007	L'expédition islando-groenlandaise de Thorfinn Karlsefni séjourne au Labrador et à Terre-Neuve.
1025	L'Islandais Gudleif Gudlaugson débarque à Terre-Neuve, où il rencontre des gens qui possèdent des chevaux.
1059	Un prêtre celte ou saxon effectue un voyage du Groenland au Vinland (Terre-Neuve).
1112-1118	L'évêque Erik Gnupsson fait un séjour prolongé dans la région du Vinland.
1200-1300	La colonie scandinave du sud du Groenland devient pour ainsi dire une théocratie, alors que la colonie du nord glisse vers le paganisme.
v. 1285	Des aventuriers scandinaves pénètrent dans le détroit d'Hudson.
1347	Un navire scandinave va du Groenland au Labrador, et de là en Islande.
v. 1350	Une expédition partie du sud du Groenland proclame avoir trouvé la colonie du nord abandonnée aux Skraelings (Inuits du Thuléen).
1380-1400	Les frères Zeno effectuent des voyages au Labrador, à Terre-Neuve et en Nouvelle-Écosse.
1418	Les colonies scandinaves du sud du Groenland sont attaquées et sérieusement perturbées, de toute évidence par la population de la colonie du nord.
v. 1450	Les premiers baleiniers basques atteignent le golfe du Saint-Laurent.
1497	Jean Cabot débarque dans le sud-ouest de Terre-Neuve.

REMERCIEMENTS

JE SUIS RECONNAISSANT à de nombreux archéologues du Grand Nord, et tout particulièrement à William Fitzhugh, Elmer Harp, Jane Sproull Thomson, William Taylor, Robert McGhee, Maxwell Moreau, Callum Thomson et Peter Schledermann. Ils m'ont fourni d'inestimables renseignements, m'ont prodigué encouragements et conseils (que je n'ai pas tous suivis).

Beaucoup d'autres personnes m'ont donné un coup de main, notamment Alistair Goodlad, des Shetland, John Mowat, des Orcades, Alexander Mowat, du Caithness, Calum Ferguson, de Lewis, Njordur Njardvik, d'Islande, Joseba Zulaika, du Pays basque espagnol, ainsi que les Canadiens Matthew Swan, Leonard Muise, Ian Macdonald, Robert E. Lee, Robert Rutherford et Ginevra Wells. Je remercie également mon infatigable assistante, Mary Elliott, et ma femme, Claire, qui a eu la bonté d'accueillir les fantômes des Albains trente années durant.

LE COMMENT ET LE POURQUOI

Il y a environ quarante ans, j'entrepris des recherches sur les voyages des Européens au Canada à l'époque précolombienne. En 1965, croyant avoir assez bien compris, je publiai *Westviking – The Ancient Norse in Greenland and North America*[1].

Puis je me tournai vers d'autres intérêts, j'écrivis d'autres livres; mais pendant que je préparais *Westviking*, un malaise avait commencé à me ronger inconsciemment. Ce fut d'abord un infime soupçon, puis, peu à peu, une conviction: les Scandinaves n'avaient pas été, tout compte fait, les premiers Européens à traverser l'Atlantique.

Ils avaient été précédés – j'en acquis la certitude –, mais par qui? L'histoire orthodoxe ne fournit que les plus vagues, les plus éphémères indices quant à l'identité de ces supposés précurseurs qui, au mieux, apparaissaient comme des spectres privés de substance; au pire, comme de purs produits de mon imagination.

Je tâchai de les exorciser mais ils refusaient de disparaître. Le doute qui me rongeait se métamorphosa en présence implacable; j'en fus harcelé jusqu'au jour où, capitulant, j'entrepris ce qui allait devenir une quête d'une trentaine d'années, à la recherche d'un peuple disparu de toutes les chroniques.

Pendant ces trois décennies, les spectres ne me laissèrent jamais très longtemps en repos. Ils me conduisirent jusqu'en Asie Mineure, puis au nord de la Grande-Bretagne, en Islande, au Groenland, dans l'Arctique canadien, au Labrador et enfin à Terre-Neuve.

Nous ne saurons peut-être jamais comment ces gens oubliés se désignaient eux-mêmes mais, puisqu'ils semblent avoir été connus de leurs contemporains sous le nom d'Albains, c'est ainsi que je les appelle.

Les origines, l'ascendance et l'histoire des Albains, dans la mesure où nous pouvons les déterminer, sont exposées au fil des pages suivantes. Or, comme ces gens étaient illettrés (même leur langue *parlée* nous est inconnue) et que les chroniques des autres peuples ne les mentionnaient que marginalement, le récit comporte d'énormes lacunes.

Au lieu de laisser ces vides béants, j'ai comblé certains hiatus en proposant de brèves esquisses littéraires qui, à mon avis, serrent la réalité d'aussi près qu'on puisse raisonnablement le souhaiter. Ces passages ont été composés en italique afin d'être aisément reconnaissables.

Inévitablement, j'ai dû me livrer à bon nombre d'hypothèses qu'aucune preuve archéologique ou documentaire ne confirme. Si j'ai enfreint les usages de la profession d'historien, du moins ai-je tenté de n'induire personne en erreur.

Une note de l'ouvrage d'Edward Gibbon, *History of the Decline and Fall of the Roman Empire*, pourrait s'appliquer à mon livre aussi bien qu'au sien : « Par respect envers moi-même et envers la vérité historique, je me dois de déclarer que certaines reconstitutions dans [les pages suivantes] n'ont d'autre fondement que la conjecture et l'analogie. L'entêtement des structures de notre langue m'a parfois obligé à glisser du conditionnel à l'indicatif. »

Il est clair que mon livre n'a pas la prétention d'être historique au sens strict du terme. C'est *l'histoire* d'un peuple disparu : ses succès, ses échecs, son sort final. Je crois qu'il s'agit d'une histoire vraie.

Comme les notes de bas de page, selon moi, nuisent à l'efficacité de la narration, j'ai reporté éclaircissements, corroborations et explications à la fin de l'ouvrage, où le lecteur curieux pourra les consulter au besoin.

FARLEY MOWAT
River Bourgeois, Nouvelle-Écosse
1998

CHAPITRE PREMIER

LES DÉBUTS

En 1966, je passai la majeure partie de l'été à visiter des communautés autochtones de l'Arctique canadien, de la pointe nord du Labrador à la frontière de l'Alaska. J'avais deux buts : recueillir des matériaux pour un livre et enregistrer des interviews pour le service du Nord de la Canadian Broadcasting Corporation [1].

Je voyageais à bord d'un hydravion monomoteur, un Otter pareil à une bête pansue qui se déplaçait à la même allure qu'un cheval de labour et qui grondait comme un dragon en colère. Mais l'appareil fonctionnait bien. Il nous transporta, le pilote, un ingénieur et moi, aller et retour, en maints lieux invraisemblables. Quand le mauvais temps nous empêchait de décoller, la cabine nous offrait un plancher sec où dérouler nos sacs de couchage, ainsi qu'un endroit où prendre un repas aux chandelles – tout à fait littéralement – avec au menu des mets délicats comme les langues de caribou bouillies et les ombles arctiques séchés au soleil.

Mon intention première était de limiter mes visites aux seules communautés inuits et indiennes mais, le 11 août, je m'écartai de mon itinéraire.

Plusieurs années auparavant, alors que j'étais plongé dans mes recherches pour la préparation de *Westviking*, j'avais appris que William Taylor, un archéologue à l'emploi du Musée national du Canada, avait fait une découverte remarquable à l'île Pamiok, à l'embouchure de la rivière Payne, qui se jette dans la partie ouest de la baie d'Ungava [2]. Les Inuits de la région avaient montré à Taylor ce qu'il décrivait comme « une immense structure rectangulaire de 26 mètres sur 6 [...]. Les murs, en ruine, étaient de pierre ».

Taylor n'avait pu jeter qu'un coup d'œil hâtif à ces imposantes ruines, nettement différentes de toutes celles signalées jusque-là dans

Véritable mystère pour les archéologues, cette fondation de pierre fut découverte par Robert McGhee sur la rive du détroit du Prince-Albert dans l'Arctique canadien. Voir également le plan du site à la page 168.

l'Arctique. Non sans raison, ni lui ni aucun autre archéologue ne voulait se prononcer sur leur origine avant des fouilles en bonne et due forme.

Si fouilles il y avait. En 1965, presque une décennie s'était écoulée sans que le Musée national eût manifesté le moindre intérêt pour l'énigme de l'île Pamiok, dont la solution pouvait, du moins l'espérais-je, jeter la lumière sur les équipées des Vikings dans l'Arctique canadien. Lorsque je m'enquis auprès d'un ami du Musée des raisons de ce manque d'intérêt, il me répondit que certaines instances estimaient que les résultats pouvaient s'avérer embarrassants sur le plan archéologique et que, par conséquent, on avait décidé de ne pas donner suite.

Peu après mon départ pour l'Arctique en 1966, j'appris que Thomas Lee, un archéologue de l'Université Laval à Québec, se proposait d'effectuer des fouilles à Pamiok cet été-là. Bien que *Westviking* fût déjà publié, je décidai, si le temps et mes occupations me le permettaient, de visiter l'île.

Le 10 août, nous nous trouvions au village inuit de Povungnituk sur la côte est de la baie d'Hudson et notre itinéraire ne devait pas nous rapprocher davantage de l'île Pamiok. Je résolus de tenter le voyage le lendemain.

Le 11, le temps était couvert et menaçant; néanmoins, une heure après l'aube, le Otter se dirigeait vers l'est de son vol laborieux et entreprenait de parcourir les 400 kilomètres de la péninsule d'Ungava dans sa partie la plus étroite.

Nous étions secoués par un violent vent contraire qui semblait nous empêcher d'avancer plus vite qu'un cheval au grand galop. Un paysage monochrome d'eau, de roc et de toundra sans arbres se déroulait au ralenti sous nos ailes. Pour contrer l'effet de la bourrasque, le pilote volait si bas que, à plusieurs reprises, nous déclenchions la fuite déferlante de troupeaux de caribous, comme un épervier géant au-dessus d'une troupe de souris.

À mi-chemin, à partir du lac Payne, l'appareil suivit tel un tonnerre la vallée de la rivière Payne en frôlant la crête des vagues, jusqu'à un élargissement du cours d'eau à une quinzaine de kilomètres de son embouchure. Comme le brouillard et la pluie battante menaçaient d'effacer le paysage, l'hydravion plongea en hâte devant un petit poste de traite de la Compagnie de la Baie d'Hudson.

Il n'y avait aucun espoir de poursuivre notre vol jusqu'à Pamiok par un temps aussi pourri, aussi je persuadai Zachariazi, un *inuk* des environs, de me conduire à destination dans son canot hors-bord.

La batture, sur la rive ouest de la baie d'Ungava, s'étend sur une dizaine de mètres; or la marée descendait rapidement au moment de notre départ dans un labyrinthe de chenaux et de petites îles. Le directeur du poste, un jeune homme originaire des Orcades, me prévint: il fallait de toute nécessité franchir l'estuaire, sous peine de rester bloqués dans un marécage de boue et de roches brisées d'où il serait impossible de s'échapper avant la marée suivante.

Le brouillard s'épaississait; Zachariazi gouvernait son canot dans un bouillon de courants tourbillonnants qui se déversait au milieu ou au-dessus de rochers invisibles. Mon guide se dirigeait « à vue de nez » vers la pointe au nord de l'estuaire.

Soudain, il poussa un cri et désigna un point sur la gauche. Apparaissant et disparaissant dans le brouillard, une forme estompée se dessinait. Les brumes s'écartèrent en volutes, révélant une tour de pierre presque aussi haute que deux hommes. Avec un large sourire, Zachariazi annonça que nous venions d'atteindre la pointe Tuvalic à l'embouchure de la rivière et que nous avions échappé aux eaux tourmentées de l'estuaire.

Nous gagnâmes la rive pour fumer une pipe. J'examinai la tour avec un vif intérêt et une sorte d'affection, car elle nous avait rendu un fier service. C'était une construction en pierres plates ajustées avec soin, sans mortier, et affectant la forme d'un cylindre de près de un mètre et demi de diamètre. De toute évidence, elle s'élevait autrefois à plus de trois mètres et demi de hauteur, mais son sommet avait perdu un

Zachariazi pose auprès d'une stèle figurant une croix chrétienne, sur les rives de la rivière Payne en Ungava.

certain nombre de pierres qui gisaient éparpillées autour de la base. Fait à remarquer : le revers de ces pierres tombées n'était pas couvert de l'épaisse croûte d'antiques lichens qui revêtait la surface intacte de la tour.

Je demandai à Zachariazi qui avait construit cette balise si utile, et à quelle époque. Il sourit et désigna le nord avec le tuyau épais et court de sa pipe.

« Des gens de l'ancien temps. Pas des Inuits, en tout cas. »

Le canot risquait de se retrouver à sec d'un moment à l'autre sous l'effet du retrait des eaux ; nous le remîmes à flot d'une poussée et, peu après, nous atteignions l'île Pamiok.

Cette butte de roc nu, tourmentée par la mer, offerte aux brouillards errants de la baie d'Ungava, n'avait rien de très attrayant. Vue à travers les vapeurs mouvantes de la pluie et de la brume, elle semblait particulièrement inhospitalière. Mais les apparences étaient trompeuses. Située près de l'embouchure d'une grande rivière qui donnait accès en amont au pays des caribous, toute proche aussi des îles peuplées d'oiseaux, des plages où se rassemblaient les morses et des lieux propices à la chasse au phoque, elle avait été la demeure d'élection d'innombrables générations d'êtres humains.

Cependant, quand notre canot donna du nez sur le rivage rocheux de Pamiok, nous ne trouvâmes que deux habitants dans l'île : Thomas Lee et son fils Robert, un adolescent. Leur maison était une petite tente qui ne restait agrippée au sol qu'en luttant contre un furieux vent d'est qui venait fouetter l'île depuis les eaux glacées de la baie.

Lee franchit en pataugeant la ligne de varech pour venir nous saluer. Il avait cinquante et un ans à l'époque et c'était un gaillard grisonnant avec des allures d'ours de la toundra, tempérées par un visage rond et rougeaud, et un nez aquilin.

Il n'avait pas de temps à perdre. À peine m'étais-je présenté qu'il m'emmena visiter l'île. Tard ce soir-là, je mis mes impressions par écrit.

Au moins, dans ce coin perdu, il n'y a pas de moustiques ! Trop froid, humide et venteux pour les sales petites bêtes. Un linceul de brouillard est venu se dérouler sur nous pendant que je suivais Lee en trébuchant dans un magma confus de roches brisées et de tourbe imbibée d'eau. […]

Nous avons atteint une série d'amoncellements de pierres qui m'arrivaient au genou. « Des sépultures », me dit Lee d'un ton réjoui. « Regardez à l'intérieur. » Je me penchai sur un amas, jetai un coup d'œil par une fissure et vis un fouillis d'ossements, probablement humains, mais il n'y avait pas de crâne. « J'ai prélevé le crâne, expliqua Lee. Il est peut-être esquimau, mais j'en doute. J'en ai trouvé cinq en tout et deux au moins sont plus européens qu'esquimaux. Les autres semblent métissés. »

Dans l'île, presque chaque petit creux, chaque parcelle de terrain plus ou moins plat semble comporter un cercle de pierres délimitant l'emplacement d'une tente ; certains de ces cercles atteignent six mètres de diamètre. Il existe aussi de nombreuses dépressions qui seraient, selon Lee, les vestiges de maisons semi-souterraines que les anciens peuples préesquimaux utilisaient en hiver.

Près de l'extrémité est de l'île, nous parvînmes auprès de trois cairns cylindriques hauts de près de deux mètres. Ils ne ressemblaient en rien aux inuksuak *[« hommes de pierre »] esquimaux que j'ai vus partout dans l'Arctique. Je le fis remarquer à Lee, qui acquiesça : « C'est vrai. Trop gros. Trop réguliers. Trop bien faits. Rien d'esquimau là-dedans. Et regardez l'épaisseur des pousses de lichen sur les pierres. Les cairns sont trop vieux pour appartenir à la période historique de l'Amérique. »*

Nous revînmes tant bien que mal par le sud de l'île. La marée était si basse que la mer se distinguait à peine au delà d'une vaste plaine où luisait un chaos de grosses pierres et de rochers dans la boue. Lee me montra une sorte de large sentier ou de plan incliné qui descendait vers la mer depuis

L'île du Diana, à la jonction du détroit d'Hudson
et de la baie d'Ungava, est couronnée par trois tours balises.
La plus grosse se trouve à l'avant-plan.

la ligne des hautes eaux. Quelqu'un avait abattu là une jolie besogne pour dégager la descente de la plupart de ses rochers déchiquetés. Encore une fois, Lee écartait les autochtones : « Les Esquimaux ne se donneraient jamais tant de peine pour aménager un débarcadère. Ils n'en ont pas besoin pour les kayaks et les canots. D'après moi, il doit s'agir d'un sentier de halage pour de gros bateaux. »

À ce point de notre tournée, j'étais trempé de pluie des pieds à la taille et trempé de sueur de la taille aux cheveux. On dira de Lee ce qu'on voudra, mais c'est un sacré gaillard, débordant d'énergie. Il me conduisit au petit trot jusqu'à un semblant d'abri derrière une crête de roc éclatée par le gel : c'était le site de ses fouilles.

Rien de très impressionnant. Un rectangle de boue de 15 mètres sur 4,5 mètres environ, où l'herbe, la mousse et les pierres avaient été enlevées sur quelques centimètres de profondeur, après quoi les outils avaient ren-

Deux vues de la reconstitution conjecturale effectuée par Tom Lee pour la maison longue n° 2 de l'île Pamiok, près de l'embouchure de la rivière Payne dans la baie d'Ungava.

contré le roc. Je distinguai tout juste les vestiges de quelques murets de pierre. Lee attendit mes questions l'espace d'une dizaine de secondes, puis me livra aussitôt le mot de l'énigme.

« C'est une sorte de maison longue. Différente de celles que construisaient les Six Nations et les autres Indiens du sud ; c'est une construction particulière. Il y en a trois comme ça à Pamiok – deux de même dimension que celle-ci et une autre beaucoup plus grande. Les Esquimaux disent qu'il en existe plusieurs autres au nord. Rien de tel n'a été décrit jusqu'ici dans les annales de l'archéologie canadienne.

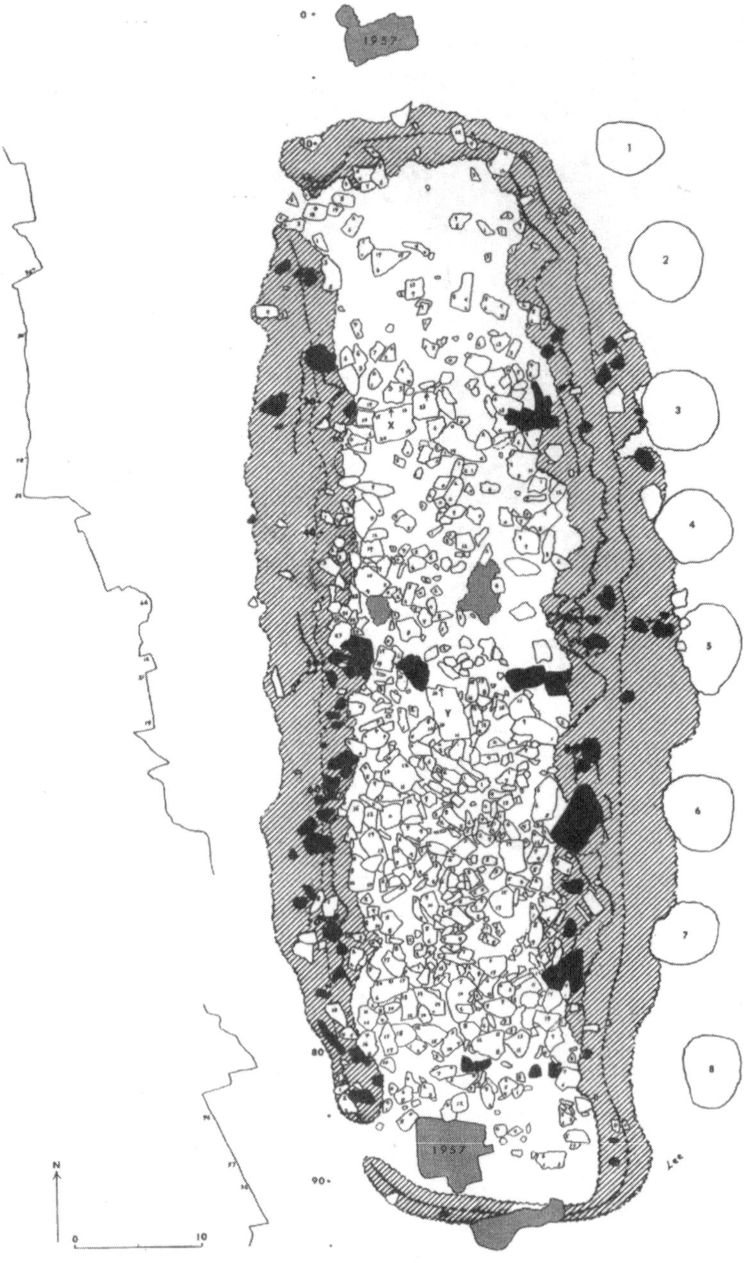

Plan de la maison longue n° 2 de l'île Pamiok. Les murs originaux se sont effondrés mais les pierres marquées en noir seraient, croit-on, à leur emplacement original.

«J'ai dessiné les contours de celle-ci. Vous voyez? Ils sont plus ou moins en forme de bateau, avec des parois légèrement incurvées et arrondies aux extrémités. Les murs étaient de pierre et de tourbe, plutôt bas – un mètre vingt tout au plus. Je n'ai presque pas trouvé d'objets façonnés, sauf une grande quantité de vestiges lithiques [éclats et morceaux de silex] du Dorsétien [peuple préesquimau]; beaucoup se trouvaient par-dessus la tourbe décomposée des murs en ruine. Les Dorsétiens semblent avoir campé ici après l'abandon de la maison longue.»

Le jeune Robert Lee s'était affairé à préparer le thé. Il nous rejoignit et, s'excusant presque, nous invita, son père et moi, à regagner la tente pour prendre quelque chose de chaud.

«Plus tard, répondit Tom avec brusquerie. J'ai trop de choses encore à montrer à cet homme. Allons voir la grande maison.»

Il me conduisit au sommet d'une pente douce et je faillis trébucher sur les ruines avant de les apercevoir: c'étaient des rochers renversés de tous côtés, si bien confondus aux autres rocs épars qu'il fallut me les désigner du doigt. Je parvins alors à distinguer une structure qui évoquait la tombe de Gargantua. D'une longueur de 25 mètres au moins, sur 6 mètres de largeur, elle était drôlement imposante!

Par endroits, les murs atteignaient encore un mètre de hauteur mais la plupart des tronçons s'étaient écroulés et les blocs de rocher avaient roulé dans l'espace central. Je parle de blocs de rocher car dans bien des cas c'était de cela qu'il s'agissait. Lee estimait le poids de certains d'entre eux à plus de 450 kilos. Tous étaient recouverts d'une couche de lichen qui avait sans doute mis des centaines d'années à pousser.

Contemplant ce gigantesque fouillis, Lee résuma ses pensées: «J'ai peine à croire que tout ceci ait été construit par des Esquimaux. Pour quelle raison au monde l'auraient-ils fait? Des Esquimaux ont peut-être planté leurs tentes à l'intérieur de ces maisons longues à l'occasion; les Dorsétiens et les Thuléens [Paléoesquimaux] en ont probablement fait autant. Mais je doute qu'aucun d'entre eux ait construit ces maisons longues.

– Mais alors, qui… ?»

Lee eut un sourire perplexe. «Eh bien, Mr. Mowat, je suppose que mon rôle est de trouver les réponses et le vôtre de poser les questions. Au point où nous en sommes, un professionnel prudent ne se prononcerait pas. Mais je crois que je ne vous étonnerai guère en prédisant que les ruines se révéleront européennes. Peut-être scandinaves.»

Au cours des années suivantes, Tom et moi devînmes amis, échangeant découvertes et opinions. Il me fournit les copies de ses comptes rendus archéologiques, minutieusement détaillés. Je lui fis part des résultats de mes recherches sur l'histoire des Vikings. En 1967, il retourna en Ungava et découvrit une maison longue encore plus grande dans une autre île à quelques kilomètres au nord de la rivière Payne. Il revint ensuite à Pamiok et entreprit des fouilles intensives du site de la grande maison. Il fallut trois saisons pour achever ces fouilles et, fait remarquable, elles n'apportèrent que de faibles éclaircissements en regard de l'énorme quantité de temps et d'énergie que Lee y consacra. Aucune découverte ne parvint à expliquer de façon satisfaisante l'utilité de ces constructions ou l'identité de leurs bâtisseurs. L'énigme restait entière et comportait plusieurs questions sans réponse.

L'une de ces questions était de savoir comment était fait le toit de la grande maison de Pamiok ou, à vrai dire, de toutes les maisons longues de l'Arctique. Les fouilles de Lee (ainsi que celles entreprises les années suivantes par d'autres archéologues dans des sites semblables) n'avaient apporté aucune preuve de l'existence de structures de soutènement, qu'elles fussent de bois ou d'un matériau de substitution logique, comme des os de baleine. En outre, le bois de charpente le plus proche à l'époque de la construction des maisons se trouvait au moins à 190 kilomètres au sud de Pamiok et à *2 400 kilomètres* au sud d'un groupe de maisons longues similaires découvertes dans les années 1970 sur les rives du bassin de Kane dans le haut Arctique.

La question du toit a confondu tous les archéologues qui l'ont approfondie. Certains ont conclu que les maisons longues n'étaient pas des « maisons », tout compte fait, et par conséquent qu'elles n'avaient peut-être jamais eu de toit. Mais, si ce n'était pas des maisons, qu'était-ce donc ? L'opinion reçue, semble-t-il, leur attribuait un usage cérémoniel ou religieux, mais aucune preuve ne vient étayer cette hypothèse et, comme nous le verrons, la répartition des sites rend cette explication foncièrement improbable.

Tom Lee ne voulait pas entendre parler de ces hypothèses. Il se doutait que les constructions étaient des abris temporaires édifiés par les voyageurs scandinaves qui fréquentaient la région aux environs de l'an 1000. En effet, les plans des *crofts* (« maisons de ferme ») nordiques de cette époque, en Islande, dans les îles du nord de la Grande-Bretagne et dans certaines parties de la Scandinavie, ressemblent à ceux des maisons longues de l'Arctique canadien. Toutes ces constructions sont longues et étroites, souvent avec des murs latéraux légèrement incurvés. Les proportions et les dimensions sont en général comparables. Là prend fin la ressemblance. Les maisons longues scandinaves (y compris celles de

Les maisons coiffées de bateaux constituent une tradition des îles du nord de la Grande-Bretagne, comme en témoigne cette résidence moderne près de Kirkwall, aux Orcades.

l'Islande) sont invariablement *coiffées d'un toit* de gazon, de tourbe, d'écorce ou de chaume *soutenu par une robuste charpente de bois* qui a laissé, presque sans exception, des traces archéologiquement identifiables.

Il devait s'écouler plusieurs années après ma visite à l'île Pamiok avant que les maisons longues de l'Arctique commençassent à me dévoiler leurs secrets. La première révélation se produisit de l'autre côté de l'océan Atlantique.

Il plut presque sans relâche durant ma première visite aux îles Shetland en compagnie de ma femme, Claire. Ce groupe d'îles rocheuses, sans arbres et balayées par les vents, au large de la pointe nord de l'Écosse continentale, constitue, avec l'archipel jumeau des Orcades, les îles du nord de la Grande-Bretagne, qui ne font pas mentir leur réputation de berceau d'intempéries.

Pour nous, le mauvais temps n'importait guère. Nous étions venus aux îles Shetland à l'invitation d'Alistair Goodlad, éleveur de saumons et expert en histoire ancienne, qui avait promis de nous plonger dans le passé des Shetland jusqu'à ce que, selon son expression inélégante, « ça vous sorte par les oreilles ».

Guidés par Alistair, nous nous frayâmes un chemin en pataugeant jusqu'à maints monuments anciens : des fonds de cabanes datant de cinq mille ans et récemment mis au jour sous d'épaisses couches de tourbe ; des chambres funéraires de pierre creusées par les colons de la fin du mésolithique; des fortins du néolithique en ruine, perchés sur des promontoires; les sites de villages datant de l'âge du bronze; des brochs ou tours remontant à l'âge du fer et les murs effondrés de maisons vikings construites il y a mille ans à peine.

L'archipel des Shetland semblait un monde de ruines, dont plusieurs étaient récentes. *Croft* après *croft*, les maisons à l'abandon tombaient lentement en poussière et retournaient à la terre dont elles avaient été tirées par des générations d'éleveurs.

Alistair n'était pas tendre quand il était question des *crofts* vides. « Les temps modernes ne laissent aucune place aux petites gens, qu'ils soient pêcheurs ou fermiers. Pendant cinq mille ans, ils ont gagné leur vie dans ces îles; à présent, ils doivent s'exiler pour faire place aux raffineries de pétrole et aux centrales nucléaires. Ainsi vont les choses dans un monde devenu fou. N'êtes-vous pas de mon avis? »

Nous découvrions bien d'autres choses curieuses au fil de nos randonnées. Le long des côtes orientales des îles de Yell et d'Unst se trouvaient plusieurs tours balises de pierres sèches. Certaines se dressaient sur des promontoires mais d'autres se cachaient obscurément au fond des baies et des anses. Elles me rappelaient fort celles que j'avais vues à l'île Pamiok et aux environs.

Mais ce qui retint surtout mon intérêt, ce fut un certain nombre de bâtiments coiffés, en guise de toit, de bateaux de pêche renversés qui n'étaient sans doute plus en état de tenir la mer. Certaines de ces constructions étaient d'humbles étables et des dépendances; mais d'autres étaient, ou avaient été, des habitations humaines. Nous en vîmes une tout à fait moderne plus tard aux Orcades: une élégante maison de brique arborant deux grandes fenêtres panoramiques ouvertes sur l'extérieur tels deux yeux écarquillés sous le front bombé d'un vaisseau de bois renversé qui faisait bien 18 mètres de longueur.

Alistair nous apprit que c'était une ancienne coutume insulaire que de convertir les navires qui avaient fait leur temps à cet ultime usage. Beaucoup de Shetlandais, nous dit-il, « avaient été conçus, avaient vécu et étaient morts sous un bateau ou à bord d'un bateau ».

Le dernier jour de notre visite, Alistair nous conduisit au point culminant de l'île de Yell pour nous montrer Fetlar, une île plus petite qui semblait dériver vers l'est dans une mer battue des vents.

« C'est un drôle de petit monde clos, cette île-là. On dit que c'est là que les Anciens ont tenu le plus longtemps. Certains croient qu'ils sont encore là-bas, qu'ils vont et viennent à bord de vaisseaux fantômes, en provenance de lieux que nous ne voyons qu'en rêve... »

Les Shetland et l'île Pamiok ne furent que deux étapes le long du chemin tortueux que mon travail allait suivre en remontant le cours du temps. Mais raconter l'histoire à rebours, telle qu'elle se déroula vraiment pour moi, n'est pas la manière qu'auraient choisie les vieux conteurs. Ils commencent toujours par le commencement.

Et je ferai de même.

PREMIÈRE PARTIE

L'ANCIEN MONDE

CHAPITRE II

LE *HAUTURIER*

L'aube nordique triomphe du brouillard ; le jeune timonier fatigué distingue à peine le reflet des plus hautes terres sur tribord avant. Si c'est là Yell, il sait qu'il a accompli son boulot et qu'il peut être fier de lui-même, car ce n'est pas facile de maintenir un cap quand les étoiles sont cachées et que seuls le vent et l'idée de la distance parcourue servent de repères.

Un homme, cheveux en désordre et barbe inculte, surgit de la cabine exiguë à la proue du Hauturier. *Empoignant l'étai avant, il se hisse jusqu'aux joues du petit navire et, précairement suspendu, parcourt des yeux l'horizon qui s'éclaire. Lorgnant la terre encore indistincte à tribord, il la reconnaît et grogne de satisfaction. Il jette un coup d'œil là-haut vers le ventre bombé de la grande voile carrée. Elle est tendue et fortement gonflée par la bonne brise qui souffle de l'ouest. Regardant vers la poupe, il aperçoit son fils qui, campé sur le demi-pont arrière, jambes écartées pour mieux garder son équilibre, tient la barre d'une main tout en désignant de l'autre la terre d'un geste interrogateur.*

« Oui, mon gars, c'est Yell ! » crie le patron en se soulageant dans l'eau verte qui mousse à l'étrave de son vaisseau. « Laisse arriver un peu… là, ça ira. Si la brise tient on accostera à Fetlar demain matin. »

D'un élan, il réintègre le bord, se penche et plonge un bras dans la cabine où les autres membres de l'équipage – des hommes de sa famille – dorment encore. Du bout des doigts, il trouve un sac de morue séchée. Il en sort deux morceaux et, d'un pas balancé le long des plats-bords oscillants, se dirige vers l'arrière et donne l'un des morceaux à son fils. Les deux hommes déchirent à belles dents le poisson durci au soleil, goûtant sa saveur forte puis l'arrosant de lampées d'eau à même une outre taillée dans une vessie de phoque.

« Demain, de l'agneau frais et du pain de bere *chaud, promet le patron. Ouais, et après tu vas avoir un long hiver devant toi, le temps de jeter ta gourme et de faire des mômes, si tu peux dénicher une fille. Tu l'as mérité… on l'a tous mérité. » Il mastique un moment, songeur. « Et malgré ça, au printemps tu seras prêt à louvoyer longtemps vers l'ouest pour revenir à Tilli, à nos vaches marines et à nos ours des neiges. Bon ! Je vais prendre la barre à présent. Va à l'avant faire un somme. »*

Par vingt fois j'ai fait cette traversée, pense le patron en prenant la barre. Vingt printemps ont passé depuis que j'ai vu pour la première fois le gros crâne blanc de Tilli sur l'horizon… Je n'en croyais pas mes yeux, et pourtant j'avais assez entendu parler de l'endroit. Des montagnes de glace, la cime dans les nuages… des jets d'eau bouillante puants qui surgissent des entrailles de la terre… Et tellement de vaches marines que mon cœur battait la chamade la première fois que j'ai ramé au milieu de ces bêtes-là.

Il avait fait son premier voyage en haute mer peu après la naissance du Christ. Âgé de treize ans à peine, il s'était embarqué, selon la coutume, à bord d'un vaisseau dont la construction, l'équipage, la propriété étaient l'affaire de sa famille.

Plus tôt, à l'âge de dix ans, il avait assisté à la renaissance du Hauturier *sur la grève sablonneuse de l'anse en contrebas de la petite ferme familiale à Fetlar, et il avait gardé un vif souvenir de la façon dont le navire avait repris forme à partir des longues pièces de charpente qui formaient la quille lors de son incarnation précédente.*

Le Hauturier *faisait 15 mètres de longueur et 4 mètres et demi au maître bau ; membrures, plats-bords et bancs de nage étaient neufs, tout en bois de chêne et de frêne, avec des serres faites de lattes de pin – tous ces bois, les négociants de Fetlar les avaient rapportés dans leurs îles sans arbres. Il avait fallu 15 peaux entières de vaches marines, coupées en deux et cousues avec des tendons, pour recouvrir la carcasse légère. Les femmes avaient fabriqué la grande voile carrée à bordure libre avec du cuir raclé, aminci et imbibé d'huile.*

Pour une bonne part, le vaisseau était neuf, mais l'armature était ancienne, car la quille avait été l'épine dorsale d'une série de vaisseaux antérieurs qui tous avaient porté le même nom. Le mât et la vergue servaient depuis près d'un siècle, depuis que l'arrière-grand-père du patron les avait trouvés sous forme de bois de grève jetés sur les côtes de Tilli. Personne ne savait de quelle sorte de bois il s'agissait ni de quelle contrée inconnue il provenait, mais c'était un bois dur comme fer et résistant comme des fanons de baleine.

À présent, ces mêmes espars à toute épreuve permettaient au Hauturier *d'aujourd'hui de regagner son port. Le patron les contemplait avec affection. Sa femme croyait qu'ils étaient habités par des esprits nantis de grands pouvoirs. Il sourit en songeant à sa femme ; elle n'était plus jeune à présent mais son accueil serait aussi chaleureux que jamais.*

AUCUN SPÉCIMEN de navire de l'espèce du *Hauturier* n'a survécu car ces vaisseaux étaient faits de matériaux périssables qui ne pouvaient perdurer sans les soins de mains attentives. Les origines de ces bâtiments se perdent dans la nuit des temps mais peut-être est-il possible de jeter quelque lumière sur leur histoire.

Les premiers colons qui arrivèrent aux îles du Nord peu après le retrait des glaciers manifestent encore leur présence dans les archipels. La population locale les appelle *strand lopers*, c'est-à-dire « écumeurs de grève ». Les tempêtes de l'hiver ne cessent d'emporter le sable des plages et des dunes pour révéler leurs anciens foyers et les déchets de leurs cuisines.

Les escarbilles et les fragments calcinés de coquilles de palourdes ne signifient pas grand-chose pour un promeneur ; mais pour quiconque a la chance de parcourir les rivages du nord de l'Écosse avec un homme aussi bien renseigné que Walter Mowat, de John o'Groats, ces débris livrent leur message.

À genoux tout juste en deçà de la ligne de marée haute sur les longues plages de Dunnet Bay, Walter examinait avec soin une lisière d'escarbilles et de coquilles calcinées où il finit par trouver un morceau de quartz taillé. Il me le tendit pour me permettre de l'examiner.

« Le dernier à toucher ce petit morceau de couteau de pierre était probablement l'un des écumeurs de grève il y a plusieurs milliers d'années. » Il s'interrompit, regarda intensément l'outil brisé. « J'en ai presque l'impression de toucher moi-même la main du bonhomme. »

Les anciens qui campaient jadis sur ces plages nordiques peuvent encore tendre la main et toucher le présent. La distance qui nous en sépare n'est pas aussi grande que notre monde brillant, tout de science et de technologie, voudrait nous le faire croire. Les premiers colons sont encore avec nous. Et ils ont beaucoup de choses à nous dire.

Les plus anciens déchets de leurs cuisines se composent avant tout de coquilles de patelles, d'huîtres et de palourdes ; mais les amas coquilliers ultérieurs contiennent des arêtes de poissons, des os d'oiseaux de mer et de mammifères marins. Nous savons donc, bien que les écumeurs de grève aient d'abord et surtout cherché leur nourriture au bord de la mer, qu'il vint un temps où ils s'aventurèrent en des eaux moins calmes pour aller à la pêche, à la chasse au phoque et au marsouin, et aussi pour explorer les récifs et les rochers du large, à la recherche d'œufs et d'oiseaux de mer. À la longue, ils devinrent des marins si accomplis qu'ils furent en mesure de naviguer au large jusqu'aux îles les plus lointaines et les plus battues des vents – et de s'y installer la plupart du temps.

Pour accomplir tout cela, il leur fallut construire ou acquérir des bateaux capables de tenir la mer.

L'archéologue britannique Thomas Lethbridge a suggéré que les premiers écumeurs de grève vivaient dans des tentes en forme de dôme faites de peaux tendues sur une charpente de branches de saule ou de bouleau nain entrelacées ; en effet, à cette époque, il n'y avait pas encore de forêts dans le nord de l'Écosse ; à peine y comptait-on quelques arbres dignes de ce nom. Les peaux étaient probablement cousues ou lacées puis enduites de graisse animale qui rendait les tentes étanches et imputrescibles. On obtenait ainsi des constructions légères qui ressemblaient sans doute un peu à de gros bols renversés – ou à des *coracles*, les bateaux ronds, recouverts de peaux, dont se servaient les premiers habitants du sud de la Grande-Bretagne.

Lethbridge imaginait une rafale soudaine, un vent de terre ; l'une de ces tentes se renversait, était emportée dans la mer proche où elle flottait légèrement comme un goéland. Ou peut-être qu'un ancêtre des penseurs et des bricoleurs, allongé sur son lit de peaux et perdu dans la contemplation du toit incurvé de sa maison, parvint à la conclusion qu'on pourrait faire flotter ce machin-là. Avec quelques retouches qui lui conféraient plus de force et de stabilité, la maison pouvait devenir bateau. Et, qui plus est, la transformation pouvait être réversible. Transporté à terre et renversé, un bateau recouvert de peaux pouvait tout aussi bien devenir un abri.

Fait certain, à l'âge de la pierre, presque tous les peuples des régions circumpolaires boréales dépendaient de leurs embarcations recouvertes de peaux. Le kayak en est un exemple classique, quoique fort spécialisé. L'oumiak, moins connu, était un bateau manœuvré par les femmes inuits : s'adaptant mieux que le kayak à divers usages, il était encore plus répandu. Même dans les années 1970, les Esquimaux de l'Alaska fabriquaient encore des oumiaks revêtus de peaux de morse ; 30 ou 40 personnes pouvaient y prendre place et traverser le détroit de Béring, toujours houleux. Quand le mauvais temps (ou une bonne chasse) incitait ces voyageurs à toucher terre, ils retournaient leurs oumiaks à

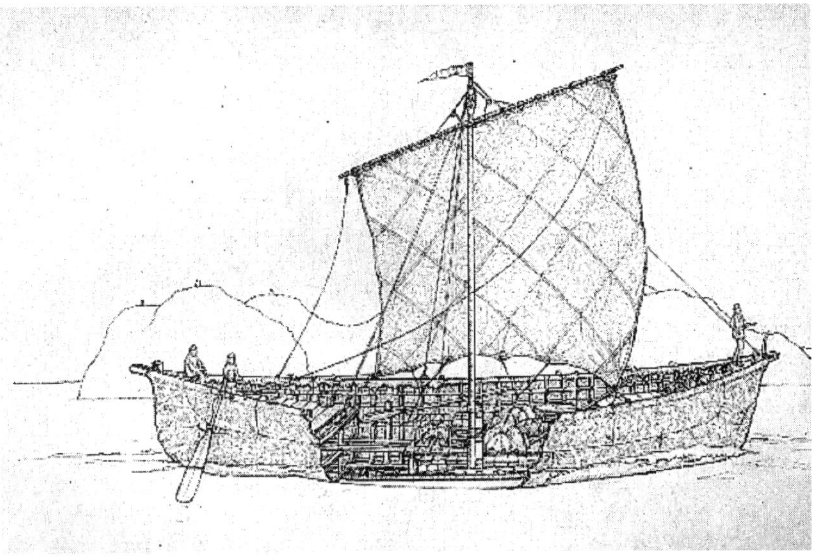

Ce dessin en coupe donne une idée de la structure et
de la capacité de transport d'un vaisseau de type albain
de 15 mètres, recouvert de peaux.

Le dessin de ce *curragh* irlandais, probablement recouvert de peaux
de bœuf, est dû à la plume d'un capitaine de vaisseau anglais
du XVIIIe siècle. Le navire devait mesurer
environ 11 mètres de longueur.

l'envers pour s'en faire des abris. Une grosse embarcation ainsi renversée sur une fondation de pierre et de tourbe pouvait devenir une habitation confortable pour une famille nombreuse, même en hiver.

Des maisons recouvertes de peaux… changées en bateaux… eux-mêmes changés en maisons [1]…

Au cinquième millénaire avant J.-C., étant passés maîtres dans l'art de construire et de manœuvrer des bateaux recouverts de peaux, les premiers colons devinrent des insulaires liés à la mer.

Quoique entourés et protégés par les eaux salées, les habitants des îles n'étaient ni casaniers ni ignorants du vaste monde. Leur maîtrise de la mer et leurs bâtiments marins leur permettaient d'aller et venir en traversant de vastes étendues en plein océan.

Beaucoup de peuples de cette époque étaient de la même trempe. Les insulaires des mers du Sud naviguaient chaque jour avec une remarquable insouciance à bord de frêles pirogues à balancier, pour s'aventurer à des milliers de kilomètres au large. De même, sûrs de leur propre maîtrise des mers, les insulaires du Nord n'hésitaient sans doute pas à visiter les lieux éloignés et les gens d'ailleurs.

Il y a environ six mille ans, le climat des îles du nord de la Grande-Bretagne – les Orcades et les Shetland – s'était grandement amélioré. Quoique toujours essentiellement dénué d'arbres, le paysage insulaire n'était plus arctique. La toundra cédait la place aux graminées et aux carex ; la terre arable s'accumulait dans les endroits abrités. Désormais, les habitants des îles du Nord importaient des bovidés, descendants des bœufs sauvages, ainsi que des moutons à poil rude et des chèvres. Comme le climat se réchauffait toujours, ils rapportèrent chez eux certaines céréales aux graines résistantes tels l'orge et le *bere*, un ancêtre de l'avoine.

Même si la terre fournissait maintenant une bonne part de leur nourriture, la mer continuait à les nourrir et à exiger leur allégeance. La mer restait au cœur même de leur existence. Elle y est toujours. Même aujourd'hui, un habitant des Orcades est en général un éleveur qui vit aussi de la pêche, alors qu'un habitant des Shetland est en général un pêcheur qui vit aussi de l'élevage.

Debout sur la pointe de Duncansby Head qui se projette tel un bec à l'extrémité nord de l'Écosse, alors qu'un vent d'est soufflait en tempête, je perçus un jour un écho de cette antique alliance entre les insulaires et la mer, par l'entremise d'Alexander Mowat, le père de Walter, qui avait passé presque toute sa vie à pêcher dans les eaux agitées du détroit de Pentland, qui sépare le Caithness des Orcades.

Appuyés l'un contre l'autre, nous luttions pour ne pas tomber, face aux rafales trempées d'écume qui nous arrivaient mugissantes de la mer du Nord, quand Sandy désigna du doigt les contours indistincts de l'île de Stroma au cœur de ce maelström. Horrifié, j'aperçus la silhouette brouillée d'un homardier qui tanguait follement au milieu des terribles courants de retour qu'on surnommait ici *the Boars* (« les Sangliers »).

De toute évidence, le bateau tentait de gagner l'abri précaire du quai de John o'Groats. La masse noire du timonier, qui serrait la barre sous son bras, semblait soudée au bâtiment comme une extension de la pièce d'étambot. Le petit navire ruait sous ses pieds comme un cheval emballé. Il m'apparut certain qu'il ne parviendrait pas au port.

« Bon Dieu ! criai-je à l'oreille de Sandy. Il va sombrer ! Est-ce qu'il ne vaudrait pas mieux appeler le bateau de sauvetage ? Il pourrait encore arriver à temps ! »

La réplique de Sandy fusa avec un rire rugissant qui domina le bruit de la tempête.

« Non, mon gars ! Robbie nous penserait cinglés. C'est un homme des îles, tu sais. La mer l'a formé et elle ne lui fera pas de mal. On va boire un p'tit verre avec lui ce soir au pub, mais ne va pas lui dire que tu voulais lui envoyer le bateau de sauvetage ! »

La mer forma les habitants des îles du Nord et elle façonna l'évolution de leurs vaisseaux. Les petites embarcations, qui suffisaient pour la pêche côtière et la navette d'île en île, n'avaient qu'une faible capacité de transport et ne tenaient pas assez bien la mer pour entreprendre de longues traversées. Ce problème fut résolu par la mise au point de bateaux plus larges, avec une poupe et une proue symétriques, capables de transporter une cargaison de plusieurs tonnes sans cesser de voguer sur une mer moutonneuse aussi légèrement que des oiseaux. La caractéristique la plus extraordinaire de ces vaisseaux, selon notre point de vue moderne, était peut-être que, malgré leur largeur, ils étaient toujours revêtus de peaux de bêtes.

Même lorsque les voyages de traite conduisirent les insulaires jusqu'à des côtes couvertes de forêts où le bois de charpente était disponible, ils continuèrent à employer les revêtements de peaux, non par conservatisme inné, mais parce que ce matériau rendait de meilleurs services.

Les vaisseaux recouverts de peaux étaient plus légers que les navires de bois ; leur construction était plus facile et coûtait moins cher, et les réparations s'effectuaient plus aisément. Encore aujourd'hui, le revêtement de la coque d'un navire, qu'il soit de bois, d'acier ou de plastique, est appelé *skin* en anglais (« peau »).

Même si cette peau avait parfois besoin d'être remplacée, la carcasse durait longtemps et les bois servaient pendant des générations. L'élasticité de la charpente limitait la longueur totale à environ 25 mètres. Toutefois, cette même souplesse permettait au navire de tenir exceptionnellement bien la mer parce que la coque pouvait « travailler » en eau houleuse.

Les pagaies et les avirons, qui suffisaient à assurer la propulsion des petites embarcations dans des eaux plus ou moins protégées, se révélaient inadéquats pour les navires hauturiers, si bien que domestiquer le vent devint une nécessité. Le gréement adopté par les insulaires (encore en usage à bord des grands *curraghs* irlandais jusqu'au XVIIIe siècle) avait pour élément essentiel une grande voile carrée qu'on orientait de façon que le vaisseau pût remonter au vent ou courir vent arrière. L'efficacité de la voile carrée ne doit pas être sous-estimée. Les meilleurs navires à voile jamais construits furent les grands voiliers gréés en carré de la fin du XIXe siècle et du début du XXe ; certains d'entre eux battaient des vapeurs à la course sur le long trajet de la Grande-Bretagne à l'Australie.

Nous ne savons pas jusqu'où s'aventurèrent les insulaires, ni à quelle date, mais vers 3000 avant J.-C., ils partageaient avec certains peuples méditerranéens divers éléments culturels tels les cercles de pierres, les chambres funéraires et les pierres levées.

On croyait autrefois que cette tradition mégalithique tirait son origine de la Méditerranée, peut-être des Mycéniens ; mais aujourd'hui certains soupçonnent que cette tradition a pu *commencer* dans le nord pour se répandre vers le sud.

Les vestiges d'une culture mégalithique sophistiquée, qui atteignit son apogée entre 3000 et 2700 avant J.-C., sont encore bien visibles aux îles du Nord. Dans les Orcades occidentales à elles seules, ces restes incluent deux grands cercles de pierres délimités par des monolithes massifs à la manière de Stonehenge, un certain nombre de grandes pierres levées indépendantes et l'une des constructions mégalithiques les plus impressionnantes qui ait survécu : la chambre funéraire monumentale connue sous le nom de Maeshowe.

Ces constructions, et d'autres encore, démontrent que les insulaires de jadis jouissaient d'une prospérité et de temps libres suffisants pour céder à la tendance naturelle qui incite l'humanité à élever des monuments de grande envergure. On estime que la construction du seul ensemble de Maeshowe n'exigea pas moins de un quart de million d'heures-hommes !

Dès les temps les plus reculés, les insulaires furent en contact avec des peuples lointains, dont ils obtinrent des outils de bronze, des poteries supérieures à celles qu'on tirait de l'argile des îles, des bijoux exotiques, notamment des disques solaires en or, du jais noir, de la jadéite verte des Alpes et de l'ambre.

Deux questions se posent. Que pouvaient donc produire les insulaires pour qu'on leur donnât en échange pareils objets de valeur ? Et comment pouvaient-ils se permettre de consacrer tant de main-d'œuvre à la construction de monuments ?

Les îles elles-mêmes ne recelaient pas de richesses naturelles d'origine terrestre : nul gisement de minerai important, nulles pierres précieuses. En outre, leur production de subsistance, tirée d'une terre pauvre sous un climat rigoureux, ne pouvait guère générer de richesses sous forme de surplus de produits agricoles.

Que dire alors des mers environnantes ? Elles n'offraient aucun de ces fabuleux trésors qu'on trouve dans les eaux plus chaudes, comme les perles ou les murex dont on tirait la riche teinture pourpre si prisée dans les pays méditerranéens.

Pourtant, il existait bel et bien d'abondantes richesses dans ces eaux nordiques et les aborigènes des îles apprirent très tôt à les récolter et à en faire bon usage.

CHAPITRE III

LES VACHES MARINES

C'est par un jour de juin, il y a cinq mille ans. Le ciel des Orcades est strié de cirrus en fins filaments. Un souffle de brise en provenance de l'est annonce du gros temps, mais pour le moment le soleil brille d'un éclat doré.

Sur l'île de Sanday s'étend, sur plusieurs kilomètres, une plage couleur de safran pareille à une lame qui s'affûterait aux rouleaux puissants de la mer. Ce cimeterre scintillant est terni çà et là par des taches d'aspect rugueux qui couvrent plusieurs hectares. Chaque tache est constituée de centaines d'énormes créatures cylindriques, si bien pressées les unes contre les autres qu'elles ne forment en fait qu'une seule entité. La plupart sont vautrées sur le dos, léthargiques, sans souci d'exposer au soleil leur ventre dont le rose commence à luire d'un éclat cuivré inquiétant.

Avec leurs yeux saillants, leurs moustaches hérissées, leurs bajoues sillonnées de plis profonds, ces bêtes évoquent une multitude de colonels Blimp – à ceci près que chaque animal, quel qu'en soit l'âge ou le sexe, arbore une étincelante paire de défenses incurvées vers le bas. Celles des plus gros mâles sont aussi longues et aussi grosses que le bras d'un homme. Elles brillent dans la lumière vive du soleil et confèrent à ces lourdes créatures une aura de puissance primitive.*

Si formidables qu'elles paraissent, ces bêtes ont néanmoins un côté sympathique, créatures pataudes entassées sur l'interminable plage comme autant de vacanciers d'âge mûr. Peut-être sont-elles sympathiques parce qu'elles semblent, de toute évidence, si heureuses de vivre. Elles ne se prélassent pas toutes sur le sable. Juste derrière les brisants, de petits

---

* N.D.T. : Personnage d'officier ultraconservateur créé par le dessinateur David Low.

groupes de femelles baignent leur peau tannée par le soleil tout en surveillant d'un œil alerte les petits qui batifolent dans les vagues.

Dans l'eau, ces animaux imposants se transforment ; lisses et souples, ils sont les maîtres de l'élément aquatique et ils n'auraient aucune raison d'en sortir si ce n'était des nécessités de la mise bas, des joies du sexe et des bains de soleil. L'eau est leur véritable élément et l'a toujours été, depuis le jour où leurs ancêtres rejetèrent la vie terrestre il y a quelques millions d'années.

LONGS de plus de quatre mètres, dotés d'une superbe musculature, protégés par un cuir aussi résistant qu'une armure, les morses adultes n'ont rien à craindre dans l'océan. Grégaires, pacifiques sauf lorsqu'ils se portent à la défense de leurs petits et de leurs congénères, ils vivaient autrefois en troupeaux nombreux et étaient très répandus dans tous les océans nordiques.

On leur a donné de multiples noms. Les Esquimaux les appelaient *aivalik* ; les Russes, *morse* ; les Scandinaves, *hvalross* ; les anglophones les ont baptisés *walrus*, *sea-cows* et *sea-horses* ; en français, on les surnommait aussi vaches marines.

Quel que soit le nom qu'on leur ait donné, les morses ont constitué une importante source de richesse pour les humains depuis la plus lointaine antiquité.

Un jour, au musée de l'Institut arctique et antarctique de Leningrad, un archéologue sibérien m'a montré un morceau d'os jauni, sculpté de motifs complexes.

« Qu'est-ce que c'est, à votre avis ?

– De l'ivoire ? hasardai-je. D'éléphant, ou peut-être de mammouth ?

– De l'ivoire, *da*. C'est une poignée d'épée trouvée au cours d'une fouille en Astrakhan, sur l'ancienne route commerciale de la Perse. Mais ce n'est pas de l'ivoire d'éléphant ni de mammouth. C'est de l'ivoire de morse. Vous savez sans doute que les défenses de morse ont été très longtemps la principale source d'ivoire dans le nord de l'Asie et de l'Europe. Parfois, elles valaient même plus que leur pesant d'or. »

Il poursuivit en me racontant l'histoire d'un prince moscovite capturé par les Tartares, dont la rançon fut fixée à 114 livres d'or – ou au même poids de défenses de morse. Il ne s'agit pas d'un exemple isolé. Depuis des temps très anciens, et même encore au XVIIe siècle, l'ivoire de morse, ou rohart, fut l'un des articles de luxe les plus recherchés et les plus prisés du monde civilisé. Compactes, faciles à transporter, les dents de morse à l'état naturel servaient de monnaie, tels des lingots,

On choisissait l'ivoire de morse, ou rohart, pour les sculptures les plus coûteuses et les plus ciselées, comme ces pièces d'un jeu d'échecs des Hébrides extérieures.

ou, sculptées, devenaient des objets précieux – certains purement ornementaux ; d'autres plus utilitaires, comme les pommeaux d'épée ou les manches de poignard ; d'autres encore avaient un usage religieux, notamment les symboles phalliques des cultes de la fécondité.

« La dent du morse, continua l'archéologue, était de l'or blanc depuis des temps immémoriaux. Rien, ni métaux précieux, ni gemmes, ni épices, ni *valuta* d'aucune sorte n'était plus recherché [1]. Bizarre que des monstres aussi hideux aient été la source de tant de richesses. »

Les richesses qu'on tirait des morses ne se limitaient pas à l'ivoire. Le cuir, épais de plus de deux centimètres, qu'on obtenait en traitant les peaux des vieux mâles, pouvait arrêter les balles de mousquet et offrir autant de résistance aux armes d'estoc et de taille que le bronze. Pendant des dizaines de siècles, le cuir de morse fut le matériau préféré des armuriers et de leur clientèle de guerriers.

La peau avait également d'autres usages. Divisée en deux ou même en trois épaisseurs, elle fournissait un excellent matériau de revêtement pour la coque des navires. Une lanière étroite, taillée en spirale dans une seule peau, pouvait donner une courroie continue de 60 mètres de longueur. Découpée dans la « ronde », une telle courroie devenait une corde aussi souple, aussi durable que celles qu'on fabriquait avec les meilleures fibres végétales, et elle était beaucoup plus résistante. En fait, la corde de peau de morse demeura le cordage et le filin préférés à bord de certains vaisseaux du nord de l'Europe et de l'Asie jusqu'au XVIe siècle.

Bien que la population de morses soit aujourd'hui presque strictement limitée aux eaux de l'Arctique, on trouvait jadis ces animaux plus loin au sud, jusqu'au golfe de Gascogne en Europe et jusqu'à Cape Cod de l'autre côté de l'Atlantique. Cependant, à mesure que les hommes devenaient plus nombreux, plus avides, à mesure que le rohart gagnait en valeur, les troupeaux les plus méridionaux étaient exterminés un à un[2].

L'après-midi tirait à sa fin quand le patron du Hauturier, *pour rentrer au port, pilota son navire dans le mascaret qui surgissait de l'étroit bras de mer entre Unst et Yell. Des tourbillons d'eau poussèrent brutalement le vaisseau ; l'équipage regardait avidement les rives familières. La fumée âcre des feux de tourbe s'échappait en spirales légères des toits des fermes aux murs de pierre et de terre, éparpillées le long des pentes vertes. Çà et là, une petite silhouette agitait la main au passage du navire.*

Un homme d'équipage regarda par hasard par-dessus la proue.

« Une vache marine ! » s'écria-t-il ébahi.

Tous les matelots tendirent le cou et aperçurent une bête qui n'aurait guère mérité qu'un coup d'œil à Tilli. Ici, c'était du nouveau. Les hommes poussèrent des cris et saluèrent de la main le morse mâle, qui se souleva à moitié hors de l'eau pour regarder les humains. Le patron, à la barre, n'eut que le temps d'entrevoir une grosse tête bombée, des yeux bulbeux et l'éclat de l'ivoire ; déjà la bête plongeait. Il rit tout haut d'être ainsi salué à son retour au port par une créature devenue si rare dans les îles que dix années s'étaient écoulées depuis sa dernière apparition.

D'après les anciens, la mer autour des îles du Nord regorgeait autrefois de vaches marines. Au printemps, elles se massaient par milliers sur le moindre coin de plage. Ayant lui-même été témoin de pareils spectacles sur les grèves lointaines de Tilli, le patron ne pouvait douter que les morses eussent été jadis une présence banale autour des îles de chez lui.

Sa vision évoqua les souvenirs des gens de son peuple.

Au début, les hommes ne touchaient presque jamais aux vaches marines. Les pêcheurs dans leurs petites embarcations passaient à distance sûre car ces bêtes pouvaient être mortellement dangereuses si on les dérangeait. À l'occasion, il arrivait qu'un téméraire tuât un jeune morse qui s'était écarté des multitudes qui se chauffaient au soleil sur une plage.

Mais pareil geste était inutilement risqué puisque la nourriture ne manquait pas; les eaux grouillaient de phoques et de poissons. En outre, ces énormes créatures qui vivaient entre terre et mer avaient un lien totémique avec les insulaires et étaient pour ainsi dire sacrés.

Les humains et les morses avaient partagé sans heurt les îles du Nord et les eaux environnantes jusqu'au jour où, un certain été, des milliers d'années plus tôt, un groupe d'insulaires s'embarqua pour un voyage aventureux vers le sud.

Les voyageurs espéraient acquérir un peu de ce métal jaune et dur qu'on obtenait en alliant l'étain et le cuivre. À l'époque, le bronze était encore si rare dans le nord que peu d'insulaires en avaient même vu, quoique tous eussent entendu parler de ses qualités extraordinaires.

Les habitants de la première côte que les voyageurs atteignirent sur le continent ne possédaient qu'un peu de bronze et n'avaient pas de surplus à troquer. Mais ils connaissaient d'autres peuples plus loin au sud qui, croyaient-ils, en étaient abondamment nantis. Les insulaires reprirent donc la mer et longèrent des côtes inconnues jusqu'au jour où ils découvrirent un établissement si grand qu'ils eurent peur de l'approcher.

Des maisons de claies couvertes de torchis étaient regroupées dans un pré au fond d'une baie où, sur une vaste plage de sable, étaient tirés plusieurs bateaux de bois. Tandis que les insulaires, pleins d'appréhension, levaient leurs avirons, des gens sortaient des maisons et accouraient sur la plage en criant et en gesticulant. Ils parlaient une langue inconnue mais ne brandissaient aucune arme et semblaient inviter les étrangers à débarquer.

Non sans hésitation, les insulaires tirèrent au sec leur gros bateau recouvert de peaux. L'accueil fut amical et les voyageurs, à leur grande joie, virent que de nombreux habitants portaient des ornements et des couteaux de métal jaune. La joie se changea en déception quand ils constatèrent que les marchandises qu'ils avaient apportées, les outils de silex taillés avec soin, les marmites de stéatite, les sacs de peau remplis de duvet d'eider et de laine filée, ne leur rapportaient en échange qu'un morceau de bronze long comme le doigt.

Leurs espoirs semblaient anéantis quand le chef de l'endroit désigna du doigt une magnifique défense de morse fixée à la proue du vaisseau des insulaires – et il leur offrit un couteau de bronze en échange. Après quelque hésitation, car la défense était le talisman du vaisseau, les insulaires acceptèrent le marché. Une fois le troc conclu, le chef fit comprendre aux visiteurs que des étrangers, plus loin encore au sud, avaient du bronze à profusion et l'échangeaient contre des objets rares et beaux… or, quel objet était plus rare, ou plus beau, que l'ivoire apporté par les insulaires?

En cette occasion, les voyageurs rentrèrent chez eux les mains presque vides, mais ils avaient fait la connaissance d'un monde où l'on pouvait obtenir du bronze en échange de défenses de morse.

Au début, les insulaires se contentèrent de parcourir leurs propres rivages et leurs dunes, à la recherche de défenses d'animaux morts depuis longtemps. Ils transportèrent l'ivoire vers le sud jusqu'aux rives lointaines de la mer d'Irlande, où ils le troquèrent contre des outils, des ustensiles et des ornements. À mesure que les gens convoitaient davantage le bronze, l'ivoire « trouvé » se faisait plus rare. Inévitablement vint le jour où les insulaires s'attaquèrent aux êtres vivants porteurs de leur talisman – et ce fut le début d'un massacre qui allait rougir de sang maintes plages du monde nordique pendant les siècles à venir.

Aucun écrit n'est parvenu jusqu'à nous pour nous apprendre comment les insulaires procédaient à l'abattage, mais nous savons comment les chasseurs de morse modernes exécutaient leur sanglante besogne.

En 1603, un vaisseau anglais, propriété de la Muscovy Company, relâcha par hasard à la petite île aux Ours dans l'océan Arctique, entre le Spitzberg et la Norvège. Jonas Poole, un membre de l'équipage, nota dans son journal ce qui arriva ensuite.

> Nous découvrîmes une baie sablonneuse où nous mouillâmes. Nous n'avions point encore ferlé les voiles que nous vîmes un grand nombre de morses qui nageaient près du navire, et entendîmes en outre un si grand fracas de rugissements qu'on eût dit cent lions rassemblés. Il nous parut fort singulier de voir pareille multitude de monstres des mers couchés et massés comme des pourceaux sur la plage.

Voir les bêtes était une chose. Les attaquer était une tout autre affaire. Ces hommes ne savaient presque rien des morses et ils en avaient peur.

> Enfin nous déchargeâmes sur eux nos fusils, sans savoir s'ils étaient rapides coureurs et se pouvaient jeter sur nous.

Les fusils à canon lisse s'avérèrent inefficaces en général contre les crânes massifs et la peau blindée des morses.

> Certains, alors qu'ils étaient blessés dans la chair, ne faisaient que lever les yeux et se coucher de nouveau. Et certains s'en allaient dans la

> mer avec cinq ou six balles de fusil dans le corps, tant il est vrai qu'ils ont une force incroyable. Quand toutes nos balles furent épuisées nous leur crevâmes les yeux avec du petit plomb, et approchâmes alors par le côté aveugle des bêtes et, avec la hache de notre charpentier, leur tranchâmes la tête. Mais nous eûmes beau besogner, nous n'en tuâmes que 15.

L'ivoire, ainsi que l'huile extraite de la graisse de ces 15 animaux, excitèrent la convoitise de la Muscovy Company, qui envoya le navire tout droit à l'île aux Ours l'été suivant. L'équipage avait reçu des leçons sur la façon dont on procédait ailleurs.

> L'année dernière nous tuions à balles, sans songer qu'un javelot pouvait percer leur peau, alors qu'aujourd'hui nous trouvâmes le contraire, pourvu que l'arme fût bien maniée ; sans quoi un homme peut pousser son fer de toute sa force sans pénétrer la peau ; ou s'il y parvient il gâchera sa lance sur les os ; ou bien, d'un coup de leurs pattes de devant, les bêtes feront ployer la lance et la briseront.

Tout en se faisant la main à l'ouvrage, les hommes de Poole tuèrent environ 400 morses et regagnèrent leur port avec 11 tonneaux d'huile et plusieurs barils d'ivoire. Lorsqu'ils revinrent à l'île aux Ours l'année suivante, ils étaient de véritables professionnels. Par une journée typique, Jonas Poole, à la tête d'une troupe de 11 hommes, avançait en suivant la ligne du rivage sur une plage peuplée de morses en laissant un homme tous les 20 mètres environ, jusqu'au moment où il rencontrait le chef d'un groupe semblable arrivant en sens inverse, de manière à « encercler les morses afin qu'aucun d'entre eux ne pût rejoindre la mer ».

La ligne de chasseurs avançait ensuite vers la terre ferme et les hommes frappaient tous les morses à leur portée à la gorge ou au ventre ; ils déclenchaient une telle panique que les grosses bêtes affolées s'éloignaient, en se tortillant, de leur unique espoir de refuge : la mer. Lorsqu'elles s'arrêtaient, épuisées, on les achevait à la pointe du javelot et à coups de hache.

> En moins de six heures nous eûmes occis environ 600 ou 800 bêtes [...]. Pendant dix jours nous travaillâmes ferme à ce métier et nous emplîmes 22 tonneaux de l'huile des morses et 3 barriques de leurs dents.

Huit ans après la première visite de Poole à l'île aux Ours, 30 000 à 40 000 morses avaient été abattus et il en restait si peu qu'il ne valait plus la peine de les chasser.

Un massacre encore pire se déroula dans les eaux du Nouveau Monde, plus précisément dans le golfe du Saint-Laurent, où chaque année plus de 100 000 vaches marines se massaient sur les plages dans les seules îles de la Madeleine. En 1765, un officier de la Royal Navy rédigea un rapport sur l'abattage qui avait lieu dans ces îles.

> Quand un grand nombre de vaches marines sont assemblées sur une plage, elles sont suivies par d'autres qui sortent de la mer et qui, pour se ménager une place, poussent les bêtes qui les précèdent avec leurs défenses. Les dernières sont poussées par d'autres jusqu'à ce que les vaches marines les plus éloignées de l'eau se retrouvent si loin à l'intérieur des terres que même les dernières arrivées ont assez d'espace pour s'installer sur le sol.
>
> Lorsque les échouries, comme on appelle ces plages, sont si pleines que les chasseurs peuvent isoler 300 ou 400 bêtes, 10 ou 12 hommes se tiennent prêts avec des perches d'environ 12 pieds de long. L'assaut est donné la nuit et la chose la plus importante à observer est le vent, qui doit toujours souffler en provenance des animaux pour éviter que les chasseurs ne soient découverts.
>
> Quand ils se sont approchés à 300 ou 400 verges de l'échourie, cinq hommes sont envoyés de l'avant avec des perches. Ceux-ci progressent à quatre pattes jusqu'à ce qu'ils atteignent le flanc du troupeau. La raison de cette manœuvre est que, si les vaches marines avaient la moindre appréhension de l'attaque, elles se retourneraient pour se retirer dans l'eau, auquel cas, loin de pouvoir les arrêter, les hommes seraient encore fort heureux de se sauver eux-mêmes et risqueraient de périr écrasés ou noyés.
>
> Étant prêt à attaquer, le premier homme donne à la vache marine qui se trouve devant lui un léger coup de perche sur la croupe, en imitant de son mieux les poussées qu'elles se donnent les unes aux autres. Puis il fait de même avec la bête suivante en la faisant avancer vers le fond de la plage ; pendant ce temps l'un de ses compagnons le protège des vaches marines qui se trouvent entre lui et la mer.
>
> Ils continuent ainsi jusqu'à l'autre extrémité de l'échourie, et ce faisant ils ouvrent un passage qu'ils appellent la coupe. Tout ce temps, ils ont observé le plus parfait silence, mais à présent ils se mettent à crier taïaut et à produire le plus grand bruit qu'ils peuvent pour

> effrayer et alarmer les vaches marines. Tous les hommes se postent alors en ligne le long de la coupe, poussant et frappant les vaches marines pour les empêcher de se rabattre vers la mer. Les bêtes qui accourent du fond de la plage se voient couper la retraite par les hommes qui rouent de coups et poussent vers elles les bêtes situées plus près de la mer, et la collision des deux groupes forme un amoncellement de corps de 20 pieds de hauteur et davantage.
>
> Les hommes continuent à manier leurs perches jusqu'à ce que les bêtes complètement épuisées renoncent à toute tentative de fuite, après quoi elles sont divisées en groupes de 30 à 40 têtes et conduites vers l'intérieur des terres jusqu'à un endroit situé en général à un mille des échouries, où elles sont abattues.

Près de 25 000 morses étaient tués chaque année sur les plages des îles de la Madeleine au XVIIIe siècle. Quand, en 1798, un autre officier de la marine britannique fut envoyé aux îles pour évaluer l'état des pêcheries de vaches marines, il rendit compte à ses supérieurs : « J'ai l'extrême regret de vous annoncer que la pêche aux vaches marines sur ces îles est entièrement réduite à néant. »

Les habitants des îles du Nord employaient probablement des méthodes de chasse analogues. Leurs tueries n'avaient peut-être pas l'ampleur des boucheries de masse perpétrées aux temps modernes ; néanmoins, chaque printemps, les plages des Orcades, des Shetland et des Hébrides étaient sans doute imbibées de sang, et chaque printemps les vaches marines reparaissaient moins nombreuses sur les côtes. Ici, comme ce fut le cas plus tard dans le golfe du Saint-Laurent, les troupeaux qui jadis comptaient des centaines de milliers de têtes se réduisirent à des dizaines de milliers, puis à quelques milliers, et finalement à rien du tout.

La population de morses diminuait donc à mesure que la population humaine des îles s'accroissait – et que les gens convoitaient davantage les biens importés, notamment les ornements d'or et d'argent, les pierres gemmes, les poteries, le bois, le fer et l'ambre. La demande d'ivoire augmentait inexorablement. Au milieu du premier millénaire avant J.-C., seule une petite population de morses survivait encore dans les îles du nord et de l'ouest de la Grande-Bretagne. Pourtant, ce qui subsista de ces animaux fut autre chose qu'un souvenir. Au IVe siècle avant J.-C., quand les îles du Nord furent mentionnées pour la première fois dans les chroniques, elles portaient le nom d'Orcadies – îles des Orcas –, mot grec signifiant « monstres de la mer ». On ne peut guère douter que les morses étaient ces monstres marins qui donnèrent leur nom à ces îles lointaines[3].

À quelque 320 kilomètres au nord-ouest des Hébrides extérieures, des Orcades et des Shetland, et presque à égale distance d'elles toutes, un autre archipel émerge des fonds marins. Autrefois appelées îles aux Oiseaux, aujourd'hui îles Féroé, les terres de cet archipel ne sont qu'une série de pics abrupts et déchiquetés séparés les uns des autres par d'insondables abysses, bras de mer étroits où bouillonnent de violents courants de marée.

Plus grand que les Orcades ou les Shetland, l'archipel des Féroé se compose surtout d'îles presque verticales, offrant peu d'attraits pour des colons. Toutefois, des millions d'oiseaux de mer nichent sur ses nombreuses falaises et, aux temps anciens, la mer environnante foisonnait de baleines, de phoques… et de morses.

Les habitants des îles du Nord connaissaient sans doute l'existence des Féroé depuis fort longtemps. Par beau temps, leurs pics de 900 mètres sont visibles à près de 100 kilomètres au large et les cumulus révélateurs qui les environnent en été peuvent être aperçus de deux fois plus loin. Même si aucun marin des îles n'avait été poussé assez loin par le vent pour apercevoir effectivement les Féroé, les gens savaient pourtant qu'il y avait des terres de ce côté à cause des immenses vols de canards, d'oies, de cygnes et d'autres oiseaux migrateurs qui se dirigeaient vers le nord-ouest des Shetland chaque printemps pour revenir du même point chaque automne.

On pouvait atteindre les Féroé à partir des trois archipels en deux ou trois jours de navigation[4]. Nous pouvons affirmer que, les morses se faisant rares dans les eaux familières, les insulaires se rendirent certainement aux Féroé pour chercher d'autres troupeaux.

Chasser le morse aux Féroé était sans doute plus difficile que chez eux. Comme me l'a expliqué un patron de pêche de ces îles qui, dans sa jeunesse, chassait le morse au Svalbard (au Spitzberg) :

« *Ya*, pour sûr qu'il y avait des *hvalross* dans nos îles à une certaine époque. Mais on ne pouvait pas les capturer sur les plages, parce qu'il n'y a pas beaucoup de plages. Faut les chasser à notre manière à nous autres au Svalbard : trouver un tas de monstres qui se reposent sur des rochers et leur foncer dessus en bateau en arrivant du large. Avec le soleil par-derrière pour qu'ils ne nous voient pas trop vite. Quand on est tout près on tire dans la tête, mais il faut être bon tireur parce que la tête fait une petite cible dure comme du fer. On chasse aussi au harpon avec une bonne corde solide. Quand le *hvalross* est fatigué, on tire le bateau jusqu'à lui et on lui cogne sur la tête avec une hache ou un maillet. Des fois il fonce sur le bateau, alors attention ! J'ai vu des défenses transpercer une quille de chêne de sept ou huit centimètres et passer au travers d'une planche de pin… comme dans du beurre. Je ne voudrais pas essayer ce genre de pêche-là à bord d'un bateau recouvert de peaux ! »

Les insulaires ne voulaient sans doute pas s'y risquer eux non plus. Même s'ils possédaient des harpons et des lances munies de pointes de quartz plus affilées que les meilleures pointes d'acier, chasser le morse sur l'eau restait sans doute une entreprise risquée et peu rentable.

Abstraction faite de ces difficultés, la poursuite systématique des morses aux îles Féroé se solda par un résultat prévisible. La population de vaches marines finit par devenir si faible qu'il ne valait plus la peine de chasser.

L'automne s'annonçait précoce. Déjà, de grands vols de cygnes et d'oies parcouraient le ciel en provenance du nord-ouest ; certains descendaient en spirale et se posaient brièvement sur les îles aux Oiseaux ; d'autres poursuivaient leur route vers le sud.

Deux marins de Fetlar flânaient ensemble sur le rivage de l'île au Sable, ainsi nommée parce qu'elle comptait l'une des très rares plages de sable des Féroé. Les deux hommes écoutaient et contemplaient les vols de cygnes sauvages, d'oies cendrées et d'oies à bec court qui semblaient passer sans fin au-dessus de leurs têtes ; l'aube était pleine de voix sonores.

« Un de ces jours, dit le plus jeune, songeur, quelqu'un va pourtant suivre le chemin des cygnes pour aller jusqu'aux terres dont viennent ces oiseaux-là. Il y en a tellement ! Il faut que ce soit un grand pays. »

Le plus vieux fixa l'ouest par-delà l'immensité de l'océan ; il hocha la tête.

« Peut-être bien… mais qui sait ? Personne n'est jamais allé aussi loin.

– Ce n'était pas nécessaire jusqu'ici, répliqua le plus jeune avec une certaine âpreté. Avant, il y avait plein de vaches marines chez nous, et même ici dans les îles aux Oiseaux. À présent, elles ont presque disparu, et où y en aurait-il sinon à l'ouest ? On devrait les chercher par là. »

L'odeur âcre d'un feu d'algues trempées dans l'huile de phoque assaillit leurs narines. Ils firent demi-tour et marchèrent jusqu'à un replat caillouteux, à une centaine de mètres de l'eau, où leur navire, retourné sur une fondation de pierres et de mottes de gazon, leur tenait lieu de maison pour l'été. Plusieurs de leurs compagnons s'affairaient aux environs, entretenant le feu qui fumait, préparant le repas du matin.

Ils étaient d'humeur maussade. La chasse saisonnière avait été la plus mauvaise de mémoire d'homme. Naguère, au printemps, une bonne douzaine de vaisseaux naviguaient jusqu'aux îles aux Oiseaux et regagnaient leur port à l'automne lourdement chargés d'huile, de peaux et d'ivoire. Cette année, deux vaisseaux seulement s'étaient donné la peine de faire le voyage, un des Shetland et un des Hébrides extérieures. Les deux équipages n'avaient trouvé que quelques vaches marines vautrées çà et là sur les rares plages propices. Et c'étaient surtout des jeunes ou des femelles; leurs défenses étaient petites. En outre, les bêtes étaient si prudentes qu'elles étaient presque inapprochables. Ensemble, les deux équipages n'avaient pas abattu 20 morses sur les plages. À leurs risques et périls, ils en avaient tué une demi-douzaine d'autres dans l'eau, à coups de lance, mais somme toute la chasse avait été un échec. Dégoûtés, les gens des Hébrides étaient déjà rentrés.

Ce soir-là, devant un plat de viande de phoque bouillie, le jeune homme qui avait parlé d'aller plus loin vers l'ouest revint hardiment sur ce sujet. Les autres l'écoutèrent attentivement. L'un des anciens hasarda l'opinion que la terre où nichaient les oies et les cygnes était peut-être dangereusement lointaine.

« L'homme va partout où vont les créatures inférieures ! lança un jeune gaillard avec mépris. Il n'y a plus de vaches marines dans ces eaux-ci. Il faut qu'elles soient quelque part, et où, sinon à l'ouest ? Notre vaisseau est le meilleur navire de haute mer des îles ! Qu'est-ce qui nous retient ? »

La discussion se poursuivit tard dans la semi-obscurité de la nuit. Finalement, on convint que, si le temps s'annonçait beau à l'aube, on irait en reconnaissance vers le nord-ouest à une journée de navigation hors de vue du plus haut sommet des îles aux Oiseaux. Une fois là, s'il y avait trace d'une terre nouvelle devant, on pourrait continuer. Ou faire demi-tour.

À l'aurore, le ciel était clair et une brise égale soufflait du sud-ouest. Après un repas hâtif, les hommes soulevèrent leur navire de sa fondation à l'aide d'un levier, le retournèrent et, moitié portant, moitié traînant, gagnèrent la plage. Le feu de cuisine fumait encore lorsqu'ils mirent le navire à l'eau et le chargèrent. Voile bordée pour mieux prendre le vent de travers, le navire cingla léger vers le nord-ouest; un friselis d'écume blanche dansait sur le taille-mer.

Le beau temps persistait et le vaisseau filait à vive allure en attaquant avec aisance les longues vagues. Quand le soleil plongea sous l'horizon pour une brève période avant de reparaître, le plus haut sommet des Féroé était à peine visible à l'arrière.

Il n'y avait rien à voir devant, sinon le vide de l'océan. Le patron maintenait le cap et pas un homme ne rouspétait. Personne ne voulait passer pour timoré.

Quand trois heures plus tard le soleil se leva, il n'y avait plus une terre en vue. Le beau temps persistait toujours. Et même, il s'améliorait ; la brise vira au sud. L'aube amena les vols de cygnes et d'oies qui filaient là-haut vers le sud-est, comme pour confirmer que le navire allait dans la bonne direction.

La tension montait à mesure que la journée passait. Tout là-haut, des nuages apparurent en pâles volutes, comme un avertissement ; le temps allait changer. L'eau grouillait de baleines – il y en avait tant que le timonier devait parfois changer de cap pour éviter les collisions. Mais il n'y avait pas trace de terre à l'horizon.

L'après-midi tirait à sa fin quand le patron prit sa décision. « Le vent va se lever et virer à l'ouest ce soir. Bientôt on l'aura de plein fouet… On va maintenir le cap jusqu'au coucher du soleil, puis faire demi-tour. »

Deux heures avant le couchant, ils rencontrèrent une mouvée de gros morses mâles, rassemblés comme pour barrer le passage au vaisseau. Les énormes bêtes se dressaient à demi hors de l'eau et jetaient au navire d'énigmatiques regards de défi.

Peu après, la vigie laissa échapper un beuglement :

« Terre devant ! *Non, grands dieux, ça n'a pas l'air d'une terre. Mais il y a que'que chose là-bas !* »

Avec appréhension, les hommes regardèrent la « chose » monter lentement à l'horizon. Au lieu d'une silhouette sombre se dessinant sur un ciel pâle, la présence massive qui se révélait peu à peu était d'un blanc spectral.

Beaucoup avaient la crainte au cœur, et pourtant pas un homme ne montrait ses sentiments. Le patron maintenait le cap d'une main ferme. La brise commençait à fraîchir et à virer au sud-ouest ; le navire montait et descendait avec la houle déjà plus forte. Le soleil semblait plonger tout droit dans la masse blanche là-devant, dont l'éclat devint si intense que les hommes ne pouvaient plus la regarder directement.

Soudain le patron ramena brutalement la barre pour étouffer la voile du vaisseau. Tandis que le navire perdait de la vitesse, l'équipage se pressait à l'avant et les voix formaient un murmure d'interrogation. Le patron hurla pour obtenir silence, puis lança :

« À présent, on décide ! Ce vent-là va souffler en tempête avant le matin. Si on fait demi-tour en vitesse, on trouvera peut-être un abri entre les îles aux Oiseaux. Si on continue vers ce pays blanc, les dieux seuls savent ce qui nous attend. À vous de décider ! »

Ce fut un moment crucial. Le jeune homme qui, le premier, avait suggéré de s'aventurer vers l'ouest, sauta sur le petit arrière-pont auprès du patron.

« Vous avez tous vu les vaches marines dans la mer ! C'est notre signe ! Il y en aura beaucoup d'autres là-devant… Moi, je dis… on continue ! »

C'est ainsi que, aux dernières lueurs du couchant, le navire des îles du Nord s'approcha avec prudence d'une terre nouvelle. Quand vint l'aurore, par ciel clair, les hommes virent qu'ils avaient atteint un pays ceinturé de monts sombres au milieu desquels trônait un sommet blanc et arrondi aux proportions écrasantes. Les côtes de ce monde singulier semblaient consister en d'interminables plages de sable noir qu'ils longèrent pendant une demi-journée, les montagnes les protégeant de ce qui devenait un coup de vent en règle. Les plages grouillaient de vaches marines, tout comme les eaux où cinglait le navire.

Vers midi, la vigie repéra une trouée dans les plages du littoral. En y entrant, ils trouvèrent un chenal qui pénétrait dans une vaste lagune. Une fois à l'intérieur, ils jetèrent l'ancre dans cet abri parfait. Puis ils mirent la chaloupe du navire à l'eau ; le patron et cinq hommes ramèrent jusqu'au rivage et débarquèrent dans la grande île nordique du milieu de l'océan, que les insulaires allaient désormais connaître sous le nom de Tilli.

Quant au vaisseau qui les avait conduits jusque-là, il allait devenir le premier à porter le nom de Hauturier… un nom qui devait se répercuter de génération en génération pendant plus d'un millénaire.

CHAPITRE IV

PYTHÉAS

Presque toutes nos connaissances de première main concernant la vie et l'histoire des anciens habitants de la Grande-Bretagne ont pour source le récit d'un remarquable périple entrepris vers 330 avant J.-C. par un voyageur grec appelé Pythéas.

Pythéas retint pour la première fois mon attention en 1938, à l'époque où, écolier vivant loin de la mer en Saskatchewan, je fus conduit à une conférence donnée par un explorateur de l'Arctique canadien, Vilhjalmur Stefansson. Il chanta les louanges de Pythéas ; il le tenait pour un des plus grands navigateurs de tous les temps. Par la suite, je rêvai souvent que j'accompagnais l'aventurier grec dans un monde arctique mystérieux, à plus de deux mille ans dans le passé.

Bien que Pythéas eût écrit un livre où il raconte son voyage, seuls quelques fragments ont survécu, la plupart dans de brefs commentaires d'auteurs classiques ultérieurs. Au XIXe siècle, il était de bon ton dans certains milieux, surtout scandinaves, de ridiculiser Pythéas et tous ses écrits, considérés comme des œuvres d'imagination. Toutefois, au XXe siècle, la majorité des historiens ont fini par admettre que l'homme et ses réalisations étaient bien réels. Pythéas n'en méritait pas moins.

Le récit des pages suivantes est ma reconstitution de son épique voyage.

Six siècles avant la naissance du Christ, des gens de Phocée, un État grec d'Asie Mineure, petit mais prospère, firent voile vers l'ouest et traversèrent la Méditerranée sur presque toute sa longueur pour aller fonder une colonie non loin de l'une des bouches du Rhône. Ils lui donnèrent le nom de Massalia. Elle devint un jour Marseille.

Hauturier – 15 mètres

Knorr viking – 15 mètres

Holkas grec – 15 mètres

Vaisseau marchand armoricain – 20 mètres

Galère romaine – 25 mètres

Vaisseaux de haute mer de jadis.

Les Phocéens se distinguaient de leurs compatriotes grecs par leur sens des affaires. Ils livraient une concurrence féroce aux Phéniciens, des Sémites du Liban qui, dès 800 avant J.-C., avaient pris la mer vers l'ouest pour fonder Carthage sur la côte nord-africaine. De là, ils parvinrent ensuite à contrôler la navigation maritime par les colonnes d'Hercule (détroit de Gibraltar) reliant la mer du Milieu à l'océan.

Les Phocéens fondèrent Massalia pour empêcher les Carthaginois de se rendre maîtres des routes commerciales de l'intérieur entre la Méditerranée et les contrées du nord jouxtant l'Atlantique. La situation géographique de Massalia permettait aux Phocéens de dominer les bassins de la Seine, de la Loire et du Rhône, et par conséquent le commerce avec les régions lointaines de l'ouest et du nord, jusqu'aux confins du monde connu.

À l'époque de la fondation de Massalia, des marchandises circulaient déjà depuis au moins deux millénaires entre les pays barbares du nord-ouest et l'Égypte, la Crète et Mycènes. Les perles de faïence, les outils et les armes de bronze, les poteries, les tissus fins et même le vin étaient acheminés en Grande-Bretagne et dans les ports de la mer du Nord et de la Baltique, à bord de vaisseaux qui longeaient les côtes du golfe de Gascogne ou de barques qui remontaient le Rhône puis descendaient les fleuves coulant vers l'ouest jusqu'à la côte atlantique. Les marchands rapportaient de l'or d'Irlande, de l'ambre de la Baltique, de l'étain – et de l'ivoire – de Grande-Bretagne.

À mesure que Carthage raffermissait son emprise sur les colonnes d'Hercule, le trafic fluvial en Gaule gagnait en importance ; en 400 avant J.-C., Massalia était devenue l'une des plaques tournantes du commerce méditerranéen.

Désormais riche, la cité des bouches du Rhône devint aussi célèbre pour ses physiciens, parmi lesquels figurait Pythéas. Mathématicien éminent, il fut le premier Grec à démontrer que les marées étaient contrôlées par la Lune, et le premier à mettre au point une méthode précise pour déterminer les latitudes relatives.

Je l'imagine agréablement replet (l'aristocratie massaliote aimait sans doute bien manger), de taille moyenne et d'âge mûr, les yeux bruns, le caractère décidé.

Pythéas, semble-t-il, était doué d'une insatiable curiosité. Toute sa vie, il avait vu arriver des navires exotiques dans son port natal ; il s'interrogeait sans doute sur les pays du nord et sur les peuples dont provenaient ces vaisseaux. La classe marchande qui gouvernait Massalia partageait certes le même intérêt pour ces questions, ne fût-ce que pour des raisons purement pratiques. Lorsque Pythéas décida qu'il lui fallait partir et voir de ses propres yeux les contrées hyperboréales, on lui fournit un navire robuste avec l'équipage et les provisions nécessaires à un long voyage.

Mais pourquoi un *navire* pour un trajet fluvial ?

Il semble que les Carthaginois, quelques dizaines d'années avant la fin du IVe siècle, aient brièvement assoupli le blocus des colonnes d'Hercule ; Pythéas en profita pour gagner le nord par la mer.

Son vaisseau était sans doute un *holkas*, le navire marchand le plus commun à l'époque ; long de 21 mètres, large de 6, pansu, renflé de l'avant, le navire était pesamment bâti en chêne et en pin. Il était muni de longs avirons qui lui permettaient de naviguer à la force des rames (quoique lentement) mais sa principale source motrice était une grande voile carrée à bordure libre grâce à laquelle il atteignait une vitesse de quatre ou cinq nœuds à la faveur d'un vent frais.

Le voyage débuta par une journée de printemps à la fin du IVe siècle avant J.-C. Tandis que le *holkas* longeait les côtes méditerranéennes de l'Espagne vers le sud-ouest, l'équipage prudent faisait le guet afin de repérer les galères carthaginoises. La chance sourit aux Massaliotes. Ils franchirent le détroit sans encombre, probablement de nuit, et l'aube les trouva en haute mer, en route vers le nord-ouest ; leur trajet était prévu de manière à passer au large de Gadès (aujourd'hui Cadix), la dernière place forte des Carthaginois au nord le long de la côte atlantique.

L'une des rares mesures de latitude faite par Pythéas au cours du voyage et parvenue jusqu'à nous correspond de près à la position de l'actuel Porto. Poursuivant sa route vers le nord, le *holkas* doubla le cap Finisterre, vira vers l'est et longea les côtes du golfe de Gascogne jusqu'à l'un des comptoirs établis par les Massaliotes à l'estuaire des fleuves jalonnant la côte atlantique. Le vaisseau jeta l'ancre l'espace d'un jour ou deux et Pythéas en profita pour recueillir auprès de ses compatriotes des renseignements sur la suite du trajet.

On lui apprit que les incursions des tribus belliqueuses du nord-est, que les Grecs appelaient Keltoi, se faisaient plus fréquentes et plus funestes pour les habitants de l'intérieur. Cependant, les indigènes qui peuplaient les côtes, désignés sous le nom d'Armoricains, se défendaient avec succès. Les Armoricains étaient connus comme d'excellents marins, nantis de bons navires, de ports bien défendus et d'armes efficaces.

Pythéas poursuivit sa route vers le nord. Non loin de l'extrémité occidentale de la France, il débarqua, afin de mesurer la latitude, sur une île située en territoire armoricain : Uxisama, aujourd'hui Ouessant. La latitude donnée par Pythéas comporte une erreur de moins de 50 kilomètres.

Uxisama était par tradition le point de départ des marchands qui traversaient la Manche : 160 kilomètres les séparaient de la grande île connue des Grecs et des Phéniciens sous le nom d'Alba [1]. Le capitaine du *holkas* mit le cap droit au nord et le navire laissa le continent derrière lui.

Après un jour et une nuit en mer, les Massaliotes aperçurent les hauteurs de la péninsule de Cornouailles. Ils firent escale quelque part le long de la côte sud, peut-être à Mount's Bay près de l'actuel Penzance, ou un peu plus à l'est, dans Falmouth Bay. C'étaient là deux ports où, depuis plus d'un millénaire, on expédiait l'étain de la Cornouailles aux fabricants de bronze de la Méditerranée.

Pythéas débarqua et voyagea dans l'intérieur, histoire de visiter quelques mines d'étain et de satisfaire sa curiosité à l'égard des coutumes des gens du pays, qu'il appelait autochtones, c'est-à-dire « aborigènes ».

Jusque-là, il n'avait pas mis le pied en terre inconnue, mais à présent des territoires nouveaux l'attendaient au nord. Les peuples d'Hyperborée (« le pays au delà de la source du vent du nord ») avaient toujours apporté leurs marchandises vers le sud pour les troquer contre celles des marchands méditerranéens aux îles Œstrimnides, près de l'extrémité sud-ouest de la Grande-Bretagne. Le poète romain Avienus, citant des extraits d'un *periplus* carthaginois (instructions nautiques établies par un marin) du VIe siècle avant J.-C., décrivait ce lieu de rendez-vous comme suit :

> Aux Œstrimnides se rassemblent maints hommes entreprenants qui s'adonnent au commerce et parcourent l'océan en tous sens en affrontant ses créatures monstrueuses à bord de petits navires. Ils ne s'entendent pas à construire des navires de bois à la manière habituelle. Chose incroyable, ils construisent leurs bateaux avec des peaux de bêtes cousues ensemble et effectuent des trajets en haute mer à bord de ces embarcations. À deux jours de navigation au nord [des Œstrimnides] se trouve la grande île jadis appelée île des Saints [Irlande], où vivent les Hiernes, île qui jouxte celle d'Alba [Grande-Bretagne continentale].

C'est aux Œstrimnides (aujourd'hui îles Sorlingues) que se rendit Pythéas après son excursion en Cornouailles. Dans ces îles, il rencontra des marchands natifs d'Hyperborée, qui étaient descendus dans le sud à bord de leurs gros vaisseaux recouverts de peaux. Ils firent bon accueil à Pythéas car non seulement les Grecs offraient un débouché aux marchandises nordiques tel le rohart, mais ils étaient d'importants fournisseurs de produits du sud fort convoités, notamment le vin.

Pythéas se mêla aux hommes du nord à l'occasion de ce qui était, en fait, la foire des îles Sorlingues. Quand il fit savoir qu'il désirait vivement visiter leur pays natal, certains Albains du Nord l'invitèrent à faire voile vers le septentrion en leur compagnie.

Et c'est ainsi, par un jour d'été, qu'une petite flotte de vaisseaux recouverts de peaux et un *holkas* massaliote se dirigèrent vers la mer d'Irlande en naviguant de conserve.

Un problème se présenta bientôt. En dépit de tous les efforts de l'équipage, le *holkas* ne parvenait pas à soutenir l'allure rapide des vaisseaux recouverts de peaux. Dès qu'une brise soufflait, le *holkas* tirait de l'arrière. Les Albains, polis, réduisirent un peu leur voilure.

La mesure de latitude qui nous est parvenue ensuite situe Pythéas aux environs de l'île de Man. Puis les navires quittèrent la mer d'Irlande pour s'engager dans les Minches. Ils commencèrent alors à rencontrer des pêcheurs et des chasseurs d'animaux marins en provenance des îles dont Pythéas transcrivit le nom par Ebudæ – « îles d'Ebud ». Aujourd'hui, on appelle ces îles les Hébrides.

À présent, les pays où dominaient les forêts étaient derrière eux et les Massaliotes se voyaient pénétrer dans un monde tout à fait inconnu. Des tourbières apparemment sans vie et des landes couvertes de bruyère se déroulaient entre des rivages rocheux et des montagnes arides. Pourtant, si la terre paraissait désolée, l'eau foisonnait de poissons, de phoques et de baleines. Peut-être, quelque part dans le North Minch, Pythéas eut-il la chance d'apercevoir le monstre marin aux défenses d'ivoire dont il avait tant entendu parler.

Sa mesure de latitude suivante fut faite à la hauteur du loch Broom, où les navires s'abritèrent d'une tempête. Leur arrivée attira des pêcheurs et des fermiers de toutes les communautés voisines. Quand les visiteurs reprirent la mer, ils étaient accompagnés par une flottille de petites embarcations des environs ; leurs équipages étaient aussi fascinés par le *holkas* et ses gens que les Massaliotes l'étaient à leur endroit.

Quoique fort différents par leurs vêtements, leur équipement et par maintes facettes de leur mode de vie, les insulaires et les Massaliotes se ressemblaient physiquement. Les hommes des deux peuples étaient de carrure frêle, mais forts et souples. Ils avaient tous les cheveux et les yeux noirs, la peau olivâtre. Ils étaient d'une nature vive et enjouée. En vérité, Pythéas eut l'impression que les Albains auraient pu être des cousins éloignés, n'eût été leur langue, qui était si différente du grec que toute communication devait avoir lieu par l'entremise d'interprètes.

Les vaisseaux doublèrent ensuite le cap Wrath et naviguèrent dans les eaux turbulentes du détroit de Pentland. Le continent albain s'éloignait au sud. Au nord s'étendaient les archipels jumeaux auxquels Pythéas donna un nom unique: Orcadies – «îles des Orcas». Selon Diodore de Sicile, un auteur grec du Ier siècle avant J.-C., Pythéas désigna également la pointe nord-est de la Grande-Bretagne continentale (aujourd'hui le Caithness) sous le nom de péninsule Orcadienne[2].

Un à un, les navires albains s'éloignaient vers leurs propres ports maintenant proches. Avec une escorte de plus en plus réduite, le *holkas* continuait sa route vers le nord en se faufilant par détroits et chenaux entre les multiples îles.

Les visiteurs furent conduits par-delà les falaises imposantes de l'île de Hoy et s'engagèrent dans le Hoy Sound. Dans la plaine parsemée de petites fermes, aux environs du loch de Stenness, se dressait un ensemble de structures monumentales qui impressionnèrent les Massaliotes, malgré leur expérience du monde. La plus importante était Maeshowe, un tumulus élevé cachant une voûte en encorbellement qui surpassait par ses dimensions et sa remarquable construction tous les monuments mégalithiques du même genre. À moins de deux kilomètres de Maeshowe se trouvaient des cercles de cérémonie délimités par des menhirs dont certains mesuraient cinq mètres et demi de hauteur et pesaient plusieurs tonnes. Quoique édifiés deux mille ans avant l'époque de Pythéas, le cercle de Brodgar, le cercle voisin de Bookan et les pierres levées de Stenness étaient encore des lieux saints lors de sa visite aux Orcadies.

À mesure que le *holkas* poursuivait sa route au milieu des îles, les Massaliotes admiraient davantage avec quelle imagination, quelle adresse les insulaires se servaient du grès rouge dont les strates formaient un peu partout l'assise de leurs îles. Comme les arbres et le bois d'œuvre étaient presque absents, les blocs de grès devaient les remplacer. Ils fournissaient non seulement le matériau de construction de la plupart des bâtiments, mais servaient en outre à façonner bureaux, armoires, châlits, bancs et tables. Les murets de pierres sèches des champs, si bien construits qu'ils semblaient moulés, se déroulaient dans la lande et sur les pentes sans arbres dans toutes les directions. Les installations portuaires, les débarcadères, les parcs à moutons – la liste n'en finissait pas –, tout était édifié en pierres habilement assemblées. Même les navires et les bateaux recouverts de peaux étaient lestés à l'aide de dalles de grès rouge. Les maçons étaient des ouvriers si accomplis qu'ils avaient rarement besoin de mortier et qu'ils n'en fabriquaient qu'une petite quantité, si nécessaire, en brûlant des coquillages pour obtenir de la chaux éteinte. Les habitants des îles du Nord étaient des maçons et des tailleurs de pierre par excellence.

Les insulaires ne vivaient pas dans des villes mais dans des *crofts* éparpillés ou des agglomérations claniques regroupant moins d'une douzaine de bâtiments de pierre aux toits couverts de gazon. La plupart du temps, vaches, chevaux, moutons et chèvres, tous petits et à poil long, restaient dehors toute l'année.

Les hivers froids et les étés frais qui prédominaient alors avaient entraîné de mauvaises récoltes en série et donc des mouvements de population massifs sur le continent, mais les habitants des îles du Nord, eux, n'en avaient guère souffert. Si leurs animaux domestiques en liberté ne suffisaient pas à les nourrir, ils pouvaient se tourner vers la mer, toujours généreuse. Mais ils ne dépendaient pas entièrement des produits directs de la terre et de la mer. Les cargaisons de marchandises de traite qu'ils expédiaient chaque été dans le sud se changeaient aisément en grain et en farine ou en biens d'équipement.

Les visiteurs de la Méditerranée trouvèrent ces îles désolées, venteuses et glaciales, mais remarquèrent non seulement que leurs habitants jouissaient de la paix et de la liberté, mais encore, selon les critères de l'époque, qu'ils vivaient bien.

Une autre facette de la vie insulaire qui impressionna les Massaliotes, quoique plutôt défavorablement, était l'absence de châteaux, de manoirs ou de grandes maisons, l'absence de hauts seigneurs puissants et, en fait, la faible différence qui se voyait entre les hommes. C'était essentiellement une société égalitaire.

Naviguant sans hâte vers le nord avec de fréquentes escales, les hommes du *holkas* atteignirent l'extrémité septentrionale des archipels jumeaux – un îlot qui porte aujourd'hui le nom de Muckle Flugga et que Pythéas situa correctement à 60° 52', ou à l'équivalent en mesures massaliotes.

Pythéas venait d'atteindre un point situé beaucoup plus au nord que tout autre endroit visité par des voyageurs méditerranéens ; pourtant, il n'était pas satisfait. On lui dit que les orcas – les créatures qu'il désirait avant tout observer – avaient jadis fréquenté ces eaux par milliers, mais qu'ils avaient presque disparu à présent. Seules des buttes

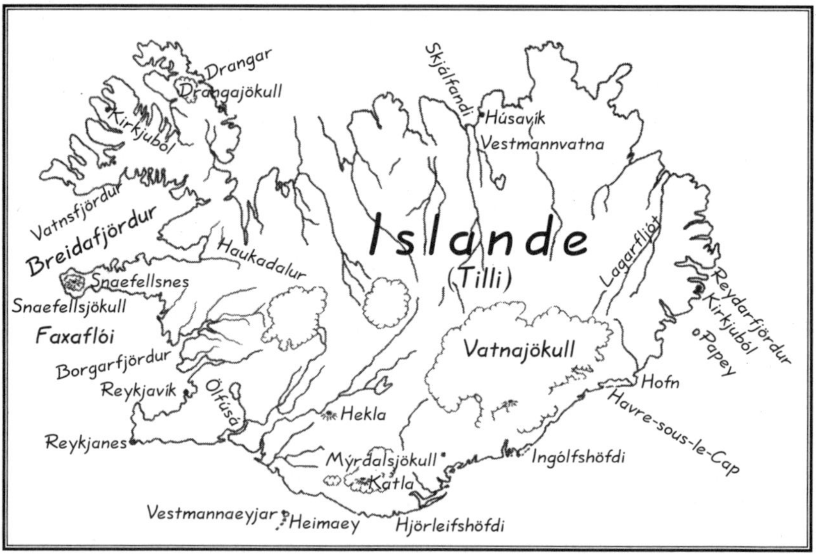

Carte de l'Islande. Appelée Tilli par les Albains,
l'île se trouve au nord-ouest de la Grande-Bretagne.

d'os blanchis, alignées par le vent et à moitié dissimulées par les roseaux des sables, témoignaient encore de l'existence des cargaisons d'ivoire recueillies jadis en ces lieux.

Pourtant, l'ivoire parvenait *toujours* dans le sud, et en abondance.

En réponse aux questions de Pythéas, les insulaires parlèrent de Tilli. C'était une vaste terre, dirent-ils, perdue dans la grisaille de l'océan, à cinq ou six jours de navigation au nord-ouest[3]. Non seulement elle abritait des multitudes d'orcas, mais elle était la demeure de beaucoup d'autres créatures exotiques. Parmi celles-ci figuraient les narvals, dont la défense unique et spiralée valait encore plus que les défenses de morse, les ours des neiges, les renards blancs ou d'un bleu de fumée, les gerfauts majestueux, les grands pingouins aussi gros que des oies et incapables de voler, les canards et d'autres oiseaux aquatiques sans nombre.

Tilli était une île rocheuse, expliquaient les Albains, couverte en partie d'énormes montagnes de glace et parfois ravagée par des volcans tonitruants. Chaque printemps, des navires des îles du Nord naviguaient jusque-là. Certains hivernaient même à Tilli. Lorsqu'ils rentraient au port, au lieu de danser sur les vagues, ils ballottaient, lourdement chargés de marchandises de traite destinées à la foire des Œstrimnides.

Pythéas était résolu à voir Tilli de ses propres yeux. Les insulaires estimaient qu'il leur restait assez de temps pour le voyage aller et retour avant les grains de l'automne qui rendraient la traversée trop périlleuse. Toutefois, selon eux, il n'était pas question que les Massaliotes entreprissent ce voyage à bord du *holkas*. Pareille tentative, dirent-ils en cachant mal leur mépris à l'égard du bateau de bois si peu maniable, serait de la folie. Au lieu de cela, ils offrirent d'emmener Pythéas à Tilli à bord de l'un de leurs propres vaisseaux.

Ils naviguèrent d'abord jusqu'aux îles aux Oiseaux – aujourd'hui les Féroé. Trois jours après avoir laissé derrière eux ses cimes austères, la vigie parvint à distinguer le reflet des montagnes de glace de Tilli. S'approchant de la terre, ils longèrent la côte sud et les Massaliotes s'émerveillèrent à la vue des majestueux sommets couverts de glaciers, des falaises et des sables noirs et, surtout, des légions de vaches marines qui peuplaient l'eau et les plages sans fin.

Peut-être firent-ils escale aux îles qu'on appelle maintenant les îles Vestmann, afin que Pythéas pût observer de près un cratère fumant. Puis les Albains remirent le cap sur la grande île pour montrer à leurs hôtes les prés verdoyants et les forêts de bouleaux qui bordaient les rivières de la côte sud.

Pythéas raconta, dans son livre désormais perdu, qu'il poussa jusqu'à une journée de navigation *au delà* de Tilli et qu'il rencontra alors une « mer stagnante et gelée » qu'on ne pouvait traverser ni à pied ni en bateau. Les Albains avaient conduit l'insatiable Grec assez loin au nord-ouest de Tilli pour lui faire voir la glace désagrégée (le frasil, comme l'appellent ceux qui la connaissent bien) qui dérive vers le sud, emportée par le courant à l'est du Groenland. Peut-être lui permirent-ils également de jeter un coup d'œil à une autre terre encore plus vaste, sise à l'ouest et couronnée par la prodigieuse calotte glaciaire du Groenland.

Pour rentrer au port, le vaisseau doubla le promontoire à la pointe nord-ouest de Tilli et longea la côte nord, bouclant le tour de l'île avant de mettre le cap sur les Orcadies.

En retrouvant ces îles, ainsi que son *holkas*, Pythéas exprima sa gratitude et fit ses adieux à ses hôtes et à ses guides albains, puis fit voile dans la mer du Nord et rentra à Massalia, non sans s'aventurer d'abord dans la Baltique pour satisfaire sa curiosité à propos des origines de l'ambre.

Mais nous ne le suivrons pas jusque-là ; car désormais, comme disaient les anciens ménestrels dans leurs chansons, le voilà sorti de l'histoire.

CHAPITRE V

LES ALBAINS ET LES CELTES

La Grande-Bretagne portait jadis le nom d'Alba mais n'était certes pas le seul endroit qu'on désignait ainsi. Des centaines de noms de lieux, dérivés de « alb », étaient disséminés depuis l'Hindou Kouch en Afghanistan jusqu'à l'océan Atlantique. Un nombre étonnant de ces toponymes se sont perpétués jusqu'à nos jours. Je n'ai eu aucune peine à dresser une liste de plus de 300 toponymes contemporains où apparaît la composante « alb » ; on en trouve beaucoup d'autres en Asie Mineure et en Afrique du Nord.

Ces noms de lieux sont particulièrement abondants à l'ouest de la mer Caspienne. Les concentrations les plus remarquables se trouvent dans les régions montagneuses, notamment le Caucase, le nord-ouest de l'Iran et le nord-est de la Turquie, les Balkans, les Alpes (à l'origine Albes), les Apennins (Alpes Pœninæ), les Carpates, le Massif central en France, les montagnes de la péninsule ibérique, les monts Cambrians au pays de Galles, les Pennines en Angleterre et enfin les Highlands du nord de l'Écosse.

Alba était un nom fort répandu dans l'Antiquité ; plusieurs pays qui connurent un certain essor étaient désignés par une quelconque variante de ce mot. Outre l'Alba britannique, il faut inclure le pays des Albii dans le massif d'Alborz (Elbourz) dans le nord-est de l'Iran, Albania Superior et Albania Inferior dans le Caucase et en Arménie, Olbia sur la rive nord-ouest de la mer Noire, Alba Iulia en Roumanie, Elbistan en Turquie, le pays des Albicci en Ligurie, Albe la Longue en Italie, Alba de Tormes et Albacete en Espagne et, naturellement, l'Albanie, qui subsiste toujours dans les Balkans.

Le sens propre et l'origine de la particule « alb » restent obscurs mais, pour des raisons que nous verrons bientôt, j'estime que l'élément

« alb » était étroitement lié à la population indigène majoritaire de l'Europe, de l'Asie Mineure et probablement de l'Afrique du Nord, et en constituait peut-être même le nom générique ; ces populations furent un jour délogées des plaines, notamment par les invasions indo-européennes. Par la suite, le nom resta en usage parmi les réfugiés qui survécurent dans les montagnes et dans d'autres régions d'accès difficile où ils furent en mesure de résister aux intrus venus de l'est [1].

Mais qui étaient ces peuples qui laissèrent leur nom partout en Europe et au delà, et qui sont presque tombés dans l'oubli ?

À l'époque lointaine où presque toute l'Europe était encore couverte d'épaisses forêts et habitée par des bandes éparses de chasseurs-cueilleurs, certains peuples de tradition mésolithique avaient déjà commencé à domestiquer les animaux sauvages.

Parmi ces peuples, certains étaient passés maîtres dans l'art de chasser les moutons et les chèvres dans leur habitat naturel : les plateaux et les pentes des montagnes au-dessus des forêts, là où s'épanouissaient les pâturages alpins.

Pour eux, il n'y avait qu'un pas relativement facile à franchir pour évoluer de la chasse à l'élevage. Déjà, il y a dix mille ans, des hommes avaient commencé à suivre ces animaux au pied sûr, non plus pour les chasser, mais pour les protéger. Une relation de symbiose s'établit : des groupements humains se chargeaient de défendre des troupeaux sauvages contre les attaques des loups, des ours et d'autres prédateurs. En contrepartie, les protecteurs prélevaient leur dû.

Au printemps, ces bergers en herbe suivaient le recul des neiges et l'ascension des troupeaux jusqu'aux alpages où embaumaient les fleurs sauvages. En hiver, ils affrontaient les blizzards et le climat subarctique, s'il le fallait, afin de respecter leur part du contrat. Leur relation avec les moutons et les chèvres sauvages se comparait sans doute à celle des Samis d'aujourd'hui avec leurs troupeaux de rennes.

En 1991, au cours d'une ascension en haute montagne entre l'Italie et l'Autriche, des alpinistes trouvèrent le corps lyophilisé d'un homme, dégagé par la fonte d'un glacier. La découverte de cet « homme congelé », comme on devait évidemment le surnommer, fut bientôt la merveille du jour.

C'était en fait une merveille qui datait de cinq mille ans et qui remontait à un jour d'automne, vers l'an 3000 avant notre ère, alors qu'un berger des montagnes monta jusqu'à un petit col abrité, dominant le vaste paysage alpin. L'endroit était idéal pour surveiller du coin de l'œil les moutons du clan tout en guettant les animaux de proie ; avec un peu de chance, l'homme pouvait surprendre et capturer un bouquetin, roi de la farouche et prudente race caprine.

Âgé d'environ trente ans, mesurant 1,67 mètre avec ses chaussures semblables à des mocassins, l'homme était maigre mais fortement musclé, avait de longs cheveux noirs ondulés, une barbe frisée, des yeux bruns et un teint basané. Il portait une veste de daim qui lui arrivait aux genoux, des jambières également de daim et, par-dessus, une longue cape épaisse, tissée, aux poils peignés vers le bas, sans doute également efficace contre la neige ou la pluie. L'homme était en outre coiffé d'un bonnet de fourrure conique.

Il était équipé pour un long séjour. Dans un petit sac à sa ceinture il transportait de l'amadou et de gros morceaux de pyrite capables de produire des étincelles. Il avait un filet pour pêcher la truite dans les ruisseaux de montagne, de la corde de tendon et de la ficelle pour prendre des oiseaux et de petits mammifères au collet et enfin des récipients d'écorce de bouleau pour recueillir le lait – s'il parvenait à attraper une brebis en lactation.

Il possédait en outre une hache à lame de cuivre, un couteau de silex ainsi que des grattoirs et des forets de silex. Son arme principale était un arc avec un plein carquois de flèches. Cet arc de près de 1,85 mètre, fait de bois d'if, n'était pas encore terminé. Achever cet ouvrage aurait été une tâche pour les longues heures où il n'avait rien à faire sinon surveiller les moutons.

L'arc ne fut jamais terminé. Une nuit, le berger se coucha en se couvrant de sa cape – et il ne devait plus se relever. On ignore ce qui est survenu, ou plutôt, on ne sait pas comment la chose s'est produite. Peut-être qu'un blizzard hors saison se déchaîna cette nuit-là sur ce col élevé et que, avant qu'il se fût apaisé, le berger se trouva enseveli à une telle profondeur qu'il mourut par suffocation. La glace se forma autour de lui et les chutes de neige subséquentes préservèrent son corps pendant cinq millénaires.

La vie des gardiens de troupeaux en montagne était rigoureuse et exigeante. La plupart des montagnards, dont les Kurdes et les Irano-Afghans constituent de bons exemples, sont des hommes robustes, noueux, connus pour leur extrême endurance, leur taille au-dessous de la moyenne, leurs traits anguleux, leurs cheveux et leurs yeux noirs, leur teint brun. Ils se distinguent par leur courage indomptable, leur loyauté à toute épreuve, leur attachement passionné à leur clan et leur pays. Ils sont presque assurément d'ascendance albaine.

Jamais ils ne se soumettaient à une autorité étrangère. Les habitants des plaines les stigmatisaient en les qualifiant d'intraitables barbares, de montagnards sauvages qui mordaient la civilisation au talon. Parce que c'étaient des hommes de la nature dans un monde dominé par la nature, ils n'aimaient guère ce que nous appelons si naïvement la « civilisation ». Pourtant, leur propre système d'étroites relations claniques et de profonde communion avec la gent animale a produit une culture grâce à laquelle ils se sont maintenus pendant une période incommensurable, tandis que les civilisations des plaines s'effondraient et disparaissaient les unes après les autres.

À la fin de l'automne de 1966, je m'envolai vers la Géorgie en URSS, à la recherche d'un peu de chaleur après un voyage de six semaines dans les étendues presque toujours glacées de la Sibérie. Je fus accueilli à Tbilissi, la capitale géorgienne, par Givi Cheliz. C'était un homme de mon âge, cheveux noirs, stature frêle, traits aquilins ; soldat de l'armée de terre, il avait survécu à la Grande Guerre patriotique contre les nazis. C'était également un expert en ethnologie, fin connaisseur des anciennes races montagnardes de la région, dont lui-même était un descendant.

Givi avait lu certains de mes livres décrivant ma propre expérience de la guerre comme soldat de l'armée de terre en Italie et racontant mes voyages dans le Grand Nord canadien. Nous nous étions liés d'amitié et nous entretînmes ces bonnes dispositions grâce à un vin nouveau qui provenait des immenses cuves de faïence des fermes environnantes.

Un jour, nous partîmes pour le Caucase. Non sans hoquets, la vieille Volga de Givi nous véhicula jusqu'au village de Belokany au flanc du mont Dyultydag. La cime, qui culmine à près de 4 000 mètres, était drapée de nuages menaçants en train de se déchirer, laissant voir par moments de lointains champs de neige. Le soleil se couchait et ce décor de titans était entièrement baigné de lumière pourpre et or. Assis sur un affleurement rocheux qui surplombait une vallée sombre d'une profondeur insondable, nous dégustâmes notre vin à même une flasque de cuir et Givi me raconta diverses histoires à propos des montagnards. Des histoires comme celle-ci.

Pendant l'été de 1942, alors que les armées allemandes étaient aux portes nord-ouest du Caucase, Givi, à la tête d'une patrouille, reçut l'ordre d'élucider des rumeurs selon lesquelles une bande de déserteurs avait trouvé refuge dans le dédale de ravins gigantesques entourant le mont Elbrous (Givi prononçait : *Alb*rous) qui constitue, à 5 600 mètres, le plus haut sommet d'Europe.

La patrouille mit plusieurs jours à pénétrer dans le massif en remontant tant bien que mal des cours d'eau, en escaladant des sentiers de chèvres et des éboulis. Un soir, les hommes humèrent le fumet fort reconnaissable des feux qu'on alimente avec des crottes de bique. Guidés par leur nez, ils parvinrent à un ravin au fond duquel étaient blotties quelques petites maisons de pierre. Ils y descendirent, prêts à faire feu… et trouvèrent, au lieu d'une bande de desperados, cinq familles de montagnards.

« C'étaient des Abkhazes, expliqua Givi ; l'un des peuples les plus anciens du Caucase. Ils ne parlaient ni géorgien ni russe ; seulement leur propre langue. Comme j'ai du sang abkhaze, je baragouine cette langue-là. J'ai découvert que ces gens ne savaient presque rien de la guerre la plus terrible de l'histoire, sinon qu'il y avait " des troubles " dans le nord.

« Je leur ai donc parlé des millions de soldats allemands, des chars et des avions qui, à l'heure même, avançaient vers eux. Ils n'ont manifesté aucun émoi. Ils nous ont préparé un excellent repas en rôtissant deux moutons entiers enfilés sur de grosses broches de fer. Tout ce qui les intéressait, c'était de parler de moutons et de chèvres.

« Nous avons passé la nuit chez eux et, lors de notre départ le lendemain matin, un vieil homme nous a fait un bout de conduite. Il a montré le nord et m'a assuré : " T'en fais pas, mon gars. Si les gens dont tu parles viennent par ici, nous et les montagnes, on va les repousser. C'est ce qu'on a toujours fait à ceux qui nous veulent du mal. "

« *Da !* conclut Givi en prenant une gorgée de vin à même la flasque. Et il en sera toujours ainsi ! »

À l'époque où la révolution agricole commença à transformer en fermiers les chasseurs-cueilleurs de la plaine forestière, les montagnards étaient déjà des éleveurs depuis de nombreuses générations. Ils avaient également développé d'autres talents. Peut-être parce que les bons gardiens de troupeaux vivent en si profonde communion avec les éléments, ou peut-être parce qu'ils savent si bien supporter l'adversité physique, reste qu'ils ont toujours fait de bons marins. Pour une raison ou pour une autre, les Albains ont produit nombre de descendants aptes à naviguer. Parmi ceux-ci figurent les Basques, les Aquitains et les Armoricains du nord-ouest de l'Espagne et du golfe de Gascogne, sans oublier les Alpuani du sud-ouest des Alpes italiennes et de la Ligurie, qui prirent la mer et colonisèrent la Corse, la Sardaigne et l'île d'Elbe (Albe). De même, une autre tribu à vocation maritime se répandit depuis l'Écosse dans tous les archipels situés au nord et à l'ouest de l'île d'Alba, qui devait porter plus tard le nom de Grande-Bretagne.

Les Albains vivaient selon leurs antiques coutumes quand, vers 1500 avant J.-C., des tribus nomades déferlèrent sur l'Europe en provenance de l'est et du sud-est. C'étaient les Indo-Européens, la grande famille dont descendent la majorité des Européens modernes.

Vers 1200 avant J.-C., la plupart des habitants indigènes des plaines à l'est des Alpes avaient été submergés et conquis. Les envahisseurs anéantirent le tissu même des sociétés autochtones des plaines, étouffant les identités culturelles, remplaçant les langues indigènes par les leurs. Au bout de quelques siècles, les langues indo-européennes étaient presque les seules qu'on entendait dans les plaines d'Europe.

Les choses se passèrent autrement dans les montagnes et dans maintes îles reculées et accidentées. Là, certains autochtones conservèrent leur langue – et leur liberté. Il y eut de notables exceptions. Ce fut le cas d'une tribu qui vivait dans les collines qu'on appelle encore Colli Albani (« monts Albains »), un éperon volcanique isolé dans l'ouest des Apennins. Entourés d'envahisseurs indo-européens, ces peuples finirent par capituler. Les survivants furent conduits tels des troupeaux jusqu'au site d'une nouvelle ville que construisaient les vainqueurs ; on en fit des esclaves et on les mit au travail. Cette ville, c'était Rome. Le fleuve qui la traversait et qui descendait des collines bleues des Apennins s'appelait autrefois l'Albula ; y vivait une naïade prophétesse nommée Albunea. Ce fleuve devint le Tibre ; la population d'éleveurs qui avait longtemps vécu dans les monts dont il tirait sa source s'évanouit dans la nuit des temps. Ces gens furent au nombre des infortunés.

D'autres connurent un meilleur sort. Au VIIe siècle avant J.-C., la Grande-Bretagne abritait encore une société de l'âge du bronze qui abordait tout juste l'âge du fer et qui se composait surtout de fermiers habitant les plaines et de pâtres vivant en montagne, ainsi que de mineurs qui extrayaient l'étain et le silex, de pêcheurs qui habitaient les côtes et les îles, et enfin de marins. De toute évidence, c'étaient des gens pacifiques car il n'existe guère de preuve suggérant que la guerre ou les luttes intestines sérieuses aient tenu une place importante dans leur vie. Nous ne savons pas avec certitude sous quel nom ils désignaient leur île natale, mais les visiteurs carthaginois et grecs l'appelaient Alba.

Pendant que les Albains de Grande-Bretagne vaquaient à leurs propres affaires selon leurs coutumes séculaires, une nouvelle vague d'Indo-Européens déferlait, furieuse, sur l'ouest de l'Europe. Les cheveux blonds, le teint clair, les yeux souvent bleus, tels étaient les peuples d'origine aryenne que les Grecs appelaient Keltoi.

Les Keltoi inspiraient la crainte – non sans raison. Gouvernés par une caste de guerriers, ils étaient marchands d'esclaves et chasseurs de têtes à l'occasion. Ils élevaient du bétail (ou plutôt, leurs esclaves s'en chargeaient pour eux) mais, principalement, les hommes et quelquefois les femmes keltoi vivaient par et pour la guerre. Ils prenaient grand plaisir à la faire et maniaient en experts les armes de leur époque, en particulier le char de combat. Nourris de religion druidique, qui promettait la vie éternelle et le statut de héros à ceux qui mouraient sur le champ de bataille, les Keltoi, ou Celtes, selon l'appellation moderne, étaient des prédateurs humains d'une suprême efficacité.

Dès 600 avant J.-C., des bandes de guerriers celtes se rapprochèrent des côtes occidentales de l'Europe. Ils avaient conquis et soumis sans trop de peine les autochtones des plaines de l'intérieur mais, près des côtes, ils se heurtèrent à une résistance implacable. L'une de leurs tribus, les Belges, réussit bel et bien à se frayer un chemin jusqu'à la mer, mais les indigènes au sud de l'estuaire de la Seine (ceux que les Grecs et les Romains allaient appeler les Armoricains) parvinrent à résister.

Ce peuple de marins se retirait dans des enclaves fortifiées sur des caps ou des îles, ou dans des estuaires inondés. Ils possédaient de gros vaisseaux puissants grâce auxquels ils défendaient leurs bastions ceints par la mer contre les envahisseurs, qui étaient essentiellement des terriens, nés et élevés dans l'intérieur.

En se défendant, les Armoricains protégeaient en même temps l'Alba britannique. Cependant, les Belges, qui s'étaient emparés des Pays-Bas, au nord de la Seine, pouvaient voir l'Alba au delà du pas de Calais. Ils se livrèrent bientôt à des raids de l'autre côté de la Manche, sans doute à bord de vaisseaux qu'ils avaient capturés et que manœuvraient des équipages locaux. Au IVe siècle avant J.-C., les Belges avaient pris pied dans le sud-est de l'Angleterre.

Occupant d'abord des caps et des îles, les envahisseurs établirent finalement de profondes têtes de pont d'où ils poursuivirent leur avancée audacieuse vers l'intérieur. Leurs armes étaient sans pareilles. En plus du redoutable char de combat celte, les Belges étaient armés d'épées de fer, de poignards et de lances à pointe de fer auxquels les défenseurs albains ne pouvaient en général opposer que des armes de bronze, de pierre et de bois.

Ceux qui tombaient aux mains des Celtes étaient souvent réduits en esclavage, lorsqu'ils n'étaient pas massacrés. L'historien écossais Ian

Grimble a écrit, citant des auteurs classiques, que les Celtes étaient capables de troquer un esclave contre une jarre, contre pour un gobelet de vin, comme si les esclaves étaient trop faciles à capturer pour valoir quelque chose. Grimble remarque également que des fers, utilisés pour enchaîner les esclaves regroupés en convois, ont été retrouvés dans divers sites celtes en Grande-Bretagne[2].

Les historiens ne s'entendent pas sur l'ampleur, la nature et les dates de l'invasion et de l'occupation celtes en Grande-Bretagne. Le récit des pages suivantes est ma reconstitution personnelle.

Lorsque le terrain avantageait leurs armes et leurs tactiques, les Celtes allaient de l'avant sans rencontrer de résistance. Seuls les autochtones établis ou réfugiés dans les marais impénétrables, les forêts profondes ou les montagnes évitèrent l'anéantissement.

Il semble que les Belges aient établi leurs principales têtes de pont sur les côtes des comtés actuels de Sussex, de Kent et d'Essex. Mais, au milieu du IIIe siècle avant J.-C., ils occupaient, avec d'autres envahisseurs celtes, la plus grande partie des plaines albaines au sud de Morecambe Bay sur la côte ouest et au sud de Tynemouth sur la côte est.

Ils occupaient les *plaines* – fait à noter. Les montagnes du pays de Galles et du comté de Cumbria, les Pennines ainsi que les régions accidentées qui forment la plus grande partie de la péninsule de Cornouailles demeurèrent des bastions de la résistance. Les autochtones des montagnes galloises, des Pennines et du massif de Cumbria ne furent *jamais* entièrement soumis, même si, beaucoup plus tard, lorsque les Celtes eux-mêmes devinrent des réfugiés fuyant devant d'autres envahisseurs, la population et la langue celtes se répandirent dans les montagnes.

La Cornouailles, qui semblait encore épargnée par l'invasion celte à l'époque du voyage de Pythéas, a peut-être tenu bon jusqu'au Ier siècle avant J.-C. Il est probable qu'elle parvint à résister non seulement grâce à son terrain difficile mais parce que sa population était soutenue par des tribus cousines : les Armoricains de Bretagne, dont les prouesses navales ne furent jamais égalées par les Celtes.

L'Irlande ne fut pas épargnée. À la fin du IIIe siècle avant J.-C., les Celtes, après avoir soumis les plaines du centre de la Grande-Bretagne, atteignirent les rives du canal Saint-Georges. Ils entreprirent bientôt de le traverser pour effectuer des raids sur la côte irlandaise. Ils s'emparèrent des terres et, finalement, presque toute l'Irlande fut occupée.

En Angleterre, l'avancée des Celtes vers le nord fut ralentie par la nature du terrain. L'arrière-pays de la Grande-Bretagne devient de plus en plus montagneux à mesure que la grande île se rétrécit. Les Celtes ne

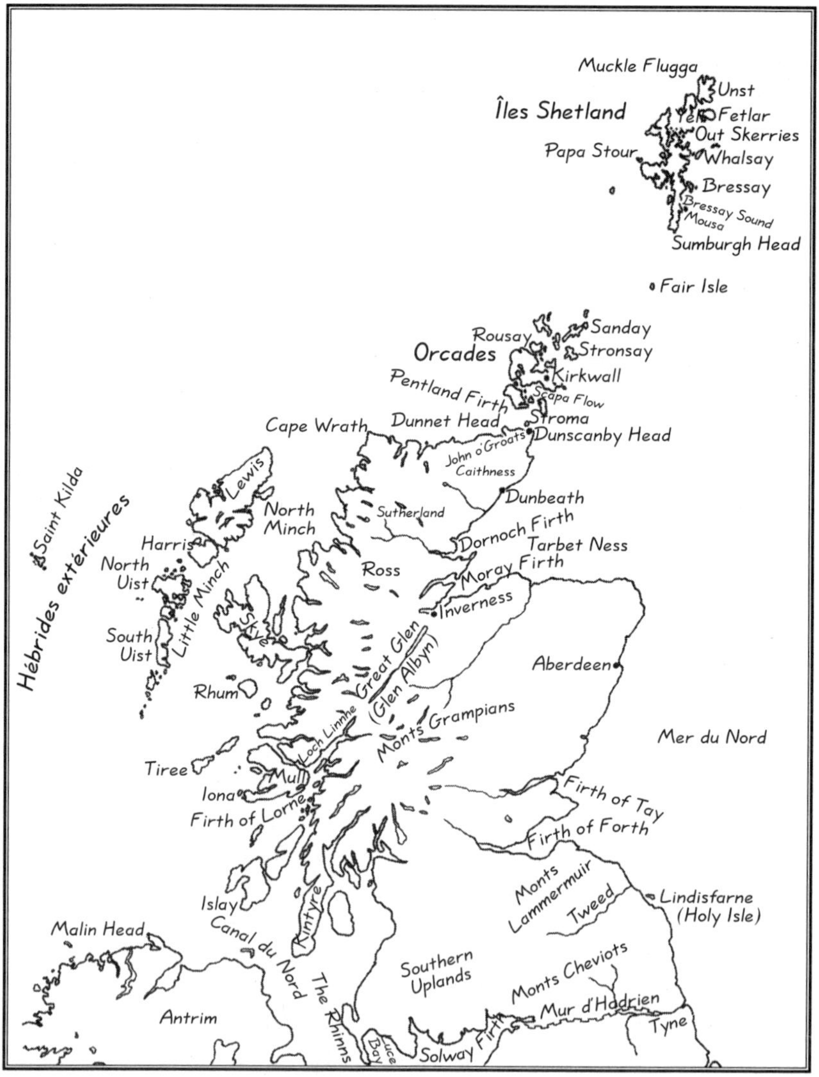

Carte de l'Écosse.

pouvaient progresser, par voie de terre, au delà de la ligne allant de Morecambe Bay à Tynemouth, qu'en suivant des corridors côtiers toujours plus étroits, étranglés entre les montagnes et la mer. Or, les montagnes étaient aux mains des Albains.

Le massif de Cumbria se presse si près de l'océan Atlantique que les envahisseurs en route vers le nord risquaient sans cesse d'être attaqués par le flanc exposé aux montagnes et d'être poussés à la mer. Quelques rares Celtes qui effectuèrent leurs raids à bord de navires finirent, semble-t-il, par contourner le massif de Cumbria pour établir une base précaire sur les rives du golfe de Solway, mais apparemment la marée celte n'alla pas plus loin.

La route d'invasion de la côte est, depuis Tynemouth vers le nord, n'était pas aussi dangereuse, du moins dans sa partie sud. À cet endroit, la plaine côtière était en général assez large pour permettre aux chars de combat de manœuvrer. Cependant, les montagnes se dressaient, menaçantes et proches, et elles étaient tenues par des hommes qui voulaient et pouvaient rendre l'avance ennemie difficile et coûteuse.

Au milieu du IIe siècle avant J.-C., l'invasion celte ralentit et s'arrêta un peu au sud de la ligne des monts Cheviot, entre le golfe de Solway sur l'océan Atlantique et l'estuaire de la Tweed sur la mer du Nord.

Une grande partie de l'Alba britannique n'était plus albaine. L'afflux des Celtes avait emporté la plupart des autochtones décrits par Pythéas, hormis ceux qui s'installèrent en réfugiés dans les montagnes. Et ceux qui vivaient au nord des monts Cheviot.

L'Alba survivait en bon ordre dans le nord. La population de l'Écosse continentale restait essentiellement la même que depuis des millénaires : des bergers dans les collines du centre et de l'ouest, des éleveurs dans les plaines de l'est ; mais tous étaient des gardiens de bestiaux, et leurs troupeaux de moutons à longues pattes et de vaches à longs poils rudes représentaient leur principal moyen de subsistance de source terrestre.

Dans les îles du Nord et de l'Ouest, la vie continuait comme jadis. Quoique le climat fût alors devenu trop froid et trop humide pour la plupart des cultures, les eaux circonvoisines foisonnaient toujours de poissons, de phoques et de baleines. En saison, les grands pingouins incapables de voler abondaient au large sur les îlots rocheux ; les falaises étaient peuplées de marmettes, de fous, de goélands et de fulmars qui y nichaient en foule. Au printemps et en automne, les canards, les oies et les cygnes migrateurs couvraient les lochs d'eau douce.

Les insulaires naviguaient toujours jusqu'à Tilli. Les négociants des Orcades transportaient les marchandises de traite vers le sud jusqu'aux îles Sorlingues, d'où ils rapportaient les produits étrangers. Parfois, les voyageurs qui revenaient du sud étaient peut-être accompagnés par des vaisseaux armoricains des côtes de France, au delà de la Manche. La présence des redoutables navires d'Armorique était sans doute bienvenue pour les insulaires, à titre de protection supplémentaire contre les pirates celtes de la mer d'Irlande.

Au Ier siècle avant J.-C., la situation en Grande-Bretagne semblait plus ou moins stabilisée. Mais une nouvelle menace allait tout perturber de l'autre côté de la Manche. Le peuple même qui avait dépossédé les tribus des monts Albains progressait vers l'ouest.

Les légions romaines étaient en marche.

CHAPITRE VI

L'ARMORIQUE

PAR UNE NUIT de décembre en 1942, je me retrouvai à la tête d'une section d'infanterie au cours d'un exercice de combat épuisant non loin d'Oban dans l'ouest de l'Écosse. Chargés comme des bêtes de somme, nous avions pataugé six heures durant dans la vase d'une tourbière gorgée d'eau, escaladé et dévalé des éboulis au risque de nous tordre les chevilles, traversé des ruisseaux et de petits lacs de montagne aux eaux glaciales, le tout sous une pluie froide et diluvienne mêlée de rafales de neige fondante.

Peu après minuit, nous escaladâmes une hauteur ; nous avions atteint l'objectif visé ou nous l'avions raté. Je n'étais sûr de rien. Une seule chose était certaine : nous étions incapables de faire un pas de plus. Ma troupe « s'échoua » donc et je fis mon rapport par radio en annonçant que nous avions atteint notre objectif.

« Mais où diable êtes-vous donc ? Vous êtes partis depuis un sacré bout de temps ! tonna la voix, déformée par la friture, du capitaine de ma compagnie.

– Deux groupes de combat postés sur la hauteur, mon capitaine, répondis-je évasivement. Les quartiers de la section se trouvent dans un… – je jetai un coup d'œil à ma carte humide à la faible lueur de ma lampe-torche – … dans une habitation picte sous la crête. »

Les écouteurs crépitèrent. « Bon Dieu, Mowat ! J'espère, merde, que vous avez obtenu la permission avant de vous installer là ! J'ai eu assez de fichus problèmes comme ça avec les réclamations des civils pour dommages à la propriété. Ces maudits Écossais n'ont pas l'air de savoir qu'il y a la guerre !

– Vous en faites pas, mon capitaine. Il n'y aura pas de réclamations de la part de ceux-là. »

Je pouvais être raisonnablement sûr de mon fait. L'« habitation picte » indiquée sur ma carte à moitié désintégrée était une simple dépression dans un désert de rochers – une habitation que rien ni personne n'avait habitée depuis des temps immémoriaux, sinon des moutons égarés.

Ce que le capitaine de ma compagnie ignorait, c'est que les habitations pictes sont saupoudrées un peu partout sur les cartes d'état-major de l'Écosse. Le nom s'obstine à désigner des centaines de ruines, de tumulus ou de dépressions autrement inidentifiables, qui seraient, croit-on, d'origine humaine. Ou peut-être, dans le cas du Petit Peuple d'Écosse, d'origine non humaine.

Depuis des générations et des générations, le mot « picte » a été synonyme de « mystérieux » – non seulement pour les Écossais moyens mais aussi pour les historiens. La présence avérée des Pictes en Écosse pendant le premier millénaire de notre ère est confirmée par des auteurs romains et d'autres sources ; et pourtant, il semble que presque rien n'ait été établi avec certitude quant aux origines de ce peuple qui ne parlait ni n'écrivait aucune langue connue et dont les pierres gravées de symboles au dessin compliqué mais au sens indéchiffrable se retrouvent partout en Écosse et confondent encore aujourd'hui les historiens.

Qui étaient vraiment les Pictes ? D'où venaient-ils ? Questions apparemment sans réponses.

Ma quasi-rencontre avec les Pictes par cette nuit de décembre resta enfouie dans ma mémoire pendant plusieurs décennies. Mais lorsque je me mis à chercher l'identité des personnages obscurs qui avaient traversé l'Atlantique Nord avant les Scandinaves, les Pictes me revinrent en tête. Ils semblaient détenir une partie des réponses à mes questions.

Les régions côtières du centre ouest de la Gaule, notamment la Normandie, la Bretagne et le Poitou, constituaient la fameuse Armorique de l'Antiquité. Au IIe siècle avant J.-C., ces régions, incluant les collines de Normandie et la Bretagne, formaient la patrie de plus d'une douzaine de tribus de même ascendance que les Aquitains et les Basques au sud, et que les Albains de Grande-Bretagne de l'autre côté de la Manche. Leurs anciens liens culturels sont commémorés par un ensemble stupéfiant de constructions mégalithiques tels les vestiges des 10 000 menhirs de Carnac sur la côte sud de la Bretagne, la fabuleuse série de dolmens, de chambres funéraires et de tumulus de la Galice dans les Pyrénées occidentales, les ruines titanesques de Stonehenge et les massifs monuments de pierre des Orcades dans l'ouest de Mainland.

Les Armoricains de l'Antiquité étaient des marchands prospères et d'habiles navigateurs dont les navires dominaient le golfe de Gascogne, la Manche et une partie de la mer du Nord. Leurs cargaisons circulaient entre la Méditerranée et le nord-ouest de l'Europe dans de gros navires qui tenaient bien la mer. Grâce à ces vaisseaux et à des îles fortifiées pratiquement imprenables, les Armoricains étaient presque invincibles. Presque. Ils avaient repoussé les Celtes avec succès pendant des générations, voire des siècles, quand Jules César entra en scène en 57 avant J.-C., décidé à conquérir l'ouest de l'Europe et la Gaule en particulier.

D'abord, les Armoricains accueillirent les Romains en alliés pour affronter l'ennemi commun, les Celtes. Quand Publius Crassus, l'un des généraux de César, conduisit la septième légion sur leurs territoires pour une pseudo-mission de reconnaissance, les Armoricains reçurent les Romains en amis. Et lorsque Crassus alla jusqu'à demander des otages en gage de bonne conduite, les Armoricains s'inclinèrent.

Pendant que Crassus s'infiltrait ainsi en territoire armoricain, les légions de César étaient occupées ailleurs et, jouant de l'épée et de la lance, elles écrasèrent les Belges au nord de la Seine et repoussèrent les tribus germano-celtes hors du nord-est de la Gaule. À la fin de 57, César avait écrasé la plupart des tribus celtes du centre et du sud-est de la France.

Crassus n'était pas resté inactif. Appliquant le principe « diviser pour conquérir », il avait maintenu des relations amicales avec les Armoricains au nord de la Loire (en particulier avec la puissante tribu vénète), pendant qu'il réglait le sort des Armoricains du sud de la Loire, notamment ceux du vaste et riche pays des Pictons (ou *Pictones*, selon les *Commentaires de la guerre des Gaules* de César). L'histoire ne dit pas comment Crassus arriva à ses fins, mais il réussit à « pacifier » les Pictons. Les événements subséquents suggèrent qu'il atteignit son but en saisissant leurs ports et leurs navires alors que les Pictons le traitaient, lui et ses troupes, en alliés.

Il restait encore à régler le sort des Armoricains du nord de la Loire. Ceux-ci, constatant ce qui venait d'arriver à leurs cousins du sud, n'allaient certes pas donner dans le même panneau. Crassus imagina donc une autre ruse.

Pendant l'hiver de 57-56, il envoya des troupes dans les États armoricains du nord avec pour mission d'exiger le paiement d'un tribut. Les Armoricains furent outrés. Ce n'était pas une façon de traiter des alliés ! Non seulement ils refusèrent mais, comme Crassus l'avait certainement prévu, ils s'emparèrent des émissaires romains et jurèrent de les retenir prisonniers jusqu'à la libération de leurs propres otages.

César tenait maintenant un prétexte, à ses yeux légitime, pour attaquer les Armoricains.

Dans ce but, il construisit une flotte de navires de guerre sur la Loire puis, ayant donné l'ordre à Crassus de contenir les Pictons et d'empêcher les Aquitains d'envoyer des renforts à leurs voisins du nord, il conduisit son armée en Bretagne.

La campagne faillit tourner mal. Les Romains éprouvèrent de grandes difficultés devant les redoutes du littoral armoricain. Lorsqu'ils menaçaient d'en prendre une, les défenseurs, tout bonnement, embarquaient habitants, bagages et provisions et faisaient voile jusqu'à une autre forteresse.

César n'avait d'autre choix que de tenter sa chance en mer. Les vaisseaux qu'on avait construits pour lui sur la Loire étaient surtout des galères : navires de bas bord, légers, munis de béliers et de grappins, manœuvrant à la force des rames. La plupart des vaisseaux armoricains, par contre, étaient des navires marchands. Selon la description des *Commentaires*, c'étaient de gros bateaux de chêne, robustes, dressés sur l'eau comme des citadelles, garnis de clous de fer gros comme le pouce et équipés de voiles de cuir corroyé capables de résister aux pires coups de vent de l'Atlantique. Ils pouvaient s'aventurer presque n'importe où et, de fait, ils allaient régulièrement dans l'île de Bretagne, naviguaient au sud jusqu'en Espagne et au nord jusque dans la Baltique.

En pleine mer, par bon vent, ces navires ne craignaient guère les galères romaines. Mais César surprit la flotte armoricaine au port, dans les eaux confinées et parsemées d'écueils du golfe de Morbihan en territoire vénète. Qui pis est, le vent déjà faible tomba ; les navires armoricains, encalminés et incapables de manœuvrer, furent pris d'assaut par des dizaines de galères ; les Romains montèrent à l'abordage. Le combat dura huit heures mais se termina par la capture de la plupart des vaisseaux armoricains. « Cette bataille, selon les *Commentaires*, mit fin à la guerre des Vénètes et de tous les États maritimes de cette côte. »

Mais ce n'était pas *tout à fait* la fin. Pour s'assurer que la leçon allait porter, César fit assassiner tous les sénateurs vénètes. Les marins et les soldats armoricains qu'il avait faits prisonniers furent massacrés sans autre forme de procès, à l'exception de ceux qui étaient jeunes et beaux ; ceux-là furent vendus comme esclaves.

César avait désormais terminé sa conquête effective de la Gaule et il avait imposé dans ces pays la *pax romana*… mais ses victimes n'étaient pas toutes prêtes à se résigner à la défaite et à la servitude.

En 52 avant J.-C., un Celte appelé Vercingétorix, chef de la tribu arverne, prit la tête d'une rébellion qui gagna bientôt tout le pays. Les Armoricains, ayant appris à leurs dépens qu'ils ne pouvaient faire confiance aux Romains, choisirent cette fois de lier leur sort à celui de leurs anciens ennemis, les Celtes, dans une guerre de libération contre Rome.

Les rebelles connurent certains succès au début, puis les défaites commencèrent. Vercingétorix fut capturé et emmené à Rome, couvert de chaînes. Par la suite, les légions de César anéantirent les armées celtes petit à petit.

En 51, la résistance touchait à sa fin, sauf dans le pays des Pictons, où s'était concentrée presque toute l'infanterie armoricaine. La cause des Pictons était pour ainsi dire perdue mais ils décidèrent de ne pas se rendre – peut-être parce qu'ils savaient trop bien quel sort les attendait s'ils capitulaient. Les Romains les pressèrent de toutes parts mais ils résistaient toujours. Puis, à la fin de l'été de 51, des légions surprirent les derniers hommes de l'armée armoricaine alors qu'ils tentaient de franchir la Loire pour se retirer dans les collines bretonnes. Selon les *Commentaires*, les Romains en « tuèrent autant que leurs chevaux avaient de force pour les poursuivre, et leurs bras pour les frapper. Plus de 12 000 hommes furent massacrés, soit les armes à la main, soit après les avoir jetées ».

La Gaule était maintenant un pays violenté et ravagé, victime de massives effusions de sang, d'énormes dégâts matériels et du démembrement de nombre de ses peuples. Rome avait réalisé sa conquête au nom de la civilisation et César pouvait jouir de ses triomphes.

Quant aux Armoricains, ils pouvaient choisir librement leur sort : être massacrés, vendus comme esclaves à l'étranger ou réduits à servir les légionnaires à la retraite et les immigrants des États clients de Rome. C'était la volonté de Rome et le destin des Armoricains : ils devaient disparaître.

L'histoire écrite ne fait presque plus jamais mention des Armoricains. Ils semblent avoir disparu de la surface de la terre. Mais, comme nous devons souvent nous le rappeler, l'histoire est écrite en général par les vainqueurs et, comme telle, elle peut être extrêmement trompeuse, voire délibérément mensongère. Dans le cas des Armoricains, la vérité selon moi est qu'ils ont survécu – au moins partiellement. Le récit suivant est ma propre reconstitution des pages manquantes de leur histoire.

À la fin de l'été et au début de l'automne de la funeste année 51 avant J.-C., des dizaines et peut-être des centaines de vaisseaux de toutes tailles quittèrent les vastes côtes situées entre la Seine et la Garonne. Ils étaient chargés jusqu'aux plats-bords de bestiaux, d'effets domestiques et de réfugiés qui se tournaient vers la mer afin d'éviter l'anéantissement sur la terre ferme.

Les Armoricains tenaient toujours les îles au large de leurs côtes, y compris les îles Anglo-Normandes (Jersey, Guernesey, Aurigny et Sercq), Ouessant, au large de la pointe de la Bretagne et d'autres îles le long du littoral du golfe de Gascogne. Par malheur, aucune n'était assez grande ni assez éloignée de la griffe romaine pour offrir un refuge permanent.

Néanmoins, les îles pouvaient et allaient servir d'asile temporaire. Leurs ports furent bientôt encombrés de navires, leurs prés envahis de bestiaux, leurs maisons et leurs remises remplies à craquer d'habitants et leurs collines carrelées de villages de tentes. Les îles étaient devenues un lieu de transit en attendant l'exode vers les pays lointains.

Mais *quels* pays lointains pouvaient offrir à ces gens une nouvelle patrie ? Au sud régnaient les légions romaines. Les contrées au nord et à l'est de la Gaule occupée appartenaient à des tribus celtes et germaines belliqueuses qui n'aimaient guère les Armoricains.

Le meilleur espoir des réfugiés en quête d'asile se trouvait de l'autre côté de la Manche.

Quelque temps auparavant, ils auraient pu émigrer dans le sud de la Grande-Bretagne et s'installer chez un peuple cousin avec lequel ils avaient échangé des visites et fait du commerce depuis des siècles. Mais à présent la Grande-Bretagne au sud des monts Cheviot, de même que la majeure partie, sinon la totalité de l'Irlande, étaient aux mains des Celtes. En outre, le bref mariage de convenance entre Celtes et Armoricains avait pris fin lorsque César avait parachevé sa conquête de la Gaule.

Qui plus est, un nouvel exode massif des Celtes, avec en tête les Atrébates, une tribu belge particulièrement redoutable, déferlait par le pas de Calais sur le sud de l'Angleterre. Cette tribu essayait elle-même d'échapper à l'extermination aux mains des Romains. L'arrivée des Atrébates en Grande-Bretagne déclencha de violentes escarmouches avec les premiers envahisseurs celtes. Tout Armoricain assez téméraire pour chercher refuge dans le sud de la Grande-Bretagne à ce moment-là se serait trouvé pris entre deux feux.

Restait encore un endroit hors de la portée de Rome ou des Celtes, un endroit où les Armoricains pouvaient espérer un accueil, sinon chaleureux, du moins dénué d'hostilité. C'était le dernier bastion survivant de l'antique Alba dans le nord. Ses habitants étaient de même vieille souche génétique et linguistique que les Armoricains. Non seulement ils partageaient plusieurs traits culturels, mais ils avaient également un ennemi commun, les Celtes.

L'Alba du Nord devint donc la destination des Armoricains en exil. Pour l'atteindre, ils allaient devoir affronter un long voyage en mer à bord de navires lourdement chargés qui navigueraient en longeant des côtes presque toutes hostiles. Profiter du beau temps propice à la navigation était d'une suprême importance ; or, ce beau temps survenait en été. Il était également nécessaire d'aborder les terres nouvelles avec suffisamment de temps devant soi pour s'installer avant le début de l'hiver nordique. Comme l'été de 51 tirait déjà à sa fin, le départ des réfugiés fut remis à l'année suivante.

Entre-temps, les Armoricains passèrent quelques mois à réparer leurs navires, à les charger de vivres pour les passagers et de fourrage pour le bétail. Pendant l'automne de 51, des vaisseaux éclaireurs allèrent reconnaître les côtes britanniques, à la recherche d'endroits sûrs où se réapprovisionner en vivres et en eau. Des navires rapides, où prirent place les chefs de plusieurs tribus armoricaines, furent envoyés de l'avant pour informer les Albains du Nord de ce qui se passait et pour négocier un accueil amical.

L'exode commença à la fin du printemps de 50. Les réfugiés ne partirent pas tous des mêmes ports et ils empruntèrent des trajets différents. La plupart des exilés du sud, notamment les Pictons, appareillèrent depuis Ouessant. En flottes de tailles variées, naviguant comme le temps et la qualité des préparatifs le leur permettaient, ils traversèrent la Manche à son extrémité pour atteindre les îles Sorlingues, qui pendant près de mille ans avaient été le principal lieu de rencontre des hommes des ports de la Méditerranée, de l'ouest de la péninsule ibérique et du golfe de Gascogne lorsqu'ils commerçaient avec les îles Britanniques.

Ce contingent se proposait de contourner l'Angleterre par l'ouest en suivant le canal Saint-Georges jusqu'à la mer d'Irlande, pour atteindre les côtes occidentales du sud de l'Écosse en passant par le canal du Nord. Une fois dans ce détroit, les navires pouvaient espérer trouver sur tribord des rivages hospitaliers ou, à tout le moins, neutres. Cependant, la côte de l'Irlande était tenue de main ferme par les Celtes – comme le découvrit une petite flotte de navires pictons.

> Les Bretons [Celtes] [...] qui étaient passés en Bretagne, dit-on, depuis l'Armorique, s'emparèrent des contrées du sud. Quand [quelque temps après] ils se furent rendus maîtres de la majeure partie de l'île

> en commençant par le sud, des Pictons en provenance de Scythie [îles Sorlingues], dit-on, firent voile à bord d'un petit nombre de gros navires, furent chassés par le vent au delà des côtes de Bretagne et parvinrent sur la côte nord-est de l'Irlande et, trouvant là la nation des Scots [Celtes irlandais], ils les supplièrent de leur permettre de s'établir parmi eux, mais ne purent obtenir gain de cause [1]. Les Scots répondirent que l'île ne pouvait les contenir tous, mais, dirent-ils, « nous pouvons vous donner un bon conseil sur ce qu'il convient de faire : nous savons qu'il existe une autre île, non loin de la nôtre, à l'est, une île que nous apercevons souvent au loin par temps clair. Si vous y allez vous trouverez à vous établir ». [...] Les Pictons naviguèrent par conséquent jusqu'en Bretagne et commencèrent à habiter le nord de cette île.

C'est ce qu'écrivait Bède le Vénérable. Son récit comporte des ambiguïtés, et ce n'est guère étonnant compte tenu du fait qu'il a vécu et écrit plusieurs siècles après l'événement. Le fait *vraiment* étonnant, c'est certainement qu'une description aussi claire et sans équivoque d'un événement important de l'histoire britannique, due à la plume d'une autorité de l'envergure de saint Bède, ait été ignorée ou dépréciée immanquablement par la plupart des historiens de profession. Il se peut, parce que cette description contredisait la version orthodoxe de l'Histoire, que les spécialistes l'aient délibérément reléguée au royaume de la mythologie, transformant ainsi l'unique récit qui ait survécu et qui traite de l'arrivée des Armoricains au nord de la Grande-Bretagne en simple produit de l'imagination irlandaise. Bède le Vénérable savait la vérité, de même que les Pictons de la Gaule, qui devinrent les Pictes écossais [2].

Les fugitifs du nord de l'Armorique (les tribus provenant des côtes comprises entre la Bretagne et l'estuaire de la Seine, notamment les Coriosolites, les Redons et les Unelles) se rassemblèrent dans les îles Anglo-Normandes, qui étaient depuis toujours des places fortes armoricaines.

Ces peuples contournèrent la Grande-Bretagne par l'est, en gardant les côtes sur bâbord. Quoique un peu plus longue, cette route offrait un avantage important : elle menait tout droit aux vastes plaines côtières fertiles situées entre l'estuaire du Forth et le golfe de Moray.

Le contingent qui fit route vers l'est se composait lui aussi de quelques flottes assez petites pour que les vaisseaux pussent garder le contact par mauvais temps. Naviguant jour et nuit, restant assez loin au large, les navires pénétrèrent dans la mer du Nord. Même dans ces eaux, ils évitèrent de se rapprocher des côtes, car la grande avancée de terre du Norfolk et du Suffolk ne leur offrait guère d'abri et, en outre, était tenue de main ferme par les Celtes.

Enfin, les réfugiés atteignirent les Farne Islands à une trentaine de kilomètres au sud de l'estuaire de la Tweed. Ce fut peut-être leur dernière escale avant de mettre fin à leur long voyage.

La décision touchant la façon dont on traiterait les futurs immigrants armoricains posait un grave dilemme aux Albains du Nord. Il n'existait pas de véritable choix. S'ils ne leur donnaient pas la permission de débarquer, ils pouvaient s'attendre à une invasion de la part de ces quelques milliers de réfugiés prêts à tout. Par contre, comment allaient-ils absorber pareil afflux de nouveaux venus sur des terres dont les ressources étaient déjà poussées à leur limite par l'arrivée des Albains du sud de la Grande-Bretagne, vaincus plus tôt par les Celtes ?

Je soupçonne que les Albains du Nord essayèrent de faire de nécessité vertu. Les Armoricains avaient une flotte bien équipée. S'ils pouvaient s'installer dans les régions qui formaient alors la frontière entre les pays albains et celtes, ils pouvaient servir les intérêts de l'Alba sur terre comme en mer.

Ces régions frontalières étaient en danger. Des pressions, dues à l'afflux des réfugiés celtes dans le sud de la Grande-Bretagne, se faisaient sentir le long des frontières albaines. Des incursions celtes changeaient déjà en no man's land les plaines fertiles de la Merse, dans la vallée verdoyante de la Tweed. Les Celtes poussaient même leurs raids plus loin au nord, dans les collines protectrices séparant la Tweed du cœur du pays du Forth. En prenant conscience qu'ils risquaient de perdre la vallée de la Tweed, les Albains, à mon avis, « donnèrent » celle-ci aux immigrants armoricains pour qu'ils l'habitent et la gardent… s'ils en étaient capables.

Une situation analogue prévalait à l'ouest. Là, les Celtes qui tenaient la rive sud du golfe de Solway se battaient pour conquérir les plaines fertiles au fond de ce golfe et sur sa rive nord. Les Armoricains établis à cet endroit pouvaient servir à tenir les Celtes en échec.

Le nombre d'immigrants concerné demeure inconnu. Les *Commentaires* nous apprennent que les Armoricains fournirent 30 000 hommes (dont les Pictons représentaient le quart) aux armées rebelles de Vercingétorix. Ce chiffre suggère une population armoricaine d'au moins 150 000 âmes. Compte tenu des pertes subies aux mains des Romains et du fait que les survivants ne pouvaient ou ne désiraient pas tous fuir leur pays, il se peut que seuls quelques milliers d'émigrés atteignirent l'Alba du Nord.

Néanmoins, les Armoricains (et surtout les Pictons) allaient dès lors jouer un rôle important dans l'histoire du pays qui un jour allait porter le nom d'Écosse.

CHAPITRE VII

LE NORD EN GUERRE

Comme les Albains étaient essentiellement des éleveurs qui passaient la majeure partie de leur temps avec leur bétail et leurs troupeaux, ils ne toléraient guère les citadins. Or, la société armoricaine avait été villageoise avant tout. Et si ces habitants des bourgs étaient conformes au prototype, ils traitaient sans doute leurs hôtes rustiques avec condescendance, voire avec mépris. Des frictions inévitables entre deux peuples aux modes de vie si disparates pouvaient déjà, à elles seules, conduire à de sérieux conflits.

De même, il est douteux que les Armoricains, relégués au rôle de garde-frontières ou se sentant simplement coincés dans des enclaves médiocres du pays albain, aient longtemps enduré cette situation sans jeter un regard de convoitise vers le nord, en particulier du côté des vastes plaines à l'est des monts Grampians. Quant aux Albains, ils se trouvaient dans une situation comparable à celle de l'Arabe d'un conte fameux, qui avait laissé un chameau mettre la tête dans sa tente[1].

Dès 40 avant J.-C., les tensions entre les deux peuples avaient peut-être déjà déclenché des hostilités ouvertes.

Les Armoricains eurent certainement l'avantage au début, car ils avaient longtemps vécu les armes à la main et ils savaient se battre. Il semble que les Albains du Nord aient été sans expérience des choses de la guerre avant l'apparition des envahisseurs celtes à leurs frontières quelques générations à peine avant l'arrivée des fugitifs armoricains. La menace celte avait été réprimée, non grâce aux prouesses militaires albaines mais plutôt parce que la poussée des envahisseurs s'était essoufflée. Néanmoins, les Albains révélèrent leur talent d'innovateurs dans l'art de la guerre défensive.

Depuis que les Celtes étaient neutralisés aux frontières sud de l'Alba, la seule menace significative de leur part provenait des attaques maritimes, sortes de raids éclair entrepris surtout par des hommes en quête de vengeance, d'esclaves et de butin. Une douzaine de Celtes à bord d'une embarcation non pontée, ou peut-être les équipages de deux ou trois bateaux agissant de concert, venaient rôder par exemple le long des côtes dans l'espoir de surprendre un *croft* albain isolé, de capturer ou de tuer ses habitants, d'abattre le bétail, de rafler tous les objets de valeur dans les maisons puis de mettre le feu aux toits de chaume et de s'enfuir en faisant force de rames, avant que les voisins aient eu le temps de se rassembler.

Les habitants des côtes qui vivaient sous pareille menace réagirent en construisant de petites forteresses de pierres sèches en forme de D ou d'anneau (aujourd'hui appelées *duns*, mot gaélique signifiant « forts »). Ces fortins, édifiés par les descendants des maîtres maçons de l'ère mégalithique, étaient si bien construits que les réduire par un siège aurait coûté bien plus que la valeur du butin qu'ils contenaient.

On n'a trouvé qu'un petit nombre de ces *duns* le long de la côte est, où les raids maritimes celtes ne semblent pas avoir représenté un problème majeur. Par contre, les Albains de l'ouest érigèrent quantité de ces petits forts associés à des fermes. À mesure que le temps passait et que les assaillants s'enhardissaient, les défenseurs devenaient plus inventifs, construisant des fortins communément appelés *duns* à galeries, qui seraient selon certains les ancêtres de l'un des ouvrages défensifs les plus remarquables et les plus efficaces de l'Antiquité : le broch [2].

Par un jour de juin, ma femme et moi avons visité le broch de Carloway sur la côte nord-ouest de l'île de Lewis. Un coup de vent soufflant de l'Atlantique avait nettoyé le ciel et l'avait laissé d'un bleu aussi pur et dur que l'œil d'un dieu celte. Ce ciel brillait d'un éclat aveuglant sur des vagues de métal poli qui, démontées, assaillaient les Hébrides extérieures, mugissaient avec furie et se retiraient dans un bouillonnement d'écume au pied d'une colline dénudée au sommet de laquelle se trouvait une tour de pierre ronde.

Quoique à moitié en ruine, la tour se dressait encore à plus de 12 mètres ; elle était presque aussi haute que large et semblait aussi inébranlable qu'elle le paraissait sans doute aux hommes qui l'avaient édifiée sur cette crête de granite quelque deux mille ans plus tôt.

Pour l'atteindre, nous avions gravi un sentier glissant au milieu d'un troupeau de moutons agités qui étaient, semble-t-il, les seules

Claire Mowat pose près des ruines du broch de Carloway,
qui monte encore la garde sur la côte ouest de l'île de Lewis,
aux Hébrides.

autres créatures vivantes à la ronde. Dans la petite crique encaissée en contrebas, un groupe de « maisons noires », typiques des Hébrides, avec leurs toits de chaume pourri et leurs murs de pierre bas envahis d'herbe verte, témoignaient que des gens avaient vécu autrefois sous la protection de cette tour.

Il fallait nous pencher pour franchir l'unique porte couronnée d'un linteau de pierre qui devait peser une tonne. À l'entrée, un couloir pareil à un tunnel, tapissé d'une épaisse couche de crottin de mouton, passait sous la fondation annulaire de trois mètres d'épaisseur supportant la double muraille du broch et débouchait dans une salle centrale d'environ six mètres de diamètre, qui se rétrécissait vers le haut comme l'âme d'un gigantesque canon.

Une porte intérieure encore plus basse donnait accès à l'espace étroit et sombre entre les murs, où un escalier de pierre s'élevait autrefois en spirale jusqu'au sommet de la tour. Les marches gironnées qui restaient étaient gluantes de mousse mais je les gravis tant bien que mal jusqu'au moment où la femelle d'un choucas, dérangée dans son nid, me battit des ailes au visage ; une pierre, délogée par mon passage, tomba dans les ténèbres sous mes pieds en résonnant comme pour m'avertir.

Vue aérienne du broch de Mousa, en Écosse.
De tous les brochs écossais, c'est sans doute le mieux conservé.

Avant de descendre, je jetai un coup d'œil par une lézarde du mur extérieur pour constater que je voyais l'entrée évasée du loch Roag et, plus loin, le dédale des îles où les bateaux des assaillants du sud devaient se faufiler.

Quand je regagnai l'étage de la salle centrale, Claire me montra une poutre pourrie qui sortait d'un amoncellement de pierres noircies. Je savais que le bois qu'on avait dû utiliser pour la construction du broch original était sans doute réduit en poussière depuis longtemps, aussi, plus tard ce jour-là, lorsque je rencontrai un historien de la région, je lui fis part de cette anomalie. Il me dit que les débris que nous avions vus étaient les vestiges d'un toit de lattes couvert de chaume.

« Il y avait une maison à l'intérieur du broch, voyez-vous, construite par un fermier pour sa famille. C'étaient des pauvres, ces gens-là. Chassés de leur petite ferme à l'époque de mon grand-père pour faire place aux moutons d'un grand propriétaire. Leur *croft* a été démoli sous leurs yeux par les hommes de ce lord. Alors ils se sont réfugiés dans cette vieille ruine de pierre pour se mettre à l'abri. »

Il s'interrompit et contempla, derrière moi, le ciel de l'ouest en train de s'assombrir.

« Ils n'étaient pas les premiers à agir ainsi, vous savez. Mais ils seront peut-être les derniers. »

Les brochs ressemblent à première vue aux refroidisseurs des centrales nucléaires mais ils sont entièrement bâtis en pierres sèches. Ils ne comportent aucun mortier et pourtant ils peuvent s'élever jusqu'à 15 mètres de hauteur. Aucune fenêtre n'est pratiquée dans la paroi extérieure de leur double muraille. On ne peut entrer que par une petite porte située au ras du sol ou légèrement surélevée. Cette ouverture peut être obturée par un battant de bois massif et protégée en outre par des guérites intérieures aménagées dans les murs du couloir d'entrée.

Les flèches enflammées ne pouvaient pas incendier les brochs et leurs murs étaient trop élevés pour les échelles. Jusqu'à l'avènement des engins de guerre capables de lancer des projectiles lourds ou explosifs, les brochs étaient pratiquement à l'épreuve d'un assaut direct.

On pouvait naturellement les assiéger. Mais les défenseurs massés dans les galeries de bois à plusieurs étages cerclant le mur intérieur disposaient d'un puits ou d'une citerne où puiser l'eau, ainsi que de réserves d'aliments séchés ou confits pour nourrir hommes et bêtes. Les affamer aurait exigé plus de temps que la plupart des assaillants ne pouvaient en consacrer à leurs raids.

Certains spécialistes soutiennent que le broch est le résultat d'une longue évolution, mais il semble exister un mystérieux écart entre le *dun* le plus avancé et le broch le plus ancien ; on a l'impression que ce dernier a surgi sur la scène nordique avec tous ses attributs et son élégante complexité. Un ami me dit avoir vu des tours aux murs creux de facture très semblable dans les montagnes de l'intérieur de la Corse – qui était elle-même une place forte albaine jusqu'à une époque relativement moderne.

Les premiers brochs de Grande-Bretagne ont peut-être été édifiés dans les Rhinns of Galloway, une presqu'île à l'ouest du golfe de Solway. Cette langue de terre, parallèle à la côte nord-est de l'Irlande, s'étend sur près de 50 kilomètres et se trouve à une trentaine de kilomètres à peine au large.

C'est un coin de terre agréable et verdoyant, lieu d'élection des humains depuis le mésolithique. Durant la période albaine, ses vaches grasses, ses gros moutons excitaient sans doute la convoitise des Celtes irlandais qui, par beau temps (comme nous l'a appris Bède le Vénérable), pouvaient apercevoir les Rhinns depuis l'autre rive du canal du Nord. J'ai le sentiment que les Scots et leurs voisins prirent l'habitude de razzier les Rhinns – jusqu'au jour où les brochs surgirent sur la presqu'île pour jouer efficacement les rabat-joie aux dépens des assaillants.

Il suffit d'un rien d'imagination pour se représenter les Celtes irlandais des côtes d'Antrim, d'humeur massacrante, en train de montrer aux réfugiés pictons du récit de Bède le chemin des Rhinns de l'autre côté du bras de mer – dans l'espoir de faire d'une pierre deux coups et de voir tout ce beau monde s'entretuer.

Trois brochs en ruine subsistent encore dans la presqu'île, situés de manière à protéger les riches fermes qui jalonnent les rives de Luce Bay. Tous trois sont de modèle et de facture similaires et constituent presque sûrement l'œuvre d'une même tête dirigeante. Est-ce à cet endroit que le broch a pris naissance ?

Parmi les 500 brochs connus, un très petit nombre se trouvent au sud de la vaste dépression qu'on appelle Great More, Great Glen ou, comme certaines vieilles cartes en font foi, Glen Albyn. Cette faille divise le nord de l'Écosse en deux régions presque distinctes.

En fait, on n'a trouvé que cinq brochs dans l'ouest de l'Écosse, au sud de la Glen Albyn, et huit au sud-est de la dépression. Trois de ces derniers s'élèvent sur la pente sud de certaines vallées des monts Lammermuir et Moorfoot, qui séparent la vallée de la Tweed des basses-terres du Forth. Deux autres se dressent près de l'embouchure même du fleuve Forth, et deux encore sont situés au nord de l'estuaire de la Tay, à l'intérieur des terres. Tous sont de la même facture primitive que les brochs des Rhinns et certains semblent le résultat d'une construction hâtive.

Il semble qu'on ait construit ce groupe de l'est pour tenter d'arrêter une invasion en provenance du sud, mais c'est là un rôle pour lequel les brochs ne sont pas conçus. La garnison d'un fort d'arrêt doit pouvoir effectuer des sorties pour stopper la progression d'une armée d'invasion ; or les brochs n'ont pas de poternes de sortie mais une seule porte étroite, d'où un seul homme à la fois peut surgir pour engager le combat avec l'ennemi. Qui plus est, ces premiers brochs n'étaient garnis d'aucun ouvrage défensif extérieur, alors que ces ouvrages sont absolument nécessaires pour qu'un fort d'arrêt remplisse sa fonction.

Les Albains ont peut-être bâti cette poignée de brochs dans le sud pour décourager les raids celtes en provenance des collines, mais peut-être les fortins étaient-ils également destinés à empêcher une poussée des « invités » armoricains de la vallée de la Tweed, au nord. Si tel était le cas, c'eût été peine perdue car il semble que les Armoricains aient accompli leur besogne par mer et non par voie de terre.

Voici, à mon avis, comment se déroula le conflit.

À l'est, les nouveaux venus utilisèrent leurs navires pour contourner par la droite la barrière des monts Lammermuir et Moorfoot afin de s'emparer, plus au nord, de têtes de pont le long de la côte est. Ils débarquèrent avec succès près de North Berwick et dans la péninsule de Fife, opération qui leur permit de contrôler l'estuaire du Forth. Ignorant les deux brochs qui constituaient l'unique obstacle sur leur chemin, ils poussèrent vers l'ouest en traversant l'Écosse dans sa partie la plus étroite, pour effectuer leur jonction avec des compatriotes qui arrivaient du côté de l'Atlantique.

Les Armoricains qui s'étaient établis sur la rive nord du golfe de Solway débordèrent les brochs des Rhinns par la mer et débarquèrent le long de l'estuaire de la Clyde pour s'emparer des basses-terres entre Ayr et Ardrossan. Ils remontèrent ensuite la vallée de l'estuaire et se portèrent à la rencontre de leurs compatriotes de l'est.

Par la suite, les deux groupes réunis effectuèrent d'autres débarquements sur la côte est en un jeu de saute-mouton qui les conduisit vers le nord et leur permit de prendre possession de toutes les basses-terres de l'est jusqu'au golfe de Moray. Les envahisseurs n'ont guère tenté, semble-t-il, de s'emparer des contrées de l'ouest, au nord de la Clyde, sans doute parce que ce pays accidenté se prêtait mal à l'agriculture.

Les Albains furent incapables d'empêcher l'occupation d'une grande partie de leur pays. Forcés d'abandonner les basses-terres, certains s'enfuirent vers le nord en bateau ou à pied. D'autres battirent en retraite dans les collines au sud des vallées de la Clyde et du Forth ou se retirèrent dans le massif des Grampians au nord de ces vallées, où ils adoptèrent le mode de vie des montagnards comme tant de peuples albains aux abois qui furent contraints d'agir de même, en d'autres temps et d'autres lieux.

Vers la fin du Ier siècle avant J.-C., la situation s'était plus ou moins stabilisée. Les Armoricains occupaient la plupart des terres arables au sud de la Glen Albyn. L'Alba libre se réduisait à la portion de l'Écosse située au nord de la dépression, y compris les divers archipels.

Pendant quelque temps, les Armoricains ne poussèrent pas au delà de la dépression, à la fois parce que le terrain au nord de la grande faille était extrêmement accidenté et parce qu'ils possédaient assez de terres pour satisfaire leurs besoins immédiats. Le jour viendrait où ils reprendraient le chemin du nord ; mais lorsqu'ils se remettraient en marche, ils se heurteraient à des défenses albaines presque inexpugnables.

S'emparer des basses-terres albaines était une chose. Y vivre s'avéra une tout autre affaire.

Avec l'aide de leurs frères au nord de la Glen Albyn, les Albains qui s'étaient retirés dans l'arrière-pays du sud et du centre se livrèrent à la guérilla aux dépens de leurs ex-invités et soumirent les Armoricains des basses-terres à une série d'expéditions punitives.

Incapables de pacifier l'intérieur, les Armoricains tentèrent de le contenir en en bloquant les issues par une ceinture de forts assez grands pour abriter les colons des environs tout en servant de bases aux garnisons qui effectuaient des sorties pour contrer les raids albains.

Les Armoricains construisirent des dizaines de forts de ce genre, cernant pratiquement tout le sud et le centre des montagnes et formant, dans le nord, une ligne de défense contre les incursions venant de l'autre côté de la Glen Albyn. La plupart de ces forts étaient des variantes de certaines constructions traditionnelles du centre et de l'ouest de l'Europe. Les parements de pierre étaient garnis d'un remplissage de terre, de moellons et de pierraille – le tout consolidé par des poutres transversales.

Connus des archéologues sous le nom de *timber-laced forts* (« forts à lacis de bois »), ces ouvrages étaient relativement faciles à bâtir mais avaient un sérieux point faible. Quand leurs entraits de bois massif devenaient secs, ils étaient inflammables à l'extrême. Si un assaillant parvenait à déclencher un incendie contre un mur extérieur (ou intérieur, au moyen de flèches enflammées), les étais de bois risquaient de prendre feu et la structure tout entière pouvait se changer en bûcher ardent. L'incendie qui en résultait dégageait une chaleur si intense que les parements de pierre et le remplissage fondaient parfois en produisant des amas de décombres amalgamés caractéristiques, qu'on appelle aujourd'hui « forts vitrifiés ». Fait sans doute significatif, une grande partie des forts à lacis de bois écossais ont été « vitrifiés[3] ».

Les Albains des Highlands qui harcelaient les Armoricains dans leurs fermes des basses-terres reçurent certainement des renforts des hommes de l'Alba libre qui franchirent la frontière de la Glen Albyn pour s'infiltrer au cœur des Grampians. La zone frontalière s'étendait grosso modo depuis l'île de Mull au nord-est de la Great Glen jusqu'aux environs de la Glen Urquhart, où elle bifurquait vers le nord en suivant la ligne des montagnes pour rejoindre la mer au Dornoch Firth.

Malgré leurs forts, peu de colonies armoricaines devaient se sentir en sécurité. La menace incessante des raids en provenance des Highlands assombrissait tant la vie des basses-terres qu'elle fit bientôt intégralement partie des traditions écossaises.

Incapables de déloger les montagnards de leurs repaires, les Armoricains usèrent de représailles contre l'Alba libre. Comme l'arrière-pays montagneux au nord de la Glen Albyn était particulièrement impénétrable – on l'appelle encore les *Rough Bounds* –, ils attaquèrent la dépression des deux côtés par la mer.

À l'ouest, soutenus par leur flotte, ils se frayèrent un chemin dans le corridor qui, du Sound of Arisaig, remonte le loch Eil jusqu'à la Glen Albyn. À l'est, ils s'emparèrent de la presqu'île de Black Isle et d'une grande partie de la péninsule de Tarbet. L'abondance des forts vitrifiés dans toutes ces régions témoigne de l'intensité des combats.

Pourtant, les Armoricains eurent beau multiplier les tentatives, ils ne parvinrent pas à faire d'autres gains importants, car à présent les Albains avaient appris à utiliser leur meilleure arme à bon escient.

Un génie méconnu eut l'idée de construire plusieurs brochs assez près les uns des autres pour leur permettre de s'assurer un soutien mutuel. Chaque broch pouvait rester en contact avec d'autres au moyen de signaux optiques, tels les signaux de fumée le jour et les feux la nuit. Désormais, ils étaient également munis d'ouvrages de défense extérieurs à partir desquels on pouvait effectuer des sorties. Si un broch assiégé était en danger, les hommes des autres brochs pouvaient déclencher une contre-attaque en surprenant l'ennemi par-derrière ou créer une diversion en menaçant de lui couper la retraite, stratagème particulièrement efficace contre des assaillants venus par mer, car on visait leurs bateaux.

Dès le début du nouveau millénaire, une forêt de brochs de pierre avait surgi le long des côtes menacées de l'Alba libre et dans certaines régions stratégiques de l'intérieur. Cette défense s'avéra si efficace contre les incursions ennemies que l'Alba ne perdit plus de territoire.

La petite île de Tiree dans le sud de la mer des Hébrides fournit un bon exemple de la nouvelle défense[4]. Couverte en grande partie de pâturages, Tiree était, et reste encore, l'une des terres agricoles les plus convoitées des îles écossaises ; elle constituait une cible presque irrésistible pour quiconque méditait des raids ou voulait s'emparer de bonnes terres. Ses défenseurs édifièrent *huit* brochs placés en vue les uns des autres. Grâce à leur protection, l'île de Tiree, semble-t-il, ne tomba jamais aux mains des Armoricains ni des Celtes, même si les Irlandais, comme nous le verrons, firent au moins une tentative sérieuse pour la prendre.

D'un bout à l'autre de l'Alba libre, et surtout dans la région du Caithness, dans les Orcades, les Shetland et les Hébrides, les brochs permirent de repousser ceux qui tentèrent de s'emparer des terres protégées par ces fortins. Ils formaient l'équivalent d'un barrage antichar.

Les ennemis des Albains furent incapables d'établir des bases permanentes au nord de la Great Glen mais les raids maritimes parvinrent néanmoins à presser et à harceler les Albains. Les raids avaient lieu le long du littoral continental, du Dornoch Firth au détroit de Pentland, avec des pointes occasionnelles plus au nord jusqu'aux Shetland. Les ennemis attaquaient également l'arrière-pays en remontant les principaux fleuves dans les vallées du Sutherland et du Caithness. Cependant, même s'ils prélevaient assurément un lourd tribut à même la population, le cheptel et les récoltes, ils ne parvinrent pas à déposséder les Albains de leur pays. Sortant des tours où ils s'étaient abrités pendant les raids, les habitants des *crofts* rebâtissaient ce que l'ennemi avait détruit, et la vie continuait.

Les Armoricains concentrèrent surtout leurs raids sur le nord-est de l'Alba, alors que les Celtes irlandais s'attaquèrent surtout à l'ouest. Les anciennes annales irlandaises nous donnent un aperçu d'un tel raid entrepris par le quasi légendaire Labraid Loinseach :

> Il attaqua huit tours à Tiree [...] et huit forteresses des hommes de Skye [...]. Il s'aventura sur maintes îles des Orcades.

Fait à noter, cette célébration des hauts faits gaéliques ne prétend pas que le puissant Loinseach ait *capturé* un seul des brochs auquel il s'« attaqua ». Des fouilles effectuées au broch de Gurness, aux Orcades, ont révélé sans fard le prix que devaient payer les assaillants comme lui. Ian Grimble nous apprend, dans *Highland Man*, que les fouilles dans la fosse à ordures du broch de Gurness livrèrent

> un rappel sinistre du passé, une paire de mains coupées jetées parmi les détritus sans qu'on eût même enlevé les cinq bagues à leurs doigts. Ces bagues étaient de magnifiques objets de métal ouvragé d'une époque antérieure, produits de la tradition celtique du continent, et on peut se représenter l'homme qui les portait, grand peut-être, blond, paré d'une toque et de brassards d'or, frappé à mort par les bâtisseurs de brochs au cours d'un raid.

CHAPITRE VIII

AU PAYS DES PICTES

Tout au long du Ier siècle de notre ère, les Albains poursuivirent leur guérilla depuis les Highlands. L'Alba libre au nord de la Great Glen demeurait insoumise. À l'ouest, les Irlandais devenaient de plus en plus hostiles et avides de s'approprier les basses-terres fertiles de Galloway et d'Argyll. Les Celtes de Grande-Bretagne avaient profité du conflit pour attaquer sans relâche au nord – en direction du golfe de Solway sur la côte ouest et, à l'est, jusqu'aux abords de la vallée de la Tweed.

Le pire était encore à venir.

En 43 débuta l'invasion de la Grande-Bretagne par les troupes de Claude. En l'espace de trente ans, les légions romaines se frayèrent un chemin à la pointe de l'épée dans le territoire de la tribu celte des Brigantes, qui tenaient les contrées de part et d'autre des Pennines. En 71, la ligne allant du golfe de Solway à la Tyne était devenue une frontière de facto entre la nouvelle province de Bretagne et le pays des « barbares du nord ».

Notre connaissance des événements qui se déroulèrent dans le nord à cette époque provient surtout des œuvres de Publius Cornelius Tacitus, un protégé du puissant Romain Cnaeus Julius Agricola. Tacite nous apprend que

> Agricola était consul et moi je n'étais qu'un jeune homme lorsqu'il m'accorda sa fille, de fort belle espérance. Son consulat terminé, il nous maria et partit aussitôt pour la Bretagne où il était nommé gouverneur [...].

Tacite exprima sa gratitude envers Agricola en écrivant une chronique fidèle, quoique partiale, de la vie et des œuvres de son protecteur.

À la fin de l'été de 78, Agricola traversa la Manche pour trouver sa nouvelle province en pleine agitation. Le gouverneur frais nommé fit route vers le nord en infligeant au passage de sanglantes corrections aux tribus celtes rebelles. À l'automne de 79, il avait rétabli la domination romaine jusqu'à la ligne Solway-Tyne.

La chronique est confuse quant à la suite. Beaucoup d'historiens ont effectué leurs propres reconstitutions. Le récit ci-dessous est une synthèse de leurs travaux, considérée à la lumière de mes propres recherches.

Afin de maintenir les positions avancées déjà acquises, Agricola se devait de neutraliser la région frontalière quasi impénétrable du Strathclyde, couverte de collines densément boisées. Au début de l'été de 80, il entreprit cette tâche en amorçant un double encerclement : une aile de son armée allait marcher vers le nord-est jusqu'au golfe de Solway et au delà, tandis que l'autre pousserait vers le nord en longeant la plaine de la côte est avant de bifurquer vers l'ouest à la rencontre de la première.

Autrefois, la percée des Celtes par ce corridor oriental avait échoué car les voies de communication et d'approvisionnement des envahisseurs s'étaient trouvées à la merci des Albains, qui lançaient leurs raids en dévalant des montagnes sur le flanc gauche de l'ennemi. Agricola trouva une riposte à cette tactique. Il déploya une flotte de navires de guerre et de transport pour que ses troupes en marche fussent presque indépendantes des communications terrestres. À mesure que l'avant-garde de l'armée romaine de l'est se frayait un chemin vers le nord en combattant, à partir d'un camp de base situé près de l'estuaire de la Tyne, on construisit une série de forts et on y installa des garnisons nombreuses, soutenues et approvisionnées par mer.

La progression le long de la côte est prit fin cette saison-là en un lieu non identifié appelé Taus, qui correspondait peut-être à la lagune derrière Holy Island, ou Lindisfarne, selon le nom moderne. À l'ouest, les Romains atteignirent le golfe de Solway aux environs de Carlisle.

La campagne de l'année suivante se déroula surtout aux dépens d'un peuple auquel les Romains, au début, donnèrent le nom de Calédoniens. Tacite semble croire qu'il s'agissait d'une autre tribu bretonne (celte), mais plus tard les Romains les appelèrent Pictes [1].

Si Agricola ne parvint pas à comprendre qui étaient ces gens, eux par contre savaient hors de tout doute qui était Agricola. Un peu plus d'un siècle auparavant, ses ancêtres avaient bouté les leurs hors de Gaule. On imagine aisément avec quelle haine et quelle fureur les Armoricains virent approcher ces ennemis de l'avant-veille.

Tacite ne livre aucun détail quant aux premières phases du conflit. Il nous dit seulement que, durant l'été de 81, Agricola occupa l'isthme étroit qui sépare l'estuaire du Forth de celui de la Clyde.

> Les estuaires de la Clota [la Clyde] et du Bodotria [le Forth] charrient les marées des deux mers opposées si loin à l'intérieur qu'ils ne sont guère séparés que par une étroite langue de terre. Agricola entreprit de défendre cet isthme par un alignement de forts et, comme le sud était désormais entre nos mains, l'ennemi fut repoussé [vers le nord] dans un pays que l'on peut presque considérer comme une autre île.

Prétendre que « le sud était désormais entre nos mains » était prématuré. Une bonne partie des régions frontalières occidentales, au sud de la Clyde, demeuraient en possession des Pictes.

Agricola passa de nouveau à l'attaque au printemps de 82 – mais, au lieu de frapper vers le nord, au delà de l'isthme, ses troupes durent retraverser la Clyde près de son estuaire et se livrer passage vers le sud-ouest en combattant pour achever d'encercler le sud de l'Écosse. Cette manœuvre occupa la plus grande partie de l'été ; pendant ce temps, il semble qu'Agricola ait été brièvement tenté par une nouvelle entreprise vers l'ouest.

> Il cantonna des troupes dans la région qui fait face à l'Irlande, dans l'espoir de réaliser une nouvelle conquête [...]. Je l'entendis affirmer qu'avec une seule légion et quelques auxiliaires il pouvait prendre et occuper l'Irlande et que pareille conquête aurait eu un effet salutaire sur toute la Bretagne puisque les armes romaines se fussent ainsi trouvées partout et que toute liberté eût été bannie de ces pays[2].

Si grande qu'eût été la soif de conquête d'Agricola devant l'Irlande, le besoin d'écraser les barbares du nord de l'Écosse demeurait prépondérant. « Il redoutait une mobilisation générale de ces tribus frontalières », nous apprend Tacite. Non sans raison. Au cours de l'hiver de 82-83, « les tribus de Calédonie coururent aux armes et s'avancèrent afin d'attaquer nos forts [dans l'isthme, où l'armée romaine passait l'hiver], geste de défi qui nous remplit de crainte ».

Agricola répliqua en prenant l'initiative. Au début du printemps de 83, il déclencha une autre offensive concertée avec un double objectif : isoler la péninsule de Fife (protégeant ainsi son flanc droit) puis franchir la Tay pour mettre ses troupes en bonne position pour faire irruption dans la vaste plaine côtière du nord-est.

Il semble que les Pictes aient été pris au dépourvu et, au début, tout alla bien pour les Romains. « L'ennemi, comme nous l'apprirent les prisonniers, était en proie à la confusion [...]. »

Cependant, les Pictes n'étaient pas remplis de confusion au point de ne pouvoir contre-attaquer. Aux dernières heures d'une nuit d'été, un groupe de combat picte fondit sur le camp retranché de la neuvième légion, quelque part dans la vallée verdoyante du Strath Earn.

> Après avoir surpris et abattu les sentinelles, qui avaient cédé au sommeil ou à la panique, l'ennemi fit irruption dans le camp. Le combat faisait rage dans toute son intensité quand Agricola put enfin rassembler ses meilleurs soldats et attaquer les assaillants par-derrière [...]. Un furieux engagement s'ensuivit dans les couloirs étroits près des portes, jusqu'à ce que l'ennemi fût mis en déroute [...]. Mais ces hommes, se croyant battus non grâce à notre valeur mais grâce surtout à l'habileté de notre général, ne perdirent rien de leur arrogance et, conduisant leurs femmes et leurs enfants en lieu sûr, ils se rassemblèrent pour ratifier par des rites sacrés la confédération de tous leurs États contre nous.

Tacite, qui ne dépeint son beau-père que sous le meilleur jour, reste ambigu quant aux résultats de cet imbroglio. Selon lui, l'attaque du camp ragaillardit les Romains et découragea les barbares. En réalité, pour Agricola, c'était un sérieux revers qui mettait fin à ses progrès pour la saison et le forçait à rester sur ses positions défensives pour un autre hiver.

L'été de l'année suivante, il frappa de nouveau au nord-est, résolu à sceller l'issue de sa longue campagne.

> Ayant envoyé une flotte par-devant lui pour répandre partout la terreur par ses ravages, il marcha jusqu'aux monts Grampians [...]. L'ennemi, que les résultats du dernier combat n'avaient nullement intimidé, s'était mis en tête d'obtenir vengeance ou de subir l'esclavage et avait rassemblé toute sa force de guerre – plus de 30 000 hommes d'armes.

Parmi les chefs se distinguait un homme que les Romains appelaient Calgacus qui, selon Tacite, harangua ses troupes en prononçant une retentissante condamnation de Rome et, en fait, de tous les empires à travers les âges... y compris le nôtre.

> Les terribles Romains, dont on cherche en vain à fuir l'oppression par obéissance et soumission [sont] les brigands de ce monde. Ayant épuisé la terre par pillage universel, ils s'emparent même de la mer. Si leur ennemi est riche, ils se montrent cupides. S'il est pauvre, ils deviennent avides de domination. Ni l'Orient ni l'Occident ne les a rassasiés. Ils justifient le vol, le carnage et le pillage au nom menteur de l'Empire. Ils font partout le vide, et le baptisent paix.

L'endroit où l'armée picte se défendit correspond probablement au pays vallonneux qui sépare la Howe of Mearns de Stonehaven; plus loin, le corridor côtier s'ouvre sur les vastes plaines vulnérables de Buchan.

La bataille du Mons Graupius, comme l'appelle Tacite, se déroula certainement en rase campagne car ni les Pictes ni les Romains n'aimaient se battre en terrain accidenté. Le combat fut peut-être observé, depuis les hauteurs du Mounth, par les Albains des Highlands, qui espéraient voir les Armoricains taillés en pièces.

Les Armoricains se battirent bien mais leurs troupes ne purent soutenir l'assaut des fantassins et des cavaliers d'Agricola, rigoureusement disciplinés et magnifiquement entraînés. Après un long et terrible combat, ils rompirent les rangs.

> Dès lors, en effet, la plaine rase offrit un spectacle atroce et hideux. Nos hommes poursuivaient l'ennemi et faisaient des prisonniers, mais les massacraient quand d'autres prisonniers venaient à tomber entre leurs mains [...]. L'ennemi fuyait par bataillons entiers, mais certains couraient au front et se livraient d'eux-mêmes à la mort. Partout, les armes, les corps et les membres mutilés gisaient éparpillés, et la terre empestait le sang [...]. La nuit et le dégoût du sang versé mirent fin à la poursuite.

On croit que les Pictes essuyèrent des pertes de 10 000 hommes – chiffre sûrement exagéré. Pourtant, la victoire, bien qu'elle valût à Agricola l'honneur du triomphe, ne fut nullement décisive. L'armée romaine ne progressa pas davantage vers le nord cette année-là, ni jamais par la suite.

Les Pictes – tel est le nom que l'Histoire allait donner aux Armoricains d'Écosse – avaient versé leur sang; mais ils n'étaient pas réduits à néant. Ils entreprirent dès lors de faire la vie si dure à Agricola que le gouverneur dut se retirer au pays des Borestes (probablement aux environs de Perth), où son armée dut encore une fois prendre ses quartiers d'hiver dans un camp fortifié en territoire hostile.

La dure vérité était que l'illustre général avait eu les yeux beaucoup plus grands que la panse. Les Pictes se livrèrent à une guerre totale avec une telle férocité que, en l'espace de dix ans, ils contraignirent les Romains à abandonner tout le terrain que les légions avaient gagné au nord des monts Cheviot. Avant la fin du siècle, ils s'en prenaient aux postes-frontières de la ligne Solway-Tyne, où l'on devait plus tard construire le mur d'Hadrien pour tenter, sans grand succès, de les contenir hors d'Angleterre.

En fait, les Pictes poursuivirent la lutte jusqu'au jour où, des siècles plus tard, la dernière légion s'embarqua et quitta la Grande-Bretagne. La plus grande puissance militaire de l'époque n'était pas parvenue à les écraser.

L'Alba du Nord n'était pas restée neutre pendant cette nouvelle guerre nordique. Peu après l'invasion de Claude, une délégation fit voile vers le sud depuis les Orcades, qui étaient à l'époque, semble-t-il, l'un des centres de l'Alba libre. La délégation venait offrir sa soumission et son alliance aux Romains.

Cette alliance s'annonçait prometteuse pour les deux parties. L'Alba pouvait y gagner un redoutable soutien dans sa double lutte contre les Celtes et les Pictes, et Rome pouvait y gagner un allié bien placé pour l'aider à subjuguer le nord de la Grande-Bretagne. Les marins albains pourraient compter sur la protection de la flotte romaine, Rome désirant s'assurer qu'il n'y aurait aucune interruption dans l'afflux des marchandises de traite nordiques, fort recherchées au sein de l'élite romaine.

Les chroniques sont muettes quant aux suites de cette alliance, mais nous pouvons supposer que l'Alba fournit aux Romains des renseignements, des guides, des pilotes et peut-être des ports pour leurs navires. À tout le moins, les Albains des Highlands, derrière les lignes armoricaines, se révélèrent sans doute d'inestimables informateurs. Tacite ne fait aucune mention de troupes auxiliaires albaines, mais il rend rarement hommage aux alliés de Rome.

Ce que Tacite ne manque pas de mentionner, c'est que, après la bataille du Mons Graupius, Agricola ordonna à une partie de sa flotte de compléter la circumnavigation de la Grande-Bretagne.

> Contournant ces côtes au sein du plus lointain océan, la flotte navigua et établit pour la première fois que la Bretagne est une île, décou-

> vrant et conquérant en même temps les îles appelées Orkades [qui incluaient les Shetland].

La flotte, rapporte également la chronique, aurait aperçu Thulé (Tilli) au loin à l'horizon.

L'emploi de l'expression « découvrant et conquérant » reflète le fait que Tacite s'était engagé à glorifier les œuvres d'Agricola ; mais la découverte aux Orcades et aux Shetland de monnaies romaines datant de cette période suggère une visite pacifique des Romains à un État client.

Thomas C. Lethbridge partage cette opinion. Comme il le dit dans *Herdsmen and Hermits* :

> Il est difficile de croire que, fort comme il l'était d'une flotte de guerre efficace, le haut commandement romain n'aurait pu orchestrer la destruction des brochs et de la plupart de leurs habitants [3]. De toute évidence, aucune tentative ne fut faite en ce sens. Si une attaque avait eu lieu, il paraît peu croyable que la destruction des tours eût échappé à Tacite dans son récit des exploits d'Agricola. La vérité est sûrement que les occupants des brochs étaient hostiles aux tribus du *murus gallicus* [les bâtisseurs des forts à lacis de bois] ; ou ils avaient été achetés par les Romains ou ils étaient leurs auxiliaires actifs.

Même si Rome ne parvint pas à soumettre les Pictes, elle réussit à merveille à détourner leur attention de l'Alba libre. Par la suite, les Pictes concentrèrent leurs énergies guerrières sur le sud, contre Rome et ses alliés celtes de Grande-Bretagne. La longue vendetta entre les Albains et les exilés d'Armorique commença à s'atrophier. L'inimitié entre les deux peuples se prolongea de nombreuses années durant mais s'exprima surtout, par la suite, sous forme de raids mineurs et d'actes de piraterie.

À la fin du Ier siècle de notre ère, les fameux brochs n'étaient plus essentiels à la survie des Albains. Néanmoins, les tours du nord-ouest faisaient toujours œuvre utile. Les raids pictes diminuaient mais ceux des Irlandais s'intensifiaient. Dans l'ensemble, ces incursions se limitaient peut-être à de simples incidents, mais elles devaient sembler sérieuses et sanglantes aux communautés qui avaient à les subir. Disposer d'un broch où chercher refuge lorsque les écumeurs irlandais paraissaient à l'horizon demeura longtemps, sans doute, une source de réconfort pour maints habitants albains des côtes et des îles.

CHAPITRE IX

FETLAR

Par une journée fraîche de septembre au début du IIe siècle de l'ère chrétienne, un vaisseau portant le nom vénérable de Hauturier pointa sa proue renflée au tournant du cap Sheep Head et pénétra dans les eaux de son port.

La vaste étendue de Tresta Bay sur la côte méridionale de l'île de Fetlar, aux Shetland, s'ouvrait à présent devant le navire. Au moment où il vira dans les eaux abritées, sa voile maculée par vents et tempêtes fut repérée par deux gamins qui avaient escaladé le promontoire à la recherche de moutons égarés. Avec des cris surexcités, ils coururent à toutes jambes vers un groupe de maisons basses coiffées de gazon et blotties au fond d'une anse dans Tresta Bay.

Le navire avait voyagé pendant un an et demi. Voyagé jusqu'à Tilli, cette île mystique là-bas dans l'océan Occidental. Pendant l'absence du Hauturier, les femmes, les enfants et les anciens du clan avaient cultivé une terre de plus en plus chiche. Après des siècles de temps froid et humide, la tourbe s'était épaissie au flanc des collines de l'île, recouvrant sans merci les prés et les champs. Grâce aux moutons vigoureux et à la munificence des mers environnantes, la vie humaine restait possible, mais c'était grâce aux marins hauturiers et aux marchandises de traite qu'ils rapportaient que la vie restait non seulement possible, mais bonne.

La quarantaine de personnes que comptait le clan du Hauturier vivaient dans cinq maisons disposées en demi-cercle au débouché d'une petite vallée dont le ruisseau se jetait dans l'anse familière en traversant une plage de sable.

Les maisons étaient basses car leur plancher de grès et de terre était enfoncé de 60 centimètres dans le sable et le limon. Leurs murs de tourbe, renforcés de pierraille et de moellons, étaient assez épais pour abriter des

Le broch de Mousa, aux îles Shetland,
monte la garde depuis dix-huit siècles.

alcôves qui servaient de lits et de resserres. Cette construction cellulaire avait un autre avantage : elle réduisait la portée du toit, qu'on pouvait ainsi bâtir à l'aide de chevrons très courts – détail important dans un pays dépourvu d'arbres.

Les toits arqués, couverts de fougère, étaient coiffés de mottes de tourbe disposées comme des bardeaux. Elles étaient à l'épreuve de l'eau, même lorsque les pluies d'hiver étaient poussées à l'horizontale par le vent. L'herbe poussait si abondante sur ces toits que les maisons auraient pu passer pour des buttes naturelles, n'eût été les panaches de fumée bleue des feux de tourbe, qui montaient en ondoyant de leurs sommets arrondis.

Un foyer cerclé de pierres était situé sous le trou d'aération au centre de chaque maison, dispensant chaleur et lumière. On complétait l'éclairage avec des lampes de stéatite en forme de soucoupe remplies d'huile de mammifères marins ou d'oiseaux de mer, qui répandait une odeur âcre. Le mobilier se composait de bancs et de « buffets » faits de dalles de grès et de bois flotté. Les vêtements de rechange, les engins de pêche et les effets domestiques étaient accrochés aux murs et au plafond.

Les maisons qui attendaient les marins du Hauturier *au bout de la plage promettaient un accueil douillet et confortable après une absence de dix-huit mois pendant lesquels les hommes avaient surtout habité sous la coque de leur vaisseau retourné sur les plages de Tilli.*

Le vaisseau se rapprochait de la rive tout en amenant sa voile à petits coups. Des chiens noirs, qui semblaient à l'aise dans l'eau comme à terre, furent les premiers à plonger dans les vagues déferlantes pour accueillir les hommes à leur retour au foyer. Ils étaient suivis par une foule de gens qui riaient et criaient tout en s'avançant dans l'eau jusqu'à la taille pour saisir les amarres qu'on leur lançait.

La cargaison comportait des rouleaux de cordages taillés dans des peaux de morse, en quantité suffisante pour gréer bon nombre de vaisseaux en manœuvres dormantes ou courantes. Il y avait aussi des peaux entières qui allaient servir à fabriquer ou à changer le revêtement des navires et des barques. De la cale, on tira des douzaines de sacs en peau de phoque remplis de goudron puant destiné à calfater les coutures des navires. D'autres sacs étaient bourrés de duvet d'eider. Il y avait des ballots de fourrures de renard blanc et quatre peaux d'ours des neiges couleur de crème, dignes d'orner des demeures seigneuriales dans des pays lointains.

Suivaient, plus importants encore, plusieurs tonneaux de bois remplis à craquer de défenses de morse ; ils pesaient si lourd qu'il fallait deux hommes pour transporter chacun d'eux. Il y avait là assez d'ivoire pour obtenir en échange du grain, du miel et même des raisins qui dureraient un an ou plus aux membres du clan. Et il en resterait encore à profusion pour se procurer des poteries du sud, de la toile de lin, du bois, du cuivre, du fer et d'autres marchandises, sans oublier les parures pour les femmes.

Sitôt la cale vidée, les hommes d'équipage sautèrent dans les vagues pour attraper les filles et les femmes, qui poussèrent des cris, ou pour lutter avec les jeunes garçons de leur famille, jusqu'au moment où le patron s'écria avec une férocité feinte :

« Hissez-moi le vaisseau à terre, bande de lourdauds sans cervelle ! Allez, hop, sur la plage ! Et attention, fichtre ! Si vous lui déchirez ses peaux, moi je vous arrache celle des fesses ! »

Mais le patron souriait à belles dents, car il savait que le Hauturier *n'aurait pu se trouver entre de meilleures mains.*

L'espace de deux semaines, tout le monde festoya. Chacun recevait, chacun était reçu, non seulement dans les maisons du clan mais dans les autres établissements partout dans l'île. Puis, par un jour ensoleillé où folâtrait un petit noroît de bon augure, le Hauturier *se glissa de nouveau dans son élément. Rechargé de presque toute la cargaison rapportée de Tilli, le navire était maintenant encombré de passagers des deux sexes et de tout âge. D'humeur vacancière, ils mirent le cap au sud vers l'île principale des*

Orcades, qui était le centre social, commercial et religieux des archipels jumeaux depuis des temps immémoriaux.

Comme l'année tirait à sa fin et que c'était le moment de couler des jours faciles, on voyageait sans se presser. Le jour, le Hauturier *cinglait, tenant en son bec un rouleau d'écume, mais la nuit il allait pointer sa proue sur une plage propice ou jetait l'ancre au large de l'un des multiples petits établissements côtiers qui parsemaient les îles le long du trajet. Les voyageurs étaient bien accueillis partout où ils débarquaient car les insulaires étaient tous du même sang.*

Le troisième jour, le Hauturier *rencontra un navire des archipels qui rentrait d'un voyage au pays des Normands, où ses gens avaient troqué des cordages de morse et du goudron de phoque contre du bois. Les deux vaisseaux firent relâche ensemble cette nuit-là et on échangea force nouvelles entre gens de mer.*

Aucun homme de Fetlar n'avait jamais effectué la traversée jusqu'en Norvège. Même si l'on pouvait accomplir ce voyage en deux ou trois jours par bon vent, la nature de l'accueil à destination restait incertaine. Les Normands étaient réputés prompts à brandir l'épée ou la hache d'armes, et leur mépris à l'égard des étrangers pouvait être meurtrier. Les hommes du vaisseau visiteur n'avaient pris aucun risque et avaient mouillé à l'entrée d'un fjord. Les Normands étaient venus à leur rencontre à bord de bateaux de bois élancés, bordés à clin, construits à la manière des canots plutôt que des navires.

« Ils ont remorqué des radeaux de bois jusqu'à nous mais ils nous ont traités de minables quand nous avons refusé d'aller à terre. Et ils se moquaient de notre vaisseau en menaçant de le dépouiller de sa peau comme une vache grasse si nous ne leur donnions pas le double de ce que valait leur bois. Il vaut mieux qu'ils restent sur leurs propres côtes. Je ne voudrais pas les voir arriver chez nous… »

La troisième nuit, le Hauturier *posa son étrave sur la plage, à Sandwick, au pied de la masse protectrice du broch de Mousa. Les voyageurs furent accueillis par les habitants de Sandwick, qui les gavèrent de viande d'agneau. Maintes histoires circulèrent, maintes chansons résonnèrent autour des feux de tourbe fumeux. Les visiteurs écoutèrent encore une fois l'histoire sanglante d'un raid picte contre Mousa qui avait eu lieu cinquante ans plus tôt. Quatre pleins bateaux étaient arrivés ; les Pictes avaient essayé de prendre le broch d'assaut et, une fois repoussés, avaient assiégé la tour. Mais ils avaient négligé de bien surveiller leurs bateaux.*

« Par une nuit noire, nos hommes de Sandwick ont assourdi leurs avirons et ont traversé le détroit. Sans faire plus de bruit que des loutres, ils

ont débarqué, se sont emparés des bateaux des pirates et, quand les Pictes sont descendus sur la plage en poussant de grands cris, nos hommes les ont accueillis avec les arcs et les frondes. C'est alors que nos gens, enfermés dans la tour, sont sortis comme un ouragan et les ont attaqués par-derrière à coups de lance et de hache… »

Le cinquième jour, le Hauturier *mit le cap au large par-delà la haute falaise et les tourbillons du clapot de marée à l'extrémité sud des Shetland. Au crépuscule, la vigie repéra Fair Isle, à mi-chemin entre les Shetland et les Orcades. Dans cette île, le navire resta bloqué par un violent nordet qui souffla en tempête deux jours durant. Les voyageurs mangèrent et dormirent dans les maisons douillettes du clan unique de la petite île – de vieux amis qui eux aussi envoyaient des hommes à Tilli chaque année.*

Une journée de navigation au sud de Fair Isle conduisit le Hauturier *jusqu'aux rives de Sanday, une île plate, verdoyante, bordée par des kilomètres de plages couleur de safran. C'était un lieu légendaire où, au temps jadis, des légions de morses venaient se vautrer au soleil sur ces vastes étendues de sable. Les tempêtes arrachaient encore leurs os aux dunes du rivage ou les roulaient sur la plage en provenance des fonds marins.*

Les gens de Fetlar visitèrent des parents dans Sty Bay, où on leur fit voir une défense de morse géante jetée sur la rive par le nordet deux jours plus tôt à peine. Jaunie par le temps, polie par le sable, elle mesurait plus d'un mètre. Les visiteurs, tout comme les habitants, virent dans cet objet ressurgi des flots un heureux présage.

Au départ de Sanday, mettant le cap au sud-ouest, le vaisseau se faufila paresseusement au milieu des îles basses, fertiles et peuplées des Orcades. Presque partout, un broch, plusieurs brochs parfois étaient en vue. Les tours, quoique de plus en plus négligées, car laissées depuis longtemps à l'abandon, étaient encore une présence rassurante.

Le Hauturier *atteignit enfin Wide Bay, la grande anse qui découpe la rive nord de l'île principale des Orcades. Cette île était non seulement la plus vaste de l'archipel mais aussi, de tout temps, la plus prospère. C'était là que les Anciens avaient édifié leurs cercles de pierres les plus imposants, élevé leurs menhirs les plus hauts et construit le superbe monument de Maeshowe.*

Depuis des générations innombrables, la majeure partie des marchandises de traite du nord, qu'elles fussent des Shetland, des Féroé ou de Tilli, avaient été apportées dans Wide Bay pour être ensuite convoyées par terre en traversant un isthme étroit jusqu'à une baie du Scapa Sound, où les attendaient les navires orcadiens qui faisaient du négoce dans le sud aux îles Sorlingues. La langue de terre qui séparait les deux ports était vite deve-

nue, et restait encore, le site d'une grande foire annuelle qui avait lieu à la fin de l'été.

Les éleveurs-pêcheurs, les hauturiers en quête de marchandises de traite et les marchands des Orcades qui descendaient dans le sud se rassemblaient dans l'isthme. Les habitants de l'île principale venaient en général à pied ou montés sur de petits poneys à poil long; les autres, pour la plupart, arrivaient à bord de leurs bateaux recouverts de peaux allant du plus frêle esquif à quatre rames au plus gros navire de haute mer. Quelques clans possédaient dans l'isthme des abris permanents aux murs de terre mais la majorité campaient sous leurs propres vaisseaux retournés sur des fondations de pierre et de terre, tout juste à la limite des hautes eaux. Vus de loin, ces navires quille en l'air ressemblaient à des carapaces de tortues allongées, blanchies comme de vieux ossements.

Le jour où le Hauturier vint donner du nez sur la plage de Wide Bay, deux gros navires marchands des Orcades, récemment arrivés des îles Sorlingues, étaient mouillés dans Scapa Bay. On était en train de décharger leurs cargaisons et de les transporter à terre pour les mettre à l'étal dans l'isthme qui séparait les deux bras de mer.

Pendant que le patron du Hauturier et les anciens du clan s'affairaient à troquer leurs marchandises, les autres profitaient des occasions offertes pour visiter les lieux, faire la fête, se livrer aux jeux de l'amour, raconter des histoires, chanter, boire et parfois se battre, quand la bière coulait trop libéralement.

La foire était beaucoup plus qu'un rendez-vous commercial. C'était le principal lieu public où chacun pouvait échanger des nouvelles des îles et du vaste monde. Les jours ne semblaient jamais assez longs pour tout ce qu'on voulait voir et faire, dire et entendre.

La curiosité des garçons de Fetlar était particulièrement piquée par les navires marchands des Orcades. Quoique construits comme le Hauturier avec une proue et une poupe symétriques, les vaisseaux qui allaient dans le sud étaient plus gros, plus larges, capables de transporter d'énormes cargaisons. Ils avaient aussi un équipage nombreux – moins pour la manœuvre des navires que pour leur défense. Les eaux, entre le Little Minch dans la mer des Hébrides et le golfe de Solway, étaient infestées de rapides vaisseaux pictes. Un navire marchand des Orcades n'avait aucun espoir de survivre à une attaque s'il n'avait à son bord un équipage nombreux, capable de bien manier l'arc, la fronde et les longues piques qui servaient à repousser les assaillants en cas d'abordage.

« Vos marins du nord doivent peut-être affronter des vents déchaînés, des vagues hautes comme des montagnes, des monstres marins effrayants et même des glaces flottantes », dit un matelot des Orcades à la bande de garçons de Fetlar. « Oui… Mais nous, nous avons affaire à des monstres humains pire que tous ces dangers-là réunis. Les Pictes, tenez. On dit que ce sont nos cousins, mais vous n'en jureriez pas s'ils montaient à l'abordage de votre vaisseau et vous jetaient en pâture aux poissons. Les habitants de la côte irlandaise, eux, ne se débrouillent pas aussi bien en mer, mais ils sont encore plus assoiffés de sang. S'ils vous attrapent, ceux-là, ils trouvent tout naturel de vous ouvrir le ventre et de prendre vos boyaux pour en faire des cordes. »

Tout le monde apprit avec un vif intérêt que les Romains, dont les galères patrouillaient les eaux britanniques au sud du golfe de Solway, songeaient à poster des cohortes en territoire albain, dans l'île de Mull. C'était un capitaine orcadien, qui avait été escorté par une galère romaine au sud du golfe de Solway, qui apportait cette bonne nouvelle.

Il y avait d'autres nouvelles réjouissantes en provenance du sud. Des légions romaines et des auxiliaires celtes fraîchement débarqués étaient en train de repousser les Pictes jusqu'à la frontière qui allait du Forth à la Clyde où, disait-on, on allait construire un autre mur pour les refouler. Avec tout cela, il semblait bien que les Pictes n'auraient plus assez de temps ni d'énergie pour harceler l'Alba.

Les marins du nord avaient leurs propres histoires à raconter ; le patron du Hauturier retint l'attention de tous avec le récit d'un voyage effectué tard cet été-là dans les eaux au nord-ouest de Tilli.

L'été avait été exceptionnellement chaud et la banquise – qui s'interposait en temps normal entre Tilli et la grande terre occidentale de Crona, rarement aperçue mais toujours présente – s'était amincie de façon remarquable[1].

Et, comme le raconta le patron : « Nous avions une cargaison extraordinaire et il nous restait une partie de l'été avant de devoir rentrer chez nous. Je n'avais jamais vu les eaux de l'ouest si libres de glaces. Alors, j'ai demandé aux gars s'ils avaient envie de jeter un coup d'œil à Crona – de voir cette île-là mieux que jamais, mieux même que du sommet des montagnes de Tilli. »

Le Hauturier avait navigué vers l'ouest pendant un jour et presque toute une nuit ensoleillée. Au matin du second jour, quand la banquise lui barra finalement le chemin, le navire avait une vue parfaite de cette terre de géants. Elle était bordée, expliqua le patron à son auditoire, de montagnes plus hautes que tous les sommets qu'il avait vus ou dont il avait entendu parler. Et il y avait, dominant ces montagnes, la plus énorme masse de glace du monde entier.

Les hommes du Hauturier *avaient eu de la chance. La saignée dans la glace, d'où ils avaient pu contempler cette terre majestueuse et mystérieuse, s'était bientôt refermée sous l'effet d'une nouvelle vague de froid et d'une tempête qui s'abattirent sur le Nord, et la banquise avait rétabli son empire sur la mer Cronienne.*

Le retour du Hauturier *à Fetlar après la foire fut une prompte affaire. Quand toutes les nouvelles acquisitions furent débarquées, le navire fut halé hors de portée des plus hautes marées de tempête et retourné pour devenir son propre hangar à bateau. Arrimé à l'aide de cordes de peau de morse pour mieux résister aux assauts et ressauts des coups de nordet, le vaisseau protégeait, comme une poule couveuse, les effets entreposés sous son « toit » bien goudronné.*

Les membres du clan se préparaient pour l'hiver. La tourbe, qu'on avait coupée et fait sécher pendant l'été dans les tourbières à flanc de colline, fut descendue jusqu'aux maisons et empilée contre les murs où elle allait fournir une protection supplémentaire contre le vent avant de servir de combustible à l'intérieur dans les foyers. Des paquets de viande d'agneau et de poisson séchés au soleil et au vent furent emmagasinés dans des abris de pierre à l'épreuve de la pluie mais exposés aux effets antiseptiques du vent. Les resserres imbriquées dans les murs des maisons furent remplies de sacs de grain importé et d'outres qui exhalaient l'odeur forte de l'huile des mammifères marins et du suif de mouton.

Quand les premières grandes tempêtes de l'hiver accoururent, mugissantes, du fond des mers qui séparaient Fetlar de la Norvège, l'île sombra peu à peu dans une sorte de coma. Des moutons à moitié sauvages fuyaient les côtes fouettées par vents et vagues pour chercher refuge dans les vallées de l'intérieur. Dans le confort enfumé des maisons faiblement éclairées, les hommes et les femmes vaquaient à leurs occupations ; les enfants jouaient, posaient des questions et écoutaient d'interminables récits.

La nuit, quand la tourbe brûlée n'était plus qu'une cendre blanche et que les lampes étaient éteintes, les insulaires rêvaient au printemps à venir. Le patron du Hauturier, *lui, rêvait surtout de Tilli… mais parfois aussi de l'immense pays glacé qu'on appelait Crona.*

CHAPITRE X

L'ALBA RESSUSCITÉE

Le temps frais et humide, accompagné de tempêtes, semble avoir dominé le nord-est de l'Atlantique pendant presque tout le IIIe siècle ; la vie était plus difficile pour les éleveurs albains comme pour les hauturiers. Mais du moins vivaient-ils dans une paix relative.

Les Pictes mettaient trop d'acharnement à lutter contre les Romains pour avoir encore le temps et l'énergie de s'en prendre à l'Alba. Les Celtes de Grande-Bretagne ne représentaient plus une menace, car ils étaient désormais plus ou moins soumis à Rome. Les Irlandais constituaient un danger pour les marins des Orcades qui allaient vers le sud en naviguant trop près de leurs côtes, mais les Romains, dans leur zèle à prévenir toute interruption dans l'afflux des marchandises de traite nordiques et à défendre les côtes de leur province de Bretagne, s'étaient rendus maîtres des mers environnantes et faisaient obstacle aux entreprises maritimes des Irlandais et des Pictes.

Vers la fin du IIIe siècle, la situation en mer commença à changer. Neutralisés sur terre par la présence combinée des légions romaines et des auxiliaires celtes protégés par leurs forts et leurs murs, les Pictes entreprirent de regagner la suprématie en mer. Jadis peuple de marins, la nation picte consacra tous ses talents à la conception d'un petit navire de guerre qui s'avéra si efficace que les Romains lui firent un jour l'honneur de le copier.

Les Romains appelaient ce vaisseau *picta*. Muni d'une coque de bois élancée, propulsé par dix paires d'avirons, il pouvait également naviguer à la voile. Coque, voile et rameurs étaient camouflés en bleu et en vert pour se fondre aux couleurs de la mer. Des escadres de ces petits navires de bas bord, meurtriers, presque invisibles de loin et rapides à l'extrême, pouvaient se poster en embuscade puis frapper comme l'éclair et venir à bout des navires romains, plus gros, plus lents, parfois avant même que l'équipage ait eu le temps de courir aux armes. Peut-être les Pictes tiraient-ils parti, quoique tardivement, de la leçon sanglante que la flotte de César avait infligée à leurs ancêtres lors de la bataille du golfe de Morbihan dans leur ancien pays d'Armorique.

Le succès des *picta* n'était pas le seul facteur en cause, mais la domination romaine dans les eaux britanniques commençait en effet à s'effriter. Au début du IVe siècle, Rome avait pratiquement perdu la maîtrise des routes maritimes. Les escadres pictes poussaient leurs raids jusqu'au canal de Bristol dans le sud et, dans le nord, probablement jusqu'à Tilli. Les Celtes d'Irlande, à bord d'embarcations recouvertes de peaux et de bateaux de bois, s'abattaient de nouveau sur les communautés albaines isolées de la mer des Hébrides et sur les Celtes romano-bretons qui habitaient la côte ouest de la Grande-Bretagne continentale.

D'autres prédateurs entraient à présent en scène pour profiter du déclin de la puissance romaine. Des pirates saxons apparurent dans le sud-est de la Grande-Bretagne et ne tardèrent pas à attaquer sans répit la côte est. Il ne leur fallut guère de temps pour atteindre l'Alba et les îles du Nord. Dans au moins un broch, on a relevé les traces d'une nouvelle occupation au IVe siècle. Les gens qui cherchèrent refuge derrière ses murs se sentaient sans doute menacés par les écumeurs pictes, irlandais ou saxons. Certes, quelque chose de vilain se préparait dans le nord de la Grande-Bretagne.

Vers 363, un général romain fort respecté, Théodose l'Ancien, prit la tête d'une expédition navale qui fit route vers le nord. Le peu que nous sachions de cette entreprise provient surtout des œuvres de Claudius Claudianus, un poète classique au style plutôt fleuri, qui vécut à la fin du IVe siècle. Claudien écrivit, avec une suffisance toute chauvine :

> C'est grâce à la paix instaurée par Rome que le monde est notre demeure, que nous pouvons vivre où bon nous semble, que visiter Thulé [Tilli] et explorer ses étendues sauvages, jadis redoutables, n'est guère qu'un amusement.

Venant ensuite au fait, il nous apprend que

> [l]es rames aventureuses de Théodose troublèrent la surface des mers nordiques [...]. Il subjugua les côtes de Bretagne et sema la dévastation dans le nord [...]. Que pouvaient contre lui les neiges éternelles,

> l'air glacé, les mers inexplorées ? Les Orcades étaient rougies en raison du massacre des Saxons ; Thulé était tiède du sang des Pictes ; l'Hibernia captive des glaces pleurait les monceaux de Scots occis [...].

La plupart des historiens ont préféré ignorer ce passage ou contester sa valeur ; il s'agit pourtant de l'unique récit de l'expédition de Théodose qui soit parvenu jusqu'à nous. Puisque aucune preuve corroborant la présence saxonne aux Orcades au IVe siècle n'a été découverte à ce jour, certains concluent que Claudien a inventé toute l'histoire. Quant à la présence picte à Thulé... encore une fois, où est la preuve ? Cependant, on admet bel et bien en général (quoique à contrecœur) que l'allusion aux Scots, comme on appelait alors les Irlandais du Nord, semble historiquement valide.

Abstraction faite des objections savantes, on ne peut raisonnablement douter que Théodose ait bel et bien pris la tête d'une flotte de guerre qui se rendit dans le nord. Peut-être sa mission faisait-elle partie d'une vaste tentative pour regagner la maîtrise des mers baignant la Grande-Bretagne, mais nous ne nous tromperons guère en déduisant que le général était également poussé par d'urgents appels à l'aide de la part des alliés albains.

Je l'imagine remontant la côte est en attaquant tout vaisseau saxon, franc ou picte qu'il venait à croiser. Il se pourrait fort bien qu'il eût rencontré près des Orcades une concentration de Saxons, qu'il eût attaqué et coulé leurs navires, puis massacré les équipages. Il aurait ensuite répondu aux prières de ses alliés albains et fait voile jusqu'à Tilli pour surprendre et disperser les Pictes, dont les raids visaient les marchandises de traite.

Je vois Théodose, son devoir accompli envers le client de Rome, se diriger ensuite vers le sud le long de la côte ouest, en attaquant des navires pictes quand les circonstances le permettaient et en débarquant en Irlande à l'occasion pour se livrer à des représailles contre les Scots de Dalriada et les autres tribus celtes.

Le style quelque peu melliflu de Claudien (c'était un *poète*, après tout) irrite peut-être la sensibilité de maints historiens, mais ce n'est pas une raison pour rejeter son récit.

À la fin des années 1940, on fit en Islande une découverte remarquable. Dans son ouvrage *Gengiō á rekya*, l'historien islandais Kristjan Eldjárn raconte comment on a recouvré trois monnaies antiques dans des sites d'anciennes habitations au fond du Hamarsfjördur sur la côte est de l'Islande. Il s'agit de trois antoninianus frappés entre 270 et 305. Un quatrième antoninianus de la même période a été découvert depuis dans un autre site de la côte est.

Eldjárn ne croit pas, comme certains l'ont prétendu, que ces monnaies faisaient partie d'un butin antérieur apporté en Islande au IXᵉ siècle par ses ancêtres les Vikings. Il suppose qu'un navire romain, surpris par une tempête dans les eaux britanniques septentrionales, fut emporté si loin de sa route qu'il atteignit Thulé, où il fit naufrage.

Je soutiens la thèse, non moins plausible, selon laquelle ces monnaies servirent à payer de la viande fraîche ou d'autres produits des fermes qui furent remis aux hommes de Théodose par les Albains vivant sur la côte est de l'île. Le fait que les dates ne semblent pas concorder ne pose aucun problème. La monnaie frappée à Rome mettait souvent plusieurs générations à se frayer un chemin jusqu'aux confins de l'Empire.

Les effets salutaires possibles de l'expédition de Théodose sur les « barbares du nord », comme les Romains appelaient encore les Pictes, furent de courte durée. Quelques années plus tard, après avoir détruit une flotte romaine, les vaisseaux pictes se mirent à attaquer les tours de guet et les postes de garde-côtes loin vers le sud, et même jusqu'à la Manche. En 367, leur armée de terre s'attaqua au mur d'Hadrien, qu'elle déborda avant la fin du siècle pour écraser les garnisons romaines et se répandre vers le sud tel un ouragan.

Le déclin rapide de la puissance romaine en Grande-Bretagne se traduisit par une série de soulèvements sanglants et contagieux. Les Irlandais se mirent à attaquer les côtes occidentales de la Grande-Bretagne où et quand ils en avaient envie. Un nombre croissant de Saxons et de Francs vinrent piller les rivages britanniques au sud et à l'est. À la fin du IVᵉ siècle, tous ces assaillants semblent avoir conclu une vague alliance avec les Pictes pour se rendre maîtres d'une bonne partie de l'Angleterre à coups d'incendies, de pillages et de prises d'esclaves.

C'était une époque troublée dans le nord également. Les Pictes avaient mis fin à leurs attaques concertées contre les frontières de l'Alba, mais certains chefs pictes (et irlandais) isolés se livraient à des raids dans les îles albaines, ne fût-ce que pour le plaisir et pour la gloire, et pour ne pas perdre leur adresse au combat.

Les annales irlandaises rapportent avec fierté que le roi Niall aux Neuf Otages ravagea les Hébrides entre 420 et 430 ; et il n'était sans doute pas le premier Irlandais à semer la dévastation dans ces régions. Niall et ses contemporains étaient des pillards bien connus. Après une carrière remarquablement sanguinaire, Niall lui-même, croit-on, périt en attaquant *i Alpi*. Les historiens ont traduit ces mots par « les Alpes » – or c'eût été là un fort long voyage, même pour un écumeur irlandais. L'expression signifie presque à coup sûr « l'Alba ».

Les Pictes et les Irlandais n'étaient pas les seuls à se livrer au pillage. Un passage énigmatique de l'*Historia Britonum*, écrite par Nennius au IXe siècle, signale que vers 443 les Orcadies furent « dévastées par Hengist ». On sait également que, vers la même époque, un chef jute du même nom fut embauché par le roi Vortigern de Grande-Bretagne pour défendre son territoire contre différents raids, dont certains semble-t-il étaient l'œuvre des Pictes. Hengist prit peut-être les devants en frappant au nord. Il lui était sans doute indifférent que ses victimes fussent pictes ou albaines, même en supposant qu'il sût distinguer ces deux peuples. En l'occurrence, il semble que les Orcades aient été rougies de sang albain plutôt que saxon.

Les événements traumatisants devenaient chose commune tant dans les îles du Nord que sur le continent. Même si l'Alba n'avait pas perdu de territoire en apparence, la population trouvait sans doute fort difficile de poursuivre les travaux de la ferme, la garde des troupeaux et la pêche tout en devant sans cesse scruter l'horizon par crainte de voir poindre un bâtiment étranger venu semer la plus noire terreur chez elle. Encore une fois, les brochs devinrent, semble-t-il, la meilleure protection pour les habitants.

Les hommes qui recueillaient des marchandises et qui faisaient la traite éprouvaient sans doute certaines difficultés eux aussi. Même si la plupart des pirates pictes et gaéliques hésitaient peut-être à tenter la longue traversée jusqu'à Tilli, ils étaient toujours prêts et ardents lorsqu'il s'agissait d'attaquer les Orcadiens qui transportaient des marchandises de traite dans le sud ou qui rapportaient de là-bas des produits.

Selon moi, à mesure que les pertes en navires augmentaient, certains capitaines de vaisseaux marchands abandonnèrent les eaux séparant l'Irlande de la Grande-Bretagne et préférèrent effectuer la traversée depuis les Shetland jusqu'en Norvège pour troquer là-bas leurs marchandises contre des produits acheminés vers le nord par les routes commerciales de la France, de l'Allemagne et du Danemark.

Ce n'était pas chose facile. Les Normands, au mieux, n'étaient guère fiables en affaires, trop prompts qu'ils étaient à s'emparer sans façon de ce qu'ils désiraient, qu'il s'agît de marchandises, d'êtres humains ou de navires. Le commerce avec la Norvège n'était un choix qu'en apparence.

Qui plus est, les Normands apprenaient vite. Je suis persuadé que le fait de côtoyer et de fréquenter les navires et les hauturiers albains fut probablement un facteur important, voire crucial et déterminant, dans la transition entre navigation côtière et hauturière qui s'amorça vers la fin du VIe siècle et qui finit par faire des Scandinaves les plus funestes écumeurs de tous les temps.

Le climat de l'Atlantique Nord semble avoir connu une amélioration spectaculaire à cette époque. Décennie après décennie, le temps devenait plus sec, plus chaud et plus ensoleillé. Cet adoucissement redonna courage aux fermiers dans leurs champs gorgés d'eau et aux pêcheurs qui espéraient être retenus moins souvent à terre par les tempêtes.

À Tilli, la banquise recula si loin au nord qu'on ne pouvait plus l'apercevoir de l'île. Du même coup disparurent les ours blancs qui se laissaient dériver vers le sud sur les glaces et qui venaient à terre pour mettre bas leurs petits.

D'autres mammifères marins furent affectés eux aussi par les changements climatiques. Les narvals, dont les défenses d'ivoire spiralées constituaient l'un des articles nordiques les plus recherchés, se retirèrent des eaux de Tilli en voie de réchauffement. De même, les immenses troupeaux de phoques des mers arctiques – phoques du Groenland et phoques à capuchon –, qui jadis noircissaient la banquise au nord-ouest de Tilli, étaient désormais introuvables.

Fait plus grave, les morses de Tilli – si nombreux à l'origine – subissaient les effets de plusieurs siècles de boucherie. Leur population avait diminué de génération en génération jusqu'au jour où des hommes clairvoyants purent prédire que sous peu ils auraient tous disparu des plages de Tilli.

La vie dans l'île et aux environs était en pleine transformation. Des forêts de bouleaux s'élançaient vers le ciel délavé, une mer de graminées et de plantes à fleurs envahissait les premières pentes des collines volcaniques. Chaque printemps voyait passer des vols toujours plus imposants de canards, d'oies et de cygnes qui arrivaient du sud-est pour s'emparer des aires de nidification libérées depuis peu des champs de glace de l'intérieur.

Les oiseaux migrateurs ne nichaient pas tous à Tilli. Beaucoup ne faisaient qu'une brève halte avant de continuer vers l'ouest.

Ces départs étaient sans doute observés de près. Tilli avait beau devenir de plus en plus intéressante aux yeux des fermiers, elle perdait rapidement tout attrait pour les hommes en quête de marchandises de traite, qui se tournaient maintenant vers l'ouest, comme les oiseaux là-haut dans le ciel. Un territoire de chasse potentiel les appelait dans cette direction alors même que disparaissait l'obstacle des glaces qui s'étaient longtemps interposées entre Tilli et Crona comme une barrière infranchissable.

La nature était en pleine mutation ; les affaires humaines aussi. Pendant toute la fin du Vᵉ siècle, la vieille *pax romana* s'effondra aux îles Britanniques pour faire place à un marasme de guerres généralisées, soulèvements et autres carnages. Même les fervents de la religion chrétienne, qui se répandait dans le nord à cette époque, ne parvenaient pas à trouver la paix, sauf en se retirant au sommet des monts rocheux presque inaccessibles qui parsemaient le littoral britannique, retraites où ils pouvaient mortifier leur chair à leur façon. Ailleurs, la « chair » des fermiers, villageois, pêcheurs, marins, artisans et autres gens était « mortifiée » par des bandes de pillards qui instaurèrent le règne du chaos.

Par contrecoup de la chute de Rome, même le pays des Pictes, qui avait si longtemps et si farouchement tenu Rome en échec, était aux abois. Au milieu du Vᵉ siècle, les Pictes étaient assaillis de toutes parts. Les Scots de Dalriada en provenance d'Irlande s'emparèrent de la péninsule de Kintyre ainsi que des îles d'Islay, de Jura et d'Arran ; ils menaçaient en outre l'arrière-pays. La situation n'était guère plus brillante dans le sud. Les Pictes y subirent, en 429, peu après leurs terribles raids « barbares » en Angleterre, une défaite écrasante aux mains d'une confédération romano-bretonne (donc celte). Ce désastre se solda par la création de deux royaumes bretons, ceux de Strathclyde et de Manau Gododdin, découpés dans les régions frontalières du pays picte. Le pire était encore à venir : le royaume de Manau Gododdin fut lui-même englouti par les Angles, de nouveaux envahisseurs d'outre-Manche belliqueux à l'extrême. De même, l'Alba ne restait pas inactive. Profitant du harcèlement général que subissait leur vieil ennemi, les Albains reprirent, semble-t-il, les territoires pictes qui faisaient saillie au nord de la Glen Albyn.

À la fin du VIᵉ siècle, le pays des Pictes se réduisait à la portion de l'Écosse enclavée entre la Glen Albyn et l'isthme allant du Forth à la Clyde, à l'exception des quelques îles et du territoire continental tenus à l'ouest par les Scots.

Les Irlandais ne se limitèrent pas à guerroyer contre les Pictes. Ils attaquèrent aussi l'Alba. Les annales irlandaises rapportent que, en 568, Corall de Dalriada se joignit à un autre roi irlandais pour une attaque concertée contre les îles de l'Ouest, terme qui désignait sans doute la majeure partie des Hébrides. Puis, en 578 ou en 580, le roi de Dalriada, Aedan mac Gabrain, « prit la tête d'une expédition aux Orcades ». Pour chaque incident figurant aux annales il s'en produisit certainement plusieurs qui n'y figurent pas. Encore une fois, les insulaires albains eurent recours à leurs anciennes défenses. Au cours du VIe siècle, plusieurs brochs furent remis en état, entourés d'abris sommaires et de parcs à bestiaux, le tout cerclé de fossés et de remparts de terre.

L'hostilité des Irlandais fut peut-être le catalyseur du rapprochement extraordinaire et mystérieux qui intervint entre Albains et Pictes vers cette époque. Nous ne savons pas vraiment comment la chose se produisit. La seule mention écrite de cet événement se trouve dans une hagiographie de saint Columba, la *Vita sancti Columbæ*, œuvre d'un prêtre appelé Adomnan qui vécut à la fin du VIIe siècle.

En 565, Columba, alors abbé d'une influente communauté religieuse irlandaise dans l'île d'Iona, rendit visite à Brudei, le roi des « Pictes du Nord », dans sa capitale non loin de l'extrémité nord-est de la Glen Albyn [1]. Le motif qui incitait Columba à risquer un aussi long voyage, au cœur d'un pays sans doute nettement hostile aux Celtes, n'est pas clairement énoncé mais, selon toute probabilité, l'abbé était poussé par son zèle à propager la version irlandaise du christianisme avant que la version britannique, qui s'infiltrait alors vers le nord, pût contaminer les sujets de Brudei.

Brudei affirma son intérêt pour la forme de christianisme présentée par Columba, malgré l'opposition de son beau-père, qui penchait pour l'expulsion de ce coquin de Celte. À la cour de Brudei, Columba rencontra un roi « subalterne » en provenance des Orcades, avec lequel il convint d'un moyen sûr pour faire passer certains de ses missionnaires aux îles du Nord.

Incapables de comprendre la langue étrangère que parlaient les sujets de Brudei, les Celtes s'entretenaient avec eux par le biais d'interprètes. Ces truchements rapportèrent que Brudei mac Maelchon (ainsi l'appelaient les visiteurs en gaélique) était *à la fois* le souverain des régions nord et sud du royaume, territoire que les étrangers avaient autrefois baptisé pays des Pictes *mais qui avait maintenant repris son ancien nom d'Alba*. La boucle était bouclée.

Bien qu'il nous soit impossible de savoir au juste comment s'instaura ce remarquable compromis entre les Albains et les Pictes, qui avaient été ennemis six siècles durant, nous pouvons avancer une hypothèse fondée sur les faits.

Les Pictes, au sud et à l'ouest, subissaient l'assaut de trois puissances, tout en étant à couteaux tirés avec l'Alba au nord. Ils avaient désespérément besoin de sceller une alliance avec au moins un de ces adversaires. Or, les Albains et les Pictes étaient de souches cousines quant à la race, la langue et la culture, alors que les Celtes et les Angles étaient des étrangers dans toute l'acception du terme. Les Albains, pour leur part, comprenaient sans doute fort bien que les Celtes représentaient encore une fois l'ennemi commun et, en outre, il se peut qu'ils aient déjà perçu l'approche d'une nouvelle menace qui les concernait, là-bas, loin au nord-est.

En somme, la situation en Écosse était devenue si alarmante que les Albains et les Pictes – les Pictes du Nord et du Sud dont parlaient les auteurs étrangers de l'époque – furent persuadés d'oublier leurs anciens différends pour faire cause commune. Et c'est en effet ce qu'ils firent. *Sous l'égide d'un roi albain.*

Vers le milieu du VIe siècle, toute la portion de ce qu'on appelle aujourd'hui l'Écosse, au nord de l'isthme allant du Forth à la Clyde (exception faite des territoires occupés par les Scots), redevint un seul pays. Les sujets de ce royaume lui donnaient le nom d'Alba et s'appelaient eux-mêmes Albains ; c'est ainsi que les désignaient les Irlandais, les Bretons et les Northumbriens à leurs frontières. Ils allaient continuer à porter le nom d'Albains même lorsque le royaume fut finalement absorbé par les Scots plus de deux siècles et demi plus tard.

Et, en Écosse, on se souvient encore de l'Alba.

CHAPITRE XI

LES FILS DE LA MORT

Fair Isle se trouve à une demi-journée de navigation au sud des Shetland et à la même distance au nord des Orcades. C'est une petite île isolée, accidentée dans sa partie nord, plus hospitalière au sud. Au début du VIIe *siècle, elle abritait 40 à 50 personnes dont les* crofts *éparpillés gravitaient autour de South Harbour. Bien qu'une grande partie de leurs moyens de subsistance provînt de la mer, les habitants de l'île élevaient des moutons et des vaches, et prélevaient des œufs et des oiseaux sur les falaises. Ils étaient d'excellents marins et trouvaient sans peine une place à bord des vaisseaux hauturiers qui naviguaient soit vers le nord-ouest jusqu'à Tilli, soit vers le sud jusqu'aux îles Sorlingues.*

Par un beau jour d'été, alors que deux insulaires d'âge mûr étaient à la pêche à bord de leur bateau recouvert de peaux, à deux ou trois kilomètres au large, ils aperçurent un vaisseau qui venait droit sur eux en provenance du nord. Tout d'abord ils le prirent pour un navire insulaire, malgré la coupe bizarre de sa grosse voile brune. Quand le bâtiment approcha, ils constatèrent à sa forme, à ses bordages de bois, qu'il s'agissait sans doute de l'un de ces navires normands qui avaient fait leur apparition récemment dans les eaux de l'ouest avec des cargaisons de billettes de fer brut et de billots de bois à troquer.

Les marchands étaient toujours bien accueillis. Tandis que le navire approchait par le travers, les pêcheurs le saluèrent d'un geste amical qui attira un bon nombre d'hommes grands et blonds au bastingage où ils se massèrent en criant dans une langue étrangère. On ne se comprenait ni d'un côté ni de l'autre, mais les insulaires firent savoir, par gestes, qu'ils se feraient un plaisir de piloter le vaisseau jusque dans leur port. Acquiesçant d'un large sourire, les étrangers firent signe aux pêcheurs de monter à leur bord.

Trois jours plus tard, un garçon de Fair Isle fut retrouvé sur une plage de Fetlar, à moitié noyé, une plaie suppurante au dos. Il avait une sinistre histoire à raconter.

« Les Normands ont mouillé leur vaisseau à South Harbour, dit-il, puis certains d'entre eux ont ramé jusqu'à terre dans la chaloupe du vaisseau et nous les avons accueillis sur la plage. Ils avaient l'air assez amicaux ; ils ont donné des clous de fer en présent aux hommes et des poignées de farine aux femmes. Nous les avons conduits dans nos maisons, nous les avons nourris et nous leur avons fait bon accueil, mais ils ne voulaient pas dormir à terre. C'étaient des costauds, grands et forts, et certains de nos anciens n'aimaient pas leur tête et trouvaient préférable qu'ils aient choisi de ne pas dormir sous nos toits.

« Avant de regagner leur navire, ils ont voulu voir ce que nous avions à troquer. Ce n'était pas grand-chose. La plupart des marchandises que nos hauturiers avaient rapportées de Tilli avaient déjà été expédiées à bord d'un vaisseau qui se rendait dans le sud. Les Normands ne semblaient guère intéressés à nos sacs de laine et de plumes d'oiseaux de mer et à nos ballots de poisson séché, mais ils nous ont fait comprendre qu'ils allaient quand même débarquer le lendemain matin pour la traite.

« Le temps que le soleil soit déjà haut, et la plupart de nos gens étaient rassemblés sur la plage, car c'était une visite dont nous n'avions jamais vu la pareille. Les Normands ont fait la navette dans leur chaloupe à six rames jusqu'à ce qu'ils aient débarqué tout leur équipage. Ils étaient 23 en tout. La plupart portaient un espadon au côté. Certains avaient des lances, d'autres des haches. Cela nous inquiétait car nous n'avions pas d'armes comme celles-là. Mais ils avaient apporté à terre quelques sacs de grain et d'autres marchandises, si bien que nous avons oublié nos craintes et commencé la traite.

« Soudain, l'un d'eux a sonné d'une corne de bélier. Il a produit un tel fracas que tout le monde s'est retourné pour regarder bouche bée. À ce moment-là, la traite a pris fin et le massacre a commencé. Nous n'avons pas eu le temps de savoir quel mal fondait sur nous que déjà ils avaient égorgé la plupart de nos hommes solides en faisant jaillir le sang chaud qui écumait sur les galets jusqu'à la mer. Les cris des nôtres qui mouraient étaient effroyables, mais moins que les hurlements de ces hommes pendant qu'ils frappaient d'estoc et de taille et rugissaient au milieu de nous comme des fauves sans pitié.

« J'ai reçu un coup de lance dans le dos quand j'ai essayé de fuir. La plupart des survivants ont été rassemblés sans opposer de résistance car ils comprenaient à peine ce qui se passait. Alors, tout en riant et en chantant,

les Normands nous ont fait placer en cercle en nous poussant du plat de leurs épées dégoulinantes et du bout de leurs lances ensanglantées. Puis, un par un, ils ont tiré les anciens hors du cercle. Ils ont ouvert le ventre de certains, de sorte que leurs entrailles tombaient sur le sable. À d'autres, ils ont tranché le tronc de l'épaule à la ceinture en rabattant leurs épées d'un grand coup. Ils arrachaient les enfants aux femmes et se lançaient des nourrissons l'un à l'autre, de pointe de lance à pointe de lance.

« Ensuite, les viols ont commencé. Ma sœur, de quinze printemps, a mordu l'un des hommes et il l'a écartée de lui pour la jeter sur le dos et lui planter sa lance entre les jambes, et il s'est appuyé dessus en poussant des jurons jusqu'à ce que ses cris aient cessé.

« Après, ils ont pillé nos maisons et mis le feu aux toits de chaume ; les brasiers ont grondé comme le vent d'hiver jusqu'à ce que tout soit consumé. Ils ont abattu toutes les vaches et tous les moutons qu'ils ont pu attraper. On aurait dit qu'ils ne se souciaient pas de ce qu'ils tuaient, bêtes ou hommes.

« Ils nous ont lié les mains, à nous les survivants, femmes, jeunes garçons et jeunes filles, et ils nous ont conduits comme un troupeau dans leur chaloupe et nous ont emmenés à bord de leur navire. Certains étaient enchaînés par le cou mais il n'y avait pas assez de chaînes pour tous, si bien que les autres étaient attachés avec des cordes de peau. Nous sommes restés couchés en plein soleil tout ce jour-là, sans eau, pendant que les Normands fouillaient l'île en donnant la chasse à ceux qui avaient échappé au massacre. Cette nuit-là, ils ont fait festin de nos bestiaux rôtis sur de grands feux alimentés avec nos bateaux et avec tout ce qui pouvait brûler.

« Le jour suivant, le navire a mis à la voile, cap au nord-est. Le soir, au large de Funzie Head, le timonier a viré vers l'est et j'ai compris que nous étions en route pour un pays étranger. La nuit est tombée et la confusion était grande ; les Normands se battaient entre eux à propos de nos femmes. J'ai mouillé les liens de mes poignets dans l'eau de sentine et ils se sont relâchés, si bien que j'ai pu les enlever et ôter le carcan à mon cou. J'ai rampé sur le côté et me suis laissé tomber à la mer sans être vu. J'ai cru ne jamais voir l'aube se lever, mais plutôt me noyer que de rester entre les mains de ces fils de la mort. »

On a déployé maints efforts pour tenter de blanchir la réputation des Normands, ou Vikings, comme on les appelle plus communément. L'image correcte actuelle nous montre des pêcheurs-fermiers, mal dégrossis mais cœurs vaillants, qui s'aventurèrent à l'ouest dans les îles Britanniques comme de simples colons. On reconnaît bel et bien qu'il y avait parmi eux quelques adeptes de la piraterie dont les hauts faits souffrent mal un examen attentif, mais on nous enjoint de ne pas condamner l'ensemble à cause du petit nombre. On nous encourage au contraire à admirer les Vikings pour leur esprit d'exploration, leur bravoure, leurs exploits d'habiles marins et leurs coutumes démocratiques.

Ce n'est pas ainsi qu'ils étaient perçus par les gens parmi lesquels ils débarquaient.

Le récit d'un contemporain qui relate la visite d'un contingent viking à l'île de Lindisfarne au large des côtes du Northumberland, en 793, saisit le vif des sentiments de l'époque.

> Les païens du nord arrivèrent en Bretagne avec une escadre de navires ; ils débarquèrent comme un essaim de frelons et se répandirent de tous côtés telle une effroyable meute de loups, volant, saccageant, massacrant non seulement les bêtes de somme, les moutons et les bœufs, mais aussi les prêtres, les diacres et les membres des communautés de moines et de nonnes.
>
> Or ils parvinrent à l'église de Lindisfarne, la dévastèrent entièrement par d'odieux pillages, foulèrent les lieux saints d'un pied profanateur, creusèrent sous les autels et s'emparèrent de tous les trésors de la sainte Église. Ils tuèrent certains frères, en emmenèrent d'autres enchaînés ; beaucoup furent chassés, nus et accablés d'injures ; d'autres furent noyés dans la mer.

Ayant lui-même reçu les ordres majeurs, l'auteur de cette chronique était peut-être quelque peu partial ; il reste que la terreur et l'horreur inspirées par les Vikings étaient quasi universelles. Dans une prière récitée à l'époque dans presque toutes les églises de la chrétienté figurait l'invocation suivante : « Délivrez-nous, Seigneur, des Normands et de la mort subite. »

« Fils de la mort » : telle était l'une des épithètes dont on gratifiait les Vikings. « Loups d'Odin » en était une autre, mais c'était faire injure aux loups. D'innombrables Normands finirent par s'établir en Grande-Bretagne, en effet, mais ils mirent le pays à feu et à sang avant de mettre la main à la charrue.

L'historien britannique F. T. Wainwright les a décrits comme suit :

> Les Vikings étaient avant tout des guerriers et des pirates qui s'aventuraient hardiment en haute mer, pillant, tuant, se querellant entre

eux et harcelant tout un chacun, souillés et assoiffés de sang, comme des païens et des sauvages issus de pays eux-mêmes païens et sauvages. C'étaient par ailleurs des colons à la recherche d'une nouvelle patrie et des marchands désireux de troquer du poisson et des fourrures contre du blé, du vin et du miel, mais même ceux qui voyageaient avec des intentions pacifiques ne se privaient pas d'arriver à leurs fins en employant la violence [1].

Mais qui étaient vraiment ces hommes redoutables ?

Ils étaient de même souche que les tribus teutonnes qui occupèrent la majeure partie de l'Europe et contribuèrent si largement à la chute de l'Empire romain. Leurs ancêtres n'étaient autres que les bandes de guerriers appelés Aesir (« Hommes de l'est ») qui commencèrent par envahir le Danemark avant de traverser dans le sud de la Suède où on les connut sous le nom de Svear ou Suines (et plus tard Suédois). Les premiers arrivés dans la péninsule scandinave s'emparèrent de la plupart des terres utilisables du sud-est, laissant les arrivants tardifs s'accommoder de leur mieux du reste, y compris, à l'ouest, la grande avancée de terre du centre sud de la Norvège, avec ses montagnes et son littoral découpé de fjords.

Il est faux de croire que les Scandinaves ont toujours été de grands marins qui naissaient avec de l'eau salée dans les veines. Les Aesir n'avaient aucune tradition maritime. C'étaient des terriens, habitants de l'intérieur, jusqu'au jour où ils atteignirent les rives de l'Atlantique Nord. Plusieurs siècles s'écoulèrent avant qu'ils en vinssent à bien connaître la mer.

On a retrouvé les restes de nombre de bateaux scandinaves construits avant l'an 600 de notre ère, mais aucun d'entre eux ne tenait vraiment bien la mer. Avec leur coque de bois étroite et légère, ces navires de franc-bord dangereusement bas ne convenaient que pour la navigation côtière ou fluviale. Ils étaient propulsés par des avirons, presque exclusivement. Leurs voiles étaient sans doute rudimentaires car ces bateaux n'avaient pas de quille efficace ; par conséquent, les voiles n'auraient guère eu d'utilité pratique. Même les plus gros vaisseaux scandinaves – les longues chaloupes appelées drakkars, qui mesuraient parfois plus de 30 mètres en tout et constituaient de redoutables navires de combat – avaient dangereusement tendance à se remplir d'eau ou à se rompre s'ils osaient s'aventurer au grand large.

À la fin du VIe siècle, les étroites bandes de terre arable, qui bordaient les fjords du littoral norvégien et se prolongeaient dans l'intérieur le long des vallées encaissées, devinrent sérieusement surpeuplées.

La population, d'un naturel belliqueux, fit de plus en plus usage des armes de guerre, soit pour défendre ses propres lopins de terre, soit pour absorber ceux des voisins. Le sang coulait. Les querelles éclataient. Et les hommes étaient forcés de se tourner toujours davantage vers la mer pour se procurer leur pain quotidien.

Au début du VIIe siècle, les Normands devinrent, tout à fait soudainement à ce qu'il semble, de véritables marins et non plus des caboteurs. À mon avis, ils effectuèrent cette transition rapide en copiant les réalisations de gens qui étaient des hauturiers depuis belle lurette.

L'abondance relative du bois d'œuvre provenant des arbres indigènes de Scandinavie et découverts dans les sites archéologiques du Moyen Âge, aux Shetland et aux Orcades, démontre que les habitants des îles du Nord avaient coutume de fréquenter les côtes scandinaves. Il ne serait donc guère étonnant que leurs vaisseaux fussent devenus les modèles de ceux qui allaient bientôt sortir des fjords norvégiens.

Vers le début du siècle, une nouvelle espèce de vaisseau scandinave, appelé *havskip* en norvégien et *knorr* par la suite, fit son apparition dans l'Atlantique. Plus court, plus large et plus profond que les vaisseaux nordiques précédents, le *havskip*, avec sa proue et sa poupe symétriques, était beaucoup plus haut sur l'eau et possédait, détail fort important, une quille profonde qui lui donnait une « bonne prise sur l'eau » lorsqu'il mettait à la voile. Comme les vaisseaux albains, le *havskip* était gréé en carré de manière à pouvoir naviguer assez près du vent. Il n'était pas dépendant des avirons comme ses prédécesseurs. Abstraction faite des limitations inhérentes à sa structure tout en bois, c'était probablement un navire de haute mer aussi performant que son équivalent des îles du Nord, auquel il ressemblait beaucoup par la forme et la fonction.

Les habitants des fjords qui naviguèrent à bord de ces navires acquirent bientôt de solides compétences dans leur nouvel élément et il est raisonnable de supposer qu'ils apprirent le métier des marins albains, en bonne partie. Il se peut même qu'ils aient employé des pilotes et des patrons albains (bon gré, mal gré) lorsqu'ils se mirent à affronter l'océan Occidental.

Il est certain que les premiers Normands qui atteignirent les Shetland venaient en paix, apportant leurs cargaisons de fer, de farine et de bois. Ils mouillaient peut-être dans l'excellent port du Bressay Sound, qui représentait à cette époque – et encore aujourd'hui – le principal entrepôt de l'archipel septentrional. Les récits que faisaient sans doute les Vikings à leur retour en Norvège, de même que les bénéfices qu'ils retiraient de la traite, excitèrent probablement la convoitise d'autres hommes.

Certains d'entre eux n'auraient pas pu se contenter de naviguer vers l'ouest à titre de marchands. Le commerce n'était pas la vocation première de tous les Normands. Beaucoup se sentaient plus heureux lorsqu'ils exerçaient leurs talents ancestraux de pirates.

Le pillage avait tendance à rapporter beaucoup plus que la traite. Pour l'auteur d'un raid, nul besoin d'investir des capitaux pour se procurer des marchandises ; nul besoin non plus de se contenter de ce que l'autre avait envie d'offrir en échange. Enfin, troisième raison encore plus convaincante pour préférer le pillage à la traite, rares étaient les effets acquis par le commerce capables de surpasser en valeur les biens acquis par la force.

On a fait tant de cas de la convoitise indubitable des Vikings à l'égard des métaux précieux, des gemmes et des objets de valeur analogues que nous avons tendance à présumer que la soif de tels trésors était le motif premier de leur mise à sac de l'Europe. En vérité, ces objets précieux n'étaient que la cerise sur le gâteau. Ce que les Vikings recherchaient, d'abord et avant tout, c'était le butin humain. Comme le dit John Marsden dans *The Fury of the Northmen*,

> la traite de l'ambre, des fourrures et du rohart fut une caractéristique importante de l'expansion scandinave [...] mais leur activité commerciale prédominante était la traite des esclaves[2].

Les Scandinaves s'adonnaient à cette activité lucrative avec tant d'ardeur qu'ils n'hésitaient même pas à réduire en esclavage leurs propres compatriotes. Vers 1070, Adam de Brême raconta que les habitants de la Sjaelland au Danemark se procuraient un permis auprès de leur roi pour aller piller des étrangers mais qu'ils s'en servaient pour réduire d'autres Danois en esclavage.

> Et, sitôt que l'un capture l'autre, il le vend sans pitié comme esclave à l'un de ses compatriotes ou à quelque barbare.

La société aesir reposait autrefois sur l'esclavage et elle en resta lourdement dépendante. Encore, en 1096, un recensement de l'Islande comptait à peine 4 560 hommes libres pour une population au moins six ou sept fois plus nombreuse. Les maisons scandinaves prospères étaient rarement servies par moins d'une douzaine d'esclaves.

Les esclaves étaient non seulement le moteur de la scène domestique scandinave mais aussi le nerf du commerce extérieur. En Suède, le grand centre commercial de Birka était célèbre à l'étranger pour son marché d'esclaves où se fournissaient des clients qui venaient même d'Arabie. Les *Annales de l'Ulster* pour 871 contiennent ce passage révélateur où il est question du retour en Irlande d'un chef viking après un raid contre l'Alba continentale :

> [Il] revint d'Alba à Ath-Cliath [Dublin] avec 200 navires ; un grand butin d'Anglais, de Bretons et de Pictes fut emmené en Irlande en captivité.

L'ascendant commercial de Dublin sous la domination viking était dû en grande partie à l'importance de son marché d'esclaves. À la fin du IXe siècle, Dublin était devenue la plaque tournante de la traite des esclaves en Scandinavie, étendant son empire de l'Islande au Proche-Orient. Les esclaves des îles Britanniques commandaient d'excellents prix sur le continent et les Suédois notamment en importaient un grand nombre pour leurs clients orientaux.

Il est possible que les Normands aient contenu leur tendance à la rapacité lors de leurs premières visites aux Shetland, ne serait-ce qu'à cause de leur petit nombre. Toutefois, il ne fallut sans doute guère de temps aux insulaires pour ressentir les premiers effets du phénomène qui allait se faire connaître dans tout le monde occidental et qu'on a appelé *la fureur des Normands*.

Isolée comme elle l'était, Fair Isle fut probablement l'une des premières îles du Nord à subir cette fureur déchaînée par une sorte d'hommes à laquelle les insulaires n'avaient jamais eu affaire auparavant. L'acharnement des Pictes à la guerre et la cruauté désinvolte des Gaëls n'étaient rien en comparaison du comportement des Vikings.

Leur prédilection pour le meurtre, aiguisée au fil des siècles, s'était surtout exercée jusque-là aux dépens de leurs propres voisins : leurs cousins des autres pays scandinaves ou les malheureux Baltes ou Finnois. À présent, les Normands faisaient irruption en territoire vierge où, en plus des délices habituelles du viol et des rapines, ces adorateurs de Thor et d'Odin pouvaient violenter avec plaisir les adorateurs du Christ blanc, comme ils appelaient les chrétiens avec mépris.

Quand et comment le christianisme apparut-il aux îles du Nord ? Cela reste un mystère. En 565, lorsque Columba rendit visite à Brudei mac Maelchon, le roi albain était païen. Mais ce fut sans doute peu après, ou même avant, qu'un prêtre prosélyte du nom de Ninian commença à faire sentir son influence dans le nord à partir d'une mission appelée Candida Casa, située sur les rives du golfe de Solway.

Janet Glover, dans *The Story of Scotland*, se représente les missionnaires de Ninian gravissant avec effort les cols des Grampians, descendant au creux de la Great Glen et parvenant au Sutherland et au Caithness avant de traverser aux Orcades. On sait au moins avec certitude que le christianisme était fermement implanté dans les archipels avant la fin du VIe siècle.

Bien qu'il soit impossible de savoir quand au juste les raids vikings devinrent une menace sérieuse aux îles du Nord, on y a bel et bien relevé les traces évidentes d'une présence malfaisante avant la fin du VIIe siècle. Vers cette époque, un certain nombre de brochs furent réparés ; des gens abandonnaient les *crofts* isolés pour se regrouper non loin de la tour la plus proche. Les membres des communautés religieuses creusaient des fossés et édifiaient des remparts derrière lesquels ils espéraient (leurs ferventes prières en témoignaient sans doute) être à l'abri des démons qui accablaient le pays.

Des troubles sévissaient également le long du littoral albain sur le continent. En 681, on attaqua Dunbeath sur la côte est du Caithness, ainsi que Dunnottar, à 25 kilomètres au sud de l'emplacement actuel d'Aberdeen. On ne sait rien de plus de ces deux événements mais un passage laconique des annales de l'année suivante mentionne que le roi d'Alba de l'époque, Brudei mac Bile, prit la tête d'une expédition aux archipels jumeaux, qui portaient encore conjointement le nom d'Orcades, et qu'« il en résulta moult ravages ».

Qui combattait qui ? En général, les historiens ont présumé que ces deux incidents étaient le signe d'une révolte des îles du Nord contre Brudei, mais il paraît peu probable que, vivant sous la sombre menace, voire la présence sanglante du fléau viking, les insulaires aient choisi pareil moment pour se tourner contre leurs compatriotes du continent, qui représentaient leur unique secours éventuel.

Selon moi, les Vikings s'étaient emparés de certaines îles éloignées et, s'en servant comme de bases avancées, s'étaient mis à attaquer les populations du continent. La tournure des événements constitua sans doute un message clair et urgent aux yeux de Brudei : il devait, ou bien repousser les Normands au delà de la mer de Norvège, ou bien s'attendre sous peu à les voir piller toutes les côtes de l'Alba.

Brudei mac Bile était sans doute l'homme tout désigné pour relever pareil défi. Il avait démontré plus tôt ses talents militaires au cours de campagnes fructueuses contre les Scots à l'ouest du pays, et il allait les démontrer encore en 685 en conduisant ses armées vers le sud pour mettre les Angles de Northumbrie en déroute lors de la bataille de Nechtansmere. Seigneur suprême du royaume d'Alba reconstitué, il avait sans doute la flotte picte à sa disposition. En l'occurrence, je crois qu'il infligea « moult ravages » aux Normands installés dans les archipels et qu'il les en délogea peut-être.

Brudei mac Bile semble être parvenu à tenir tous les ennemis de l'Alba en échec pendant presque dix ans par la suite. Sa mort en 693 fut une catastrophe pour le royaume. Pendant les trois décennies suivantes, des souverains incompétents et des guerres de succession livrèrent le pays au chaos.

Un an à peine après la mort de Brudei, des raids, dont les auteurs sont spécifiquement identifiés comme provenant des Orcades, frappèrent une fois de plus les côtes du continent. On ne donne aucun autre détail, mais seule une puissante flotte de guerre albaine aurait pu empêcher les escadres vikings de revenir dans les îles et d'attaquer plus au sud. Malheureusement, rassembler et entretenir une flotte défensive suffisante semble avoir été une tâche trop ardue pour les successeurs immédiats de Brudei.

Au cours du premier quart du siècle nouveau, les guerres intestines affaiblirent sérieusement le royaume d'Alba. En 711, son armée fut presque anéantie lors d'une bataille contre les Northumbriens. Des envahisseurs dalriades en provenance d'Irlande firent de nouvelles incursions à l'ouest du pays.

Investie de l'intérieur et de l'extérieur, l'Alba abandonna les îles du Nord et de l'Ouest aux Fils de la mort.

CHAPITRE XII

LA FUREUR DES NORMANDS

L'HISTOIRE écrite ne nous apprend presque rien de ce qui se déroula aux îles du Nord pendant les VIIe et VIIIe siècles. Voilà qui est remarquable, car des événements d'une importance primordiale eurent lieu au cours de cette période.

Tard au VIe siècle, les îles étaient habitées par un peuple indigène vigoureux qui se trouvait là depuis des millénaires. Cent ans plus tard, ce peuple était supplanté par les Norvégiens.

Certains historiens soutiennent que les immigrants norvégiens arrivèrent comme par hasard dans un vide créé par le départ des indigènes qui avaient abandonné leurs demeures ancestrales de leur plein gré pour émigrer en Grande-Bretagne continentale. Selon l'historien norvégien A. W. Brøgger, les « colons » norvégiens trouvèrent des contrées sauvages et désertes qui réclamaient pour ainsi dire à grands cris les soins des robustes agriculteurs nordiques. Les îles, nous apprend-il, étaient « un véritable musée de brochs, de maisons de ferme et de dépendances à l'abandon[1] ».

Peut-être fut-ce le cas ; mais à mon avis le changement d'occupants aux îles du Nord s'effectua d'une manière un tantinet différente.

Au début du VIIe siècle, les habitants des fjords scandinaves étaient désormais assez bien versés dans les sciences de la mer pour s'aventurer au grand large. L'archipel des Shetland était la terre la plus proche et, comme telle, elle fut sans doute l'une des premières destinations atteintes.

Voici, à mon avis, comment les choses se déroulèrent.

Comme je l'ai déjà fait remarquer, le premier *knorr* qui trouva le chemin de l'ouest était probablement un navire marchand pacifique, chargé de bois, de fer, de miel, de farine et de babioles diverses en provenance des marchés baltes et danois. L'équipage reçut sans doute bon accueil, comme c'était normalement le cas pour les marchands. Ces derniers, à leur tour, se montrèrent probablement sous leur meilleur jour puisqu'ils étaient peu nombreux dans un pays étranger. Peut-être sembla-t-il aux insulaires que la mauvaise réputation du peuple des fjords, due au traitement brutal subi par les marins albains sur les côtes norvégiennes, était somme toute exagérée.

Telle fut sans doute la première impression. Cependant, à mesure qu'augmentait le nombre de *knorrin* fréquentant les eaux shetlandaises, le comportement des hommes se modifia. Tout en continuant à faire la traite quand bon leur semblait, certains hommes des fjords prirent goût au pillage des *crofts* isolés. Ces gestes entraînèrent de violents, de sanglants petits conflits. Vint bientôt le jour où, à la vue d'un *knorr* approchant la côte, la réaction probable des hommes était de courir aux armes.

Certains Scandinaves se seraient volontiers contentés de continuer à gagner leur vie en s'adonnant au commerce mais, à l'ouest, ils représentaient une minorité toujours plus faible. La plupart trouvaient plus satisfaisant et beaucoup plus agréable de combiner l'exercice de leurs talents tout neufs pour la navigation à leur antique passion pour le combat et le brigandage. Après tout, ils étaient les adorateurs de Thor.

Même si les vaisseaux shetlandais, avec leur revêtement léger, parvenaient à surpasser les lourds *knorrin* de bois par leur vitesse et leurs manœuvres, ils ne pouvaient pas les surpasser au combat. Par conséquent, les *knorrin* en vinrent à dominer les routes maritimes autour des îles. Mais les équipages ne pouvaient pas passer tout leur temps en mer. Ils devaient débarquer de temps à autre pour faire provision de vivres, d'eau et de combustible, pour effectuer des réparations et pour s'abriter quand sévissait le gros temps – qui n'était que trop fréquent aux îles du Nord. Or, les pillards assez téméraires pour chercher refuge sur une côte shetlandaise *habitée* risquaient d'essuyer une réception furieusement hostile. Par conséquent, ils établirent leurs nids de brigands et leurs repaires de pirates au large, sur des îlots et des rochers isolés et inhabités.

Se faisant plus nombreux, ils commencèrent à s'emparer d'îles plus grandes, plus salubres, voire même habitées comme les Out Skerries et Foula, puis Papa Stour et Whalsay. Depuis ces îles, ils parvinrent finalement à tenir tout l'archipel sous leur emprise.

Au milieu du VIIe siècle, des dizaines de *knorrin* effectuèrent la traversée jusqu'aux Shetland ; ainsi commença la troisième étape de la triade nordique : commerce-pillage-invasion.

Pour s'emparer des terres sur des côtes hostiles, les Scandinaves avaient recours à une tactique appelée *nesam* – « prise d'une pointe » –, dont F. T. Wainwright donne la description suivante dans son ouvrage *The Northern Isles*. Les envahisseurs

> débarquaient sur des pointes sablonneuses où ils s'empressaient de creuser des fossés et d'élever des remblais en guise de défense. On peut voir aujourd'hui encore les traces de ces ouvrages, comme des coupures au goulot des péninsules ; ce sont de toute évidence des fortifications, apparemment temporaires, édifiées sans doute par des hommes qui, sûrs de leur suprématie en mer, ne craignaient qu'une attaque en provenance des terres [...]. Les traces suffisent à inférer une conclusion : les premiers colons scandinaves [aux îles du Nord] [...] débarquèrent l'épée à la main, prêts à se battre pour obtenir ce qu'ils voulaient.

Au début du VIIIe siècle, les Vikings contrôlaient l'archipel des Shetland mais n'en occupaient probablement que les meilleurs ports et mouillages. Les terres environnantes, avec leurs collines mornes envahies de tourbe et leurs chiches enclaves de terre arable, n'avaient encore aucun attrait pour les agriculteurs nordiques. En fait, il fallut attendre la fin du VIIIe siècle, quand toutes les bonnes terres des Orcades furent occupées, pour voir arriver les fermiers scandinaves aux Shetland en nombre significatif.

Les premiers colons scandinaves aux Shetland furent surtout des Vikings, auxquels l'archipel servait de base avancée pour les raids dirigés vers le sud. En plus d'offrir aux Vikings qui y résidaient une bonne avance sur leurs concurrents vivant en Norvège, l'archipel était un bon endroit où reprendre des forces après une longue expédition de pillage, où transborder butin et esclaves dans des vaisseaux en partance pour la Norvège.

L'archipel lui-même ne fut probablement jamais une véritable source de richesses. Sans doute ses lieux sacrés furent-ils bientôt fouillés jusqu'à l'os, et les rares autochtones possédant quelque bien dépouillés de tout. Les fermes de la région étaient, pour la plupart, des *crofts* où il fallait travailler d'arrache-pied, capables tout au plus de nourrir quelques vaches et quelques moutons épars. Les marchandises de traite en provenance de Tilli étaient certes dignes d'intérêt pour un Viking, mais une fois les Scandinaves établis en permanence aux Shetland, les hauturiers ne commirent pas la bêtise de continuer d'y apporter leurs cargaisons.

Les indigènes des Shetland n'étaient pas assez nombreux pour constituer un apport considérable à la traite des esclaves à l'étranger. Et peut-être avaient-ils une plus grande valeur sur place comme serfs, pour fournir les produits de la ferme, réparer les navires avariés ou servir de pilotes vers les contrées du sud. De toute évidence, certains noms d'îles, *Fetlar*, *Unst* et *Yell*, ne sont pas norrois et n'appartiennent à aucune langue connue. Ce sont, semble-t-il, des noms indigènes; leur persistance dans la mer de toponymes norrois qui déferla sur les Shetland et les Orcades suggère que certains aborigènes survécurent.

La tradition shetlandaise actuelle fait état d'un peuple qu'on appelait les Finnar, peuple qui habita Fetlar et le nord-ouest d'Unst pendant quelque temps, après le début de l'occupation scandinave aux Shetland. Le même nom désigne, en langue norroise, les aborigènes du nord de la Scandinavie. C'est également le nom que donnèrent les Shetlandais (d'origine scandinave) aux quelques Inuits qui firent un jour leur apparition aux îles du Nord au XVIIIe siècle à bord de kayaks. Ces malheureux avaient vraisemblablement été capturés par des baleiniers européens qui exploitaient les eaux groenlandaises, puis s'étaient échappés ou avaient été libérés lorsque les navires atteignirent les eaux britanniques. Quoi qu'il en soit, les Shetlandais employaient, pour désigner ces étrangers de petite taille au teint brun, le même nom que leurs ancêtres avaient donné au peuple qui précéda les Scandinaves aux Shetland.

Il se peut que les Vikings aient épargné quelques aborigènes des Shetland, mais les autres n'eurent pas cette chance. En 1958, en fouillant les ruines d'une chapelle de l'époque préscandinave dans l'île de Saint Ninian, on exhuma un coffret de bois qui avait été enterré sous un dallage de pierre. Le coffret contenait, entre autres, plusieurs coupes d'argent, une patène et quelques broches, le tout provisoirement daté du VIIe siècle. On peut présumer que ce trésor avait été caché par crainte d'un raid. La meilleure explication au fait que ses propriétaires ne l'aient pas récupéré reste qu'ils furent tués ou emmenés en esclavage.

Les Shetland ne recelaient peut-être pas beaucoup de butin digne d'un Viking, mais il en allait tout autrement des Orcades. Les premiers marchands scandinaves qui s'aventurèrent dans cet archipel, où dominent les basses-terres fertiles et peuplées, racontèrent sans doute à leur retour maints récits alléchants où il était question de terres d'un vert étonnant, richement dotées de troupeaux de vaches grasses, et habitées par un peuple dont les monuments énormes disaient assez éloquemment la richesse. Les marchands ne manquèrent pas non plus de remarquer les nombreux temples dédiés au Christ blanc et les monastères attenants qui, à cette époque où le célibat n'était pas encore la règle pour les religieux, étaient peuplés d'hommes, de femmes et d'enfants.

Les multiples tentations qu'offraient les Orcades furent sans doute irrésistibles. Pourtant, quand les pillards vikings naviguèrent vers le sud en doublant Fair Isle, les Orcadiens, prévenus, étaient prêts. Ils avaient remis en état beaucoup d'anciens brochs, mis sans doute sur pied une surveillance côtière, concentré en lieu propice hommes et vaisseaux et, en somme, se tenaient prêts à affronter l'orage. Sans doute avaient-ils également envoyé des messagers sur le continent, en Grande-Bretagne, pour prévenir le roi de ce qui se passait et pour demander des galères capables d'engager le combat avec les *knorrin*.

Avec ou sans aide, les Orcades résistèrent. Une légende insulaire raconte qu'un raid viking fut repoussé après s'être heurté à une phalange de guerriers de la région armés de lances. L'histoire est peut-être apocryphe mais un compendium latin du XIIe siècle, sous le titre *Historia Norwegiæ*, narre les faits avec l'accent de la vérité. Quoique déformé par le mépris de l'auteur norvégien à l'endroit des victimes des Vikings, ce récit représente néanmoins notre seul aperçu des insulaires au moment où le fléau scandinave s'abattit sur eux. La citation ci-dessous donne l'essentiel du texte, reproduit in extenso dans les notes avec mes commentaires[2].

> À l'origine, c'étaient les Peti et les Papæ qui habitaient ces îles [du Nord]. Les hommes du premier de ces peuples, soit les Peti, étaient à peine plus grands que des pygmées. Matin et soir ils s'affairaient avec une ardeur stupéfiante à bâtir et à armer leurs bourgs. Mais à midi, complètement épuisés, ils se cachaient dans leurs petites maisons souterraines, écrasés sous le poids de la peur [...].
>
> Or, sous le règne de Harold le Chevelu [...] quelques pirates [Vikings] apparentés au très puissant pirate Rognvald franchirent avec une vaste flotte la mer de Solund. Ils chassèrent ces peuples de leurs demeures séculaires et les anéantirent complètement; après quoi ils soumirent les îles à leur volonté.

Les insulaires n'avaient pas de « bourgs », mais ils possédaient bel et bien des brochs. Le passage ci-dessus décrit une population harcelée jusqu'à l'épuisement alors même qu'elle tente de se fortifier pour résister à une menace imminente qui la presse de toutes parts.

Le texte se clôt sur un énoncé d'une brutalité définitive : *les insulaires furent complètement anéantis.*

En 681, les Vikings poussaient déjà leurs raids au delà des Orcades et frappaient le continent albain. Bien que le roi Brudei, comme nous l'avons vu, conduisît bel et bien ses armées au delà du détroit de Pentland dans une campagne dont il « résulta moult ravages », le répit fut bref. Après la mort de Brudei en 693 et après les troubles qui agitèrent ensuite le royaume d'Alba, la voie était pavée pour le retour des Normands. Et ils ne tardèrent pas en effet à revenir ; c'était en fait une revanche. Les Orcades se trouvèrent entièrement à leur merci… or, ils n'accordaient guère de merci aux vaincus.

L'agitation persista au sein du royaume d'Alba pendant les vingt premières années du VIIIe siècle. Elle fut finalement réprimée par un homme dont le nom, traduit en gaélique par les auteurs des annales irlandaises, est Oengus mac Fergus. Son passé nous est inconnu mais c'était de toute évidence un chef de guerre dur et autoritaire, doublé d'un homme politique impitoyable.

Il entreprit de sauver le royaume.

Tout d'abord, il amorça une rébellion contre le roi d'alors, Nechtan, tentant en vain d'obliger ce monarque indécis à unifier l'Alba face à ses multiples ennemis. Cette première rébellion se solda par un échec mais, dès 729, Oengus avait pris le pouvoir dans ce qui restait du royaume. Il consacra les quelque trente années suivantes à lutter pour la survie de l'Alba et devint du même coup l'un des très rares Albains à laisser sa marque dans l'histoire écrite.

Le premier geste d'Oengus fut, semble-t-il, une tentative malheureuse pour reprendre les îles du Nord. Dans un passage d'un laconisme qui nous met sur les charbons ardents, les annales irlandaises nous apprennent qu'en 729 une flotte « picte » de 150 vaisseaux périt au large du Ross Cuisini.

Les mots irlandais *Ross Cuisini* signifient « cap des Pictes » et désignent sans doute l'un des promontoires importants de la côte ouest. Un candidat logique serait le cap Wrath (cap Ross ?) situé à la pointe nord-ouest de l'Écosse.

Selon moi, cette formidable force navale, dont nous ne savons rien d'autre, fut rassemblée dans les eaux albaines septentrionales pour attaquer les Vikings dans les archipels. Puis ce fut la catastrophe. Peut-être la flotte fut-elle anéantie au cours d'un combat, ou encore détruite par l'une des terribles tempêtes qui font le renom du détroit de Pentland. Quelle que fût la cause du désastre, les conséquences s'avérèrent accablantes.

Comme le note Archibald Lewis dans *The Northern Seas*[3] :

> Au pays des Pictes, cette puissance navale, si évidente au VIIe siècle, disparaît au siècle suivant. La décadence totale de toute vie maritime est une véritable énigme [...]. Nous n'entendons plus parler de la flotte picte qui avait été si active au large des côtes de l'Écosse et des Orcades [...]. Désormais, c'étaient les marins de l'ouest de la Norvège qui commençaient à fouiner vers le sud sans guère rencontrer d'opposition.

La perte de cette flotte mettait fin au dernier véritable espoir d'endiguer le flot qui allait finir par submerger l'Irlande et une grande partie de la Grande-Bretagne. Elle marquait aussi la fin absolue de l'Alba aux îles du Nord. Par la suite, les îles allaient être inféodées aux pays scandinaves et le resteraient pendant cinq cents ans.

L'invasion scandinave dans le second des archipels jumeaux fut probablement très différente de la prise des Shetland. Les Orcades ne furent pas dévorées petit à petit mais débordées par des vagues d'hommes et de navires qui déferlèrent sur elles en provenance du nord. Quoique précédée par des raids, l'attaque massive des nouveaux venus visait la prise de possession des terres et, en l'absence de toute défense efficace en mer, elle submergea les îles.

Au milieu du VIIIe siècle, il est probable que peu d'habitants originaux des Orcades – voire même aucun – survivaient encore dans leur patrie en tant qu'hommes libres. Même les brochs, autrefois inexpugnables, n'avaient pu les protéger. Lorsque l'une de ces tours, le broch de Burgar, fit l'objet de fouilles archéologiques, une pathétique cachette fut mise au jour, contenant des effets féminins de l'époque de l'invasion scandinave, notamment des broches et des peignes qui furent dissimulés, mais jamais récupérés par leurs propriétaires désormais dépossédés.

Oengus ne parvint plus jamais à rassembler les ressources qui lui auraient permis de frapper efficacement le terrible ennemi du nord. Jusqu'à la fin de son règne en 761, son armée de terre livra une lutte désespérée aux Scots de l'ouest et aux Bretons du sud. En 741, Oengus écrasa une armée d'invasion irlandaise, mais les Scots revinrent à la charge en 750 et le vainquirent. Malgré quelques victoires initiales remportées sur les Bretons, ces derniers contre-attaquèrent également et, en 756, anéantirent les armées albaines.

Avec la perte de la flotte au Ross Cuisini, l'Alba au nord de la Great Glen n'avait plus les moyens de se défendre. Les régions côtières – Caithness, Sutherland et Ross – furent bientôt occupées par les Fils de la mort, de même que la plupart des îles intérieures de la mer des Hébrides. Les îles extérieures de Lewis, Harris, Uist et Barra tombèrent à leur tour.

Avant la fin du siècle, les Vikings se livraient au saccage dans tout l'ouest de l'Écosse, presque sans rencontrer de résistance. Le raid contre « l'église de Notre-Seigneur Jésus-Christ » à Lindisfarne eut lieu en 793. Les annales irlandaises de l'année suivante déplorent « la dévastation de toutes les îles de la Bretagne, perpétrée par les païens ».

En 798, l'Irlande elle-même commençait à subir des attaques soutenues ; les *Annales de l'Ulster* rapportent de « grandes dévastations de l'Érin à l'Alba ». Les Normands étendaient aussi leur champ d'action loin dans le sud. En 789, selon la *Chronique anglo-saxonne*,

> le roi Beorhtric [de Wessex] prit pour femme Eadburgh, la fille du roi Offa. Vers ce temps-là arrivèrent trois navires. Le premier magistrat du roi se porta à leur rencontre et voulut les soumettre à la volonté royale, car il ne savait pas qui ils étaient ; or une fois là ils l'occirent. Ce furent les premiers navires danois qui parurent au pays des Angles.

Des versions ultérieures de la *Chronique* désignent Dorchester comme lieu du débarquement et précisent que les assaillants étaient des Normands du Hordaland.

En 802, selon les *Annales de l'Ulster*, le célèbre monastère de Columba sur l'île d'Iona, qui avait été pillé plusieurs fois déjà, fut incendié par les païens. Enfin, en 836, les Normands avaient déjà fait de Dublin l'une de leurs principales bases à l'ouest.

Le royaume d'Alba, ou ce qui en restait, livra sa dernière bataille en 838 lors

> [d'] un combat des païens contre les hommes de Fortrui [des Pictes du centre sud de l'Écosse] où périrent Eoganan, fils d'Oengus, et Bran, fils d'Oengus [...]. Un très grand nombre d'hommes des Fortrui tombèrent.

Les *Chroniques de Huntingdon* nous apprennent que l'Alba ne s'en remit jamais.

> Quand les pirates danois [norvégiens], se livrant au plus grand carnage, eurent anéanti les Pictes [à Fortrui] qui défendaient leur pays, Kenneth [mac Alpin, roi de Dalriada] passa dans le territoire restant des Pictes et tourna ses armes contre eux; quand il en eut tué un grand nombre, il contraignit les autres à la fuite. Et c'est ainsi qu'il devint le premier Scot à établir sa souveraineté sur l'ensemble de l'Albania.

Si Kenneth et ses Scots n'avaient pas formé une véritable coalition avec les Fils de la mort, sans doute existait-il une entente entre eux. Comment expliquer autrement que le royaume de Dalriada, qui englobait désormais presque tout l'ouest de l'Écosse au sud de la Glen Albyn, eût échappé comme par miracle aux ravages subis par toutes les contrées avoisinantes ?

Des sources indépendantes suggèrent fortement l'existence de cette alliance incongrue entre Irlandais et Scandinaves. La saga islandaise *Landnámabók* nous apprend que

> Harald à la Belle Chevelure subjugua toutes les Hébrides, mais, à son retour en Norvège, les Vikings se rendirent à leur tour dans ces îles de même que les Scots et les Irlandais ; ils ravagèrent et pillèrent de tous côtés.

Les *Annales d'Innisfallen* pour 798 rapportent que « les Hébrides et l'Ulster furent pillés par les Lochlachan », qui étaient presque assurément des Scots de Dalriada [4]. Enfin, signalons également la mention du retour d'Olaf à Dublin après son raid contre l'ouest de l'Alba. Il rentra au port avec 200 navires chargés d'un « grand butin d'Anglais, de Bretons et de Pictes ». Fait à remarquer : aucun Scot parmi les victimes.

Vers la fin du IXe siècle, il ne restait guère un coin du littoral britannique ou de l'arrière-pays qui fût à l'abri de la fureur des Normands.

Restait un unique refuge… loin là-bas au nord-ouest, en plein océan.

DEUXIÈME PARTIE

LES NOUVEAUX MONDES À L'OUEST

CHAPITRE XIII

TILLI

Le Hauturier *courait vent de travers, en route vers l'ouest. Une brise vivifiante gonflait sa voile. Les hauts sommets des îles aux Oiseaux avaient sombré en poupe et l'immensité verte de l'océan Occidental s'étirait jusqu'aux quatre horizons.*

Des fulmars et des puffins tournoyaient dans le ciel. Des fous de Bassan plongeaient dans les vagues telle une pluie de javelots. De grands pingouins voguaient devant le navire en formations si serrées que le timonier devait réprimer l'envie de changer de cap.

Il en changea pourtant, histoire d'éviter la masse énorme d'un troupeau de baleines somnolentes ; le navire se retrouva au milieu d'un tel rassemblement de ces géantes que les embruns de leurs jets masquaient l'horizon [1].

Presque toujours, même pendant les tempêtes, le Hauturier *était escorté par une foule de dauphins et de marsouins qui semblaient prendre le vaisseau pour une créature de leur propre espèce, de forte taille mais quelque peu handicapée, ayant besoin d'encouragements, sinon de distractions.*

La vie foisonnait, plus profuse encore sous la surface. Qu'un hameçon sans appât pendît au flanc du navire, et un poisson souvent trop gros pour être hissé à bord par un seul homme venait le happer. Les morues de 50 kilos et les flétans de 200 kilos gênaient royalement les pêcheurs, équipés tout au plus pour la pêche à la ligne.

Tel était le royaume des eaux que fendait le taille-mer du Hauturier. *Peut-être était-il le dixième ou le vingtième vaisseau à porter ce nom ; mais il ne différait pas essentiellement de ses ancêtres.*

En cette journée automnale du VIIe *siècle de notre ère, le* Hauturier *regagnait son nouveau port d'attache au fjord des Cygnes sur la côte est de Tilli, après un voyage aux Orcades où l'on avait troqué des marchandises de traite contre des produits du sud. Tilli ne paraissait pas encore à l'horizon mais il ne pouvait y avoir aucun doute quant à l'emplacement de l'île médiocéane où le clan du* Hauturier *avait émigré en quittant Fetlar une génération auparavant. Des vols de canards, d'oies et de cygnes défilaient apparemment sans fin vers le sud-est, en provenance de l'île, en suivant une route invisible que les insulaires du Nord appelaient le chemin des cygnes depuis des générations.*

La brise se maintenait ; vint le moment où la vigie repéra le reflet lumineux du Crâne blanc sur le ciel, à l'endroit exact où il l'attendait, un point environ sur tribord. Avant que le sommet étincelant du grand glacier se mît à poindre à l'horizon, le Hauturier *croisa un troupeau des antiques habitants de Tilli. De grosses têtes chenues aux yeux luisants, aux moustaches hérissées et aux défenses en forme de cimeterres regardèrent le navire d'un air interrogateur. Deux moussaillons des Orcades, qui en étaient à leur première traversée, furent saisis d'une crainte respectueuse à la vue de ces orcas de légende dont la vie était étroitement liée à celle des insulaires depuis des temps immémoriaux.*

Le Hauturier *se rapprocha de la terre non loin du promontoire qu'on appelait le cap Est (plus tard Horn) mais qui était situé sur la côte sud-est. Le soir tombait quand le navire, guidé par la main du patron tenant la barre, se fraya un chemin par un goulet étroit et déboucha dans la vaste lagune de Havre-sous-le-Cap, la capitale non officielle de Tilli.*

Depuis longtemps, les vaisseaux qui faisaient route vers l'ouest avaient coutume de prendre ce cap comme point d'atterrissage, et comme point de départ lorsqu'ils rentraient dans l'est. Dans l'ample lagune de Havre-sous-le-Cap, les vaisseaux trouvaient un mouillage sûr par tous les temps ou pouvaient, en cas de nécessité pressante, être tirés au sec sur les plages de sable.

Havre-sous-le-Cap était le rendez-vous de tous les navires qui fréquentaient les parages. Des générations d'hommes en quête de marchandises de traite y avaient fait escale pour échanger des nouvelles et pour se restaurer en consommant les produits des fermes ; certains ancêtres des fermiers s'étaient établis sur la côte est dès le IVe *siècle. Les gens de passage, tout comme les habitants, faisaient leurs dévotions dans une petite église où officiait un prêtre de la mission de Ninian, qui vivait avec sa femme et ses enfants dans un* croft *attenant.*

Le Hauturier *jeta l'ancre et l'équipage débarqua pour se dérouiller les jambes au milieu des baraques de pierre et de tourbe édifiées près de la plage. Une odeur appétissante de viande rôtie flottait autour des feux de cuisine en plein air. Les hommes de plusieurs navires flânaient de cabane en cabane, bavardant, renouant de vieilles amitiés.*

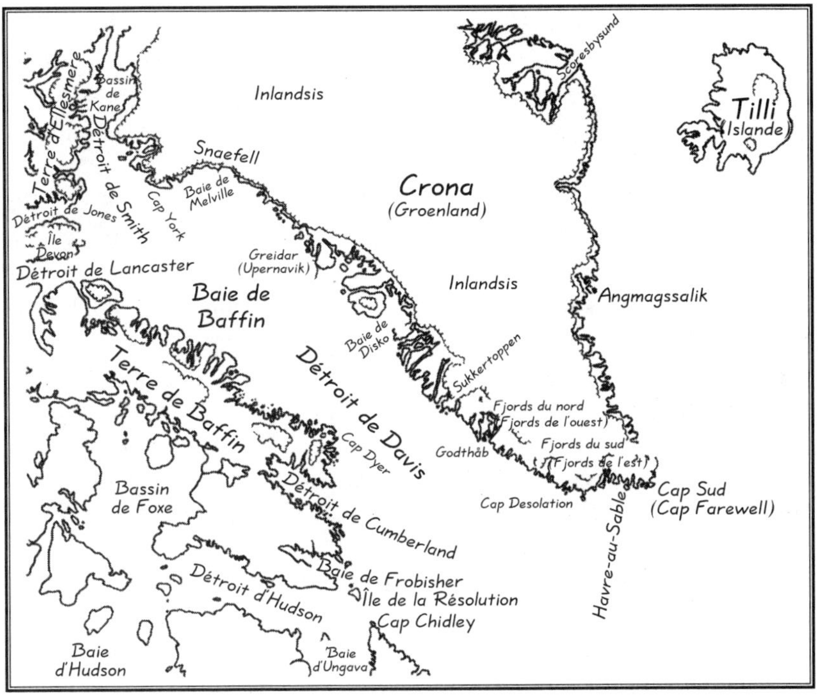

Carte du Groenland et de l'Islande.

Ce soir-là, deux sujets accaparaient les conversations.

L'un était la diminution du nombre de vaches marines sur les plages de Tilli et dans les eaux baignant la grande île. Les morses, petit à petit, s'étaient faits plus rares au fil des générations ; à présent ils étaient si peu nombreux et si prudents qu'ils pouvaient à peine alimenter la traite de l'ivoire.

« Ils sont en train de disparaître, ou je me trompe fort, grommela un vieil homme. Peut-être qu'ils en ont assez de Tilli et qu'ils sont tous partis vers l'ouest, à Crona ou plus loin. Qu'en dites-vous, capitaine ? »

La question s'adressait au patron du Hauturier, *un homme d'âge mûr, vigoureux, à la barbe hirsute. Il mit du temps à répondre.*

« C'est vrai qu'il y a des orcas sur la côte est de Crona, dit-il avec prudence. Quant à la côte ouest… eh bien, personne ne l'a encore longée plus de quatre ou cinq jours, passé le cap Sud. Impossible de dire jusqu'où elle va vers le nord. Il ne faudrait pas trop s'étonner de trouver beaucoup d'ivoire par là, à condition de pousser assez loin. »

L'autre sujet qui tracassait les hommes avait trait aux îles, leur patrie. Les hommes du Hauturier *avaient apporté de terribles nouvelles.*

Moins d'une semaine avant leur départ des Orcades, ils avaient eu vent d'un sinistre événement. La petite île de Ninian avait été prise d'assaut ; l'église et la plupart des autres bâtiments avaient été saccagés et détruits ; les hommes, les vieillards et les petits enfants, massacrés ; les filles et les femmes, enlevées.

« Maudits Normands ! » s'écria avec rage un homme d'un clan de traite de Bressay, absent de chez lui depuis un an. « Ils déclarent venir en paix pour le commerce... et après ils se conduisent en démons ! Chaque année, il en vient davantage aux îles... et c'est davantage d'ennuis. Difficile pour un homme de voyager si loin et de laisser les siens à la maison avec pareille engeance qui rôde aux alentours.

– Tu devrais faire comme nous, alors, dit l'un des marins du Hauturier. *Te transborder ici avec armes et bagages. Tu vois bien qu'il y a de bonnes terres. Et puis, c'est plus près de Crona pour la chasse. Oui... et, pour les tiens, c'est drôlement plus sûr que de rester là-bas sans bouger, à garder nos foyers ! »*

Moins de vingt ans s'étaient écoulés depuis que le clan du Hauturier *avait abandonné sa demeure séculaire à Fetlar pour s'installer sur les rives d'une lagune, le fjord des Cygnes, située à une demi-journée de navigation au nord du cap Est. Les anciens avaient encore la nostalgie des collines de chez eux, mais le changement de domicile avait grandement facilité les choses pour les hommes qui s'adonnaient à la traite ; ils pouvaient maintenant gagner leurs territoires de chasse deux fois plus vite qu'auparavant.*

L'homme de Bressay hochait la tête, pensif, tout en mastiquant un morceau de phoque fumant. Tilli devenait de plus en plus attrayante pour beaucoup d'habitants des îles du Nord.

L'ISLANDE est une vaste calotte plutonique qui surgit de l'Atlantique Nord presque à mi-chemin entre l'Écosse et le Groenland. Plus grande que l'Irlande, l'île se compare pour la superficie à Terre-Neuve ou à la Bulgarie ; sa côte nord touche au cercle polaire arctique mais, comme l'île est presque entièrement comprise entre deux branches du Gulf Stream, elle jouit d'un climat tempéré océanique.

Ce ne fut pas toujours le cas, comme le démontre la présence de quatre grands glaciers et d'une douzaine d'autres plus petits, qui dominent les paysages de l'intérieur. Le Vatnajökull, le « Crâne blanc » des Albains, couvre une surface de 150 kilomètres sur 80 kilomètres, et son épaisseur atteint un kilomètre et demi – vestige monstrueux de la dernière période glaciaire.

Et pourtant, l'Islande est également le pays des laves en fusion. De nouveaux volcans continuent à surgir. En 1963, une éruption sous-marine, non loin des îles Vestmann, vomit une île toute nouvelle qu'on appelle maintenant Surtsey. Dix ans plus tard, la plus grande agglomération des Vestmann fut tellement menacée par une autre éruption qu'il fallut l'évacuer.

Ces éruptions ne sont rien en comparaison du cataclysme de 1783, où la fissure du Laki, au sud du Vatnajökull, s'ouvrit pour cracher la plus énorme coulée de lave qu'ait connue la Terre aux temps modernes. Les pluies de cendres et de lave, combinées à l'émission de gaz toxiques, tuèrent tant de moutons et de vaches d'un bout à l'autre de l'île que un cinquième de la population succomba par la suite à la famine.

Les charbons ardents des entrailles de l'Islande continuent à manifester leur présence par le biais d'innombrables geysers et sources chaudes.

L'arrière-pays de cette terre de feu et de glace se compose surtout de déserts de lave inhabitables, mais l'île possède des plaines verdoyantes le long de la plupart des côtes et dans quelques régions de l'intérieur, où les fermiers et les éleveurs se sont établis avec succès aux époques où le climat leur était favorable. De tout temps, le littoral s'est targué d'abriter une profusion d'animaux marins sur lesquels chasseurs et pêcheurs pouvaient compter pour vivre.

Quoique les habitants des îles du Nord eussent bien connu Tilli, même avant l'époque de Pythéas, ils ne furent peut-être pas les premiers à y débarquer.

Tom Lethbridge, un archéologue britannique iconoclaste, croit que des hommes ont peut-être foulé les plages de Tilli à une époque beaucoup plus lointaine. Il se pourrait en effet que des Nord-Américains eussent atteint l'Islande sans trop de peine en passant par le Groenland, à la faveur d'un optimum climatique qui eut lieu entre 1800 et 1500 avant J.-C. Cette période chaude entraîna une réduction massive des glaces couvrant l'océan Arctique et, par conséquent, de la banquise qui dérivait vers le sud entre l'Islande et le Groenland. Au cours de cette période, la barrière de glace qui sépare les deux grandes îles cessa pratiquement d'exister, si bien que des hommes pouvaient voyager le long de la côte est du Groenland.

Dès l'an 2000 avant notre ère, le nord-est du Groenland était devenu le pays de certains habitants de la toundra qui tiraient surtout leur subsistance du bœuf musqué et du caribou. Ils étaient bons chasseurs – trop, comme ils l'apprirent à leurs dépens – et, vers la fin de la période chaude, ils avaient pour ainsi dire exterminé les bœufs musqués dans le Grand Nord. Comme je le raconterai au chapitre XVI, ils émigrèrent alors vers le sud en longeant les côtes est et ouest du Groenland, à la recherche de nouvelles sources de provende.

Ceux qui s'en remirent aux ressources de la côte est ne trouvèrent sans doute sur leur chemin aucun bœuf musqué et presque aucun mammifère terrestre au sud du Scoresbysund. Mais l'éclat brillant des glaciers islandais, les mirages nets, typiques du haut Arctique, le vol des oiseaux et la fumée lointaine des volcans aperçue le jour, ou leurs flammes visibles la nuit, leur firent sans doute prendre conscience de l'existence d'une autre terre à l'est, à faible distance. En fait, les montagnes de l'Islande et du Groenland sont repérables à l'œil nu, pour peu qu'on escalade les hauteurs de part et d'autre du détroit qui sépare les deux îles.

La traversée de ce détroit ne présentait aucune difficulté sérieuse pour des peuples dont les bateaux tenaient assez bien la mer pour longer la côte déchiquetée de l'est du Groenland. Au point le plus étroit, la distance à parcourir n'est que de 280 kilomètres, et les montagnes qui épaulent les deux rives opposées sont si hautes qu'un vaisseau effectuant la traversée par temps clair ne se trouve jamais longtemps hors de vue des terres.

Accidentellement ou délibérément, ces peuples furent peut-être les premiers humains à atteindre l'Islande. L'île les déçut sans doute. Quoique dotée d'une multitude d'oiseaux aquatiques et d'animaux marins, elle n'abritait aucun mammifère terrestre, hormis les renards arctiques et les ours blancs. Les chasseurs en provenance de l'ouest n'y trouvèrent sans doute ni bœuf musqué ni caribou (ou renne, ce qui est essentiellement le même animal). L'homme peut consommer la viande du renard, et aussi de l'ours si ce dernier ne consomme pas l'homme le premier, mais ni l'une ni l'autre espèce ne saurait constituer un régime assez nutritif pour une population humaine de quelque importance.

Si les premiers arrivants en Islande provenaient en effet du Groenland, de toute évidence ils n'y demeurèrent pas longtemps et ne laissèrent guère de traces de leur séjour. *Aucune* trace, selon la plupart des historiens islandais. Il reste que les preuves d'une présence humaine ancienne et transitoire en Islande seraient forcément rares. Les éruptions volcaniques ont même enseveli nombre de sites d'habitation humaine des temps modernes. Seule une chance extraordinaire aurait permis de préserver les quelques détritus laissés par une poignée de visiteurs du néolithique.

Et pourtant, la découverte heureuse a peut-être eu lieu. Selon Kevin Smith, du Buffalo Museum of Science, un nodule de quartz dans lequel on a taillé des microlames a été exhumé au cours d'une fouille récente dans l'ouest de l'Islande. Ce nodule est semblable à ceux qu'ont laissés les peuples de tradition paléoarctique qui vivaient dans le Grand Nord de l'Amérique il y a trois mille ans ou davantage.

Les premiers humains qui allèrent en Islande, *selon l'histoire écrite*, furent les hommes qui y conduisirent Pythéas vers 300 avant J.-C., mais il est peu probable qu'ils aient été les premiers à traverser les vastes étendues marines séparant l'Islande des îles du Nord.

Quel pouvait être l'aspect de Tilli lorsque les premiers Européens la découvrirent ?

Si leur arrivée eut lieu au printemps, ils trouvèrent sans doute chaque falaise du littoral toute blanche d'oiseaux de mer en train de nicher. La plupart des grandes îles et tout l'arrière-pays, à l'exception des versants abrupts des montagnes, des champs de lave stériles et des glaciers non moins stériles, abritaient des légions de cygnes, d'oies et de canards venus s'accoupler dans l'un des plus grands refuges d'oiseaux de la planète.

Cette énorme population aviaire attirait sans doute des prédateurs ailés, avec en tête l'aigle de mer, l'aigle royal, le faucon pèlerin et le gerfaut – espèces fort prisées des fauconniers, les deux dernières valant littéralement leur pesant d'or aux yeux des princes qui s'adonnaient à la volerie en Europe et en Orient.

Le peuple des oiseaux nourrissait également un grand nombre de renards arctiques, blancs et bleus, dont les fourrures valaient très cher sur les marchés européens à titre d'objets rares et exotiques.

L'ours blanc ou ours des neiges était comme chez lui tant dans la mer que sur la terre ferme où il venait pêcher le saumon dans les rivières, hiverner ou élever ses petits. À l'origine, il était sans doute aussi abondant en Islande que dans le sud-est du Labrador où, même encore au milieu du XVIIIe siècle, on trouvait parfois 30 ou 40 ours blancs en train de pêcher à l'aval d'une seule rivière à saumons [2]. On ne les appelait pas ours polaires à cette époque. Ce n'est qu'au XIXe siècle que les derniers représentants de l'espèce, qui ne survivaient déjà pour la plupart que sous les hautes latitudes, acquirent ce nom.

Les sagas attestent qu'on rencontrait encore des ours des neiges en Islande à l'époque scandinave et, au XVe siècle, une peau d'ours blanc valait encore une fortune sur les marchés du continent, alors qu'un ourson vivant représentait un cadeau digne d'un roi.

La terre islandaise recelait des richesses naturelles mais la mer la surpassait. Les baleines abondaient : baleines franche, noire, grise, baleine à bosse, rorqual commun, rorqual boréal et rorqual de Bryde[3]. Même si les hommes en quête de marchandises de traite ne semblent pas avoir soumis les grandes baleines à une chasse intensive, ils recueillaient probablement les fanons des géantes échouées. Et ils chassaient activement le narval, dont la défense d'ivoire spiralée surpassait en valeur tous les autres produits de l'Arctique, à l'exception peut-être des gerfauts.

Les phoques annelés, les phoques gris et les veaux marins foisonnaient le long des côtes, et l'huile de ces mammifères fournissait beaucoup de goudron – produit qu'on utilisait en grande quantité pour calfater les coutures des vaisseaux de bois et pour étanchéifier celles des vaisseaux recouverts de peaux.

La variété des créatures qu'on pouvait convertir en richesses exploitables stupéfia probablement les premiers Européens qui visitèrent Tilli. Mais, parmi ces créatures, le morse se classait bon premier. Nous ne saurons jamais combien de vaches marines couvraient les plages de Tilli, mais nous pouvons estimer (en nous basant sur la taille des troupeaux trouvés plus tard par ceux qui exploitèrent les échouries du golfe du Saint-Laurent et de l'île de Sable) que leur nombre devait se chiffrer par centaines de milliers[4].

Tant d'ivoire ! Tant de cuir ! Tant de graisse dont on pouvait extraire de l'huile ! Les expéditions de chasse commencèrent certainement sitôt que les Albains découvrirent Tilli.

La quête de marchandises de traite n'était jamais un voyage entrepris à la légère et au petit bonheur par une poignée d'aventuriers à bord d'un quelconque vieux rafiot. Chaque navire hauturier était construit avec soin et équipé en fonction de sa tâche ; l'équipage était recruté parmi les marins-chasseurs les plus habiles, accompagnés de leurs femmes et de leurs sœurs, de leurs fils et de leurs filles, tous également compétents.

L'équipement d'un vaisseau incluait tout le nécessaire pour garder le navire en bon état, mais comportait très peu de vivres. Les hommes en quête de marchandises de traite tiraient surtout leur subsistance de la terre et de la mer. L'autosuffisance était à l'ordre du jour pour des voyages qui pouvaient durer un an ou davantage.

Les chasseurs qui arrivaient au début de l'été débarquaient sans doute sur la côte méridionale de Tilli, dont les plages presque infinies, les lagunes abritées et, au large, les riches bancs de coquillages constituaient l'habitat saisonnier idéal pour une énorme population de morses. L'équipage de chaque navire exploitait une certaine étendue de plage qui appartenait par tradition à son clan. Chaque vaisseau était déchargé, tiré au sec en lieu sûr hors de portée des marées de tempête, puis retourné pour servir d'abri aux membres du clan[5]*.*

La saison de chasse au morse se prolongeait jusqu'au moment où les coups de vent furieux de l'automne commençaient à ravager les rivages exposés et où les vagues qui se brisaient avec fracas rendaient les plages inutilisables tant pour les morses que pour les chasseurs.

Alors, hommes et bêtes allaient chacun leur chemin et prenaient leurs quartiers d'hiver le long des côtes découpées de fjords, au nord et surtout à l'ouest de l'île. L'hiver, les morses passaient le plus clair de leur temps en mer, se hissant à l'occasion sur des récifs, des rochers affleurants ou des îlots balayés par les vagues. Dans pareils refuges, ils étaient rarement molestés. Personne n'avait envie de s'en prendre à eux depuis un bateau recouvert de peaux; on préférait la chasse commerciale sur les plages où les animaux se massaient pendant l'été.

Les baies de Faxaflói et de Breidafjördur étaient les lieux d'hivernement favoris des Albains parce que leurs eaux abritaient des phoques en abondance et que ces derniers attiraient les ours blancs. Chasser l'ours et trapper le renard étaient des occupations importantes pendant les longs mois sombres et glacés de l'hiver.

On chassait aussi les phoques, surtout en janvier, quand les phoques gris mettaient bas sur des récifs au large. Au retour du printemps, certains membres du clan s'affairaient à recueillir le duvet des eiders. D'autres partaient à bord de petites embarcations pour les îles où vivaient des colonies de grands pingouins, qu'on tuait pour leur graisse et leurs plumes. Les hommes les plus jeunes et les plus agiles s'aventuraient dans l'arrière-pays à la recherche des nids de gerfauts et de faucons pèlerins juchés sur les falaises en montagne. Les membres du clan qui restaient au camp pêchaient et faisaient sécher les saumons qui remontaient les ruisseaux en si grand nombre qu'on pouvait les harponner sur la rive.

La pêche au saumon pouvait devenir passionnante à l'extrême quand les pêcheurs devaient rivaliser avec les ours des neiges. En pareil cas, les chiens noirs des insulaires gagnaient amplement leur pitance en détournant l'attention des géants blancs.

Aux approches de l'été, on réparait les vaisseaux et on goudronnait les revêtements de peaux avant de remettre les bâtiments à la mer. Une fois de plus, les maisons se transformaient en navires. Certains regagnaient leur port dans les îles du Nord. D'autres retournaient sur la côte méridionale de

Tilli pour un dernier abattage sur les plages avant leur départ définitif à la fin du second été.

Dès les tout débuts, quelques Albains au tempérament solitaire choisirent de vivre dans l'île en permanence, à la manière des trappeurs blancs qui, aux temps modernes, décidèrent de vivre en s'isolant dans l'Arctique canadien.

L'exploitation des richesses naturelles de Tilli connut des hauts et des bas. Les périodes de détérioration climatique accentuèrent les dangers inhérents aux expéditions hauturières mais le climat ne devint jamais assez hostile pour empêcher des hommes déterminés, en quête de marchandises de traite, d'effectuer le voyage aller et retour à Tilli.

Les marchandises de traite rapportées de Tilli (et de plus loin encore) assuraient la subsistance des insulaires du Nord. Mais, à l'approche du VIIIe siècle, la terre de glace et de feu devait jouer un rôle encore plus essentiel à leur survie.

CHAPITRE XIV

LE REFUGE

Le climat favorable qui s'installa au début de l'ère chrétienne semble avoir persuadé quelques robustes fermiers de rejoindre les habitants qui vivaient disséminés à Tilli en solitaires et qui subsistaient à la manière des chasseurs-cueilleurs. Par la suite, aux environs de l'an 300, une longue période de refroidissement découragea peut-être les colons ; et pourtant, la découverte de monnaies romaines de cette période dans les fjords de l'est, étayée par le récit de l'expédition de Théodose à Thulé en 363, semble indiquer que l'est de l'Islande, à tout le moins, était alors habité.

Il y avait de bonnes raisons de commencer la colonisation par la côte est. C'était le littoral le plus proche de la Grande-Bretagne, les fjords de l'est offraient quantité de bons ports, le climat de cette côte (adouci par les spires du Gulf Stream) était particulièrement favorable et la campagne offrait un bon amalgame de forêts et de terres arables.

Au cours du Ve siècle, le climat de l'Atlantique Nord entra dans une longue phase de réchauffement. Les tempêtes se firent plus rares, les températures moyennes s'élevèrent et les précipitations diminuèrent. Attirés par les bonnes perspectives d'élevage qu'offrait Tilli, de plus en plus inquiets de la montée des incertitudes politiques et militaires faisant suite au retrait des légions romaines en Grande-Bretagne, les habitants des îles du Nord semblent avoir accompli la traversée vers l'ouest en nombre toujours croissant.

Vers 550, un moine britannique appelé Brendan, en compagnie de 14 autres religieux, quitta l'Irlande à bord d'un *curragh* – un vaisseau à carcasse d'osier construit selon le même principe que les bateaux albains mais recouvert de peaux de vache au lieu de peaux de morse. Après diverses aventures, les voyageurs atteignirent les îles Féroé où ils passèrent l'hiver avec une communauté religieuse. Le printemps suivant, ils firent voile vers l'ouest jusqu'à une terre proche – il devait s'agir de Tilli[1].

Une fois là, ils rendirent visite à un autre établissement religieux probablement situé dans l'île isolée que les Scandinaves appelèrent Papey, sans doute parce qu'ils trouvèrent des chrétiens installés là avant eux.

Dans les récits du voyage de Brendan, on nomme cet endroit « île de saint Albe ». Brendan et ses compagnons y furent accueillis par un abbé à tête blanche et reçus par des moines qui leur apprirent que l'abbaye avait été fondée quatre-vingts ans plus tôt par un prêtre appelé Albe qu'ils vénéraient maintenant comme leur père fondateur.

L'histoire de l'Église irlandaise nous révèle que saint Albe et saint Patrick étaient contemporains. Albe, dit-on, passa les dernières années de sa vie en Irlande, mais rien n'indique qu'il était celte. Il semble juste de supposer qu'il était albain.

En général, les historiens reconnaissent qu'il y avait peut-être quelques Européens en Islande avant l'arrivée des Scandinaves, mais ils les écartent d'un trait de plume comme un détail sans importance en présumant qu'il s'agissait tout au plus de quelques ermites chrétiens dispersés çà et là, désirant vivre à l'écart de leurs semblables, se livrer au renoncement des choses de ce monde et à la mortification de la chair[2].

Les gens que rencontra Brendan ne correspondent pas à cette description. On nous apprend qu'ils mangeaient du pain blanc, comble du luxe à l'époque, et qu'ils buvaient dans des coupes de cristal. On les dépeint, non comme des ascètes et des anachorètes, mais comme un groupe menant grande vie et jouissant d'une prospérité qui devait forcément se maintenir grâce à une paroisse bien nantie.

Les habitants de Tilli, en ce temps-là, devaient certes jouir d'une relative prospérité. Il y avait quantité de bonnes terres disponibles, qu'il suffisait de prendre. Cette terre était beaucoup plus fertile que celle des fermes exiguës des îles de chez eux. Le sol vierge et le climat favorable produisaient sans doute des récoltes exceptionnelles. On trouvait des marchandises de traite en abondance. À coup sûr, le clergé fixé dans le pays ne devait manquer de rien.

Les soirs de beau temps, les gens se rassemblent dans les cours devant leurs crofts*; les hommes prennent leurs aises et racontent des histoires tout en réparant outils et instruments; les jeunes femmes parfument l'air de senteurs d'agneau, de poisson ou d'oiseaux de mer en train de bouillir dans* *des marmites suspendues à des trépieds, au-dessus des feux de plein air. Les femmes plus âgées tricotent et cousent à la lumière du soleil qui n'en finit pas de se coucher. Les jeunes garçons harcèlent leurs aînés et jouent avec les chiens qui les suivent partout.*

Si le temps se gâche, les gens se retirent dans la longue salle basse formant l'unique pièce de chaque maison de tourbe. Ils mangent à la lueur dansante des lampes de pierre puis écoutent des récits ou chantent de vieilles chansons jusqu'au moment où il faut ranger les bancs et se coucher (certains pour dormir, d'autres pour faire l'amour) sur et sous les peaux de mouton amoncelées.

Le jour, les maisons appartiennent aux femmes qui, lorsqu'elles ne sont pas en train de faire la cuisine ou de s'occuper des enfants, fabriquent le beurre et le fromage, cardent la laine et tissent l'étoffe du pays. Elles ont fort à faire mais il leur reste du temps pour se distraire en bavardant ou en exerçant leurs talents de décoratrices.

En été, la principale tâche des hommes est d'amasser d'assez grandes provisions de foin. Les moutons à demi sauvages peuvent se débrouiller seuls toute l'année, de même que les petits chevaux à poil long ; mais, pour que les vaches continuent à donner du lait et survivent à l'hiver, il faut les mettre à l'étable avec une bonne provision de fourrage.

Faucher l'herbe sauvage des prairies en terrain accidenté et inégal, à l'aide de simples faucilles, est une entreprise laborieuse à l'extrême. Lorsque le travail devient trop fastidieux, on peut toujours aller à la pêche. Les filets sont tendus dans les frayères entre les îles ou à l'embouchure des rivières. Dès qu'il ne pleut pas à verse et qu'il ne vente pas à décorner les bœufs, les gamins sont dehors à taquiner le poisson, à bord de petites embarcations recouvertes de peaux, à peine plus grandes que des baignoires. Quand les saumons remontent les rivières, tous les bras disponibles se déploient le long des ruisseaux, maniant le harpon et la gaffe pour attraper les gros poissons qui s'efforcent de nager à contre-courant.

Été comme hiver, les hommes consacrent tout le temps qu'ils peuvent distraire des travaux de la ferme à chasser et à trapper les renards, les phoques et les autres bêtes dont ils tirent des produits qui s'ajouteront aux marchandises de traite rapportées par les hauturiers du clan. Les hommes et les garçons tuent aussi un grand nombre d'oiseaux aquatiques et d'oiseaux de mer, et remplissent force sacs en peau de phoque d'œufs de cygnes, d'oies et de canards, confits dans l'huile.

Le dimanche et les jours de fête, les fermiers se rassemblent dans les églises les plus proches ou, s'ils sont à proximité de l'un des grands établissements religieux, vont y faire leurs dévotions tout en échangeant des nouvelles de leur petit monde. La plupart du temps, les nouvelles sont bonnes et la vie vaut la peine d'être vécue.

Déjà, au début du VIe *siècle, la vocation de Tilli avait sensiblement changé. Autrefois territoire de chasse par excellence, l'île était devenue la patrie d'une population croissante de petits fermiers, d'éleveurs et de pêcheurs dont les* crofts *étaient regroupés dans les portions habitables des côtes est et sud.*

Cependant, à mesure que la population augmentait, le nombre d'animaux sauvages diminuait. Les troupeaux de vaches marines étaient considérablement réduits et les morses survivants avaient modifié leurs anciennes habitudes. Désormais, ils évitaient les grandes plages de sable et se hissaient plutôt, par petits groupes prudents, sur des récifs du large où l'on ne pouvait ni les surprendre ni les pousser à l'intérieur des terres. Ce n'était vraiment pas de veine pour les hommes qui vivaient de la traite car, sur le continent, les sculptures et les ornements d'ivoire à caractère religieux connaissaient une vogue croissante, si bien que l'or blanc était plus recherché que jamais.

Les hommes avaient également du mal à trouver des ours et des gerfauts. Les ours se faisaient rares en partie à cause de la chasse mais surtout parce que la banquise, où ils chassaient le phoque en été, ne dérivait plus jusqu'aux abords de Tilli. Quant aux faucons, ils se raréfiaient parce que trop de fermiers s'emparaient des oisillons au nid.

Quand les ressources animales de Tilli commencèrent à manquer, les hommes qui vivaient de la traite eurent recours au même stratagème que leurs ancêtres. Ils poussèrent plus loin à l'ouest, à la recherche de nouveaux territoires de chasse.

Les conditions climatiques n'avaient jamais été si favorables aux expéditions hauturières. Au milieu du VIe *siècle, les glaces flottantes qui dérivaient vers le sud entre le Groenland et Tilli n'étaient plus qu'un léger obstacle saisonnier qui, certaines années, disparaissait complètement.*

Jadis, des voyages d'exploration hasardeux (sans compter des traversées involontaires accomplies sous la poussée du mauvais temps) avaient conduit les Albains jusqu'à la terre qu'ils connaissaient sous le nom de Crona. Désormais, presque rien n'empêchait les chasseurs de naviguer jusque-là à volonté.

Le cap Brewster est situé à peu près au milieu de la côte est du Groenland. Les quelque 1 500 kilomètres du littoral pointant vers le sud-est et séparant le cap Brewster du cap Farewell sont défendus presque partout par une muraille de glace de plusieurs centaines de mètres d'épaisseur qui, en maints endroits, se presse tout près de la mer. C'est une côte si inhospitalière, si pauvre en ressources animales que, à l'exception d'un petit secteur autour d'Angmagssalik, elle a découragé jusqu'aux efforts des Inuits qui ont tenté de s'y établir.

Toutefois, sur 950 kilomètres au *nord* du cap Brewster, la côte est du Groenland est d'une nature toute différente. C'est une terre libre de glaciers, où se succèdent montagnes, moraines et vallées de toundra, aussi vastes que l'Islande elle-même. Le littoral est profondément échancré de fjords capricieux, dont le Scoresbysund, qui s'enfonce dans les terres sur près de 300 kilomètres avant de se heurter à l'inlandsis.

Ces fjords du nord-est, ainsi que les terres environnantes, ont longtemps foisonné de vie animale. Encore, aux premières années du XXe siècle, plus de 150 cabanes appartenant à des trappeurs norvégiens et danois parsemaient les rives de la série de fjords. La petite fortune que ces hommes tiraient du commerce des fourrures de renard, d'ours, de bœuf musqué, d'hermine et de loup, combinées à la graisse et aux peaux de phoque, au rohart et aux dents de narval, était telle que la Norvège tenta d'annexer toute la région et n'en fut empêchée qu'à la suite d'une intervention de la Société des Nations qui défendit les intérêts du Danemark.

Les hommes en quête de marchandises de traite trouvèrent sans doute en ces lieux toutes les ressources qu'offrait autrefois Tilli, ainsi que certaines richesses inconnues dans cette île, tels le caribou, le loup, l'hermine, le lièvre arctique et surtout le bœuf musqué, dont la fourrure laineuse en vint à prendre autant de valeur que celle de l'ours blanc.

Selon moi, avant la fin du VIe siècle, la plupart des hommes des clans de traite exploitaient les territoires du nord-est du Groenland. Ceux qui vivaient aux îles du Nord passaient probablement l'hiver à Crona car le trajet était long entre le Groenland et les archipels.

Tôt ou tard, la distance à parcourir entre le port d'attache et les territoires de chasse persuada sans doute les clans de traite d'émigrer à Tilli. De même, sans doute ne fallut-il guère de temps aux navires marchands des Orcades pour se rendre directement à Tilli afin de recueillir les marchandises de traite destinées au commerce avec le sud et de colporter les produits du sud au sein de la population croissante de l'île.

Au VIIe siècle, la plupart des clans de traite avaient probablement déjà émigré vers l'ouest. Dès lors, leurs hauturiers pouvaient naviguer jusqu'à la côte est de Crona dès le début du printemps et pouvaient, si bon leur semblait, regagner leurs nouveaux *crofts* à Tilli dès l'automne de la même année.

La reconstitution de la colonisation de l'Islande exposée ci-dessus va à contre-courant de l'histoire orthodoxe de l'île qui soutient que, sauf peut-être pour quelques moines ermites, l'Islande était *terra incognita* jusqu'à l'arrivée des colons scandinaves à la fin du IXe siècle.

On ne peut souscrire à cette vision des choses qu'en rejetant certains faits probants qui soutiennent la version contraire – des faits comme ceux que j'expose à grands traits dans les notes [3]. Il faut aussi citer les découvertes de Margrét Hermanns-Audardóttir [4].

De 1972 à 1978, cette archéologue suédoise, avec son équipe, entreprit de fouiller les vestiges d'une ferme scandinave du XIVe siècle à Heimaey, l'une des îles de l'archipel des Vestmann, au large de la côte méridionale de l'Islande. Or, les fouilles révélèrent que, sous les ruines visibles, se trouvait une série d'*au moins dix* constructions antérieures. De toute évidence, le site était beaucoup plus ancien qu'on ne l'avait cru. Les archéologues prélevèrent des échantillons pour l'analyse au carbone 14 et les dates obtenues étonnèrent tout le monde et embarrassèrent certains.

La datation à l'aide du carbone 14, confirmée par la stratigraphie et l'analyse du pollen, démontra que la première construction du site avait vu le jour *environ 250 ans avant l'installation des Scandinaves en Islande.*

Il y avait plus grave. La chronologie établie par Hermanns-Audardóttir grâce au carbone 14 révéla que la méthode sur laquelle s'étaient fondés les historiens islandais jusque-là pour dater les habitations humaines (méthode qui faisait remonter tous les sites étudiés jusque-là à la période de la colonisation scandinave) était de toute évidence basée sur de fausses prémisses. On avait attribué les dates en fonction de la présence ou de l'absence, dans les murs et les débris des toits, de couches de cendres provenant d'éruptions volcaniques dont les plus importantes avaient eu lieu, croyait-on, vers 872-874. Les données recueillies par Hermanns-Audardóttir démontraient que ces cendres d'importance critique, et notamment les couches dites de la *landnam* et de Katla, avaient en fait été déposées au moins cent ans plus tôt. En corollaire, il s'ensuivait qu'un nombre considérable d'habitations qu'on avait attribuées en toute confiance à la période de la colonisation nordique étaient probablement occupées bien avant l'arrivée des Scandinaves sur les côtes islandaises.

Or, pareille chose était impensable ! L'histoire de l'Islande repose sur une prémisse inébranlable : les Scandinaves n'atteignirent l'île qu'à la seconde moitié du IXe siècle et, à leur arrivée, ils trouvèrent le pays inhabité si l'on excepte, peut-être, une poignée d'anachorètes qui avaient cherché la solitude au bout du monde.

Par une journée de printemps vers la fin du VIIe *siècle, le* Hauturier *quitta son port d'attache au fjord des Cygnes sur la côte est de Tilli et fit voile vers les territoires de chasse de Crona. Le navire avait une escale à faire en chemin. Deux vieillards et un jeune couple de la petite île shetlandaise de Hasco, récemment arrivés à Havre-sous-le-Cap, avaient retenu une place à bord à destination de Heimaey.*

La plupart des habitants de Hasco avaient déjà abandonné leurs fermes au sol ingrat pour se tailler une vie nouvelle à Tilli. Les premiers arrivés avaient choisi Heimaey plutôt que le littoral de la grande île car cet endroit semblait mieux convenir au mode de vie insulaire, malgré le cratère aux émanations sulfureuses qui faisait un bien inquiétant voisin. Heimaey n'avait pas beaucoup de terres utilisables mais les parcelles cultivables étaient fertiles et le petit port de l'île, bien abrité, était l'un des rares lieux sûrs le long de la côte méridionale de Tilli.

Le premier colon de Hasco bâtit sa maison en terre avec une charpente de bouleau de Tilli pour le toit recouvert de gazon. La ferme se trouvait près d'une source non loin du port. Depuis, plusieurs maisons s'étaient jointes à la première aux environs de la source; leurs petits champs opposaient leur damier verdoyant aux versants de lave qui se dressaient derrière. Un fouillis d'embarcations recouvertes de peaux, tirées sur le rivage, attestaient que la petite communauté dépendait toujours de la mer. Quelques vaches erraient dans les prés d'en bas, alors que les moutons et les chèvres vagabondaient sur les hauteurs. De petits champs d'orge égayaient d'un ton plus clair le vert des autres cultures, et l'angélique juteuse – le céleri sauvage du Nord transplanté de Hasco – poussait dru dans le marais au pied de la source.

Au moment où le Hauturier *arriva en travers de l'îlot de l'Ours (où l'on avait tué un ours blanc quelques années plus tôt), il rattrapa l'un des bateaux des colons, chargé jusqu'aux plats-bords d'énormes œufs gris-vert de grand pingouin. Le* Hauturier *se mit en devoir de remorquer le bateau tandis que l'équipage grimpait tant bien que mal à bord pour piloter le navire dans le port de Heimaey.*

Les colons de Heimaey n'avaient que de bonnes nouvelles à transmettre aux arrivants. L'hiver précédent avait été si doux qu'on n'avait pas eu besoin de mettre les vaches à l'étable. À l'automne, on avait récolté assez de céréales pour manger du porridge toute l'année, et il en restait encore pour brasser un peu de bière pour les fêtes de Noël.

De plus en plus de vaisseaux fréquentaient les parages, affirmaient les colons. Certains, comme le Hauturier, *transportaient les hommes des clans de traite entre Crona et les fermes des fjords de l'est à Tilli. Quelques-uns appartenaient à des marchands des Orcades. L'été précédent, un vaisseau marchand qui avait fait tout le voyage depuis l'Irlande avait fait son apparition à Heimaey, chargé entre autres d'un choix d'ornements de bronze pour les vêtements, de quoi induire en tentation tous les colons, tant hommes que femmes.*

Une grande partie du trafic se composait de vaisseaux qui amenaient vers l'ouest des immigrants en quête de terres, embarqués avec leurs bestiaux et tous leurs biens. De nouvelles fermes gagnaient sur les tourbières, les prés et les petits bois de bouleaux, sur une bonne partie de la côte sud-ouest. Loin de se sentir isolés au bout du monde, les gens de Heimaey avaient l'impression de se trouver en plein au cœur des choses.

Leur humeur optimiste s'assombrit quelque peu lorsque l'un des passagers du Hauturier *leur apprit les atrocités toujours plus sanguinaires perpétrées par les Normands, là-bas au pays. Et pourtant, l'un des jeunes fermiers parvenait à voir un bon côté même à pareille chose.*

« Raison de plus de s'établir à l'ouest pour les gens qui ont du cœur au ventre. A-t-on déjà connu une époque où les îles de chez nous n'étaient pas pillées par les uns ou les autres ? Ici, à Tilli, le pire que nous ayons à craindre, c'est de voir un ours des neiges au milieu des moutons. On dort tranquille, on mange bien. Il y a assez de place ici pour tous les hommes, les femmes et les enfants des îles du Nord. Ils pourraient nous rejoindre s'ils avaient assez de bon sens pour ça.

– Oui, approuva l'un des hommes du Hauturier. *Et si jamais Tilli devenait trop peuplée, Crona n'est pas si loin. Les fjords du sud ne feraient pas de si vilains endroits où vivre, d'après ce que j'ai entendu dire. Quand je serai trop vieux pour jeter sac à bord, je pourrais bien m'installer là-bas moi-même et me bâtir une ferme de ce côté-là. »*

À Tilli, l'immigration augmenta sensiblement à la fin du VIIe siècle. Le climat était alors devenu si tempéré que même les régions les plus septentrionales de l'île parvinrent probablement à attirer les fermiers. Incitatif puissant, la sinistre menace scandinave se répandait inexorablement dans les Shetland et les Orcades.

Au début du VIIIe siècle, quand les Normands commencèrent à s'approprier des terres aux îles du Nord, les habitants des Shetland, des Orcades et même des Hébrides s'enfuirent par vagues vers l'ouest. Avant la fin de cette ruée, le sud-ouest de Tilli était déjà colonisé en grande partie.

Les fermiers qui arrivèrent durant la première moitié du VIII*e siècle trouvèrent un bon choix de terres et un climat si clément qu'on pouvait faire pousser de l'orge et du blé, élever des cochons et des volailles en plus des vaches et des moutons.*

Une brève détérioration du climat, qui semble avoir atteint un creux de vague vers la fin du VIII*e siècle, rendit les choses plus difficiles aux derniers arrivés; et pourtant, subir une période de mauvais temps était un faible prix à payer en regard de la possibilité de vivre en paix.*

Même une fois que les Normands eurent complètement occupé les îles du nord et de l'ouest de la Grande-Bretagne, les réfugiés continuèrent sans doute d'arriver à Tilli en provenance de l'Écosse continentale et de l'Irlande. Les vieilles inimitiés entre Celtes et Albains furent sans doute submergées par la catastrophe de l'heure. Les deux peuples étaient chrétiens (quoique de rites différents) et tous deux subissaient les violences des païens nordiques.

La première moitié du IXe siècle vit sans doute l'apogée de l'Alba à Tilli; des maisons de ferme, par petits groupes, étaient rassemblées près des côtes partout où les terres étaient assez bonnes pour nourrir hommes et bêtes. La colonisation s'étendit peut-être même à certaines vallées de l'intérieur, comme celle du Lagarfljót dans l'est.

Loin de vivre dans l'adversité parce qu'ils avaient été chassés de leur ancienne patrie, en général les colons de Tilli se retrouvèrent sans doute en meilleure position qu'auparavant; leurs *crofts* produisaient autant ou davantage que ceux qu'ils avaient abandonnés aux Normands.

Les hommes qui se livraient à la traite devaient fort bien se tirer d'affaire eux aussi. Comme nous le verrons, il semble que les hauturiers doublèrent le cap Farewell avant la fin du VIIe siècle et que, dès le début du siècle suivant, ils exploitaient de nouveaux territoires de chasse loin au nord, jusqu'à Upernavik. Les glaces ne posaient pas un problème aussi aigu qu'aujourd'hui. En fait, au milieu du VIIIe siècle, le climat s'était adouci au point que certaines parties de l'océan Arctique étaient peut-être libres de glaces en été et que la banquise qui dérivait vers le sud dans la baie de Baffin était si réduite qu'elle ne représentait pas un grand problème même pour des marins naviguant à bord de bateaux recouverts de peaux[5].

Au IXe siècle, à Tilli, les fermiers et les hommes vivant de la traite jouissaient sans doute d'une prospérité qui trouvait difficilement son égale en Europe. Inévitablement, les Vikings devaient un jour en avoir vent.

CHAPITRE XV

L'ELDORADO DE L'ARCTIQUE

Chaque printemps, vingt années durant, le Hauturier *avait quitté le fjord des Cygnes et navigué jusqu'aux territoires de chasse du nord-est de Crona. À vingt reprises, le navire était rentré au port lourdement chargé de viande, de peaux, de graisse, d'ivoire, de fourrures et de goudron de phoque.*

Le vaisseau et ses équipages successifs avaient bien servi le clan ; mais, les dernières années, les cargaisons avaient diminué. Ce phénomène était attribuable, en partie, au fait que les hommes en quête de marchandises de traite avaient exploité les territoires de chasse du nord-est pendant plus d'un siècle, mais aussi à l'afflux de chasseurs de Tilli, pressés d'arrondir le pécule provenant de leurs fermes. La concurrence devenait féroce et les animaux qui constituaient des proies de choix se faisaient rares.

On avait amplement discuté cette question au fjord des Cygnes l'hiver précédent. Le patron actuel du Hauturier, *un homme d'une trentaine d'années, sec comme un coup de trique, ne mâchait pas ses mots.*

« Il y a trop de chasseurs ! » dit-il sans ambages aux hommes du clan rassemblés autour du foyer dans la maison du chef. « Et pas assez de bêtes. Le bœuf musqué : presque fichu. Les narvals et les morses : tellement méfiants à présent qu'on peut à peine les approcher. Et les faucons ! Ces maudits fermiers traversent à Crona l'espace d'un mois en été et fauchent chaque bon Dieu de fauconneau ! Le territoire est saigné à blanc ! Il vaudrait mieux en trouver d'autres, et vite.

– Où chercher, alors ? demanda l'un des hommes.

– Ah ça, vous savez bien qu'il y a un navire de temps à autre qui double le cap Sud de Crona ? Il paraît qu'on a trouvé de bonnes terres là-bas, mais pas le genre de chose qui nous intéresse. Pourtant, admettons… admettons que la côte ouest remonte aussi loin vers le nord que la côte est.

Est-ce qu'il ne devrait pas y avoir d'aussi bons territoires de chasse au nord-ouest qu'au nord-est ? M'est avis qu'il faut y aller voir ! »

Et c'est ainsi que, le printemps suivant, le Hauturier *quitta le fjord des Cygnes pour entreprendre un voyage qui allait donner un nouvel éclat à son nom.*

D'abord, le navire longea la côte méridionale de Tilli de si près que les hommes purent savourer tout ce qui vibrait dans les forêts de bouleaux en bourgeons et dans les prairies où des fermes apparaissaient depuis peu le long des rivières. Mais, le troisième jour, ce tableau agréable fut remplacé par les austères rivages de lave de la péninsule des Fumées, qui faisait saillie à la pointe sud-ouest de l'île. Le soleil était comme suspendu au-dessus de l'horizon quand les aventuriers laissèrent derrière eux le cap des Fumées – et Tilli.

Le temps restait passable et, deux jours après avoir perdu la terre de vue en poupe, les vigies aperçurent le reflet, d'un blanc éblouissant, de la calotte glaciaire de Crona. Cette fois, au lieu de mettre le cap au nord comme toujours, le Hauturier *vira vers le sud. Le vaisseau se rapprocha bientôt d'une côte d'aspect si inhospitalier que les hommes n'eurent aucune envie d'y risquer une escale. Restant au large à distance sûre, ils poursuivirent leur chemin vers le sud pendant trois jours, jusqu'à la pointe méridionale de Crona.*

Le cap Sud une fois doublé, le Hauturier *navigua en des lieux plus accueillants. À présent, l'inlandsis était à peine visible dans les lointains bleutés. Un vaste littoral découpé de fjords sinueux s'offrait aux regards entre les glaces et la mer. Quoique moins verdoyante qu'à Tilli, la côte sud-ouest de Crona semblait un véritable paradis en comparaison de la côte est.*

À une pleine journée de navigation au nord du cap Sud, le Hauturier *pénétra dans un immense golfe plein d'îles et de fjords. Par endroits, la végétation était presque luxuriante ; les oiseaux et les mammifères abondaient, et notamment le caribou. Cependant, il n'y avait là aucun bœuf musqué ; à peine voyait-on quelques ours et de rares renards blancs. Et, même si les eaux environnantes grouillaient de poissons, de nombreuses espèces de baleines et de marsouins, elles n'abritaient ni narvals ni vaches marines.*

Le sud-ouest de Crona était un pays susceptible d'attirer un fermier, mais pas un chasseur. Après avoir passé une journée à terre à chasser le caribou, les hommes revinrent à bord, impatients de repartir. Le Hauturier *poursuivit sa quête mais, à la déception générale, la côte obliqua vers l'ouest l'espace d'un jour et d'une nuit. Le matin du deuxième jour, les espoirs se ranimèrent lorsqu'on doubla un énorme promontoire pour découvrir que le littoral continuait de nouveau vers le nord.*

Dès lors, le navire longea un rivage où se succédaient des caps spectaculaires avançant dans la mer et une série de fjords profonds. Comme l'obscurité ne tombait jamais vraiment en cette saison, on pouvait naviguer jour et nuit si le temps restait au beau.

Les jours passaient; on commençait à rencontrer des vaches marines à l'occasion; les hommes remarquèrent avec joie que leur nombre augmentait à mesure qu'on progressait vers le septentrion. À trois semaines de navigation du cap Sud, le vaisseau vira vers l'est pour pénétrer dans un autre golfe si vaste qu'on mit presque un mois à l'explorer. Bien avant la fin de ce mois, les hommes du fjord des Cygnes savaient qu'ils avaient trouvé ce qu'ils cherchaient – ils tenaient là de nouveaux territoires de chasse dont le potentiel dépassait leurs plus folles espérances.

L'IMMENSE GOLFE qui baigne la côte occidentale du Groenland, embrassant la baie de Disko, le détroit de Vaigat, les fjords d'Umanak et de Karrats, abrite une faune marine d'une abondance et d'une diversité stupéfiantes. Les terres environnantes, libres de glaces, accueillent oiseaux et mammifères. Des siècles plus tard, quand les Scandinaves puis les Inuits atteignirent cette région, elle se révéla l'un de leurs territoires de chasse les plus productifs [1].

Voici comment se déroula selon moi l'histoire humaine de cette région au cours des VIIIe et IXe siècles.

Les premiers voyageurs en quête de marchandises de traite trouvèrent leurs nouveaux territoires si rentables que, en l'espace d'une décennie, la plupart des chasseurs professionnels de Tilli prenaient part à leur exploitation. Néanmoins, ces territoires étant beaucoup moins étendus que ceux du nord-est, les derniers arrivés (ou les chasseurs particulièrement avisés) ne tardèrent pas à pousser plus loin encore au nord.

Au delà de la péninsule de Svartenhuk, ils se heurtèrent à l'inlandsis qui se pressait jusqu'au bord même de la mer ; seule une frange d'îles s'opposait à ses falaises de glace. Plus loin encore au nord, même les îles disparaissaient et cédaient toute la place à une muraille d'un blanc étincelant qui s'incurvait vers l'ouest en épousant le contour de la baie de Melville.

Cette côte était, et reste encore, le berceau de la plupart des icebergs qui infestent les eaux de l'Atlantique Nord. Au cours des étés chauds du VIIIe siècle, de titanesques blocs de glace se détachaient et tombaient dans la baie de Melville, qui en était pratiquement remplie. Mais la banquise était sans doute réduite ou même absente en été à cette époque ; ainsi, si un vaisseau restait bien au large des côtes et si son équipage se tenait à distance sûre des îles flottantes, on n'avait presque rien à craindre.

Bientôt, quelques aventuriers traversèrent la baie encombrée d'icebergs pour découvrir que le fond de la baie de Baffin et les eaux adjacentes du sud du bassin de Kane étaient peuplées d'une quantité presque inimaginable d'animaux utiles à la traite, et notamment de morses. Cette région pouvait également fournir beaucoup de métal, sous forme d'éclats détachés d'une énorme météorite de nickel et de fer qui s'était jadis fracassée sur la calotte glaciaire du cap York[2].

Il se produisit ensuite un phénomène en quelque sorte comparable à la ruée vers l'or des temps modernes. Tous les vaisseaux de traite qui tenaient la mer, tous les bons équipages qu'on put rassembler naviguèrent vers l'extrême nord-ouest.

Quoique cette ruée s'avérât relativement éphémère, elle accapara peut-être plusieurs centaines d'hommes et une vingtaine de vaisseaux – effectifs importants pour l'époque et pour cette région.

L'éloignement des territoires nouvellement découverts constituait un problème. Comme la distance à vol d'oiseau entre l'Islande et le bassin de Kane, à la lisière du haut Arctique, était de l'ordre de 5 000 kilomètres, le voyage aller et retour pouvait exiger près de trois mois. Hiverner au Groenland était essentiel pour exploiter avec succès ces territoires de chasse de l'extrême Nord.

Comme de nombreux explorateurs allaient le découvrir à leurs dépens et parfois au prix de leur vie, survivre à l'hiver rigoureusement hostile de l'Arctique n'était pas chose facile. Trouver à manger, trouver un abri, telles sont les deux nécessités premières. Trouver à manger est possible pour qui sait où et comment chercher, mais trouver un abri peut être une tout autre affaire.

Les autochtones de l'Arctique ont résolu ce problème en inventant l'iglou. Les hommes en quête de marchandises de traite trouvèrent une solution qui leur était propre : des maisons coiffées de bateaux en guise de toit – un mode de construction qui faisait partie de leurs traditions depuis des siècles. Leurs propres vaisseaux, retournés sur des fondations de pierre hermétiquement calfeutrées avec de la mousse ou du gazon, pouvaient les protéger des pires intempéries de l'hiver.

Au cours de la période relativement brève de la ruée vers l'or blanc dans le haut Arctique, des hommes des clans de traite furent entraînés

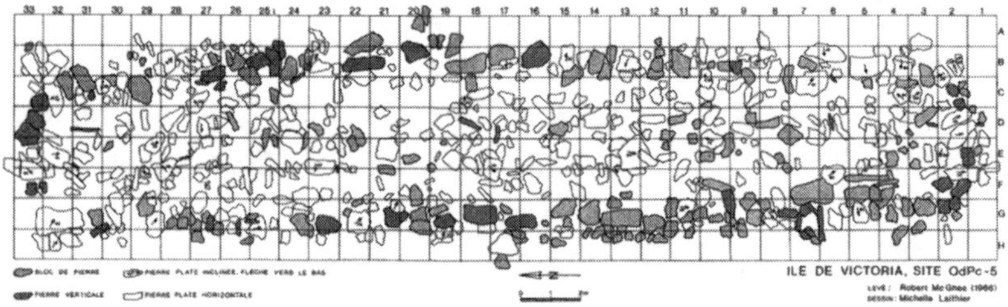

Deux vaisseaux de 15 mètres sur 4,5 mètres auraient suffi à coiffer d'un toit la fondation du détroit du Prince-Patrick, dans l'île de Victoria, dont voici le plan.

loin dans l'est et le centre de l'Arctique canadien. La plupart établirent leurs quartiers d'hiver non loin de ces merveilles du Grand Nord connues sous le nom de polynies.

Les polynies sont des étendues d'eau salée qui ne gèlent jamais ou qui gèlent plus tard en automne et se libèrent plus tôt au printemps que les eaux adjacentes. L'eau libre se maintient sous l'effet de courants verticaux et horizontaux, mais le vent joue également un rôle. Les polynies varient en étendue de quelques hectares à plusieurs centaines de kilomètres carrés. Partout où elles existent, elles procurent aux mammifères marins un endroit où respirer et se rassembler ; autrement, ces animaux seraient forcés d'abandonner la région durant une partie de l'hiver, voire pour toute la saison.

Ce n'est pas par hasard que, dans le Grand Nord, la plus grande concentration de fondations de maisons coiffées de bateaux se trouve aux abords des polynies. La plupart de ces fondations sont situées dans la région du détroit de Smith et les autres jouxtent des polynies très loin au sud et à l'ouest, près des îles Devon, Little Cornwallis, Bathurst et Somerset.

Il existe une exception remarquable : une construction située près de l'embouchure de la rivière Kuuk sur la côte ouest de l'île de Victoria. Mesurant un peu plus de 30 mètres de long, cette structure aux murs bas, découverte par Robert McGhee, directeur de la section scientifique de la Commission archéologique du Canada, se dresse en solitaire sur une plage de galets déserte. Ses dimensions sont telles qu'elle aurait pu recevoir deux navires retournés et placés bout à bout ; elle fut peut-être construite par des hauturiers qui cherchaient une polynie inoccupée ou qui furent entraînés loin vers l'ouest à cause de l'état des glaces. Par ailleurs, McGhee a fait remarquer que la rivière Kuuk conduit à un gisement de cuivre naturel d'origine glaciaire qui fut notoirement

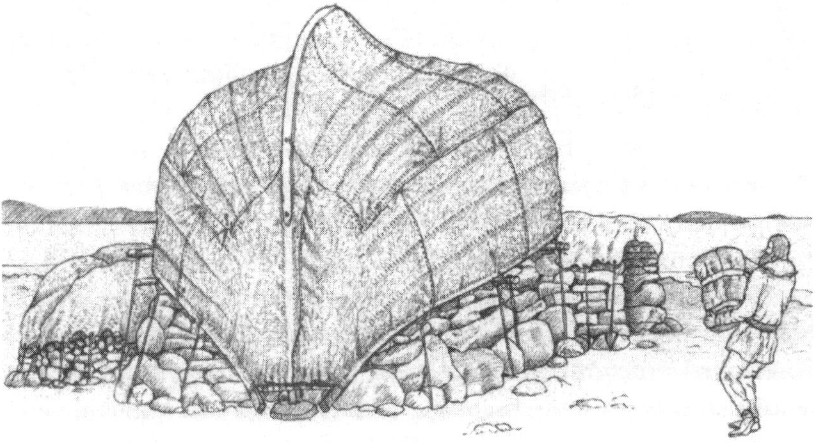

Voici à quoi aurait pu ressembler un vaisseau albain retourné sur une fondation de pierre pour servir de maison à son équipage.

exploité par les Inuits et qui aurait pu également représenter une source de cuivre pour des hommes en quête de marchandises de traite.

Sans doute grâce à son emplacement isolé, la structure de la rivière Kuuk est la mieux conservée des 45 fondations coiffées de bateaux qui, jusqu'ici, ont fait l'objet de descriptions ou de fouilles archéologiques. Pour la plupart des autres, des pierres ont été extraites par les autochtones afin de construire des cercles de tentes, des caches de nourriture ou des abris. Il se pourrait même que les Thuléens, mus par une profonde animosité à l'égard des bâtisseurs originaux, eussent détruit délibérément certaines de ces fondations en abattant leurs murs de façon systématique. Toutefois, les ruines restantes suffisent amplement à donner une bonne idée de l'aspect antérieur des structures, de leur mode de construction et de leur usage.

Bien que les longueurs varient entre 9 et 30 mètres environ, la majorité des ruines mesurent à peu près 15 mètres. Hormis les quelques fondations conçues pour recevoir deux ou même trois navires placés bout à bout, les structures présentent un rapport longueur-largeur de 3,5 pour 1 en moyenne, correspondant en gros à celui des navires nord-européens en circulation aux alentours de l'an 1000.

Les murs ne dépassent pas la hauteur qui permet de recevoir la forme incurvée du vaisseau servant de toit et d'obtenir assez d'espace sous ce toit à l'intérieur. Bien peu de fondations semblent avoir atteint 1,2 mètre de hauteur.

Comme il n'y a guère de terre ou de gazon dans le haut Arctique, les fondations étaient entièrement bâties en pierres (parfois très grosses) et calfeutrées de mousse et de lichen. Dans les régions subarctiques les fondations étaient faites en général de mottes de gazon renforcées de pierraille. La tourbe et les mottes de gazon renforcées de bois constituaient les matériaux de construction au sud de la limite des arbres – un mélange que le temps a réduit en monticules presque invisibles.

La plupart des fondations se trouvaient à proximité de la ligne de marée haute ou des vagues charriées par les tempêtes. Dans plusieurs cas, des rochers qui obstruaient un débarcadère semblent avoir été enlevés pour éviter d'endommager les vaisseaux fragiles lorsqu'on les halait sur le rivage.

Une fois vidé de son gréement, de son lest et de ses provisions, un bateau de 15 mètres de longueur et recouvert de peaux était sans doute assez léger pour être transporté à la force des bras et accouplé à une fondation préparée à cet effet. Les vaisseaux plus grands étaient peut-être déplacés sur des rouleaux puis retournés et mis en place en douceur à l'aide de leurs propres espars faisant office de leviers.

Il semble que la maison ainsi obtenue ne comptait qu'une porte (forcément basse) située dans l'un des murs latéraux. Il n'y avait pas de fenêtres – mais les peaux de mammifères marins, bien huilées, sont étonnamment translucides. Pendant la longue nuit de l'hiver, les maisons étaient sans doute éclairées et, dans le haut Arctique, peut-être chauffées (à la manière inuit) par des lampes où brûlait de l'huile de mammifères marins. Plus loin au sud, où l'on pouvait trouver du bois à brûler, la fumée pouvait poser un certain problème. Mais sans doute était-ce un jeu d'enfant que de découper une trappe dans le « toit » – ouverture qu'on pouvait aisément rapiécer avant de remettre le vaisseau à l'eau.

Chauffer tout l'intérieur d'une grande maison coiffée d'un bateau était sans doute difficile. Toutefois, on pouvait aménager des alcôves faciles à chauffer en disposant des peaux (de caribou, de préférence) de manière à former un toit et des cloisons. C'est une installation que j'ai employée moi-même avec succès dans la toundra du district de Keewatin.

Les maisons coiffées de bateaux constituaient sans doute des habitations spacieuses et confortables, compte tenu de l'époque où elles furent bâties et utilisées. Elles offraient également, pour les navires eux-mêmes, la meilleure protection possible contre les intempéries et les bêtes sauvages affamées durant les longs mois d'hiver.

Les hommes qui s'adonnaient à la traite s'emparaient de toutes les marchandises de valeur qui passaient à leur portée, mais ils concentraient leurs efforts sur ce qui rapportait le plus. Les défenses de morse et les dents de narval venaient en tête de liste. Ces deux espèces se rassemblaient dans les polynies, où l'on pouvait les chasser au harpon sans trop de peine.

Les postes de chasseurs du haut Arctique étaient essentiellement des fabriques où l'on préparait non seulement l'ivoire mais les peaux de morse et la substance appelée goudron de phoque.

Alors que le goudron bitumineux (d'origine fossile) ne se répandit largement dans le nord de l'Europe qu'à une époque relativement récente, on consommait de grandes quantités de goudron animal ou végétal pour la construction et l'entretien des navires. Certains de ces goudrons provenaient de la gomme des conifères mais la plupart étaient fabriqués par évaporation de l'huile des mammifères marins; on obtenait ainsi une substance gommeuse connue sous le nom générique de goudron de phoque.

Que le revêtement des navires fût de bois ou de peaux, son calfatage exigeait beaucoup de goudron. Les bateaux recouverts de peaux (les coutures de ces dernières en particulier) devaient en être enduits, souvent et à profusion, afin d'être étanches et résistants. Les vaisseaux de bois devaient être calfatés de matières fibreuses imbibées de goudron. Le brai, comme on appelait parfois le goudron, était également employé pour enduire les mâts et les espars; chauffé avec d'autres substances, il servait à fabriquer un enduit protecteur pour les voiles. Les coutures du pont étaient « brayées », ou enduites de brai, de même que les épissures des cordages. Enfin, dans le cas des navires de bois qui fréquentaient des eaux même modérément chaudes, on appliquait souvent une couche de goudron sur toute la carène pour la protéger des tarets.

Le brai végétal, dont on n'avait jamais de très grandes réserves, était de qualité médiocre car il avait tendance à cristalliser et à devenir friable en durcissant. On lui préférait de loin le brai extrait de l'huile des mammifères marins, et le goudron de morse se classait au premier rang pour sa remarquable élasticité et sa résistance extraordinaire.

Nous ne connaissons pas le procédé exact qu'employaient les hommes des clans de traite pour fabriquer du goudron de phoque, mais nous possédons une description partielle de la méthode qu'utilisaient les Scandinaves du Groenland au XIIIe siècle et, détail particulièrement intéressant, de la provenance des matières premières.

Une chronique scandinave du Moyen Âge nous apprend que:

> Là-bas à Greipar, au fin fond du Groenland, on obtenait les plus grandes quantités de goudron de phoque [...]. On emmagasinait le lard fondu dans des sacs de peau qu'on suspendait dans des cages jusqu'à ce que la substance durcisse, après quoi on la préparait de la manière appropriée.

On a établi que Greipar correspond aux environs d'Upernavik, la région la plus septentrionale qu'aient atteinte les chasseurs scandinaves au Groenland, à notre connaissance. Le texte ne nous apprend pas grand-chose du procédé employé pour la fabrication du goudron de phoque, mais mon expérience personnelle permettra peut-être d'élucider un peu cette question.

À l'automne de 1947, alors que je voyageais le long de la côte ouest de la baie d'Hudson, j'avais un vieux canot dont le revêtement de toile était si effrangé et déchiré que mon compagnon et moi devions passer presque autant de temps à écoper qu'à pagayer. Un jour, nous vîmes monter un rien de fumée près de l'embouchure d'une rivière. Ayant accosté, nous trouvâmes un trappeur qui vivait dans une cabane de bois dont le toit avait été étanchéifié et imperméabilisé grâce à une couche de goudron noir. Je songeai que c'était peut-être exactement le produit dont nous avions besoin pour que notre vieux canot pût tenir la mer.

Nous exposâmes notre triste situation et l'homme nous donna un plein seau d'un produit qui ressemblait à de l'asphalte mais qui puait comme la chair d'une baleine morte. Le trappeur, originaire du Labrador, nous expliqua que c'était du goudron de lard de sa fabrication, extrait de la graisse d'un morse qu'il avait tué à l'île Marble, un peu au nord de chez lui le long de la côte, pour donner de la viande à ses chiens pendant l'hiver.

Après avoir réchauffé ce produit à feu doux sur le poêle en fer-blanc de notre bienfaiteur, jusqu'à obtention d'une texture sirupeuse, nous en appliquâmes une couche sur le canot. Vite refroidi, il se changea en une substance caoutchouteuse qui empêcha le canot de faire eau jusqu'à la fin de notre voyage. Ma reconnaissance était grande mais n'avait d'égale que ma curiosité à l'égard de cet enduit remarquable. Ce soir-là, notre hôte nous expliqua comment il l'avait préparé.

D'abord, il fallait couper le lard en dés puis le faire chauffer lentement « jusqu'à tant que l'huile se sépare du croquant ». Il souligna qu'il ne fallait pas laisser bouillir la mixture, sans quoi « on est sûr de tout bousiller ». Quand toute l'huile flottait à la surface, le croquant était recueilli dans une passoire. On poussait ensuite la marmite à l'arrière du poêle et on laissait mijoter jusqu'à ce que le contenu devienne « épais comme d'la m'lasse ». Le produit, conservé dans une remise pendant plusieurs mois, finissait par « sécher » pour donner une substance noire trop épaisse pour être débitée à la cuiller mais pas assez pour se couper au couteau ; elle gardait cette texture indéfiniment.

Je notai tout cela avec soin dans mon journal avec les remarques finales de notre hôte : « Ouais, pis j'te flanque ça su' mes bottes, ma maison, mes canots, mon vieux bateau Peterhead. Pis y a jamais une goutte d'eau qui rentre nulle part ! »

Je puis attester l'efficacité du goudron de phoque et assurer que son parfum, à couper le souffle dans certains cas, rendrait sa commercialisation difficile en cette époque délicate qu'est la nôtre.

L'endroit qui constitue, à mon avis, la plus grande « fabrique » de produits du morse dans tout le haut Arctique se trouve dans la péninsule de Knud, au sud-ouest du bassin de Kane. C'est là, en 1977, que l'archéologue canadien Peter Schledermann découvrit la première des grandes ruines mystérieuses qu'il appela maisons longues. Par la suite, plusieurs étés durant, il procéda à des fouilles approfondies de ce site.

Comme la plupart des archéologues que j'ai rencontrés, Peter s'est donné la peine de m'aider dans mes propres recherches, même si certaines de mes interprétations contestaient les siennes. Il affirme, à sa manière tout en douceur, que ses propres conclusions sont provisoires et donc sujettes à modifications à mesure que surgit de l'information nouvelle. On se prend à souhaiter que tous les historiens, tant hier qu'aujourd'hui, soient de la même trempe[3].

Le site de la péninsule de Knud est tributaire de l'une des plus riches polynies de l'est de l'Arctique. Chaque printemps, Schledermann observait les morses se rassembler par centaines dans cet espace relativement exigu. Les phoques et les petites baleines y trouvaient un bon endroit où faire halte au cours de leurs migrations annuelles.

Le site est surtout remarquable pour la présence des enceintes de pierre que Schledermann appelle maisons longues et que je considère comme les fondations de maisons coiffées de bateaux. Il en existe assez dont les dimensions correspondent à celles des bateaux pour qu'elles aient en effet servi de fondations simples ou multiples à six ou sept vaisseaux renversés.

Autour de ces fondations se trouvent, disposées en longues files, de curieuses petites constructions de pierre que Schledermann a baptisées rangées de foyers. Chacun de ces foyers se compose, typiquement, d'un petit espace carré ou oblong où faire du feu, adjacent à une plate-forme de pierre. On compte au moins 15 de ces rangées de foyers, pour un total de plus de 140 unités, qui sillonnent le site de la péninsule de Knud.

Schledermann (et la plupart des autres archéologues de l'Arctique) suppose que les grandes fondations étaient des lieux de cérémonie construits par le peuple que la science désigne sous le nom de Paléoesquimaux du Dorsétien. (Pour des raisons que j'exposerai au chapitre suivant, j'appelle ces gens Tunits.) Schledermann est d'avis que les rangées de foyers, dont certains contiennent encore les résidus de graisse de mammifères marins, servaient peut-être aux Tunits de feux de cuisine communautaires lors des grands rassemblements.

Cette explication me semble problématique. Les Tunits étaient très dispersés ; la densité de population était tout au plus de quelques familles pour plusieurs milliers de kilomètres carrés. On imagine difficilement comment les Tunits auraient pu se réunir en nombre suffisant pour expliquer les dimensions et l'abondance des lieux de « cérémonie » et des rangées de foyers de la péninsule de Knud ou des autres sites du même genre. En outre, il n'existe aucune trace, dans aucun de ces endroits, de ce qui pourrait ressembler aux habitations mêmes (cercles de tentes, cabanes semi-souterraines et abris analogues), nécessaires pour loger tant de gens. Schledermann suggère qu'ils étaient peut-être hébergés collectivement dans les enceintes de cérémonie ; mais il n'existe aucune hypothèse plausible pour expliquer comment étaient faits, dans ce pays sans arbres, les toits de ces vastes constructions.

La répartition des maisons longues rend également improbable l'hypothèse selon laquelle elles seraient un produit de la culture tunit. Des 45 structures connues à ce jour, toutes sauf trois se trouvent dans l'est de l'Arctique (à l'est de la péninsule de Boothia), et deux de ces dernières se situent à la limite entre est et ouest. Et pourtant, un grand nombre de Tunits vivaient à l'ouest de cette frontière arbitraire. Si les maisons longues étaient bel et bien des lieux de cérémonie tunits, pourquoi n'en a-t-on pas construit un nombre comparable à l'ouest ? Pourquoi, de même, n'en a-t-on pas trouvé à Terre-Neuve, où vécut une importante communauté tunit pendant plus de mille ans ? Un autre fait, certainement significatif, est que les maisons longues de l'est de l'Arctique sont massivement et uniquement concentrées dans deux régions : le secteur du bassin de Kane et du détroit de Smith, ainsi que la rive nord-ouest de la baie d'Ungava.

Si ce ne sont pas les Tunits qui ont bâti les maisons longues, ces indigènes peuvent-ils avoir construit les rangées de foyers ? Je soutiens que ces derniers furent l'œuvre, eux aussi, des hommes des clans de traite et qu'il s'agissait, en fait, de fourneaux destinés à la production du goudron de phoque.

L'élément clé des fourneaux employés par les baleiniers dans un passé plus ou moins récent était un énorme chaudron de métal chauffé par une chaudière. Les gens des clans de traite possédaient peu de récipients de métal et certes aucun d'une capacité suffisante pour la transformation à grande échelle de l'huile des mammifères marins.

J'en déduis que, au lieu d'employer de gros chaudrons, ils se servaient d'une batterie de petites installations non métalliques, constituée chacune d'une plate-forme de pierre munie de supports latéraux destinés à recevoir un « seau » de peau rempli de morceaux de lard. On chauffait des pierres dans un foyer adjacent. Quand elles étaient assez chaudes, on les jetait avec des pincettes dans le récipient rempli de lard. Quand elles refroidissaient, on les remettait au feu. On répétait l'opération jusqu'à ce que le lard fût réduit en huile, après quoi on recueillait cette dernière avec une louche ou on la versait en récupérant les morceaux tendineux pour alimenter le feu de la fournée suivante. Essentiellement, ce procédé était la simple application d'une méthode de cuisson commune à nombre de peuples qui ne disposaient pas de récipients à l'épreuve du feu.

La quantité produite par chaque foyer était sans doute petite, mais une seule personne pouvait s'occuper simultanément d'une demi-douzaine de feux ou davantage, et une série de foyers pouvait produire presque autant que les gros récipients de métal des temps modernes.

La datation à l'aide du carbone 14, obtenue par Schledermann grâce à des branches de saule carbonisées, à des os et à de la graisse trouvés dans six foyers, situe l'emploi de ces derniers entre 700 et 900 de notre ère. La moyenne corrigée se situe autour de 800, ce qui suggère que les rangées de foyers furent utilisées pour la dernière fois quelques dizaines d'années avant ou après cette date.

Je me représente les navires de traite du VIIIe siècle portés par le courant qui longe la côte occidentale du Groenland vers le nord, jusqu'au détroit de Smith et au bassin de Kane ; certains vaisseaux poussaient même plus loin vers l'ouest. Quittant Tilli au milieu du printemps, les hommes arrivaient sans doute au camp assez tôt pour connaître une chasse fructueuse à la fin de l'été et à l'automne. Avant la tombée de la grande nuit, les chasseurs halaient leurs navires à terre et les retournaient sur les fondations qu'ils avaient préparées. Puis ils s'installaient pour affronter le long hiver.

Durant la saison froide, ils ne restaient pas inactifs. On pouvait trapper le renard, le loup et l'ours, chasser le caribou, le bœuf musqué et le lièvre arctique quand le temps et le clair de lune le permettaient. On ne s'ennuyait pas avec les ours blancs attirés par les carcasses d'animaux marins qui flottaient ou qu'on trouvait gelées dans les polynies des environs, attirés aussi par les réserves de viande, le goudron et les autres choses comestibles emmagasinées par les humains. Tant qu'on trouvait des morses dans les polynies, les rangées de foyers puants rougeoyaient et fumaient.

Avant la fin de l'été suivant – ou peut-être de l'été d'après –, il était temps de mettre à la voile pour rentrer à Tilli. Alors, les vaisseaux étaient réparés, goudronnés, mis à l'eau et chargés ; et un beau matin commençait le long voyage du retour.

CHAPITRE XVI

LES TUNITS

L'hiver tirait à sa fin; ce n'était pas trop tôt. Nous avions faim. Vingt bouches à nourrir tout au long de la longue nuit, ce n'est jamais tâche facile. C'est parfois impossible. C'est alors que vient la Rôdeuse des neiges – elle emporte d'abord les petits enfants, puis les anciens et enfin, si la nourriture reste introuvable, elle prend les chasseurs et les femmes en âge d'enfanter.

Cette année, il n'est rien arrivé de tel. Les caches de nourriture avaient été bien garnies l'automne précédent, de sorte que nous avions encore la force de cheminer sur la glace épaisse et de traverser le fjord jusqu'à l'endroit où, par tradition, chaque printemps, nous dressons notre campement près d'une eau-sans-glace. Nous étions guidés jusque-là par les panaches de vapeur qui montaient des eaux embrumées où venaient respirer en haletant d'énormes vaches marines et des licornes de mer.

Les lisses des travois que les chiens avaient tirés avec tout l'attirail de notre campement d'hiver furent dressées pour servir de supports aux tipis. Les femmes et les enfants s'affairaient de tous côtés à ramasser des poignées de branchages pour le feu, pendant que nous, les hommes, gagnions en hâte la rive de l'eau-sans-glace pour nous dissimuler, harpons dardés, derrière les bouscueils.

Les jours passaient; les brèves heures de clarté s'allongeaient petit à petit. Des feux de graisse de phoque, couronnés de fumée noire, flambaient au creux de quelques anciens foyers qui, disposés en rangées, parsemaient le campement. Dans les récipients de peau, la viande de morse bouillonnait quand on y jetait des pierres chaudes. Des odeurs succulentes flottaient dans l'air vif; les ventres des chiens et des humains étaient remplis à satiété. On prenait le temps de jouer et de chanter et, le soir, de flâner en sculptant de petites images dans l'ivoire tout en écoutant les anciens raconter des histoires d'une autre époque.

Des histoires comme celle-ci.

Par un jour d'été au temps de nos aïeux, nos gens campaient dans une île du sommet de laquelle on voyait luire la glace qui couvre la grande terre là-bas à l'est de chez nous. Nos gens s'étaient rassemblés là pour la cueillette des œufs d'oiseaux de mer.

Chaque jour, c'était un défilé interminable de grandes baleines qui nageaient vers le nord en passant devant l'île aux oiseaux. Un soir, au début de l'automne, nos gens virent approcher une baleine qui traversait le détroit et qui avait une aile énorme fichée dans le dos. Ils l'observèrent émerveillés mais, à mesure qu'elle approchait, ils se rendaient compte qu'en réalité c'était un bateau de la taille d'une baleine. De plus près encore, ils virent des silhouettes se mouvoir dans cette chose.

Puis, comme le bateau géant se dirigeait vers la rive sablonneuse de l'anse où se trouvaient les tentes, nos gens prirent peur car ils ne savaient si les nouveaux venus étaient des esprits ou des hommes. Les femmes se retirèrent sur les hauteurs et les enfants se cachèrent au milieu des rochers, mais les hommes se massèrent coude à coude sur la plage.

Le bateau abaissa sa voile et s'arrêta à faible distance du rivage. Une bande d'étrangers à barbe noire dévisagèrent attentivement nos gens, qui les dévisagèrent en retour avec la même attention. Puis l'un de nos hommes s'avança et déposa son harpon sur le sol. À ce geste, les hommes du bateau levèrent haut les mains pour montrer qu'ils n'avaient pas d'armes. Quelqu'un poussa des cris amicaux et bientôt tous s'époumonaient ; nos chiens devinrent comme fous. Peu après, les étrangers gagnèrent la rive en pagayant.

Alors nous vîmes que c'étaient des hommes, comme nous, mais plus poilus que nous, avec de grands nez et des vêtements bizarres. Des hommes, et non des esprits. Leurs paroles étaient pour nous un mystère, et les nôtres une énigme pour eux. Mais ils savaient rire et, en un rien de temps, chacun comprit que nous n'avions rien à craindre les uns des autres.

Il y avait dix hommes et quatre femmes dans ce gros bateau, et ils restèrent avec nos gens tout le reste de l'année et jusqu'au début de l'été suivant. Certains d'entre nous apprirent leur langue, et certains d'entre eux la nôtre. Ils nous dirent qu'ils venaient de si loin au sud-est qu'il leur avait fallu voyager du début du printemps à la fin de l'été pour atteindre nos côtes, malgré leur bateau si rapide. Nous les appelâmes donc Ceux-qui-venaient-de-loin ; ils furent les premiers étrangers à venir parmi nous.

Ils ne voulaient nullement s'installer sur nos terres – seulement y séjourner le temps qu'il fallait pour faire provision de défenses de morse et d'autres choses qui avaient de la valeur à leurs yeux mais qui, aux nôtres, n'en avaient guère, dans la plupart des cas. Nous les laissions prendre ce qu'ils voulaient. C'étaient des gens pacifiques.

Quand vint l'hiver, nous les aidâmes à tirer leur gros bateau sur la rive et à le retourner sur des murets de pierre qu'ils avaient construits exprès. Aujourd'hui les enfants jouent entre ces vieux murs qui servirent jadis d'abri à Ceux-qui-venaient-de-loin. Leurs maisons étaient très grandes en vérité, mais froides et pleines de courants d'air en comparaison des tentes ou des iglous où nous vivons.

Ceux-qui-venaient-de-loin revinrent ensuite chaque année – il y avait parfois jusqu'à une douzaine de bateaux. Nous partagions le pays avec eux, et nos vies. Il est certain que plusieurs d'entre nous ont du sang de ces étrangers dans les veines. Je dois être l'un de ceux-là, car je vois parfois en rêve des lieux où je ne suis jamais allé. Ce que je vois, peut-être est-ce le pays de Ceux-qui-venaient-de-loin.

Ils vinrent ainsi parmi nous l'espace de trois vies d'homme ; puis, un été, ils ne reparurent pas. C'était il y a longtemps. À présent, les lichens couvrent les pierres tombées des murs de leurs grandes maisons et les foyers où ils faisaient bouillir de la bonne huile jusqu'à la rendre immangeable.

Aïe... ils sont partis depuis longtemps... mais nous continuons à scruter l'horizon au sud-est. Un jour, Ceux-qui-venaient-de-loin reparaîtront peut-être.

LE HAUT ARCTIQUE À L'OUEST différait essentiellement de Crona sur un point fort important. Les lieux étaient déjà habités quand les hommes des clans de traite y arrivèrent.

Il y a quelques années à peine, les historiens croyaient encore que seuls les Esquimaux ont habité le Grand Nord. Les Esquimaux eux-mêmes ne partagent pas cet avis. Ils ont toujours insisté sur le fait que, lors de l'arrivée de leurs ancêtres dans le centre et l'est de l'Arctique, les lieux étaient occupés par un peuple inconnu qu'ils baptisèrent les Tunits.

Selon les Esquimaux (ou les Inuits, comme les autochtones de l'est de l'Arctique préfèrent être appelés), les Tunits étaient grands et forts [1]. Et pourtant, ils furent incapables de défendre leurs terres. Dans les récits inuits, on les dépeint avec mépris sous les traits de lâches qui préférèrent la fuite au combat.

Voici une description typique recueillie par Knud Rasmussen de la bouche d'un homme d'Iglulik.

> Les Tunits étaient forts et pourtant ils ont été chassés de chez eux par d'autres [les Inuits] qui étaient plus nombreux [...] mais ils aimaient

tellement leur pays que, le jour où ils quittèrent Uglit, il y eut un homme qui, dans un geste d'amour désespéré pour ce lieu, frappa les rochers de son harpon et en fit voler des éclats comme si c'eût été de la glace.

Le naturel pacifique des Tunits est mis en évidence dans quantité de contes inuits. Il n'existe aucun récit où les Tunits attaquent les Inuits, alors que ces derniers s'en prenaient aux Tunits avec ou sans provocation. Les légendes nous apprennent que les ancêtres des Inuits finirent par chasser les Tunits.

À l'époque où les Européens modernes arrivèrent dans ces régions, les Tunits n'existaient plus que dans la mémoire des Inuits. Et ce vestige ténu fut lui-même relégué dans l'oubli par les ethnologues qui déclarèrent que ce peuple n'était qu'une invention fabuleuse de la mythologie inuit.

Récemment, on a établi que les Tunits, en fait, constituaient un peuple en chair et en os, représentant d'une civilisation connue sous le nom savant de Dorsétien récent ; on sait également que les Tunits (comme les Inuits l'ont toujours affirmé avec insistance) occupaient une grande partie de l'est et du centre de l'Arctique et des régions subarctiques de l'Amérique du Nord, jusqu'au jour où ils furent déplacés par les ancêtres des Esquimaux, il y a quelques centaines d'années à peine [2].

Des chasseurs nomades atteignirent pour la première fois les régions arctiques de l'Amérique du Nord avant l'an 2000 avant J.-C., alors que le climat était beaucoup plus chaud qu'aujourd'hui. Nous ne savons pas avec certitude s'ils venaient de l'est ou de l'ouest. En général, on présume qu'ils arrivèrent de l'ouest et qu'ils pénétrèrent dans le Grand Nord canadien en suivant la bande de toundra qui va des montagnes de la Brooks Range à la mer de Beaufort.

C'étaient avant tout des chasseurs terrestres dont la proie principale était le caribou. Cependant, avant de progresser très loin à l'est du fleuve MacKenzie, ils rencontrèrent un autre grand mammifère qui s'avéra tout aussi satisfaisant : le bœuf musqué.

Les bœufs musqués sont des créatures plutôt sédentaires. Menacés, ils se serrent souvent les uns contre les autres, tournés vers l'extérieur, et tiennent les prédateurs potentiels à distance en jouant de leurs cornes pointues. Cette défense statique est efficace contre les loups ou les ours mais rend les bœufs musqués vulnérables aux chasseurs humains qui peuvent tuer et blesser à distance.

On ne sait si les immigrants connaissaient déjà le bœuf musqué (un peuple inconnu a chassé cet animal jusqu'à extinction en Sibérie), mais ils savaient reconnaître ce qui était bon. Ils se mirent à chasser ces bovidés à long poil avec un tel zèle qu'ils les firent effectivement disparaître dans maintes régions. Les chasseurs allèrent donc planter leurs tentes plus loin à l'est, dans un triangle de toundra qui va s'élargissant et que Vilhjalmur Stefansson devait appeler la prairie arctique, car c'était là un habitat parfait pour le bœuf musqué.

Progressant vers l'est en consommant systématiquement les bœufs musqués sur leur passage, les chasseurs atteignirent les côtes de la terre d'Ellesmere dès l'an 2000 avant J.-C. De là, restait à peine une brève étape pour atteindre le Groenland.

En cette époque au climat relativement doux, la toundra parsemée de bœufs musqués couvrait toute la bande côtière du nord du Groenland, depuis le bassin de Kane jusqu'au Scoresbysund. En l'espace de quelques siècles, les ancêtres des Tunits avaient atteint la côte sud-est du Groenland.

Ils avaient maintenant franchi, toujours chassant, tout l'extrême nord du continent américain et, quoique peu nombreux, ils avaient décimé la population de bœufs musqués partout au passage, si bien qu'ils durent en revenir comme autrefois au caribou.

Or, le caribou était rare dans le nord du Groenland. Et, comme pour aggraver les choses, le climat commença à se refroidir de façon catastrophique. Vers 1800 avant J.-C., les peuples de l'extrême nord du Groenland mouraient de froid et leur garde-manger se vidait rapidement. Ils n'eurent d'autre choix que de descendre vers le sud. Certains parvinrent finalement à contourner les côtes méridionales de l'île-continent, passant en chemin de la chasse terrestre à la chasse aux animaux marins. Après le bœuf musqué et le caribou, le phoque devint leur aliment vital.

Aux environs de l'an 1000 avant J.-C., l'Arctique subit le refroidissement que les climatologues ont appelé la petite période glaciaire. Les glaciers prirent de l'expansion et se coulèrent plus près des côtes. La banquise s'épaissit et s'étendit vers le sud au point de barricader efficacement presque tout le littoral du Groenland. Les descendants des chasseurs de bœuf musqué qui vivaient sur le continent nord-américain proprement dit se retirèrent de plus en plus loin au sud ; certains atteignirent même Terre-Neuve. Pour ceux qui vivaient au Groenland, toute retraite était coupée. Il n'y avait rien au sud du cap Farewell, sinon le vide de l'océan.

Vers 500 avant J.-C., le climat du Groenland était devenu si rigoureux qu'il était impropre à la vie humaine. De même, il était impossible de survivre dans les îles de l'extrême nord de l'archipel arctique canadien et dans la plupart des îles du centre.

Ce ne fut qu'au Ve ou au VIe siècle de notre ère qu'un adoucissement du climat permit aux descendants de l'ancien peuple du bœuf musqué (ci-après appelés Tunits) de retourner dans le Grand Nord. À cette époque, le Groenland tout entier et la plupart des îles du haut Arctique étaient vides de toute vie humaine depuis au moins mille ans.

On a découvert quelques sites du Dorsétien récent dans la région de Thulé au Groenland, mais rien n'indique que les Tunits aient recolonisé le Groenland dans une mesure appréciable. Cependant, ils réoccupèrent bel et bien avec vigueur une bonne partie de l'Arctique canadien, tout en continuant à se maintenir au sud jusqu'à Terre-Neuve, de même qu'en Ungava, sur les côtes de la mer Canadienne (baie d'Hudson, baie James et bassin de Foxe) et dans la toundra du continent arctique. Ils y prospérèrent jusqu'au jour où les envahisseurs thuléens, ancêtres des Inuits, les réduisirent à l'état de peuple fantôme.

Des recherches archéologiques, effectuées notamment par Elmer Harp, Moreau Maxwell, Peter Schledermann, Callum Thomson, James Tuck et Robert McGhee, ont redonné substance aux fantômes tunits.

Nous savons maintenant qu'ils portaient des vêtements taillés dans des peaux de caribou et de mammifères marins mais que leurs parkas étaient munis, au lieu de capuchons à la manière esquimaude, de cols de fourrure à trois pans.

Bien qu'il n'existe aucune preuve certaine de l'utilisation de traîneaux à chiens, nous savons que les Tunits possédaient des chiens. Peut-être ces derniers portaient-ils des bâts ; peut-être tiraient-ils de petits travois comme le faisaient encore les chiens des Esquimaux du Caribou dans le district de Keewatin lorsque je parcourus leur pays à la fin des années 1940.

Les Tunits construisaient probablement des maisons de neige qui devinrent les prototypes des iglous des Inuits modernes. De même, il est possible qu'ils aient inventé le kayak. À coup sûr, ils devaient posséder d'excellents bateaux.

Les Tunits comptent au nombre des façonneurs de pierre les plus accomplis de tous les temps. Leur outillage complexe, fait de silex, de quartzite et de matériaux analogues, était façonné avec tant d'économie que ces objets en miniature sont connus des archéologues sous le nom de microlithes.

Tels sont, en gros, les rares détails que nous connaissons à propos des Tunits. Nous ne savons *rien* de leur aspect physique. Certains croient qu'ils étaient peut-être de type esquimau ; d'autres soutiennent qu'ils ressemblaient aux Amérindiens. Certaines images sculptées qu'ils nous ont laissées semblent présenter des traits vaguement européens.

Nous ne savons rien de leurs croyances. Leur langue nous reste totalement inconnue. Comme nous le verrons, les descriptions des Tunits par leurs contemporains sont rares, et celles qui existent n'ont pas été reconnues pour telles. Nous ne savons pas quelle était leur conception de la mort ni même ce qu'ils faisaient des dépouilles mortelles. Bien qu'un grand nombre de leurs sites aient maintenant fait l'objet de fouilles, on n'a découvert que peu d'ossements tunits (et dans certains cas l'identification est douteuse).

Nous connaissons toutefois un fait indiscutable. Les Tunits étaient des artistes de talent. Les sculptures comptent parmi les objets façonnés les plus nombreux qu'on retrouve dans les sites de leurs habitations. Petites en général, magnifiquement conçues et exécutées sur os ou ivoire, elles représentent des animaux pour la plupart, mais bon nombre ont des attributs humains ou représentent des humains.

Ces petites sculptures délicates étaient-elles des amulettes ? Avaient-elles une signification religieuse ? Devaient-elles tout simplement leur existence à l'exubérance artistique et à la joie de vivre ? Certaines étaient-elles des portraits de gens qui ont vraiment existé ? Dès 1951, Henry Collins, l'un des archéologues les plus expérimentés parmi ceux qui, sitôt après la guerre, se mirent à l'œuvre dans l'est de l'Arctique, remarqua que « les sculptures sur os des Dorsétiens » semblaient représenter deux types de visages humains différents : l'un était large avec des yeux obliques, un nez court et épaté ; l'autre étroit et allongé, avec un long nez[3].

Les hommes des clans de traite durent rencontrer les Tunits sitôt après leur découverte des territoires du haut Arctique. Comment les deux peuples réagirent-ils ? Il semble que ni l'un ni l'autre n'ait été d'un naturel belliqueux et que tous deux menaient essentiellement le même genre de vie – facteurs qui favorisèrent sans doute l'entente mutuelle. On ne peut imaginer que les Albains aient eu intérêt à éveiller l'hostilité des Tunits ou à tenter de les chasser. Au contraire, ils avaient tout avantage à établir et à maintenir de bonnes relations avec les indigènes, non seulement pour assurer leur propre sécurité mais aussi parce que les Tunits détenaient de vastes connaissances sur le pays – savoir inestimable aux yeux des nouveaux venus.

Les bonnes relations avantagent en général les deux parties. Les Tunits ont pu profiter du savoir-faire et des connaissances techniques des Albains, par exemple en ce qui concernait la construction des bateaux et la navigation.

Il y avait aussi la question du commerce. Les métaux utiles, notamment le cuivre et le fer, étaient rares à l'extrême à l'époque des premiers Tunits. Les hommes des clans de traite n'en possédaient probablement pas en excédent eux non plus, mais sans doute pouvaient-ils garder *un peu* de fer et de cuivre comme objets d'échange. L'absence de métaux de provenance européenne attestée dans les sites tunits ne prouve pas, comme certains archéologues l'ont insinué, que ces métaux n'y furent jamais présents. Les Tunits en possession de lames de couteaux, de fers de lances ou d'autres objets de métal en prenaient sans doute grand soin et les gardaient précieusement de génération en génération jusqu'au jour où ils devenaient complètement hors d'usage. Et on imagine sans peine l'intensité des recherches qui auraient suivi si par malheur un outil de métal avait été égaré ou perdu. Or, si les propriétaires de l'objet furent incapables de le retrouver, quelle est la probabilité qu'un archéologue mette la main dessus ? Surtout que, comme nous le savons, les sites tunits ont été fouillés à fond par leurs successeurs, les Thuléens et les Inuits, qui cherchaient partout du métal [4].

Bien qu'aucun Tunit ou aucun Albain vivant ne puisse plus témoigner des bonnes (ou mauvaises) relations entre les deux peuples, on n'a relevé aucune trace de conflit entre eux et il existe bel et bien des preuves convaincantes de leur coexistence. Tous les sites arctiques occupés assez longtemps par des hommes en quête de marchandises de traite sont jonchés d'un fouillis de débris laissés par les Tunits. La datation par le carbone 14 et par d'autres techniques, appliquée à ce matériel, a établi que certains sites occupés par les hommes des clans de traite, à tout le moins, ont dû être occupés en même temps par les Tunits.

À mon avis, il était prévisible que Tunits et Albains allaient se mêler à fond. On peut supposer que, comme ce fut le cas à l'époque historique lorsqu'un grand nombre d'immigrants européens prirent des épouses indiennes et inuits, les hommes des clans de traite albains firent de même avec les femmes tunits.

Tom Lee m'écrivit en 1971 et exprima son opinion sur cette question.

> À l'époque, il y avait un certain nombre de Dorsétiens aux environs et les maisons longues les attiraient comme des aimants. Si les Dor-

sétiens avaient été hostiles, les bâtisseurs des maisons longues auraient certainement été tués ou chassés. Je pense que nous pouvons supposer que ces Européens s'entendaient au moins aussi bien avec les autochtones que les Européens qui séjournèrent partout dans l'Arctique aux époques ultérieures. Et peut-être s'entendaient-ils mieux car ils étaient beaucoup plus proches par les affinités culturelles et le mode de vie.

CHAPITRE XVII

LES TERRITOIRES DE L'OUEST

Dans le haut Arctique, le mois d'août était déjà bien avancé quand le navire appelé Hauturier *quitta le poste de son clan au bassin de Kane. Lourdement chargé de goudron de phoque, de peaux de morse, de tonnelets d'ivoire, de peaux d'ours blanc et de fourrures laineuses de bœuf musqué, le vaisseau prit le chemin du retour après une absence de plus d'un an.*

À bord, on était impatient car la route était longue jusqu'au fjord des Cygnes. Le vaisseau cinglait rapidement vers le sud le long de la côte occidentale du Groenland et, lorsque l'île Disko parut à l'horizon, le patron décida de ne pas emprunter la passe abritée du côté des terres. Pour couper au plus court, il continua à longer le rivage escarpé exposé au large. Il agit ainsi, quoique sachant que le beau temps ne pouvait plus durer très longtemps. L'appel du port était irrésistible.

Le Hauturier *n'était pas à mi-chemin le long des falaises menaçantes de la côte ouest de l'île Disko quand des nuages en queues de jument se mirent à envahir le dôme bleu du ciel, signe certain de mauvais temps. La brise, jusque-là légère et soufflant du nord-ouest, commença à forcir et à virer au nord-est. Les queues de jument s'estompèrent et un assombrissement de mauvais augure s'empara peu à peu du ciel. La main du timonier se crispa sur la barre. L'homme était un vieux loup de mer. Il connaissait les signes.*

Le patron savait lui aussi. Un grain de nordet se préparait. « Viens sur bâbord, ordonna-t-il. Et tiens bon, mon gars ! On va trouver un abri au sud de l'île avant que le vrai vent du diable se mette à souffler ! »

À mesure que la proue du vaisseau venait au vent, l'équipage bordait la grand-voile. Le Hauturier *gîtait fortement sur tribord, l'espar de louvoyage débordant le plat-bord. Alors, avant qu'aucun homme ait pu mollir l'écoute de la grand-voile, une rafale d'une brutalité inouïe s'abattit du haut des falaises de l'île Disko et assena au vaisseau une telle claque qu'il embarqua de l'eau du bord sous le vent. Deux hommes, couteaux tirés, s'élancèrent pour trancher l'écoute. Avant qu'ils aient pu l'atteindre, le* Hauturier *réagit de manière à ne pas chavirer. Avec un craquement sec, le mât se rompit et tomba à la mer en emportant voile, vergue et gréement.*

Le temps que les hommes parvinssent à hisser tout le gréement entremêlé à bord, le nordet avait fondu sur eux et fouettait la surface de la mer gonflée, griffée d'écume, chassant bon gré mal gré le navire démâté vers le sud-ouest dans la baie de Baffin.

Trempés jusqu'aux os, blottis les uns contre les autres, les hommes s'abritaient où ils pouvaient… quand ils n'étaient pas en train d'écoper. Le patron restait au gouvernail. Penché, cramponné à la barre, il réprimait le besoin urgent de regarder, par-dessus son épaule, les énormes lames griffues qui montaient en poupe. Chacune d'elles était assez grosse pour engloutir son navire.

Le nordet fit rage trois jours durant et, pendant trois jours, le Hauturier *impuissant courut avec ce vent en poupe. Au quatrième jour, la tempête se calma peu à peu.*

À mesure que la mer encore grosse allait s'apaisant, on parvenait à distinguer sur tribord, à travers les embruns chassés par le vent, une série déroutante de sommets couronnés de glaciers. Les nuages s'enfuirent, le soleil perça et les gens du Hauturier *purent contempler des glaciers imposants, aussi majestueux que ceux de Crona. Sortant les avirons, les hommes se mirent à ramer vers cette terre inconnue, à la recherche d'une anse abritée où le* Hauturier *pourrait mouiller tandis qu'on réparerait les avaries infligées par la tempête. Alors qu'ils se rapprochaient de la côte, ils se découvrirent observés avec une indifférence imperturbable par un troupeau de vaches marines.*

Ils tirèrent le Hauturier *au sec sur une étroite plage de gravier entre deux promontoires protecteurs. Pendant que les femmes préparaient le premier repas convenable depuis une semaine, les hommes se hâtaient de réparer le mât en jumelant les deux tronçons brisés avec des lanières de cuir brut trempées dans l'eau. En séchant, le cuir mouillé rétrécit jusqu'à devenir dur comme fer, ou presque. On étanchéifia le joint à l'aide de goudron de phoque.*

Gréé de nouveau, le navire fut bientôt prêt à poursuivre son voyage. Il n'y avait aucun doute sur la direction à prendre. Crona devait se trouver droit à l'est ; en fait, la grande île s'avéra plus proche qu'on ne l'aurait cru. Une demi-journée de navigation après avoir noyé en poupe les montagnes de la terre nouvelle, la vigie aperçut au loin le scintillement de la calotte glaciaire de Sukkertoppen.

Le Hauturier *avait regagné le monde connu. Son voyage de retour au fjord des Cygnes ne fut ensuite que routine – ou du moins fut aussi routinier que possible pour un voyage en ces hautes latitudes.*

QUE LA PREMIÈRE APPROCHE se soit passée ainsi ou autrement, il reste que la découverte de la terre de Baffin était sans doute inévitable peu après l'arrivée de voyageurs européens sur la côte occidentale du Groenland. Malgré la largeur du détroit de Davis, qui atteint quelque 370 kilomètres, les massifs glaciaires et montagneux des rives opposées sont si élevés (2 500 mètres pour la calotte glaciaire de Sukkertoppen et 2 100 mètres de l'autre côté pour la péninsule du cap Dyer) que, par temps clair, les reflets des sommets sont parfois tous deux visibles au milieu du détroit. Quoi qu'il en soit, un vaisseau qui effectue la traversée entre ces deux points peut ne perdre la terre de vue que l'espace d'une demi-journée.

Au début, la découverte ne semble pas avoir produit grand effet sur les hommes en quête de marchandises de traite. Une terre nouvelle à l'ouest, c'était pour eux une inconnue, alors qu'ils connaissaient assez bien le haut Arctique désormais, et que l'endroit leur paraissait extrêmement avantageux. Le Grand Nord allait continuer à accaparer les hommes qui vivaient de la traite pendant un demi-siècle encore.

Puis ils l'abandonnèrent de façon plutôt soudaine.

Plusieurs facteurs semblent avoir déterminé ce brusque départ. L'un d'eux fut peut-être une brève mais spectaculaire détérioration du climat qui s'amorça vers la fin du VIIIe siècle et rétablit temporairement la dominance saisonnière du pack arctique [1].

Un autre facteur fut certainement l'apparition sur les marchés européens d'un nouveau produit : un distillat obtenu à partir des souches et des racines de pin, de sapin et de mélèze. Cette substance, bientôt connue sous le nom de goudron de Norvège, commença à remplacer le goudron de phoque pour maints usages maritimes. Ce dernier perdit par conséquent de la valeur et, dès le IXe siècle, on perdait sa peine à le transporter depuis le haut Arctique jusqu'aux marchés européens.

Une autre raison qui justifie l'abandon du Grand Nord fut peut-être la découverte d'un territoire de chasse au morse tout aussi riche sur la rive occidentale de la baie de Baffin.

En fait, les morses étaient si abondants aux abords de la péninsule de Cumberland – la portion de la terre de Baffin la plus proche du Groenland – que, vers la fin du XIXe siècle, un poste baleinier écossais y tuait encore plus de 4 000 vaches marines chaque année, à titre d'*acti-*

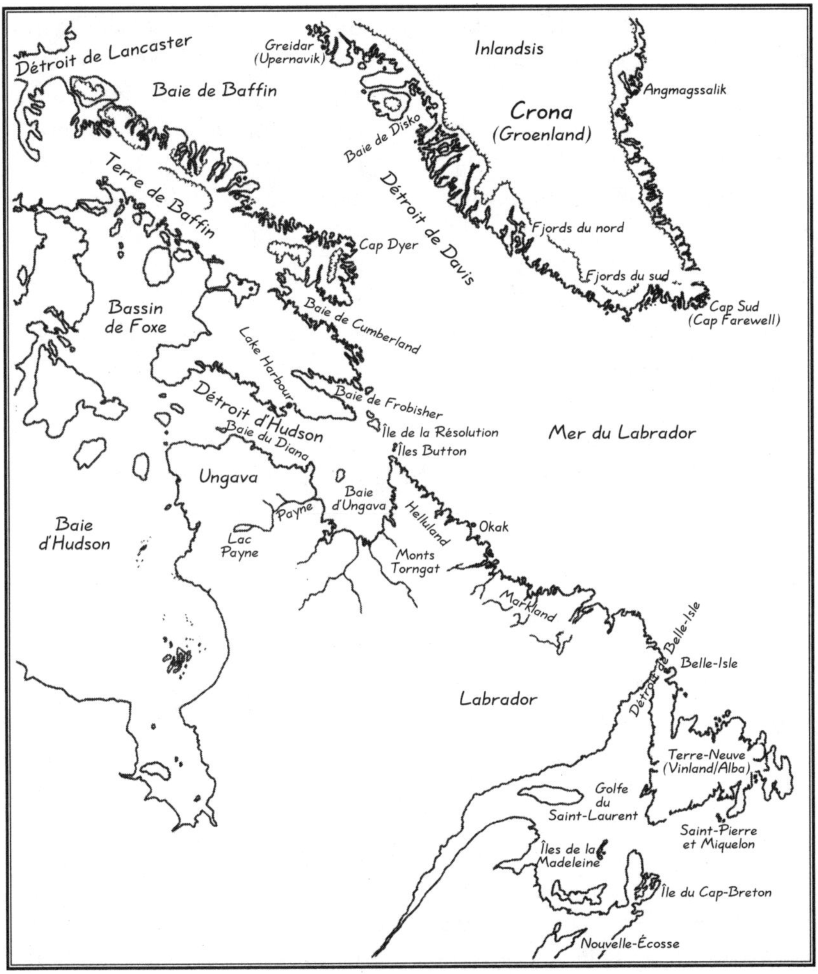

Carte de l'Arctique canadien.

vité secondaire venant après l'industrie baleinière. Même dans les années 1920, des fonctionnaires canadiens pouvaient encore écrire dans leurs rapports que « les plus grandes échouries de l'est de l'Arctique » se trouvaient dans cette région.

Et, outre sa richesse en morses, la côte de la terre de Baffin avait l'avantage de se trouver plus près de Tilli et des débouchés européens que les territoires de chasse du haut Arctique – par 1 600 kilomètres.

Vers 800, il semble qu'on ait commencé à délaisser le haut Arctique en faveur des terres et des eaux nouvelles de l'ouest. Avant la fin du IXe siècle, les hommes en quête de marchandises de traite, dans leur enthousiasme, avaient probablement exploré presque toute l'immense région qui allait constituer un jour leurs territoires de chasse de l'ouest.

Comme toujours, les hommes qui vivaient de la traite s'intéressaient avant tout aux vaches marines. Ces mammifères abondaient le long des côtes de la terre de Baffin, depuis la baie de Cumberland jusqu'au détroit d'Hudson; ils foisonnaient dans le détroit lui-même ainsi que dans les eaux adjacentes. De vastes troupeaux de morses fréquentaient également le bassin de Foxe et les îles du nord de la baie d'Hudson. Toutes ces régions allaient être exploitées un jour mais le secteur qui retint davantage les hommes en quête de marchandises de traite fut, semble-t-il, le nord-ouest de la baie d'Ungava.

Parmi les 45 fondations de maisons coiffées de bateaux signalées jusqu'ici au Canada dans les régions arctiques et subarctiques, 15 sont situées sur les rives de la baie d'Ungava ou aux environs.

Or, ces fondations ne sont pas les seules ruines impressionnantes de la région. On a trouvé, associées à ces fondations, une quarantaine de colonnes de pierre remarquables.

Les cairns abondent d'un bout à l'autre de l'Arctique. Pour la plupart, ils sont l'œuvre des peuples esquimaux, qui les appellent *inukshuk*, c'est-à-dire « semblants d'hommes ». Les *inukshuk* sont en général asymétriques, mesurent moins de 1,5 mètre et sont faits de gros blocs de rocher placés en équilibre les uns sur les autres. Destinés avant tout à baliser des itinéraires dans des paysages ensevelis sous la neige, ils servent aussi, accessoirement, à donner le sentiment d'une présence humaine dans un monde voué par ailleurs à la désolation de l'hiver.

Une deuxième catégorie de cairns comprend ceux qu'érigèrent les explorateurs, les navigateurs, les arpenteurs-géomètres et les gens affligés de la manie des graffitis. Ces repères se présentent sous des formes et des tailles diverses mais, en général, sont constitués d'empilades de pierres plus ou moins coniques. Ils trahissent leur origine relativement récente par la faible quantité de lichens qui y poussent.

Les cairns ou plus exactement les balises qui nous intéressent ici se présentent sous deux formes distinctes. La première est une stèle à la manière des menhirs ou pierres levées du néolithique, qu'on trouve dans tout le nord-ouest de l'Europe et qui sont particulièrement nombreux et remarquables dans les îles du nord et de l'ouest de la Grande-Bretagne. Bien que les stèles soient plutôt rares dans l'Arctique canadien, on en trouve plusieurs dans les territoires de chasse de l'ouest.

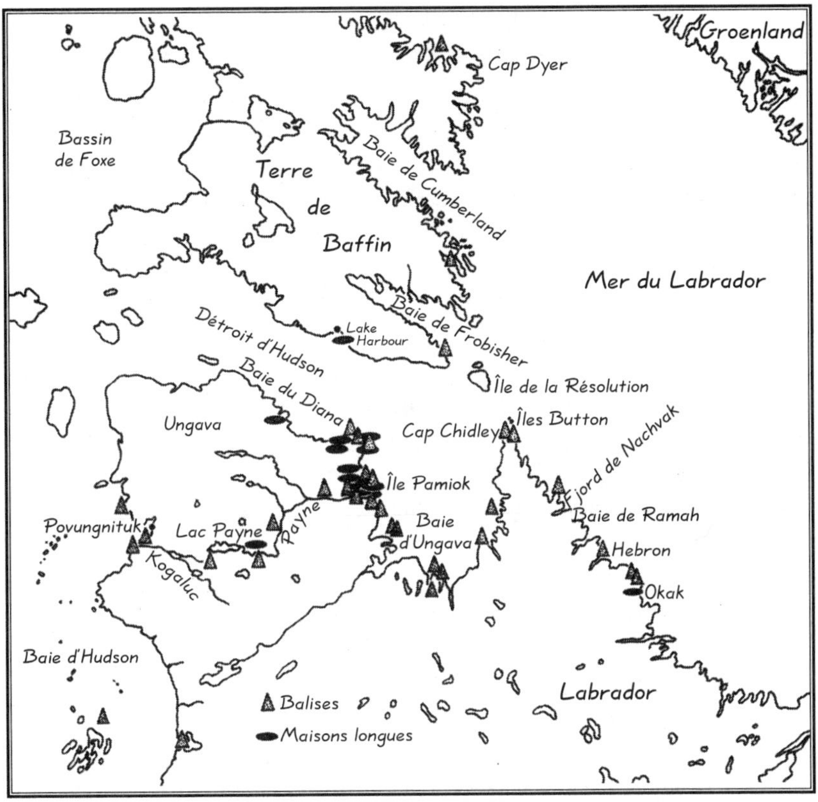

Répartition des balises et des ruines de maisons longues.
Les balises signalaient, semble-t-il, les établissements albains.
Les ruines des maisons longues constituent les vestiges
des fondations de maisons coiffées de bateaux.

La seconde forme de cairn est la tour balise. Il s'agit d'une construction symétrique, en général cylindrique (quoique parfois légèrement conique), dont les assises extérieures, sans mortier, sont faites de pierres choisies, placées, aboutées avec tant de soin que le résultat ferait honneur aux maîtres maçons de tous les pays et de toutes les époques. La plupart du temps, l'intérieur de la tour est un remplissage de pierraille. Les balises mesurent de 2 à 4,5 mètres de hauteur environ (à moins d'avoir été tronquées par des vandales), et leur diamètre varie de 1,2 à 1,8 mètre. Massives, quasi indestructibles sauf à y mettre la main, les tours balises dominent les lieux environnants.

On trouve également des tours balises de ce genre dans les îles du nord et de l'ouest de la Grande-Bretagne, en Islande, dans l'ouest du

Groenland, dans l'est du haut Arctique canadien, sur la côte atlantique du Labrador et à Terre-Neuve. Elles sont parfois isolées mais se présentent fréquemment par paires ou même par groupes de trois. Un certain nombre ont été démolies par des chercheurs de « trésors » qui espéraient trouver des messages ou des objets à l'intérieur. J'en connais trois qu'on a détruites ainsi depuis 1960. À ce qu'il semble, on n'y a trouvé aucun objet digne d'intérêt et, d'ailleurs, je suis convaincu que les tours balises ne *contenaient* aucun message. Elles *étaient* le message, parlant d'autorité aux gens qui les avaient construites, et nous parlant d'eux en même temps.

L'un des groupes de tours balises les plus remarquables, parmi ceux qui ont survécu, se dresse au sommet de l'île Ivik, à quelques kilomètres au sud de la rivière Payne. Je n'ai vu l'endroit que du haut des airs mais, en 1968, Tom Lee visita les lieux et rédigea le compte rendu suivant ; le récit commence au moment où Lee et Zachariazi, arrivant du sud en canot, se rapprochent de la baie de Payne.

> En traversant la baie Brochant nous avons décidé de nous arrêter à l'île Ivik [...]. En débarquant nous avons bien vu qu'il y avait trois constructions de pierre formant un groupe serré à un kilomètre et demi environ dans les terres [...]. Tout le temps que nous montions vers les balises – car c'est de cela qu'il s'agissait –, la courbe du flanc de la colline nous les cachait. En débouchant au sommet nous nous sommes retrouvés devant un spectacle des plus impressionnants : la plus grosse balise connue à ce jour dans la région de la baie d'Ungava, flanquée de deux constructions plus petites. Elles n'étaient qu'à quelques mètres les unes des autres, sans être alignées.
>
> La plus grosse des trois mesure environ quatre mètres et se signale en outre par sa forme, qui est sûrement voulue. Comme les autres balises qu'on voit à différents endroits en remontant la côte [...] elle est circulaire et sa base est cylindrique [...] mais, à un mètre du sol, où le diamètre est d'environ 1,5 mètre, elle s'élargit et atteint, à 1,8 mètre de hauteur, un diamètre d'environ 1,8 mètre. Elle se rétrécit ensuite à environ 1,2 mètre de diamètre, continue en cylindre et est couronnée d'une grosse pierre isolée [...]. Des lichens noirs recouvrent en partie la surface externe, mais sans remplir les interstices entre les pierres.
>
> La deuxième en grosseur mesure environ 2,4 mètres [...] fait à peu près un mètre de diamètre et se rétrécit à 60 centimètres au sommet [...]. La balise la plus petite, qui fait à peine 1,4 mètre, a peut-

être été laissée inachevée. Bien qu'une dizaine de grosses pierres en soient tombées [...] son diamètre est d'environ 1,35 mètre[2].

Au fil des ans, j'ai moi-même vu un certain nombre de ces remarquables structures dans l'Arctique canadien, sur la côte du Labrador – et à quelque 4 000 kilomètres plus à l'est, où Alistair Goodlad m'apprit la chose suivante : « Partout aux Shetland, on trouve ces grosses balises-là. Les pêcheurs s'en servent encore comme amers pour se rappeler l'endroit où ils ont installé leurs engins ; mais Dieu sait quand on les a construites, et qui les a construites, et pourquoi. »

Les colonnes de l'île Ivik ne sont qu'un maillon de la chaîne de tours qui garnit tout le pourtour de la baie d'Ungava. Une autre série s'enfonce vers l'ouest depuis la baie de Payne en suivant les rivières Payne et Kogaluc et en traversant la péninsule d'Ungava jusqu'aux rives de la baie d'Hudson. Une autre série s'étend vers le sud le long des côtes du Labrador et de Terre-Neuve. On a également trouvé des tours balises près du bassin de Kane, près du détroit de Jones et ailleurs dans les territoires du haut Arctique où chassaient jadis les hommes des clans de traite.

Nous ne saurons peut-être jamais les différentes fonctions que remplissaient les stèles et les tours balises. Il se peut que certaines aient été érigées pour guider les marins. La plupart, semble-t-il, transmettent un message, comme *Nous sommes ici* ou *Cet endroit appartient à Untel*, ou encore *Vous pouvez nous trouver au nord/au sud/à l'est/à l'ouest de cette/ces colonne(s)*. Mais, fait certain, les tours ne furent pas érigées à titre de simple passe-temps.

Qui les a construites ? Les Inuits modernes affirment que leurs ancêtres et eux-mêmes n'ont rien à voir avec ces constructions monumentales. On ne peut comprendre à quoi elles auraient servi dans le cadre des cultures inuits, dorsétiennes ou thuléennes. En tout cas, les tours (comme les fondations des maisons coiffées de bateaux) ne se trouvent presque jamais dans la partie ouest des territoires occupés par ces trois peuples. Elles font partie des paysages côtiers de l'est de l'Arctique et de l'Atlantique Nord.

Comme l'attestent les antiques lichens qui les garnissent, les colonnes sont beaucoup trop anciennes pour avoir été construites aux temps historiques. Je suis persuadé qu'elles furent bâties par ceux-là même qui édifièrent les fondations des maisons coiffées de bateaux, auxquelles nombre de tours balises et de stèles sont étroitement associées.

Selon Jimmy Ford, qui s'adonna longtemps à la traite dans l'Ungava pour le compte de la Compagnie de la Baie d'Hudson, les

La plus grande des trois tours balises couvertes de lichens, à l'île Ivik, près de l'embouchure de la rivière Payne.

Inuits de cette région croient que les balises furent construites par « des étrangers blancs qui arrivèrent dans l'Ungava par bateau très, très longtemps avant nous ».

On peut présumer que les hommes des clans de traite exploitèrent d'abord les territoires de chasse de l'ouest depuis leurs ports d'attache à Tilli et, comme les deux endroits étaient fort éloignés l'un de l'autre, qu'ils passaient l'hiver à l'ouest. La répartition des fondations coiffées de bateaux dans les nouveaux territoires est semblable à celle du haut Arctique, où dix fondations sont concentrées dans un rayon de 80 kilomètres autour du cap Herschel sur les rives du détroit de Smith (alors que les sept autres sont largement dispersées au sud et à l'ouest). Dans les territoires de l'ouest, on trouve 15 fondations concentrées sur 130 kilomètres de côte, entre la baie de Payne et la baie du Diana, les autres étant éparpillées au sud et à l'ouest, sauf une située non loin de là sur la rive nord du détroit d'Hudson.

Tant dans le haut Arctique que dans les territoires de l'ouest, la plupart des hommes en quête de marchandises de traite concentraient leurs efforts sur certains lieux de prédilection, en laissant quelques originaux s'établir dans des avant-postes plus éloignés. Le cœur des territoires du haut Arctique se trouvait dans la partie sud du bassin de Kane, et notamment dans la baie de Buchanan. Le cœur des territoires de l'ouest se trouvait dans l'Ungava, et plus particulièrement dans la baie du Diana.

Le IXe siècle fut une époque d'expansion et de prospérité à l'ouest. Alors que le siècle tirait à sa fin, les gens de Tilli, de Crona et des territoires de l'ouest jouissaient d'une vie paisible et féconde… inconscients du fléau qui allait les menacer de nouveau depuis l'est.

CHAPITRE XVIII

LES EXPÉDITIONS VIKINGS

Les dernières décennies du VIIIe siècle virent les Vikings s'adonner avec ardeur à la dévastation de la Grande-Bretagne proprement dite, mais Tilli restait un refuge sûr qui attirait un flot constant de réfugiés. Parmi ceux-ci se trouvaient sans doute des insulaires en provenance des îles les plus méridionales, telle Islay, ainsi que quelques rares habitants de l'Écosse continentale, voire même de l'Irlande. Tous ceux qui fuyaient les Fils de la mort, qu'ils fussent celtes ou albains, étaient assurément les bienvenus à Tilli.

Certains parvenaient à l'ouest à bord de leurs propres vaisseaux à bordages de bois ou à revêtement de peaux. D'autres arrivaient comme passagers à bord de navires marchands qui assuraient les liaisons commerciales entre Tilli et les îles Britanniques.

L'existence de ce commerce maritime est confirmée par les sources scandinaves elles-mêmes. Dans le prologue du *Landnámabók* (*Le livre de la colonisation*), qui fut écrit au début du XIIe siècle, vraisemblablement par Ari Thorgilsson, le premier historien de l'Islande, on nous apprend que :

> Dans la chronologie des temps anciens rédigée par Bède le Vénérable, il est fait mention de l'île qu'on appelle Tili et qui, selon les auteurs, se trouverait à six jours de navigation au nord de la Bretagne. Là-bas, selon Bède, le jour ne se lève point en hiver et la nuit ne tombe point en été lors des jours les plus longs […]. Or, Bède le Prêtre mourut sept cent trente-cinq ans après l'Incarnation de Notre-Seigneur, si l'on en croit les chroniques, et plus de cent ans avant que l'Islande fût peuplée par les Normands. Mais avant que l'Islande fût peuplée depuis la Norvège, des gens que les Normands appelaient papar y

> vivaient ; c'étaient des chrétiens et on soutient qu'ils étaient venus de l'ouest en franchissant la mer [...] et on mentionne dans les chroniques anglaises qu'à cette époque on voyageait par mer entre ces deux pays [la Grande-Bretagne et l'Islande].

Bède lui-même nous apprend dans son *De temporum ratione* qu'il tenait ses informations concernant Tilli « de certains hommes de notre propre époque qui reviennent de ces pays » – informations dont il déduisit que des voyageurs avaient accompli la circumnavigation de l'île.

On trouve également confirmation de traversées effectuées entre Tilli et la Grande-Bretagne dans le *De mensura orbis terræ* écrit vers 820 par un moine nommé Dicuil.

> Il y a trente ans, certains moines qui avaient séjourné dans cette île [Thulé] des calendes de février aux calendes d'août me racontèrent que c'était non seulement au solstice d'été mais aussi lors des journées précédentes et suivantes que le soleil couchant ne disparaissait pas [...] de sorte qu'il n'y a point de nuit même brève et qu'un homme peut s'activer tout à son aise et même chercher des poux dans ses robes, tout comme en plein soleil [...]. Ils font erreur, ceux qui ont écrit que la mer autour de Thulé est gelée [...] car, voyageant à l'époque de l'année où elle est naturellement la plus froide, ils atteignirent cette île et y séjournèrent [...] mais ils trouvèrent en effet la mer gelée à une journée de navigation plus au nord.

Les colons qui débarquèrent à Tilli au IXe siècle y trouvèrent sans doute la vie moins facile qu'au siècle précédent car ils durent s'accommoder d'un climat rigoureux – celui-là même qui contribua probablement à l'abandon des territoires du haut Arctique par les Albains. Dans la première moitié du siècle, les immigrants subirent un froid intense et de fortes précipitations. Cependant, des conditions analogues prévalaient alors dans tout le nord-ouest de l'Europe ; par conséquent, même si la vie d'un fermier pouvait s'avérer difficile à Tilli, l'île continuait à offrir de meilleures perspectives d'avenir que les terres européennes dont les Normands étaient en train de s'emparer.

Les Scandinaves avaient sans doute une certaine connaissance de ce qui se passait à Tilli, mais durant presque tout le IXe siècle ils s'intéressèrent aux proies riches et faciles que leur livrait le pillage des îles Britanniques et du continent.

En 807, ils tenaient une enclave dans l'ouest de l'Irlande et, en 836, ils avaient transformé Dublin en un important marché d'esclaves. Pendant les premières décennies du IXe siècle, ils s'emparèrent de la quasi-totalité du Caithness, d'une grande partie des côtes occidentales de l'Écosse jusqu'à l'île de Man et au delà. En 839, ils massacrèrent l'élite des troupes continentales de l'Alba lors d'une bataille qui affaiblit tant l'ancien royaume qu'il tomba ensuite en l'espace de trente ans aux mains des Scots de Dalriada. Avant la seconde moitié du siècle, la seule opposition que rencontrèrent les Scandinaves dans le nord de la Grande-Bretagne provenait de la guérilla et des incursions danoises qui empiétaient sur leurs nouveaux territoires; les résultats furent remarquablement sanglants pour les deux parties tout comme pour les malheureuses populations indigènes.

Les armées nombreuses et les flottes puissantes devinrent à l'ordre du jour; les Scandinaves s'abattirent sur la Grande-Bretagne continentale et sur les côtes occidentales de l'Europe. L'époque où le moindre chef entreprenant pouvait monter des expéditions vikings pour son propre compte tirait à sa fin. Les rois des mers danois et norvégiens qui dominaient désormais le métier manifestaient une antipathie meurtrière à l'endroit des pirates indépendants. En outre, la plupart des établissements isolés des îles Britanniques ayant déjà été pillés, les terres étaient occupées par des colons nordiques qui n'auraient guère apprécié d'être les victimes de ces pirates, fussent-ils leurs propres compatriotes. Avant le milieu du siècle, ces hors-la-loi parmi les hors-la-loi furent repoussés à la périphérie du monde dominé par les Scandinaves et forcés de gîter dans des retraites inhospitalières et d'accès difficile. La série de pics rocheux et oppressants des îles Féroé devint sans aucun doute l'un de ces repaires de bandits.

Avant cette époque, il n'existait presque aucun document contemporain relatant ce qui se passait, mais dès lors beaucoup d'événements qui font la lumière sur l'histoire scandinave furent consignés dans des chroniques confiées au parchemin et conservées par des clercs islandais qui vécurent pour la plupart aux XIe et XIIe siècles[1].

Les récits suivants sont tirés en grande partie du *Landnámabók* et de l'*Íslendingabók* (*Le livre des Islandais*).

NADDOD

Aux alentours de 850, un Viking fils de Viking répondant au nom de Naddod se rendit aux îles Féroé. Le *Landnámabók* le décrit en termes succincts mais francs: «Quant à Naddod, beau-frère d'Ölvir Barnarkarl, c'était un Viking notoire. Il s'établit aux îles Féroé parce qu'il n'était le bienvenu nulle part.»

Ölvir Barnarkarl était lui-même un Viking notoire, quoique plutôt dénué, semble-t-il, de la véritable frénésie des combattants nordiques puisque, comme nous l'apprend le *Landnámabók*, «il ne permettait pas à ses hommes d'embrocher des enfants sur la pointe de leurs lances selon la coutume des Vikings de l'époque».

Ce divertissement se pratiquait au sein d'un groupe de guerriers armés de lances qui formaient un cercle autour de l'un des leurs, lequel lançait alors un bébé en l'air. Le but du jeu était d'attraper le nourrisson sur la pointe de sa lance pour le projeter de l'autre côté du cercle où il était empalé sur la lance d'un autre joueur. Ces nourrissons étaient les rejetons de captives qui, si elles survivaient aux viols collectifs, pouvaient être vendues comme esclaves sans être encombrées de jeunes enfants encore au sein.

On n'avait aucune occasion de se livrer à ce genre d'amusement aux îles Féroé; aussi, après quelque temps, les hommes de Naddod se lassèrent du vent qui hurlait, du brouillard qui rôdait, des sommets qui en imposaient, des ragoûts qui goûtaient l'oiseau de mer et de la compagnie hargneuse de leurs camarades guerriers. Il n'y avait qu'un remède: entreprendre une expédition viking.

La question qui préoccupait Naddod était de choisir où exercer son métier de Viking sans trop risquer d'avoir le crâne fendu ou de recevoir une flèche dans le ventre. Il semble avoir été le premier Viking à décider de tenter sa chance à Tilli.

Que croyait-il gagner? Tilli ne s'enorgueillissait d'aucun château richement garni, d'aucun comptoir commercial; toutefois, les églises de l'île possédaient sans doute quelques trésors. Tilli produisait certes des richesses sous forme de marchandises de traite arctiques, mais les Vikings pouvaient rarement mettre la main sur pareil butin car les navires albains, s'ils ne pouvaient vaincre les *knorrin* scandinaves au combat, pouvaient en général les battre de vitesse.

Pourtant, Tilli offrait bel et bien *un* attrait majeur. L'île abritait quantité d'hommes forts et vigoureux – des Vestmenn («Hommes de l'ouest»), comme les Scandinaves appelaient les indigènes du nord de la Grande-Bretagne, de l'Irlande et des îles. Or, les Hommes de l'ouest commandaient d'excellents prix sur les marchés d'esclaves du continent.

Tilli ne devait guère constituer une cible facile. Par suite des horribles expériences vécues aux mains des Scandinaves en Grande-

Bretagne, les habitants de l'île de l'Ouest étaient certainement préparés et disposés à mener la vie très dure à tout Viking qui passerait à leur portée. Un Normand tombant entre leurs mains pouvait s'attendre à recevoir son petit lopin de terre : de six pieds sur deux... si tant est que son corps n'était pas exposé au soleil et à la pluie pour servir de pâture aux corbeaux et aux aigles de mer.

Néanmoins, par un jour de printemps, Naddod appareilla pour Tilli avec sa troupe de 20 ou 30 desperados – de « joyeux guerriers », comme les appela sardoniquement l'écrivain islandais Halldór Laxness.

Ils naviguèrent probablement droit vers l'ouest pour arriver en vue de terre au cap habituel (Horn) sur la côte sud-est de Tilli. Mais par la suite, plutôt que de longer ce littoral, Naddod fit voile vers le nord en suivant la côte est jusqu'à Reydarfjördur – lieu qui porte encore ce nom.

Le *Landnámabók* rapporte que Naddod et ses hommes gravirent alors « une haute montagne ; parvenus au sommet, ils regardèrent partout aux alentours, à la recherche de fumée ou de traces indiquant que cette terre était habitée, mais ils ne virent rien de tel ».

Le fait que Naddod n'ait trouvé personne à Reydarfjördur est interprété par de nombreux historiens comme la preuve que l'île était alors inhabitée. Toutefois, étant donné le comportement ultérieur de Naddod et des Vikings qui le suivirent, j'estime que, loin d'essayer de trouver un endroit habité, Naddod tentait délibérément de repérer un coin désert dans un paysage parsemé d'habitations.

Du fait qu'un *knorr* n'est pas un navire assez spacieux pour servir très longtemps de base flottante, les Vikings qui désiraient razzier une côte étrangère avaient besoin d'un gîte où abriter équipage et navire aux moments difficiles. C'était une pratique répandue, et un vétéran comme Naddod y adhérait sans aucun doute.

Il accosta peut-être au pied du promontoire escarpé de Reydarfjell et, après une reconnaissance prudente qui confirma l'absence d'habitations aux environs, il établit sa base d'opération sur l'une des trois petites îles situées près de l'entrée du fjord : Andey, Skrudur ou Seley – admirablement faciles à défendre (mais sans attrait pour des éleveurs).

Les sagas ne nous disent pas ce que firent Naddod et ses braves jusqu'à la fin de l'été, mais nous savons à coup sûr qu'ils ne s'adonnèrent pas au tourisme. Je me représente le *knorr* effectuant des sorties subreptices couronnées par des raids rapides contre les fermes albaines au cœur des vallées creusées par les fjords – raids qui se terminaient par des retraites non moins rapides, avant que les habitants de la région pussent se rallier et contre-attaquer.

Après avoir raflé quelques esclaves, du bétail et tout autre butin à leur portée, les hommes de Naddod se hâtaient sans doute de réintégrer leur repaire pour attendre que s'apaise l'émoi suscité par leur raid.

Avec assez de vaches et de moutons volés pour se farcir l'estomac, avec une cargaison de captifs albains dont on pouvait s'amuser, l'attente devait paraître assez agréable aux yeux des Vikings.

Le *Landnámabók* rapporte simplement que « par la suite, en automne, ils repartirent pour les îles Féroé et, alors qu'ils appareillaient [de Tilli], il tomba beaucoup de neige, si bien qu'ils appelèrent ce pays Snaeland. Ils en firent grand éloge. »

Leur éloge de cette Terre de neige ne concernait certes pas son climat ; vraisemblablement, ce qu'on louait ainsi, c'était la moisson que pouvaient y récolter des Vikings entreprenants.

Les habitants de Tilli ne nous ont laissé aucun récit de leur réaction au séjour de Naddod, mais la visite du Viking jeta forcément un voile d'appréhension sur eux tous.

Nous pouvons être sûrs que des mesures défensives furent prises. Les habitants des fermes isolées se retirèrent peut-être en des lieux plus faciles à défendre. Peut-être construisit-on des postes de guet et de signalisation sur les hauteurs et les caps bien visibles ; peut-être transforma-t-on les armes de chasse pour en faire usage contre les humains et peut-être forgea-t-on des armes de guerre. Les Albains de Tilli n'étaient sans doute guère enclins à céder facilement à ce nouvel assaut des écumeurs qui les avaient chassés de leur ancienne patrie.

GARDAR

Le deuxième Scandinave à atteindre Tilli, selon les sagas, était un Viking appelé Gardar Svávarson. Il partit des Hébrides « sous la conduite de sa mère, qui avait le don de prophétie ». Je crois que nous pouvons supposer, sans risque d'erreur, que Gardar ou sa mère avaient flairé le riche butin dans le vent d'ouest à la suite du voyage de Naddod ou d'un autre Viking.

Gardar, qui de toute évidence savait où il allait et connaissait la route à suivre, atteignit l'île près du Horn, où « il y avait un port ». Rien ne permet de penser qu'il tenta de pénétrer dans ce havre. On nous apprend qu'il « navigua autour de cette terre et put connaître qu'il s'agissait d'une île ».

Encore une fois, le *Landnámabók* se garde bien de dévoiler ce que le Viking et ses hommes avaient en tête, mais leur entreprise n'était certes pas un voyage d'agrément ou d'exploration, ni une simple expédition de chasse. Il paraît évident que ces hommes étaient des pirates en quête de butin.

Gardar connut peut-être un séjour plus difficile que Naddod car les habitants de Tilli étaient sans doute sur leurs gardes désormais. Selon moi, le vaisseau provoqua un tel émoi à son passage que Gardar et ses hommes *furent obligés* de se déplacer sans cesse. Ils longèrent la côte méridionale puis remontèrent la côte ouest jusqu'aux fjords inhospitaliers du nord-ouest, probablement inhabités à l'époque; ils doublèrent la péninsule de Dranga et firent route vers l'est en suivant la côte nord, profondément échancrée de vastes baies semblables à des fjords.

Bien que les caps montagneux séparant ces baies soient dénudés et desséchés par le vent du nord cinglant, les replis et recoins de ces fjords sont si bien abrités par ces mêmes massifs montagneux qu'ils recèlent certains des meilleurs pâturages d'Islande. On ne saurait guère douter que les fermiers albains avaient trouvé le chemin de ces « oasis » nordiques. En fait, dans la vallée fertile de Reykjadalur, à une vingtaine de kilomètres à peine au sud de la baie de Skjálfandi, il existe un lac qui porte encore le nom de Vestmannvatna – « lac des Hommes de l'ouest » –, preuve de la présence de ces hommes en ces lieux à une certaine époque.

Et pourtant, nous affirme le *Landnámabók*, Gardar évita tous ces endroits pour leur préférer une forteresse naturelle, un lieu désolé appelé Húsavík, sur la rive la plus exposée de la baie de Skjálfandi. La description d'un voyageur du XIXe siècle qui visita Húsavík – alors petit village de pêcheurs qui subsistait de peine et de misère – donne une vive impression de l'aspect des lieux.

> Le hameau est perché à plus de 100 pieds au-dessus du niveau de la mer, au bord de précipices coupés à angle droit. On tient ce port pour l'un des plus dangereux d'Islande à cause des rochers qui en défendent l'entrée et de son exposition aux vents du nord et du nord-ouest.

Pourquoi Gardar aurait-il choisi de passer l'hiver en pareil endroit alors que des dizaines de ports bien abrités, vastes et confortables se trouvaient là, invitants, à l'intérieur de plusieurs grands fjords de la côte nord ? À mon avis, la réponse est assez simple : Gardar *n'osait* pas chercher refuge dans les meilleurs ports parce qu'ils étaient déjà habités par des gens qui l'auraient écorché vif s'il était tombé entre leurs mains.

Par la force des choses, Gardar passa l'hiver à Húsavík, non parce qu'il en admirait le paysage sauvage et grandiose mais, semble-t-il, parce que la corniche pareille à une forteresse derrière le port dangereusement exposé offrait une bonne protection contre d'autres êtres humains qu'il avait toutes les raisons de craindre. Quel motif, sinon la vive inquiétude de qui craint pour sa vie, aurait pu persuader les Vikings de Gardar d'hiverner de leur plein gré en pareil endroit ?

À la fin de l'hiver, Gardar quitta Húsavík, razziant peut-être les côtes est et nord-est de Tilli avant de cingler vers la Norvège, où il « fit grand éloge de cette terre » et écoula probablement une cargaison dont il tira profit.

Le *Landnámabók* ajoute :

> Au printemps, alors qu'il [Gardar] était prêt à appareiller [pour quitter la baie de Skjálfandi], un homme appelé Náttfari partit à la dérive à bord d'un bateau où avaient également pris place un esclave et une serve.

Qui était ce Náttfari ? Le nom n'est ni scandinave ni celte. Il pourrait bien s'agir d'un esclave albain. Il arriva, semble-t-il, la chose suivante : trois esclaves (une autre version du *Landnámabók* spécifie que les compagnons de Náttfari étaient « deux esclaves, homme et femme ») s'échappèrent à bord de la chaloupe du navire. N'ayant pas d'autre embarcation pour les poursuivre, Gardar dut les laisser partir. Le nom de Náttfari subsiste encore ; il existe, sur la rive sud-ouest de la baie, une anse appelée Náttfaravík, c'est-à-dire « havre de Náttfari ».

FLÓKI

Certes, la nouvelle des exploits de Gardar se répandit rapidement dans les cercles vikings. L'un des contemporains de l'aventurier semble avoir conclu que la nouvelle terre de l'ouest était peut-être un meilleur endroit où vivre que le pays des fjords norvégiens, exigu et surpeuplé.

> Flóki, fils de Vilgerd, était le nom d'un Viking réputé. Il partit à la recherche de l'île de Gardar [...]. Il se rendit d'abord aux Shetland, mouilla à Flókavág [« baie de Flóki »], où sa fille Geirhild se noya dans le Geirhildarvatn [« lac de Geirhild »]. Parmi les compagnons de

Flóki il y avait un franc-tenancier [un homme libre] nommé Thoralf et un autre appelé Herjólf. Un homme des Hébrides, ayant pour nom Faxi, était également à bord.

Quittant les Shetland, Flóki navigua jusqu'aux Féroé et, de là, mit le cap au large. Il prit trois corbeaux avec lui. Lorsqu'il libéra le premier, l'oiseau s'envola vers l'arrière par-dessus la poupe. Le deuxième prit son vol droit en l'air puis revint au navire. Mais le troisième s'envola droit devant par-dessus la proue, et ils trouvèrent une terre dans cette direction.

Arrivant de l'est, ils parvinrent au Horn puis longèrent la terre par le sud. Naviguant vers l'ouest, ils doublèrent le Reykjanes, et la baie [de Faxaflói] s'ouvrit devant eux, si bien qu'ils aperçurent le Snaefellsjökull; Faxi fit alors cette remarque: « C'est sûrement un vaste pays que nous avons trouvé là, car il y a de bien grandes rivières. »

Flóki et ses hommes traversèrent la baie de Breidafjördur et débarquèrent à l'endroit qu'on appelle aujourd'hui Vatnsfjördur, dans les Bardastrandur.

Cette baie foisonnait tant de poissons, et ils en prirent tellement qu'ils négligèrent de faire provision de fourrage, de sorte que tout leur bétail périt au cours de l'hiver.

Le printemps suivant fut plutôt froid; alors Flóki monta jusqu'au sommet d'une haute montagne et découvrit au nord, au delà de cette montagne, un fjord encombré de glaces en dérive; ils appelèrent donc cette terre Islande [« Terre de glace »] et c'est ainsi qu'on l'a nommée depuis.

Flóki et ses hommes voulaient quitter les lieux cet été-là mais lorsqu'ils furent enfin prêts on était presque au début de l'hiver. On peut encore voir les ruines de leurs maisons à l'est du Branslaek, ainsi que le hangar où ils remisèrent leur navire, et l'emplacement de leur foyer.

Ils furent incapables de doubler le Reykjanes en louvoyant, et la chaloupe du navire partit à la dérive avec Herjólf à son bord. Il toucha terre à l'endroit qu'on appelle maintenant le havre d'Herjólf. Flóki passa l'hiver dans le Borgarfjördur, et une fois là ils retrouvèrent Herjólf.

Ils rentrèrent en Norvège l'été suivant et, quand on s'enquit du pays, Flóki n'en dit rien de bon, mais Herjólf raconta tant les bonnes choses que les mauvaises et Thoralf dit que le beurre coulait du moindre brin d'herbe; pour cette raison on le surnomma Thoralf le Beurre.

Il semble que Flóki ait été l'un des Norvégiens à émigrer tardivement vers l'ouest. Vers 865, lorsqu'il conduisit famille et serviteurs aux îles du Nord, les meilleures terres avaient été accaparées par d'autres, arrivés avant lui. Néanmoins, il tenta semble-t-il de « consacrer une terre », comme on dit en langue norroise. À cause de l'hostilité des colons déjà établis (il était, après tout, un Viking « réputé »), ou parce que sa fille s'était noyée à cet endroit, Flóki s'aigrissait sur place et il résolut de s'aventurer plus loin encore à l'ouest.

L'anecdote des trois corbeaux rapportée par le *Landnámabók* suppose que Flóki ne savait pas comment trouver le chemin de Tilli, mais cette charmante petite histoire n'est probablement qu'une enjolivure de l'auteur de la saga. Flóki navigua jusqu'au Horn en suivant une route maritime désormais bien connue et, une fois arrivé, mit le cap vers le sud en longeant la côte. Après avoir doublé le Reykjanes à la pointe sud-ouest de Tilli, il longea toute l'île vers le nord jusqu'à la péninsule de Dranga, un lieu désolé et effrayant. Ayant ainsi longé et dépassé les terres les meilleures et les plus accueillantes de Tilli, il choisit de s'installer dans le Vatnsfjördur, un fjord qui fend les montagnes dans l'une des régions les plus inhospitalières de la côte islandaise.

À ma connaissance, aucun historien n'a expliqué pourquoi Flóki a effectué un choix aussi singulier. À mon avis, il s'installa à cet endroit parce que les meilleurs secteurs de Tilli *étaient déjà habités* par des gens prêts à repousser les intrus et capables de les chasser.

La terre que Flóki « consacra » était (et demeure) de faible rendement pour un éleveur. On nous apprend que les futurs colons furent si captivés par leur excellente pêche qu'ils négligèrent de couper assez de foin pour que le bétail pût survivre à l'hiver suivant. En fait, la flore de la région était si pauvre qu'il était probablement impossible de trouver du fourrage à suffisance ; par conséquent, le bétail mourut de faim ou fut mangé. Pareil endroit ne pouvait guère susciter la remarque admirative de Thoralf à propos de l'herbe d'Islande, d'où coulait le beurre !

Comme le retour du printemps n'apportait aucune amélioration notable, Flóki décida sagement de ne pas tenter de braver un second hiver à Vatnsfjördur.

Le récit du *Landnámabók* est assez vague quant à la suite. Il se peut que Flóki ait abandonné l'idée de s'établir comme fermier mais que, n'ayant nulle envie de rentrer en Norvège les mains vides, il ait espéré se dédommager de ses pertes en razziant les colonies albaines du sud.

Il ne parvint pas à doubler le Reykjanes, sans doute à cause d'une violente tempête, et il perdit la chaloupe de son navire. Le vaisseau fut repoussé dans la baie de Faxaflói, où Flóki passa l'hiver. Je soupçonne qu'il alla se terrer dans l'une des petites îles au large de l'entrée du Borgarfjördur, où il avait sans doute de meilleures chances de se défendre de l'hostilité des habitants de la grande île.

Il semble que l'expédition de Flóki ait été un échec à tous égards. Le printemps suivant, il rentra en Norvège, où il « ne dit rien de bon » de la terre nouvelle de l'ouest.

Aucun Scandinave ne semble avoir essayé d'imiter la tentative de colonisation avortée de Flóki, du moins pour quelque temps. Mais les écumeurs continuèrent à harceler les côtes de Tilli.

CHAPITRE XIX

LA COLONISATION

Par un jour de septembre vers le milieu du IXe *siècle, le* Hauturier *quitta pour la dernière fois le fjord des Cygnes. La cale avant était si bien remplie de bois de charpente que les piles empêchaient presque le timonier de voir la mer en proue. Dans la cale arrière s'entassaient les animaux : vaches, poneys, moutons, et jusqu'à de petits cochons maigres dans un enclos. Les marins du bord, peu nombreux, contemplaient la terre d'un œil dur tandis que le navire s'éloignait du port abrité qui avait été la demeure du clan l'espace de plusieurs générations.*

Le Hauturier *prenait la mer pour la quatrième fois en cet été mouvementé. À son premier voyage, il avait transporté à Crona la plupart des hommes solides du clan, qui allaient se mettre à la construction des nouvelles maisons à Havre-au-Sable, dans l'un des fjords du sud-ouest. Femmes, enfants et vieillards, chiens et bestiaux, matériel agricole et effets domestiques avaient suivi au cours des voyages subséquents.*

Lorsque le vaisseau passa au pied du Horn pour la dernière fois, le patron changea de route pour entrer dans la lagune de Havre-sous-le-Cap. Il se devait de laisser savoir aux habitants du port que, dorénavant, il faudrait chercher le clan du fjord des Cygnes dans les terres nouvelles de l'ouest.

Les gens de Havre-sous-le-Cap avaient des nouvelles à transmettre eux aussi. Une semaine auparavant à peine, deux des knorrin *tant redoutés avaient paru à l'entrée du port. Ils n'avaient pas essayé d'y pénétrer mais les Normands avaient agité leurs lances et poussé des jurons en décrivant avec d'horribles détails le sort qu'ils réserveraient à tout Homme de l'ouest qui tomberait entre leurs mains. À l'aube, le lendemain, les écumeurs avaient attaqué quelques* crofts *un peu plus à l'ouest. On les avait repoussés mais il en avait coûté six hommes des brigades de défense, tués ou blessés.*

« Ces démons se sont mis à bourdonner autour de Tilli comme des mouches autour d'une charogne ! prévint un villageois en s'adressant au patron du Hauturier. *Ça pourrait mal finir, comme dans les îles au temps de nos grands-pères.*

– Ah ! Tu ramollis, railla un jeune homme. En mer, on peut gagner ces salauds-là de vitesse ; on peut gagner aussi au combat. L'été passé, les gars de Heimaey ont surpris un bateau qui accostait en pleine nuit. Et ils ont jeté les Normands aux crabes, oui ! Et on en fera autant ! »

Le patron du Hauturier *était mal à l'aise. Si son clan s'en allait à Crona, c'était avant tout pour se rapprocher des territoires de chasse de l'ouest, mais, à Havre-sous-le-Cap, certains soupçonnaient les clans de traite d'abandonner Tilli pour sauver leur peau. Il y avait du vrai dans ce soupçon, assez pour faire perdre contenance au patron. Ayant rempli la mission qu'il s'était assignée, il s'esquiva et regagna son navire qui attendait au port. Malgré l'heure tardive, le* Hauturier *fut bientôt en pleine mer, empruntant une route qui allait lui permettre de rester en vue des montagnes et des glaciers de Tilli, mais à bonne distance de la côte où les tueurs se livraient à leur chasse à l'homme.*

Les gens des clans de traite étaient les premiers Albains à quitter Tilli pour s'installer à l'ouest. Il était vrai qu'ils agissaient ainsi en partie à cause de la vulnérabilité croissante de leurs fermes, qui étaient forcément privées de la plupart des hommes en âge de se battre pendant des mois, voire même des années d'affilée, mais il y avait une autre raison non moins puissante à ce départ : les marchands de Grande-Bretagne étaient de moins en moins disposés à fréquenter Tilli, par crainte des pirates vikings. Bon nombre avaient déjà commencé à se détourner tout à fait de l'île pour faire la traite avec les hommes des clans en lieu sûr, dans les fjords de Crona.

Pour quiconque savait voir, les signes funestes étaient déjà clairs.

LES CLANS de traite se déplaçaient vers l'ouest ; or, les Normands en faisaient autant. À la fin du IXe siècle, un nombre croissant de Vikings naviguèrent vers l'ouest pour tenter leur chance sur les côtes de Tilli.

Le texte ci-dessous, extrait du *Landnámabók*, raconte l'histoire de deux d'entre eux. J'ai abrégé le prologue du récit.

> Deux amis, Björnolf et Hróald, s'enfuirent de la région de Telemark en Norvège après avoir commis quelques meurtres. Ils s'établirent dans les Fjalir [dans le sud de la Norvège]. Le fils de Björnolf engen-

dra Ingólf et Helga. Le fils de Hróald engendra Leif. Ingólf et Leif étaient frères jurés et furent élevés ensemble. À leur majorité, ils prirent part à une expédition viking avec les trois fils du comte Atli, Hástein, Herstein et Hólmstein.

Ces jeunes gens s'entendaient si bien qu'ils convinrent de se lancer ensemble dans une autre expédition l'été suivant.

Cet hiver-là, les frères jurés donnèrent un festin en l'honneur des fils du comte ; durant ce banquet Hólmstein annonça qu'il épouserait la sœur d'Ingólf, Helga, et nulle autre. Personne ne prêta grande attention à ces propos, hormis Leif, qui voulait Helga pour lui. Une rivalité s'amorça donc entre Leif et Hólmstein.

Quand vint le printemps, les frères jurés s'apprêtèrent à partir en expédition guerrière avec les fils du comte Atli ; or, parvenus au lieu du rendez-vous, ils furent attaqués par Hólmstein et ses frères. Le combat fut égal jusqu'au moment où Hólmstein fut tué ; Herstein et Hástein durent prendre la fuite. Leif et Ingólf prirent alors la mer pour tenter une expédition à eux seuls.

L'hiver suivant, Herstein déclencha un nouvel assaut contre Leif et Ingólf, mais ceux-ci, ayant été prévenus, étaient prêts. Un grand combat s'ensuivit et Herstein fut tué.

Les deux camps rassemblèrent alors les membres de leur famille. La paix fut finalement rétablie aux conditions suivantes : les frères jurés devaient céder leurs terres aux Atli en guise de dédommagement pour les meurtres.

Les frères jurés armèrent alors un gros vaisseau et entreprirent de voyager jusqu'à la terre où Flóki les Corbeaux était allé. Ils atteignirent l'est de ce pays, qui leur parut plus intéressant au sud qu'au nord. Ils y passèrent un hiver puis rentrèrent en Norvège.

L'année suivante, Ingólf entreprit un deuxième voyage en Islande mais Leif préféra tenter une expédition viking en Irlande, où il découvrit une vaste maison souterraine. Il y pénétra ; il y régnait une grande obscurité mais il vit briller une épée et tua l'homme qui la brandissait. Il s'empara de cette épée et de quantité d'objets précieux, et dès lors on l'appela Hjörleif – « Leif de l'Épée ». Il ravagea l'Irlande de tous côtés et fit un important butin. Il captura également dix esclaves, notamment Dufthak, Geirrød, Skjaldbjörn, Halldór et Drafdrit.

Hjörleif rentra alors chez lui auprès de Helga, qu'il avait épousée. L'hiver suivant, Ingólf offrit un grand sacrifice et consulta les oracles afin de connaître son destin. Hjörleif refusa de prendre part à cette solennité car il n'attachait pas foi à cette coutume de sacrifier aux dieux. L'oracle prédit qu'Ingólf allait s'établir en Islande à demeure.

Dès lors, les frères jurés préparèrent leurs vaisseaux pour un voyage en Islande. Hjörleif emporta le butin qu'il avait fait en Irlande et Ingólf emporta les biens qu'ils possédaient en commun. Quand tout fut prêt ils prirent la mer. Les deux navires voguèrent de conserve jusqu'à ce qu'on fût en vue de l'Islande ; alors ils se séparèrent. Ingólf jeta à la mer les montants de son siège d'honneur en faisant le vœu de s'établir là où ils seraient jetés sur le rivage [1].

Ingólf débarqua à l'endroit qu'on appelle maintenant Ingólfshöfdi, mais Hjörleif continua à longer la côte vers l'ouest.

Hjörleif et ses gens passèrent l'hiver non loin de la plage du Minnthak. Au printemps, il se mit en tête de semer du grain et, bien qu'il possédât un bœuf, il obligea les esclaves à tirer la charrue. Pendant qu'ils étaient à cette tâche, Dufthak convint avec ses compagnons de tuer le bœuf, de prétendre qu'un ours avait fait le coup puis, lorsque Hjörleif et les autres hommes libres seraient dispersés dans les bois à la recherche de l'ours, de se jeter sur eux séparément et de les tuer un à un.

Les esclaves parvinrent à assassiner Hjörleif et ses compagnons. Ils chargèrent ensuite la chaloupe du navire de tous les effets qu'elle pouvait contenir, en plus des femmes, et ils s'enfuirent de ce lieu qu'on appelle aujourd'hui Hjörleifshöfdi. Ils mirent le cap sur des îles qu'ils aperçurent au large en direction du sud-ouest et ils élirent domicile dans ces îles.

Ingólf avait envoyé deux de ses esclaves, Vífill et Karli, à la recherche des montants de son siège d'honneur ; ils partirent d'Ingólfshöfdi et se dirigèrent vers l'ouest. En arrivant à Hjörleifshöfdi, ils découvrirent les hommes assassinés et se hâtèrent de rentrer pour annoncer les nouvelles à Ingólf.

Alors Ingólf fit voile vers l'ouest jusqu'à Hjörleifshöfdi et, lorsqu'il vit le corps de son frère juré, s'écria : « De petits riens ont conduit cet homme brave et loyal à sa perte ; mais voilà ce qui arrive à ceux qui refusent de sacrifier aux dieux. »

Ingólf enterra Hjörleif et ses compagnons, et se chargea de son navire et de ses biens.

Puis il escalada un promontoire et, apercevant des îles au sud-ouest, il jugea que les esclaves s'y étaient peut-être réfugiés à bord de la chaloupe.

Il trouva les esclaves de Hjörleif en train de prendre un repas dans ces îles, en un lieu appelé l'Isthme. Les esclaves, pris de terreur, eurent beau se disperser, Ingólf les tua tous. L'endroit où périt Dufthak porte à présent le nom de Balafre de Dufthak. La plupart des esclaves se jetèrent à la mer du haut des falaises ; depuis ce jour ces îles furent appelées Vestmannaeyjar [« îles des Hommes de l'ouest »]. Prenant avec lui les veuves de ses compatriotes assassinés, Ingólf revint à Hjörleifshöfdi, où il passa un deuxième hiver avec ses gens.

Après leur première expédition de pillage à Tilli, au cours de laquelle ils avaient poussé une reconnaissance le long des côtes de l'île, les frères jurés se séparèrent temporairement. À Tilli, les raids étaient sans doute moins risqués que les attaques contre les cibles des îles Britanniques ou du continent, mais ils étaient également moins intéressants. Lorsque revint le printemps et le temps des expéditions, Leif choisit de tenter sa chance en Irlande, alors qu'Ingólf opta pour une nouvelle expédition à Tilli.

Leif, ou Hjörleif, comme on l'appela bientôt, semble avoir pris la bonne décision car il revint considérablement enrichi de butin et d'esclaves.

À ce moment, un événement profondément traumatisant se produisit chez les deux frères en Norvège. Peut-être la vieille querelle avec le clan Atli se raviva-t-elle, peut-être les frères jurés furent-ils mêlés à une autre querelle où il y eut « morts d'hommes » et peut-être furent-ils bannis de Norvège tout comme, à une époque ultérieure, Erik le Rouge allait être banni d'Islande.

Réduit à on ne sait quelle extrémité, Ingólf demanda conseil aux dieux et un oracle lui apprit que son avenir se trouvait en Islande. Sur ce, les deux frères quittèrent leur patrie avec leurs biens meubles, leurs esclaves et leur famille.

Pour des raisons inconnues (peut-être une autre divergence d'opinions entre les deux guerriers entêtés), les frères débarquèrent à Tilli à deux endroits fort distants l'un de l'autre. Fait révélateur, aucun des deux ne choisit une bonne terre ni même une terre médiocre où s'établir. Au lieu de cela, les frères optèrent pour des emplacements le long de la côte sud-est, dont la majeure partie consiste en déserts de lave et en plaines presque inhabitables, inondées par la fonte des glaciers. Quoique impropres à la colonisation, ces terres convenaient bien à des écumeurs vikings en quête de repaires sûrs où se terrer.

Ingólf passa l'hiver à Ingólfshöfdi (l'endroit porte encore ce nom), une calotte rocheuse battue par vents et vagues et couvrant à peine quelques hectares au pied de la masse oppressante de l'Öraefajökull, un volcan couronné d'un glacier à quelque 95 kilomètres du Horn. Relié à la terre ferme par une fragile langue de sable et de gravier d'une dizaine de kilomètres, parcouru d'un enchevêtrement de ravines creusées par la marée, Ingólfshöfdi n'est plus guère fréquenté aujourd'hui que par les phoques et les oiseaux de mer. On peut l'atteindre depuis la terre ferme à marée basse, mais il faut franchir à gué des dizaines de ruisseaux d'eau douce et d'eau salée qui se fraient un lit à travers de vastes étendues de sables mouvants et de vase. Une multitude de grands labbes y poursuivent, avec des cris aigus, les intrus qui ont la hardiesse de s'aventurer dans ces terres désolées et gorgées d'eau.

Hjörleif rejeta ce lieu choisi par son frère juré pour lui préférer un éperon volcanique enchâssé dans la plaine côtière stérile au pied de l'imposant Mýrdalsjökull, un glacier à 110 kilomètres à l'ouest d'Ingólfshöfdi. Cet affleurement triangulaire était presque entièrement cerné par un marécage de sables noirs instables et était défendu sur trois côtés par des falaises à pic [2].

Ingólfshöfdi était presque inaccessible par la terre ferme. Hjörleifshöfdi était à peine plus accessible. Ingólfshöfdi ne pouvait pas assurer la subsistance d'un colon; Hjörleifshöfdi valait à peine mieux. Toutefois, les deux endroits étaient si difficiles d'accès, par terre ou par mer, que les hommes qui y gîtaient pouvaient se sentir raisonnablement en sécurité malgré l'hostilité suscitée par leur présence à Tilli.

Les Vikings n'étaient pas masochistes. Jamais ils n'auraient choisi de plein gré des emplacements aussi désolés que ceux-là s'ils avaient pu passer l'hiver dans l'un des ports bien abrités situés plus à l'est ou à l'ouest.

En général, les historiens ont accepté la thèse du *Landnámabók*, selon laquelle les îles Vestmann [3] tirent leur nom du massacre qu'y perpétra Ingólf en tuant les esclaves coupables du meurtre de Hjörleif. Cependant, comme nous l'avons vu au chapitre XIV, les Vestmannaeyjar avaient été habitées par ceux que les Scandinaves appelaient Vestmann (« Hommes de l'ouest »), depuis le milieu du VIIe siècle. J'en conclus que c'est à ceux-là que le petit archipel doit son nom, que ces Hommes de l'ouest accueillirent les esclaves fugitifs de Hjörleif, et qu'Ingólf en quête de vengeance attaqua Heimaey, l'île principale du groupe, la seule qui fût habitable, et qu'il y massacra une partie ou la totalité de la population en même temps que les esclaves fugitifs.

Pareil raid appelait sans doute une revanche de la part des insulaires survivants et des habitants des côtes proches de Tilli. À mon avis, c'est la possibilité d'une telle revanche qui explique la retraite d'Ingólf dans le confort glacé de Hjörleifshöfdi, où il passa son deuxième hiver dans une sécurité relative.

Quant à mener la vie de fermier... Le deuxième été d'Ingólf sur les côtes de Tilli s'avéra aussi improductif à cet égard que le premier. Il existait quantité de bonnes terres, mais de toute évidence il n'était pas libre de les prendre.

Jusqu'à ce point du récit, la version actuelle du *Landnámabók* présente un exposé assez complet des faits. Mais la suite de l'histoire d'Ingólf est sérieusement tronquée, dates et lieux s'embrouillent; le récit semble se composer essentiellement de fragments qui ont survécu tant bien que mal à la dissolution du cadre narratif qui les enchâssait à l'origine. Dans le passage ci-dessous, j'ai tenté d'assembler ces fragments éclatés et de leur donner un ordre significatif. Toute l'information retenue par le *Landnámabók* est incluse, de même que les rares détails donnés dans l'unique paragraphe consacré à Ingólf dans l'*Íslendingabók*. Rien n'a été ajouté.

L'été suivant, Ingólf croisa vers l'ouest le long de la côte. Il bâtit une maison au Skálafell et y passa son troisième hiver. Karli dit alors: « C'est funeste affaire que d'être passés devant tant de belles et bonnes campagnes, s'il faut élire domicile sur ce promontoire isolé. »

Vers ce temps-là, Vífill et Karli retrouvèrent les montants du siège d'honneur près du Tertre d'Orns, au pied du heidi *[« désert de lave »]. Au printemps suivant, Ingólf franchit le* heidi *et établit sa demeure à l'endroit où les montants de son siège avaient été jetés sur le rivage. Il s'installa au sud de Reykjavík. Les montants de son siège y sont encore, dans l'Eldhús [« Maison du feu »].*

Après, Ingólf prit possession d'une terre entre l'Ölfúsá et le Hvalfjördur, à l'ouest de la Brynjudaisá, et de là il prit toutes les terres jusqu'à l'Øxará, et tous les caps en direction du sud. C'est au pied de l'Ingólfsfjall, à l'ouest de l'Ölfúsá, qu'il prit possession d'une terre pour lui-même. Certains prétendent qu'il fut enterré à cet endroit.

Ingólf accorda la liberté à Vífill et ce dernier s'établit à Vífillstofts; c'est d'après lui qu'on a nommé le Vífilfell. Il y demeura longtemps et c'était un homme intègre. Karli s'enfuit avec une esclave. Ingólf vit de la fumée contre l'eau à l'embouchure de l'Ölfúsá et il trouva Karli à cet endroit.

Ingólf, de tous les colons islandais, fut le plus réputé car il arriva ici dans une terre inhabitée et fut le premier à s'y installer à demeure; ceux qui s'y établirent après lui ne firent que suivre son exemple.

On imagine sans peine le sentiment de frustration croissant qui s'empara d'Ingólf à la troisième saison de son séjour, quand il croisa vers le nord-ouest au delà des îles Vestmann jusqu'à l'embouchure de l'Ölfúsá. L'arrière-pays recelait des terres qui comptent parmi les plus fertiles de Tilli, mais les habitants n'allaient certes pas lui permettre d'en coloniser la moindre parcelle.

Au lieu de rentrer à Hjörleifshöfdi à l'approche du troisième hiver, Ingólf poussa cette fois vers l'ouest en longeant la presqu'île de Reykjanes. Cette langue de roc volcanique presque déserte s'avance dans l'Atlantique sur une cinquantaine de kilomètres – terre de désolation couverte de champs de lave relativement récents. Les visiteurs qui arrivent aujourd'hui en Islande par l'aéroport de Keflavík doivent parcourir la route qui traverse la presqu'île d'un bout à l'autre avant d'atteindre la capitale. En général, ils restent saisis par la stérilité quasi lunaire du paysage. Certes, on aurait peine à trouver lieu plus inhospitalier, plus menaçant. Seuls des hors-la-loi ayant tout le monde à dos pouvaient choisir de s'attarder dans pareil désert.

On ne connaît pas avec certitude l'endroit exact où Ingólf passa l'hiver mais les allusions au Skálafell et à Reykjavík fournissent de bons indices. À l'extrémité de la pointe sud-ouest de la presqu'île se trouvent des sources chaudes bouillonnantes dont les émanations de vapeur (surtout visibles par temps froid) ont donné son nom à la presqu'île : Reykjanes – « cap des Fumées ». La plupart des historiens ont présumé que le Reykjavík actuel, capitale de l'île, est le lieu auquel on fait allusion dans l'histoire d'Ingólf. Le Reykjavík original était, plus vraisemblablement, l'un des havres qui jalonnent l'extrémité de la presqu'île de Reykjanes.

Les sources elles-mêmes se trouvent à une centaine de mètres à peine d'une colline bien visible qui porte encore le nom de Skálafell – « Montmaison » – peut-être en reconnaissance du fait qu'Ingólf y bâtit sa *skála*.

Le meilleur indice quant au lieu où le groupe passa l'hiver reste la remarque caustique de l'esclave Karli : « C'est funeste affaire que d'être passés devant tant de belles et bonnes campagnes, s'il faut élire domicile sur ce promontoire isolé. »

Au cours du troisième hiver, on raconte que Karli et Vífill retrouvèrent les montants du siège qu'Ingólf avait jetés à la mer en apercevant l'Islande pour la première fois. Une sérieuse lacune interrompt alors le récit du *Landnámabók*. « Après », nous apprend-on, Ingólf prit possession de terres qui en fait couvraient presque tout le sud-ouest de l'Islande.

Après quoi ?

On ne mentionne nulle part dans les sources qui nous sont parvenues (et aucun historien d'aujourd'hui n'admet non plus) que les Scandinaves se heurtèrent à une quelconque résistance lors de la colonisation de l'Islande, et pourtant tout indique que ce fut le cas. Comment justifier autrement le fait que les Scandinaves ne soient pas parvenus à s'établir dès le début dans le sud et l'est de l'île, si ce n'est en admettant qu'ils en furent empêchés ? Le *Landnámabók* insiste sur ce point : ces régions furent *les dernières* à être colonisées, et pourtant elles étaient les plus proches de l'Europe, elles recelaient quantité de bonnes terres, des forêts de bouleaux en plein essor, une foule de bons ports bien abrités et des ressources presque illimitées de poisson, de gibier à plumes et à poil. C'était là, certes, que les premiers colons européens *auraient dû* s'installer. *Et, en effet, c'est là que les premiers immigrants établirent leurs demeures.* Seulement... ils n'étaient pas scandinaves.

À mon avis, il est évident qu'Ingólf et ceux qui l'avaient précédé furent incapables de s'établir dans l'est et le sud-est de l'île parce que ces régions étaient tenues de main ferme par une population qui n'avait nullement l'intention d'abandonner ses terres. Il en alla certainement de même de la plupart des autres régions habitables de l'Islande.

Les quelques années que passa Ingólf à longer les côtes de l'île le persuadèrent sans doute qu'il ne pourrait jamais s'y établir par ses propres moyens. Ceci étant posé, je crois qu'il fit ce que d'autres « pionniers » scandinaves avaient fait avant lui aux Shetland et aux Orcades, et ce qu'Erik le Rouge allait faire après lui au Groenland.

Selon moi, Ingólf rentra en Norvège pour y rassembler une flotte qui attira nombre d'aventuriers avides de posséder des terres, dont il prit la tête pour envahir l'Islande.

Sans doute parvint-il sans trop de peine à lever pareille armée. Abstraction faite de la convoitise naturelle des Normands à l'égard des terres et du butin, un autre fait joua : le roi Harald à la Belle Chevelure avait alors entrepris, par des méthodes particulièrement brutales, d'unifier la Norvège par la force. Beaucoup de guerriers au tempérament indépendant préférèrent émigrer plutôt que de se soumettre au bon vouloir de Harald. Les noms de nombre d'entre eux se retrouvent dans les pages du *Landnámabók* (c'est moi qui souligne) :

> Thórd alla en Islande et, *sous la conduite d'Ingólf*, prit possession d'une terre entre l'Ulfarsá et Leiruvág.
>
> Hall alla en Islande et, *sous la conduite d'Ingólf*, prit possession d'une terre qui s'étendait de Leiruvág à la Mógilsá.

> Helgi Bjola quitta les Hébrides à destination de l'Islande et accompagna Ingólf le premier hiver [de la colonisation] ; il colonisa, *sous sa conduite*, toute la presqu'île de Kjalarnes entre la Mógilsá et la rivière Mýrdalur.
>
> Orlyg colonisa, *sous la conduite de Helgi* [voir plus haut] une terre située entre la Mógilsá et le ruisseau Osvifs [...].

Si brèves que soient ces notes, elles sont le signe d'une occupation massive et de grande envergure qui se déroula dans l'ouest de l'Islande sous l'égide d'Ingólf. Ce dernier amorça sans doute son invasion à partir du désert de lave qui entoure l'actuel Reykjavík – lieu presque inhabitable, donc probablement laissé sans défense. Ayant consolidé une tête de pont à cet endroit, l'armée d'Ingólf poussa ensuite vers le nord jusqu'à la vallée de la Hvítá et vers l'est jusqu'à la vallée de l'Ölfúsá. Ingólf lui-même prit finalement possession d'une terre dans cette région – terre où il fut enterré, dit-on, au pied de l'Ingólfsfjall, la montagne qui porte son nom.

Le succès de l'invasion d'Ingólf pava sans doute la voie à d'autres incursions dans l'ouest de l'île, puis dans le sud-ouest; finalement, à mesure que s'effondrait la résistance albaine, dans le sud-est et l'est. On sait avec certitude que, avant la mort d'Ingólf aux environs de l'an 900, les Normands occupaient presque toutes les terres habitables de Tilli.

Au cas où subsisteraient quelques doutes sur la véritable nature des événements qui se déroulèrent en Islande, cette remarque ingénue, extraite de l'*Íslendingabók*, devrait contribuer à les dissiper.

> À cette époque [l'époque de la colonisation], l'Islande était couverte de forêts entre les montagnes et la mer. Ensuite y vinrent des chrétiens, que les Normands appelaient *papar*; mais par la suite ils quittèrent les lieux parce qu'ils ne voulaient pas vivre en compagnie des païens.

CHAPITRE XX

CRONA

LA MAJORITÉ des clans de traite semblent avoir émigré à Crona avant que les raids vikings à Tilli deviennent une menace importante. Selon toute probabilité, certains fermiers plus clairvoyants que les autres en firent autant ; toutefois, il fallut attendre l'invasion d'Ingólf pour voir se déclencher un exode massif.

L'Histoire ne dit pas ce qui arriva aux chrétiens qui « ne voulaient pas vivre en compagnie des païens » et ne nous apprend rien non plus de leur possible destination. Non qu'ils aient disposé d'un vaste choix. Tenter de fuir vers l'est pour réintégrer leur ancienne patrie eût été se jeter dans la gueule du loup. Il n'existait alors aucun refuge sûr dans les îles Britanniques, et l'ouest de l'Europe continentale offrait de bien piètres garanties de sécurité.

Le choix le plus sage pour les *papar* fugitifs restait sans doute de mettre le cap à l'ouest sur Crona et, si nécessaire, d'aller plus loin. Je ne doute pas que c'est ce que firent la plupart d'entre eux.

Ceux qui possédaient de gros navires les chargèrent probablement jusqu'aux plats-bords de bestiaux et de biens de toute sorte puis naviguèrent sans escale jusqu'au sud-ouest de Crona. Ceux qui ne disposaient que de petites embarcations durent effectuer la traversée depuis l'ouest de l'Islande jusqu'au point le plus proche de la côte est du Groenland, avant de longer cette côte vers le sud. Peut-être certains vaisseaux trop chargés ou ballottés par les tempêtes sombrèrent-ils en chemin, mais le sort de l'équipage et des passagers fut sans doute moins affreux que celui de leurs compatriotes qui, restés à Tilli, tentèrent de survivre au nouveau régime.

Certains, soit parce qu'ils n'avaient pas de bateaux, soit parce qu'ils avaient une foi particulièrement inébranlable en l'efficacité de la protection divine, demeurèrent en effet à Tilli, en prenant toutefois la précaution de se retirer dans des régions qui ne présentaient guère d'intérêt, voire même aucun, pour les envahisseurs nordiques de la première vague.

L'un de ces refuges était le dédale de montagnes revêches et de fjords glacés de la péninsule du Nord-Ouest. Cette région désolée, aujourd'hui presque dépeuplée, se distingue par une concentration singulièrement forte de toponymes dérivés des mots « croix » (*kross*) et « église » (*kirk*), tels Krossi, Krossfjall, Kirkjuhammar, Kirkjugólf, qui semblent antérieurs à l'adoption du christianisme en Islande. Cela implique que le nord-ouest de l'île était peut-être encore habité par les *papar*, du moins jusqu'au jour où les colons nordiques ultérieurs, tel le père d'Erik Raudi, envahirent ces régions [1].

Peut-être d'autres fugitifs se retirèrent-ils dans l'arrière-pays, au sud dans la vallée isolée de la Skaftá, à l'est sur les rives du Lagarfljót, un lac qui pénètre dans les terres plus profondément que les fjords.

Mais, quel que fût leur refuge, ceux qui ne parvinrent pas à fuir l'île se retrouvèrent pris tôt ou tard dans les mailles du filet scandinave. En écrivant *Herdsmen and Hermits* il y a cinquante ans, Tom Lethbridge s'interrogeait comme suit :

> Sortirait-on des limites du probable en supposant que des gens – non pas des moines mais peut-être d'authentiques fermiers – vivaient en Islande à l'époque de la Colonisation [scandinave] ? Qui étaient, par exemple, les hommes qui vivaient dans des cavernes [mentionnés dans le *Landnámabók*] ? « Torfi occit les hommes du Kropp, 12 furent tués en même temps. Il encouragea aussi le massacre des Holmesmen [« insulaires »] et il se trouvait à Hellisfitar, avec Olugi le Noir et Sturla le Godi, quand 18 hommes qui vivaient dans des cavernes y furent occis. »
>
> Le silence du *Landnámabók* [quant à l'identité des victimes] sert peut-être simplement à couvrir un sentiment de honte qu'éprouvait le chroniqueur parce que ses ancêtres vikings avaient assassiné ces gens. Le passage cité ci-dessus ressemble fort aux récits des exploits des premiers fermiers tasmaniens aux dépens des Aborigènes.
>
> C'était une rude époque que celle des Vikings en Islande ; un homme pouvait décider d'incendier la maison de son voisin pendant la nuit à cause d'une remarque malpolie faite par ce dernier sous le coup de l'ivresse au cours d'un festin. Et il valait beaucoup mieux ne pas tolérer les hommes aux allures débraillées qui vivaient aux environs dans des huttes de terre ou dans des îles. Tiens donc ! Ils risquaient de voler vos moutons ou de faire Dieu sait quoi.

Certes, les colons scandinaves en Islande étaient des hommes rudes. *Le livre de la colonisation*, ou *Landnámabók*, relate 12 batailles rangées entre Normands, 5 embuscades aux résultats sanglants, 7 « incendies criminels » (des maisonnées entières livrées aux flammes), 36 meurtres (toujours qualifiés de « morts d'hommes ») et enfin 24 querelles et duels à l'issue fatale. J'ai compté 260 morts violentes *subies par des Normands aux mains des Normands* en l'espace de moins de trente ans. Abstraction faite des passages cités par Lethbridge, on ne trouve toutefois presque aucune mention du traitement subi par les hommes de moindre lignage.

Les fugitifs qui cherchèrent refuge au nord-ouest au sein des monts escarpés et des fjords qui entourent le Drangajökull furent peut-être ceux qui survécurent le plus longtemps ; mais, en fin de compte, eux aussi furent submergés quand les arrivants nordiques tardifs pénétrèrent jusqu'aux endroits les plus reculés. La mort ou l'esclavage fut sans doute leur lot [2].

Le cap Sud de Crona une fois doublé, les fugitifs albains atteignirent une région qui semblait réclamer la colonisation. Tout juste au nord du cap Farewell commençait une côte très découpée où îles et caps se succédaient sur 260 kilomètres vers le nord-ouest. Derrière cet écran protecteur débouchaient une vingtaine de fjords et de bras de mer importants. La plupart des terres qui séparaient et entouraient ces chenaux présentaient un relief généralement accidenté et onduleux mais couvert d'une végétation étonnamment abondante. La muraille de l'inlandsis se dressait au nord et à l'est, assez loin pour que sa présence glaciale ne soit ressentie que de façon indirecte. Somme toute, aux yeux des arrivants albains, ce nouveau pays devait paraître presque aussi attrayant que celui qu'ils avaient quitté.

Cependant, la quête de bonnes terres n'était sans doute pas le souci premier des clans de traite. Les quelque 100 kilomètres de côte séparant le cap Farewell de l'île de Lund (aujourd'hui île Kaneq) plurent sans doute davantage aux chasseurs, avec leurs anses et leurs criques à proximité de la mer. L'inconvénient qu'il y avait à vivre en ces lieux relativement exposés était compensé par le fait que ces petites baies constituaient les premières escales des navires marchands en provenance d'Europe. En outre, ces anses n'étaient pas fermées par les glaces pendant de longs mois chaque année comme les fjords de l'intérieur.

Les fermiers qui fuyaient Tilli avaient d'autres priorités. Sans doute dépassèrent-ils les fjords du sud, trop exposés, pour pénétrer dans ceux qui se trouvaient plus au nord. Là poussaient les graminées avec une certaine abondance. Les fourrés de saules et de bouleaux fournissaient le combustible. Des nuées de caribous vagabondaient dans les plaines et les vallées. D'innombrables oies nichaient aux abords d'une multitude d'étangs. L'omble et le saumon atlantique foisonnaient dans les ruisseaux et les rivières au temps du frai. Les phoques et les poissons marins, notamment la morue, abondaient dans les fjords. Dans les terres basses, les îlots de terrains alluviaux, enrichis par la vie et la mort d'une myriade de générations de plantes arctiques, attendaient la charrue du cultivateur.

À cinq ou six journées de navigation en remontant la côte vers le nord-ouest se trouvait une deuxième série de fjords navigables entourés de terres libres de glace. Ces fjords du nord n'étaient pas aussi hospitaliers que ceux du sud mais ils étaient plus étendus. En outre, ils se trouvaient à moindre distance des territoires de chasse du nord – avantage certain pour les fermiers albains, habitués à tirer une partie de leur subsistance de la chasse et de la trappe. De même, certains réfugiés furent peut-être attirés par la région des fjords du nord parce qu'elle les éloignait davantage des assassins qui les avaient délogés de Tilli.

Les Scandinaves avaient le bras long. Nombre de colons des fjords du sud établirent leurs fermes de façon que les bâtiments ne pussent être aperçus depuis les principales voies navigables. D'autres choisirent des emplacements qui commandaient une vue leur permettant d'être amplement avertis de l'approche d'éventuels étrangers. De nombreux *crofts* étaient non seulement situés avec des intentions défensives mais construits dans certains cas comme des forteresses en miniature.

À la fin de l'été de 1982, Claire et moi prîmes place, à titre d'invités, à bord d'un brise-glace canadien qui conduisait une délégation officielle au Groenland, où l'on devait célébrer le millième anniversaire de l'arrivée d'Erik Raudi.

J'étais sur le pont et je contemplais le paysage ; le NGCC *Pierre-Radisson* remontait petit à petit le Tungdiliafik, le plus long des fjords du sud, encore si encombré d'icebergs et de glaces flottantes que même notre brise-glace moderne ne progressait que lentement. J'avais tout le temps de réfléchir aux sentiments qu'éprouvèrent les premiers immigrants européens en songeant à leurs perspectives d'avenir sur cette terre de titans.

À quelque 80 kilomètres de la côte extérieure, morne et nue, le fjord se divisait. Nous empruntâmes l'embranchement de gauche, qui nous fit pénétrer dans un univers caché où le liséré onduleux des prairies était entouré de la sombre menace des montagnes.

Alors que le long corridor du fjord était presque dénué de vie manifeste, ici, à son extrémité, on découvrait une surabondance de créatures vivantes. Les eaux calmes doublaient d'un reflet les icebergs immobiles entre lesquels dansaient des douzaines de phoques et des bancs de marsouins survolés par les arabesques des goélands. Pourtant, c'était sur terre que la vie se manifestait de façon plus frappante.

Une douzaine de maisons de bois peintes de couleurs vives étaient éparpillées le long de la rive ouest. Une flottille de petites embarcations avaient été tirées sur la plage devant les façades. Des gens de tout âge flânaient là, vêtus de leurs plus beaux atours. Derrière les maisons, les pentes herbeuses étaient parsemées de moutons ; çà et là, un poney dressait la tête et jetait un regard indifférent à la chose peinte en rouge qui venait d'apparaître et de jeter l'ancre dans le bassin.

Nous débarquâmes pour nous joindre aux festivités organisées par les habitants de la région. La plupart portaient des noms danois mais se considéraient de même souche que les Inuits du Canada. Ils ne furent guère impressionnés par le flafla officiel qu'on déploya en l'honneur d'Erik le Rouge, mais n'en furent pas moins des hôtes très accueillants.

Tard cet après-midi-là, je demandai à un jeune homme trapu appelé Hans de me montrer l'emplacement de la maison d'Erik Raudi. Avec obligeance, Hans prit les devants pour traverser une tourbière clapotante qui avait été une plage aux premiers âges du monde mais qui se trouvait maintenant à sec, à 800 mètres à l'intérieur des terres.

La ferme de Brattahlid – comme l'appela Erik – se dressait sur cette plage surélevée d'où elle commandait une vue dégagée de l'entrée du fjord. Nul navire, nulle barque, nul objet flottant sur l'eau n'aurait pu approcher sans être aperçu. Mais, à l'époque de notre visite, les seuls habitants de l'endroit étaient trois moutons apparemment dyspeptiques et un couple de bruants des neiges.

De la ferme elle-même, il ne restait rien de très visible. Après quelque cinq siècles d'habitation humaine, Brattahlid avait été laissée à l'abandon l'espace de cinq autres siècles au cours desquels ses murs de pierre et de tourbe et sa toiture de gazon s'étaient affaissés et transformés en tertres informes. Ces monticules avaient été fouillés par des archéologues danois dans les années 1930. L'herbe avait repoussé mais le travail des pelles avait révélé que, au cours des siècles d'occupation scandinave, un certain nombre de salles avaient été ajoutées autour de la construction originale d'une seule pièce.

C'était surtout cette pièce originale qui m'intéressait. Décrite dans les textes archéologiques comme « la première maison connue du Groenland », elle consistait en un espace enclos de murs, d'environ 15 mètres sur 4,5 mètres – correspondant de près, par la forme et les dimensions, aux ruines de l'Arctique canadien que j'identifie à des maisons coiffées de bateaux. Toutefois, les murs de pierre et de tourbe de ce bâtiment ne mesuraient pas moins de 3,5 mètres d'épaisseur – beaucoup plus qu'il n'en aurait fallu pour soutenir un toit ou isoler une maison. J'ai le sentiment que ces murailles massives étaient destinées tant à défendre les habitants d'une agression qu'à dispenser une protection contre les intempéries.

L'impression qu'il s'agit d'une maison conçue pour servir également de bastion et capable de soutenir un siège est renforcée par la présence, *dans l'épaisseur* des murs, d'une rigole de pierre qui achemine l'eau d'une source cachée à l'extérieur. Les fouilles de trois autres maisons groenlandaises très anciennes ont mis au jour des dispositifs similaires d'alimentation en eau, encastrés dans des murs d'une épaisseur exceptionnelle. Fait à noter, on n'a jamais signalé de telles particularités dans les maisons d'origine scandinave incontestable, au Groenland ou en Islande.

J'en conclus que la maison originale du site de Brattahlid fut probablement construite par des réfugiés albains qui fuyaient l'invasion scandinave à Tilli.

Selon un principe historique bien établi, on sait que les habitants successifs d'un lieu ont tendance à établir leurs demeures aux endroits mêmes où d'autres ont construit leurs maisons avant eux. À mon avis, ou Erik Raudi a occupé une maison déjà existante à cet emplacement, ou il a construit sa ferme sur les ruines de cette maison [3].

Il convient d'ajouter que, de tous les objets retrouvés dans les couches les plus anciennes de ces maisons groenlandaises, *bien peu sont incontestablement scandinaves, voire aucun.* La plupart sont des objets de tous les jours, d'usage commun parmi les petites gens de l'époque dans tout le nord de l'Europe.

Les Albains qui cherchèrent refuge à Crona avaient sans doute de bonnes raisons de se croire encore en danger. La distance qui séparait les fjords du sud de l'Islande occidentale n'était pas plus grande que celle qui séparait l'Islande de la Norvège. Ce que les Loups d'Odin avaient accompli une fois, ils pouvaient l'accomplir encore.

Cependant, la crainte de voir bientôt des écumeurs se mettre à ravager Crona était prématurée. L'espace de plusieurs décennies après la prise de Tilli, les Scandinaves furent si bien occupés par leurs propres querelles à propos de leurs droits de propriété et de leurs positions sociales respectives que, s'ils eurent le temps de songer aux chrétiens fugitifs, ce fut probablement pour se dire contents d'être débarrassés de cette bande de vauriens.

Voici ma propre conception des événements qui se déroulèrent au cours de cette période.

L'espace d'un demi-siècle, les colonies albaines à Crona prospérèrent en paix. Il y avait des terres plus qu'à suffisance dans les deux régions des fjords, assez pour combler les besoins d'une population considérable et toujours croissante. Vers 900, le climat était devenu beaucoup plus chaud qu'aujourd'hui, et le réchauffement se poursuivait. Année après année, les groupes albains croissaient en nombre et s'aventuraient de plus en plus loin. Les enfants grandissaient et s'établissaient dans leurs propres fermes, si bien que presque chaque vallée herbeuse abritait au moins un *croft*.

La chasse et la pêche faisaient toujours partie intégrante de la vie des fermiers ; le sud de Crona offrait des ressources animales d'une grande diversité et d'une réelle abondance, du moins les premières années. À ces ressources s'ajoutait le produit des expéditions de chasse estivales dans la baie de Disko et les régions environnantes.

Malgré la distance accrue qui la séparait de l'Europe, l'Alba cronienne ne manquait de rien sur le plan matériel ou culturel. Les marchands européens avaient commencé à faire la traite directement avec Crona bien avant que Tilli fût tombée aux mains des Scandinaves. Et pourquoi pas, en effet ? Les marins de l'époque ne couraient pas plus de dangers à naviguer en haute mer qu'à longer des rivages infestés de rochers, d'écueils, de vents portant en côte et, trop souvent, de pirates.

La plupart des vaisseaux qui s'adonnaient à la traite étaient semble-t-il britanniques, mais il se peut qu'un certain nombre de vaisseaux albains, descendants possibles des bâtiments orcadiens qui voyageaient jadis vers le sud, aient effectué la traversée vers l'est depuis Crona. Les navires marchands britanniques venaient pour la plupart de Bristol et d'autres ports de la côte ouest ; leur point de départ habituel était Malin Head en Irlande. Leur trajet était calculé de manière à les conduire assez près de l'Islande pour que le reflet des montagnes fût en vue dans le lointain, tout en les maintenant assez loin au large pour leur éviter d'être repérés et interceptés par les pirates scandinaves.

La distance à parcourir était d'environ 2 900 kilomètres, soit dix-huit jours de navigation dans des conditions idéales – qui se présentaient rarement. Un vaisseau européen qui atteignait Crona en trois semaines avait fait une bonne traversée. Pour le voyage du retour, avec les vents dominants de l'ouest en poupe, le navire pouvait escompter une traversée plus rapide. On ne naviguait pas encore au compas mais les marins pouvaient trouver et atteindre leur destination en « suivant » des lignes d'une latitude connue. Les voyages à destination d'endroits aussi éloignés que Crona étaient sans contredit dans les limites des capacités des navires et des marins de l'époque, et les avantages qu'on tirait en rapportant dans un port européen une cargaison de marchandises de traite arctiques valaient bien les risques encourus [4].

Les cargaisons à destination de Crona se composaient surtout de produits de première nécessité tels la farine, le grain, le miel (seul édulcorant largement répandu à l'époque) et les billettes de fonte. On importait sans doute une quantité relativement petite de produits manufacturés ; il s'agissait surtout d'outils de fer, d'ustensiles de cuivre et de quelques articles de poterie.

Les liens culturels avec les « vieux pays » n'étaient pas rompus. Les navires marchands transportaient non seulement des cargaisons mais aussi des passagers, et notamment des prêtres et des religieux ; en effet, l'Église faisait partie intégrante de la vie albaine, comme toujours depuis le VIe siècle.

L'Église avait de bonnes raisons, tant spirituelles que temporelles, de maintenir des liens avec Tilli et, après l'abandon de Tilli aux Scandinaves, avec Crona. Les marchandises de traite, et l'ivoire en particulier, reçus en guise de dîmes, procuraient aux évêchés nord-européens une portion significative de leur revenu et, de même, contribuaient sensiblement à remplir les coffres de Rome.

Des documents attestent le maintien d'une liaison continue entre l'Église du Groenland et de l'Europe, dès 834 au moins. Ces textes établissent, sans qu'on puisse sérieusement en douter, que le Groenland faisait partie de la communauté chrétienne de l'Atlantique Nord *cent cinquante ans avant la prétendue découverte de cette île par Erik Raudi.* Les textes démontrent également que l'Islande était un pays chrétien bien avant l'arrivée des Scandinaves.

Bien que ces documents aient été d'abord mis en lumière par Peter De Root dans *History of North America Before Columbus*, publié à Philadelphie en 1900, ils ont été immanquablement et, je présume, inévitablement négligés par les historiens nordiques qui tiennent fort à l'opinion selon laquelle les Vikings furent les premiers à traverser l'Atlantique. J'ai traité plus en détail de ces documents et du mystère apparent de leur oubli dans *Westviking* [5].

Quels que soient les doutes qui pourraient subsister à propos de l'histoire ancienne du Groenland, nous pouvons affirmer avec certitude que des gens vivaient là-bas au IXe siècle, étaient desservis par des prêtres chrétiens et entretenaient des relations avec l'Ancien Monde… comme avec le Nouveau.

Par un jour de juillet, trois quarts de siècle après le départ définitif du Hauturier *qui avait fui Tilli, son homonyme de l'heure se préparait à quitter Havre-au-Sable, qui était devenu le port d'attache du clan à Crona.*

Des vaches à poil long et des moutons hauts sur pattes parcouraient en gourmands les pentes verdoyantes qui s'élevaient derrière les maisons coiffées de gazon des deux clans de traite qui partageaient le port. La population entière était rassemblée devant une petite église aux murs de pierre et de tourbe; tous portaient le blanc traditionnel en cette occasion. Même les hommes d'équipage du Saint Stephan, *le vaisseau de Bristol mouillé au port, s'étaient couvert les épaules d'étoffes blanches. En effet, c'était le jour où l'on bénissait les navires au nom de saint Alban, fondateur du principal monastère de Tilli et saint patron des marins albains.*

Pour un œil non averti, le Hauturier *et son vaisseau frère, le* Narval, *tirés tous deux sur la plage de galets, étaient sans doute impossibles à distinguer des bâtiments ancestraux remontant à plusieurs centaines d'années. Mesurant une quinzaine de mètres de bout en bout, ils avaient une ligne de flottaison presque aussi longue que le* Saint Stephan *aux bordages de chêne, mais leur charpente était beaucoup plus légère et leur tirant d'eau beaucoup plus faible.*

Le Saint Stephan *était arrivé tard l'été précédent et avait passé l'hiver à Havre-au-Sable. À présent, il se préparait à appareiller pour les fjords du nord, après quoi il comptait traverser le détroit de Davis pour une expédition dans les territoires de l'ouest.*

La foule réunie devant l'église se mit en rangs et commença à défiler vers la plage, procession blanche conduite par un prêtre sans tonsure; sa chevelure noire et broussailleuse lui atteignait les épaules. Plusieurs jeunes gens des deux sexes l'entouraient, agitant au bout de longues hampes des bannières de laine décorées et psalmodiant des prières à l'intention des navires et des gens qui allaient partir le lendemain.

C'était une foule joyeuse et elle allait devenir plus joyeuse encore au cours du festin qui suivrait: caribou rôti, phoque et saumon bouillis, pain d'orge chaud et, mieux encore, plusieurs tonnelets de bière de bere, *contribution du patron du* Saint Stephan. *On avait de bonnes raisons de festoyer. Les habitants de Crona connaissaient la paix et la prospérité. Nul n'était riche, mais tous possédaient le nécessaire et presque tout le désirable. Ils tiraient une partie de leur subsistance de la terre et des eaux de Crona, mais la majeure partie provenait des territoires de chasse au delà de la mer du Labrador, et tous en étaient conscients.*

En 930, on connaissait déjà les territoires de l'ouest depuis un siècle. Les hommes des clans de traite s'étaient peu à peu aventurés loin au nord du cap Dyer sur la côte est de la terre de Baffin, ils s'étaient risqués à une distance considérable vers le sud en longeant la côte atlantique du Labrador et ils avaient exploré une grande partie de la baie d'Hudson et du bassin de Foxe.

Ils connaissaient les plages où se massaient les morses, les eaux où s'ébattaient les narvals et les îles où nichaient les eiders, les falaises où les gerfauts bâtissaient leurs nids et les tanières où hibernaient les ours blancs. Bref, ils savaient où trouver les créatures dont ils dépendaient depuis les temps anciens pour maintenir leur mode de vie.

CHAPITRE XXI

L'UNGAVA

Le capitaine du Saint Stephan *avait pris un surcroît de précautions pour assurer la sécurité du vaisseau, de l'équipage et de la cargaison pour le voyage qui s'amorçait. Non content de prendre à son bord, comme pilote, un homme des clans de traite qui connaissait bien les territoires de l'ouest, il avait convenu de naviguer de conserve avec le* Hauturier *et le* Narval.

Les trois vaisseaux ne se perdirent pas de vue l'espace d'un jour et demi après avoir quitté Havre-au-Sable. Ils atteignirent alors le cap Desolation ; le Narval *et le* Saint Stephan *continuèrent à remonter la côte de Crona vers le nord tandis que le* Hauturier *virait vers l'ouest et prenait le large.*

Le temps se maintint au beau cinq jours durant ; le Narval *et le navire marchand de Bristol longeaient un littoral profondément échancré de fjords et bordé de montagnes dont le relief, quoique déchiqueté, semblait presque insignifiant en regard de l'arrière-plan menaçant de l'inlandsis.*

Le sixième jour, le Narval *montra le chemin dans le vaste golfe parsemé d'îles qui masquait l'entrée des fjords du nord. Là, le port grouillait d'embarcations qui attendaient l'arrivée du premier navire marchand de la saison.*

Le capitaine du Saint Stephan *aurait pu troquer la majeure partie de sa cargaison contre les produits des fermes, mais il avait des marchés plus avantageux en tête. Au bout de deux jours il était prêt à partir. Les gens du* Narval *n'étaient pas moins pressés de reprendre la mer.*

Un violent suroît fit la vie dure aux deux vaisseaux pendant la traversée du détroit de Davis. Les navires trouvèrent sur leur chemin d'innombrables icebergs grands et petits ; le Narval *devait se faufiler avec précaution entre les plaques de glace que le* Saint Stephan *pouvait écarter sans danger avec sa solide proue de chêne. On naviguait sans relâche car la nuit ne tombait jamais vraiment ; le troisième jour, les deux vaisseaux arrivèrent en vue de terre au cap Dyer, dans la terre de Baffin.*

Une fois là, ils se séparèrent. Le Narval *mit le cap au nord en direction de Merchants Bay, où les hommes allaient abattre des vaches marines parmi les multitudes qui s'entassaient là-bas sur les plages au début de l'été. Quand les morses survivants partiraient pour le fin fond de l'Arctique, le* Narval *reviendrait vers le sud et gagnerait le poste de son clan sur la côte ungavienne.*

Guidé par le pilote albain, le Saint Stephan *longea le littoral vers le sud depuis le cap Dyer, traversa dans toute leur ampleur l'entrée des baies de Cumberland et de Frobisher, gagna l'île de la Résolution et de là le détroit d'Hudson. Chemin faisant, le pilote prit soin de signaler les repères qu'offraient l'eau et la terre, et le capitaine en prit bonne note dans son routier – son recueil personnel d'instructions nautiques. Il n'existait ni cartes ni manuels de pilotage à l'époque. Les capitaines au long cours tenaient chacun, avec un soin jaloux, leur propre journal de bord indiquant la façon de naviguer d'un lieu à un autre, les choses à surveiller, les dangers à éviter, la durée des voyages, le temps qu'il faisait et la nature des eaux où ils naviguaient.*

Le navire fut entraîné par le courant de marée formidable qui s'engouffrait dans le détroit d'Hudson. Quand venait le jusant, le pilote maintenait le navire si près de la rive nord que chacun frémissait à la vue des rochers et des récifs qui se découvraient droit sous l'étrave alors que le navire se traînait au ralenti. Lorsque la marée remontait, le pilote profitait du flot et la terre paraissait alors défiler à la vitesse de l'éclair.

Cette méthode était bonne tant qu'on pouvait voir où l'on allait. Mais, la plupart du temps, le navire voguait dans un linceul de brouillard si épais que la tête du mât, et même l'extrémité du beaupré pointé en diagonale, restaient invisibles depuis le pont. Le détroit des Brumes, ainsi que l'appelaient les marins, était et reste encore l'une des plus grandes machines à cracher le brouillard que le monde ait forgée.

Sondant sans cesse le fond, s'en remettant à sa connaissance des courants et de la profondeur de l'eau, le pilote mena enfin le gros vaisseau en lieu sûr au delà du promontoire bien visible du cap Hopes Advance, où il pénétra dans la baie du Diana. Située stratégiquement à la jonction du détroit d'Hudson et des eaux occidentales de la baie d'Ungava, la baie du Diana était aisément reconnaissable et facile à approcher. Elle offrait en outre l'un des meilleurs mouillages en eau profonde de tout l'est de l'Arctique ; son bassin était un entrepôt naturel.

L'arrivée du Saint Stephan *était un événement capital. Jusque-là, seuls quelques navires européens s'étaient aventurés si loin à l'ouest, la plupart des marchands préférant faire la traite avec les hommes qui rentraient des expéditions de chasse et qu'ils rencontraient à Crona. Mais les marins assez hardis pour se rendre à la baie du Diana avaient l'avantage de rafler des marchandises de premier choix; or, le capitaine et propriétaire du* Saint Stephan *était assez audacieux pour s'aventurer n'importe où, à condition d'y trouver son profit.*

Le Saint Stephan *avait à peine jeté l'ancre dans la rade, sous la masse protectrice des trois grosses tours balises de l'île du Diana, que déjà les bateaux des postes de chasseurs de la baie s'éloignaient vers l'ouest et le sud pour colporter la nouvelle. Ces embarcations, revêtues de peaux et munies de six ou huit rames, étaient légères mais robustes et rapides. En moins d'une semaine elles avaient annoncé l'arrivée du* Saint Stephan *à la plupart des postes de chasseurs et aussi à quantité de campements tunits.*

Des bateaux albains lourdement chargés, accompagnés d'embarcations tunits plus petites, convergèrent bientôt vers la baie du Diana. Avant qu'une autre semaine fût passée, l'île du Diana était devenue le site d'une foire commerciale turbulente et joyeuse. Y prenaient part des bandes de Tunits, des groupes d'Albains des postes de chasseurs et un certain nombre de livyers[1] *d'ascendance mixte, albaine et tunit.*

Pendant ce temps, le Hauturier *avait essuyé du gros temps et subi un jour et une nuit de tempête après s'être écarté des côtes de Crona. Puis le vent avait viré au sud et lui avait permis de franchir la mer du Labrador vers le détroit des Brumes, en courant vent de travers avec un rouleau d'écume en proue.*

Quand, le huitième jour de la traversée, la vigie repéra la pointe septentrionale du Labrador qui marquait du côté sud l'entrée du détroit, nul, parmi les 12 hommes et les 5 femmes à bord, ne fut plus ravi que l'épouse tunit du patron. Cette jeune femme fut prise d'un violent émoi à l'idée de revoir son pays et les siens après toute une année passée à Crona dans la famille de son mari. Elle avait été bien accueillie… mais c'est à l'ouest qu'elle se sentait chez elle.

Le Hauturier *ne trouva que quelques effilochures de brouillard à l'entrée du détroit des Brumes. Profitant de cette chance rare, le patron traversa l'extrémité de la baie d'Ungava en mettant le cap droit vers l'île Pamiok, située à l'embouchure de la rivière Payne, à quelque 110 kilomètres au sud de la baie du Diana.*

Petite, stérile, mais avantageusement située, Pamiok était à l'origine un poste de chasseurs partagé par quatre clans. Deux d'entre eux avaient uni leurs efforts pour construire une fondation double mesurant près de

28 mètres de long et destinée à recevoir deux vaisseaux retournés et disposés bout à bout. Les autres clans, dont celui du Hauturier, *avaient bâti des fondations à part.*

En l'espace de quelques décennies, trois des clans étaient devenus des livyers*; ils vivaient dans les territoires de l'ouest. Par conséquent, ils avaient presque abandonné l'île Pamiok; ils passaient l'été sur les rives lointaines de la baie d'Hudson et l'hiver en compagnie des Tunits, au bord d'un grand lac de l'intérieur dans la péninsule d'Ungava.*

Au début de l'été de 1948, Jacques Rousseau, le directeur du Musée national du Canada*, entreprit de traverser la péninsule d'Ungava d'ouest en est, en compagnie d'un jeune anthropologue français, Jean Michéa.

Au cours de cette équipée en canot de près de 650 kilomètres ils remontèrent la rivière Kogaluc depuis la baie de Povungnituk jusqu'au lac Payne, puis descendirent la rivière Payne jusqu'à la baie d'Ungava. Le trajet n'était marqué sur aucune carte et, aux dires du père Steinman, le prêtre qui desservait la mission des Oblats à Povungnituk lorsque je visitai cet endroit dans les années 1960, aucun homme blanc n'avait emprunté ce trajet avant eux.

« Du moins, pas à notre époque, me dit-il, mais d'après les Inuits c'est une route bien marquée. Beaucoup de cairns tout au long du trajet. Des *gros*; pas des *inukshuak*. Les vieux racontent qu'ils ont été construits par des *kablunait* – « hommes blancs » – avant la venue des Inuits dans le pays. Je peux vous montrer une photo de l'un d'eux, qui se trouve sur la côte près d'ici. Il avait un frère jumeau mais des prospecteurs l'ont démoli il y a deux ou trois ans pour voir s'il y avait un message à l'intérieur. »

Le jumeau restant se dressait (et se dresse encore, je l'espère) sur le cap Anderson, qui forme la pointe nord de la baie de Povungnituk. C'est un cylindre massif de trois mètres de hauteur environ et de plus de 1,2 mètre de diamètre, constitué de pierres plates adroitement empilées – or, certaines doivent peser autour de 150 kilos. Steinman me confia qu'il y avait d'autres cairns semblables dans le labyrinthe d'îles à l'embouchure de la rivière Kogaluc.

Accompagné d'un guide *inuk*, le groupe de Rousseau quitta Povungnituk à bord d'un canot de charge de près de sept mètres de long.

---

* N.D.T. : Jacques Rousseau n'occupa ce poste qu'à partir de 1956. En 1948, il était directeur du Jardin botanique de Montréal.

Ils remarquèrent les balises à l'embouchure de la Kogaluc ; par la suite, presque à chaque endroit où ils auraient pu s'égarer en chemin, ils trouvèrent ce que Rousseau décrivit comme « des cairns symétriques et bien faits ».

Sur les hauteurs à la ligne de partage des eaux, les voyageurs pénétrèrent dans un dédale de lacs et de ruisseaux où ils aurait pu errer des jours durant si le portage clé formant jonction n'avait été marqué par une colonne de pierre visible à plusieurs kilomètres de distance. Quatre jours plus tard, les canoteurs atteignaient le lac Payne.

À son extrémité est, ce lac de près de 130 kilomètres de long se rétrécit pour former un goulet d'une centaine de mètres de largeur sur environ un kilomètre et demi. En atteignant cet endroit, le guide échoua le gros canot sur la rive nord. Il dit aux hommes blancs que c'était la grande « traverse » des *tuktu* – des « caribous ». En effet, la plage et la déclivité qui y conduisait avaient été si bien piétinées par des sabots sans nombre que leur surface était aussi lisse que le macadam d'une route.

À partir de la fin de l'été, les troupeaux de caribous de l'Ungava descendent vers le sud sans trajet précis mais doivent obliquer vers l'est, arrêtés par l'obstacle de l'eau. Lorsqu'ils atteignent le goulet du lac Payne, les innombrables petits troupeaux se sont fondus en une seule masse si énorme que, après leur traversée à la nage, les rives, sur plusieurs kilomètres en aval, sont ourlées sur un mètre de largeur de la mousse blanche des poils que les bêtes ont perdus. Selon l'estimation des biologistes, jusqu'à 100 000 caribous franchissent chaque année ce passage étroit.

Les ancêtres du guide, aux dires de ce dernier, passaient toujours l'hiver à cet endroit afin de profiter de la manne des caribous. Rousseau et Michéa trouvèrent la toundra rocailleuse de la rive nord si bien criblée de cercles de tentes et de structures d'habitations de creusement qu'on eût dit un paysage lunaire. Des dépressions comblées de mousse étaient en apparence tout ce qui restait des maisons semi-souterraines aux murs de tourbe et de pierre. Michéa en compta 22 et les fouilles ultérieures en révélèrent au moins 30 de plus. Même si elles ne furent jamais toutes occupées en même temps, il reste que le terrain dominant le goulet devait de temps à autre faire figure de véritable métropole au sein de la toundra autrement peu peuplée.

Les fouilles préliminaires effectuées par Michéa et Rousseau livrèrent de grandes quantités d'os de caribous et révélèrent que, parmi les habitants du lieu, dans la chaîne des occupations successives, figuraient les Dorsétiens. L'endroit, en fait, était le premier site dorsétien qu'on découvrait à une distance appréciable dans les terres, loin de toute étendue d'eau salée.

Quelques jours plus tard, le petit groupe continua son chemin. Les voyageurs descendirent rapidement la Payne en laissant derrière eux deux autres tours balises. Puis, non loin de l'embouchure de la rivière, ils tombèrent sur l'un des plus extraordinaires monuments du Grand Nord canadien. Il s'agit d'une stèle, ou pierre levée, de près de trois mètres de hauteur, pesant environ deux tonnes. À son sommet est posée en équilibre une pierre transversale de plus de 1,2 mètre de longueur. Cette pierre est à son tour surmontée d'un bloc de granite légèrement décentré de quelque 35 centimètres de côté.

L'effet visuel que produit cette croix difforme est stupéfiant – et profondément mystérieux. Érigée au fond de la vallée, la croix n'est guère visible de loin, mais si quelqu'un d'aventure remontait la rivière à la recherche d'une communauté chrétienne censée se trouver dans les parages, la croix, sans équivoque, conduirait le chercheur en amont jusqu'à la première balise indiquant le chemin du lac Payne.

Rousseau ne devait jamais oublier la croix, ni le « chemin des caribous ». Il était convaincu qu'un fait d'une grande importance historique attendait d'être mis au jour quelque part près de là – un fait qui ne concordait pas avec la succession sans bavure des occupants de l'Arctique canadien : Prédorsétiens, Dorsétiens, Thuléens et Inuits, séquence à laquelle adhéraient et adhèrent encore la plupart des archéologues professionnels.

En 1957, peu après sa nomination au poste de directeur du Musée national de l'homme, Rousseau envoya dans le Nord un nouvel employé, William Taylor, avec pour mission de sonder ces sites.

Taylor s'envola vers le lac Payne, où il passa un mois à exhumer des objets façonnés par les Dorsétiens, les Thuléens et les Inuits. Il fit également quelques découvertes qui, me confia-t-il plus tard, « laissaient soupçonner une présence européenne ».

Quoique méticuleux à l'ordinaire quand il rendait compte de son travail sur le terrain, Taylor ne publia jamais les résultats complets de ses fouilles au lac Payne. Lorsque je lui demandai pourquoi nombre d'années plus tard, il me répondit sans ambages que toute allusion à une présence européenne dans un site arctique précolombien risquait de « soulever l'ire des bonzes de la profession… J'étais un petit nouveau dans le métier, alors qui étais-je pour jouer les trouble-fête ? Et, pardessus le marché, je n'avais aucune preuve solide ».

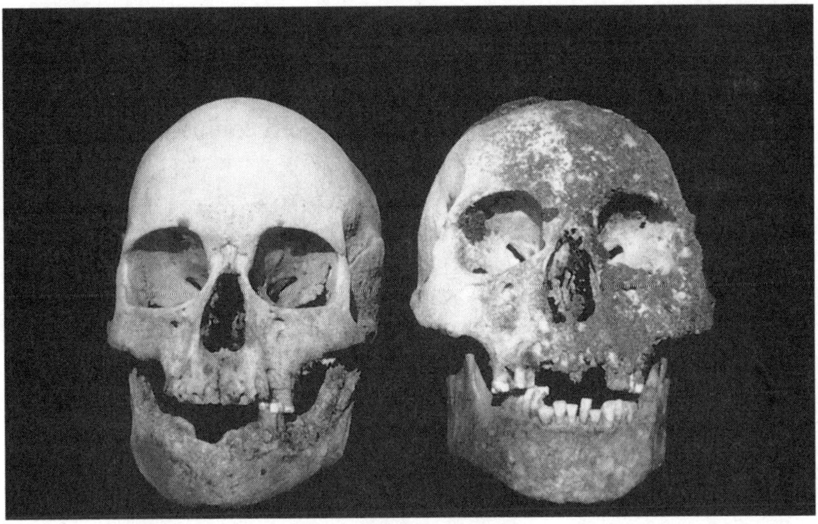

Deux crânes prélevés dans les sépultures de l'île Pamiok.
Celui de droite est typiquement esquimau et celui de gauche
présente des traits à prédominance nord-européenne.

À la prière instante du directeur du poste de la Compagnie de la Baie d'Hudson de la rivière Payne, Taylor visita également l'île Pamiok à l'entrée de l'estuaire de cette rivière. Une fois sur place, on lui fit voir une structure qu'il décrivit comme une immense fondation de pierre qui ne ressemblait à aucune autre ruine répertoriée de l'Arctique nord-américain. Taylor retourna quelques mottes de terre mais quitta l'île le jour même. En fait, il ne revint jamais fouiller cette extraordinaire anomalie. Mais l'ambivalence de son attitude à l'égard de ce site transparaît dans le nom qu'il lui donna en langue inuit : *Imaha* – qui se traduit par « peut-être ».

« Peut-être quoi ? » lui demandai-je lorsqu'il fut question entre nous de sa découverte.

Il sourit. « Un bon scientifique ne ferme jamais les portes. Peut-être qu'un jour quelqu'un apportera la preuve que des voyageurs scandinaves ont séjourné jadis à l'île Pamiok. Si c'est le cas, je ne tomberai pas des nues, comme on dit. »

Je lui rappelai que l'archéologue Tom Lee avait trouvé des crânes humains associés aux maisons longues de Pamiok ; l'un d'eux, selon l'anthropométriste Carleton S. Coon de l'université Harvard, était « probablement européen », et un autre « à prédominance européenne, sinon complètement européen ». Lee avait également découvert un fer de hache rouillé, de l'espèce typique qu'on employait dans le nord de l'Europe au Xe siècle. L'analyse métallurgique effectuée par le ministère canadien de l'Énergie, des Mines et des Ressources avait établi que sa composition et son mode de fabrication étaient compatibles avec ceux des outils européens de cette époque.

Je lui rappelai aussi la présence, aux environs de Pamiok (et de la plupart des autres maisons longues de la baie d'Ungava découvertes par la suite), d'abris de pierre destinés à servir de nichoirs aux eiders et donc à faciliter la cueillette de leur duvet. On a fait usage d'abris de ce genre depuis l'Antiquité dans les îles du nord de l'Europe, et on s'en sert encore en Islande. Il n'existe cependant aucune preuve démontrant que les peuples autochtones d'Amérique du Nord aient jamais construit ce genre de dispositif. On tient ces objets pour strictement européens.

Taylor hochait la tête pendant que je défilais ma liste d'arguments. « Ce sont des indices, bien sûr, mais pas des preuves, Farley. *Imaha* ! Mais ne vous attendez pas à me voir enfourcher le dada scandinave. »

En 1967, William Taylor fut nommé directeur du Musée national de l'homme du Canada, poste qu'il occupa (d'abord effectivement, puis à titre honoraire) jusqu'en 1994, année où il mourut chargé d'honneurs et de distinctions.

L'histoire de Thomas E. Lee est quelque peu différente. Lee vint au monde dans un village de pêcheurs du sud-ouest de l'Ontario, où il passa également sa jeunesse. Pendant la Seconde Guerre mondiale, il servit à l'étranger dans les Forces armées canadiennes et rentra au Canada en 1945 après avoir survécu à des campagnes en Inde et en Birmanie. Il revint au pays résolu à réaliser une ambition de jeunesse : devenir archéologue.

En 1950, il commença à travailler pour le Musée national, où il acquit bientôt une réputation d'anticonformiste pour lequel les théories doctrinaires représentaient un irrésistible défi. Certains de ses collègues le tenaient pour politiquement naïf. Comme il me le déclara lui-même, il méprisait « l'érudition des lécheurs de bottes ». Ses travaux étaient néanmoins de haut calibre et Lee demeura à l'emploi du Musée jusqu'au jour où son chef et mentor, Jacques Rousseau, en fut évincé par une clique d'archéologues des universités américaines qui prirent le contrôle effectif des milieux archéologiques canadiens.

La loyauté de Lee n'avait d'égal que son ardent sentiment national. Il démissionna de son poste au Musée national et se trouva bientôt frappé d'ostracisme au sein de sa propre profession. Par la suite, sept années durant, il fut incapable d'obtenir un poste d'archéologue à temps plein. Le vent ne tourna que le jour où Rousseau devint directeur du Centre d'études nordiques de l'Université Laval. En 1964, Rousseau put embaucher Lee à temps partiel pour l'examen du site du lac Payne ; deux ans plus tard, Lee faisait partie du personnel permanent.

De 1964 à 1975, Lee mena à bien huit expéditions au lac Payne, à la rivière Payne et sur les côtes ungaviennes. Malgré le manque de fonds et le manque de personnel, malgré le manque de respect de la part de l'establishment archéologique, Lee persévéra.

Il passa presque tout l'été de 1964 et une partie de l'année 1965 à effectuer des fouilles minutieuses dans les structures de creusement près du goulet du lac Payne. Dans certaines structures, Michéa avait déjà sondé les lieux, puis Taylor avait effectué des fouilles. Lee poursuivit ses propres excavations en creusant le pergélisol jusqu'aux niveaux d'occupation les plus anciens. Ses travaux révélèrent que certaines maisons avaient été creusées par les Dorsétiens anciens, puis occupées par les Dorsétiens récents, par les Thuléens et finalement par les Inuits d'avant l'époque des échanges commerciaux puis par des Inuits des temps modernes.

Lee découvrit que la dernière couche d'occupation du Dorsétien présentait un certain nombre de caractéristiques étrangères à cette culture. Citons notamment des singularités de forme et de facture des objets façonnés en pierre. Mais Lee fut surtout impressionné par la quantité d'os et d'andouillers *qui avaient été façonnés à l'aide d'outils de métal* – scies, forets, haches et, bien sûr, couteaux[2]. Trois analyses au carbone 14 des échantillons prélevés dans ces couches « avec emploi d'outils de métal » livrèrent des dates situées entre 1200 et 1300.

Lee croyait que Taylor avait trouvé des spécimens semblables mais, comme Taylor n'a rien publié à propos de cette facette de son travail au lac Payne, nous ne saurons probablement jamais la vérité.

Lorsque Lee publia le compte rendu soigneusement détaillé de ses fouilles de 1964, ce fut le pavé dans la mare. Après recensement des anomalies découvertes au site du goulet, Lee concluait : « Tout indique la présence d'une influence scandinave ou d'une autre influence européenne, dont la meilleure explication reste le métissage racial et culturel[3]. »

« La composante européenne n'était sans doute pas l'apport de nouveaux arrivants », me confia Lee en 1978 dans une lettre, « mais, selon toute probabilité, de gens établis dans le pays depuis de nombreuses générations et bien adaptés au mode de vie indigène. Au site Michéa (goulet du lac Payne), ils vivaient dans les mêmes maisons que les

Thomas Lee pose au sommet d'une tour balise à l'embouchure de la rivière Payne. Cette tour fait 3 mètres de hauteur sur 1,8 mètre de diamètre.

Dorsétiens, tout en apportant leurs propres outils de métal. Peut-être vivaient-ils tous comme un seul et même peuple, et peut-être devons-nous les concevoir comme tels[4]. »

Alors que l'été de 1964 tirait à sa fin, Lee trouva par hasard un canot abandonné par des prospecteurs qui étaient partis par la voie des airs. Un ours avait lacéré le revêtement de toile mais Lee répara les déchirures de son mieux avec des pansements élastiques puis se lança dans une périlleuse reconnaissance de la rive sud du lac.

C'est là qu'il découvrit ce qui était peut-être, à son avis, le premier établissement européen en Amérique du Nord. Il l'appela le site Cartier.

En 1967, après ma visite à l'île Pamiok, je m'envolai avec Lee pour aller voir le site Cartier. Après avoir quitté le Otter et pataugé jusqu'au rivage, Lee me montra les lieux de son pas pressé, en veillant à me faire comprendre les moindres subtilités de l'endroit.

Il m'apprit que, lors de sa première visite, il n'y avait pas grand-chose à voir, sinon quelques dépressions peu profondes dans une bande riveraine de près de 200 mètres de longueur. Ces renfoncements étaient vaguement délimités par des bourrelets herbeux d'où émergeaient çà et là de grosses pierres.

« Cela me rappelait, devait écrire Lee plus tard, les vestiges de caves comblées dans les rues d'un village fantôme... un agencement tellement régulier que j'avais peine à en croire mes yeux ; pareille chose, ici en Ungava, au milieu de la toundra. Je sentais que rien de tout cela ne provenait d'un peuple autochtone. »

Trois autres saisons consacrées aux fouilles de ce site ne firent que renforcer sa première impression[5]. Sous l'herbe, puis sous la mince couche de terre rocailleuse qu'on enleva, des planchers de maisons apparurent, longs, relativement étroits et pavés de pierres prélevées sur la plage en fonction de leur taille. Les murs de tourbe renforcés de moellons s'étaient écroulés depuis longtemps en répandant de lourdes pierres sur les planchers. Il ne restait ni orifices de poteaux ni vestiges de charpente pour indiquer comment était fait le toit de ces maisons.

Même aux jours heureux du petit optimum climatique, le lac Payne se trouvait nettement au nord de la limite des arbres ; pourtant, des saules arctiques poussaient dans cette région. Incapables de croître en hauteur à cause des grands vents d'hiver, ils poussaient en largeur, presque au ras du sol. Lee trouva quelques petites « forêts » rases de ce genre jouxtant le site de son village. Le tronc de chaque arbre ne mesurait guère que trois à cinq centimètres de diamètre, mais les branches rampantes s'étendaient en éventail jusqu'à quatre mètres et demi du tronc. Lee songea que ces saules avaient pu servir d'une manière ou d'une autre à façonner la charpente des toits, mais il ne put établir comment on avait trouvé le moyen de bâtir une charpente assez solide pour résister aux neiges et aux vents de l'hiver, à partir de branches aussi fines et aussi tordues. À l'époque, ni lui ni moi n'avions entendu parler de maisons coiffées de bateaux en guise de toit[6].

Les planchers des maisons du site Cartier ne ressemblaient en rien à ceux des autres sites que Lee avait fouillés, en ce sens qu'ils étaient presque totalement dépourvus d'objets façonnés, de débris provenant de la fabrication d'outils ou même de détritus domestiques et de déchets de cuisine.

« C'était, disait Lee avec étonnement, comme si les planchers avaient été balayés à fond par une *hausfrau* hollandaise maniaque de la propreté. Pas d'os. À peine quelques vagues poussières de charbon de bois. Pas même le genre d'ordures que laissaient les visiteurs de passage du Thuléen ou du Dorsétien, et pourtant ces deux peuples avaient plus

Plancher pavé de la maison à l'extrémité ouest
du site Cartier au lac Payne.

tard campé sur le site en arrachant des pierres aux murs des maisons et des autres constructions pour en faire des caches de nourriture et pour mieux assujettir leurs tentes.

Parmi les ouvrages endommagés ou détruits par les occupants ultérieurs figuraient trois structures massives, l'une située à l'extrémité est du site et les deux autres à l'extrémité ouest. Toutes trois avaient été réduites à de simples tas de pierres. Bien que Lee ne les eût pas fouillées à fond, il déduisit qu'il s'agissait de grosses balises démolies par des chasseurs inuits ou thuléens, qui les avaient transformées en caches de nourriture.

De quelle taille étaient ces balises, à son avis ? D'après la quantité de pierres, il calcula que chacune devait mesurer environ 1,2 mètre de diamètre et peut-être le triple en hauteur.

Dater les maisons par l'analyse au carbone 14 s'avéra impossible car il n'y avait pas assez de matière organique associée aux constructions originales. Or, les visiteurs ultérieurs s'étaient servi des pierres des murs d'une maison pour construire un cercle de tentes. Lee trouva à l'intérieur de ce cercle un foyer qui contenait assez de charbon de bois pour effectuer une analyse. L'échantillon remontait aux environs de 1390 ; par conséquent, la maison longue dont provenaient les pierres devait exister avant cette date. Lee était d'avis que le village avait peut-être été construit dès l'an 1000 et concluait que ses bâtisseurs étaient européens ou, du moins, qu'ils étaient de filiation culturelle européenne.

Les déductions et les conclusions provisoires de Lee ne firent aucune impression sur l'establishment archéologique. Les théories classiques continuèrent à affirmer qu'on ne pouvait trouver que des peuples autochtones dans l'Arctique canadien à l'époque précolombienne. Au fil des ans, Lee se vit marginaliser toujours davantage au sein de sa propre profession. Il ne se fit guère apprécier de ses collègues aux vues orthodoxes lorsqu'il émit un commentaire selon lequel, si l'un d'eux découvrait le Saint Graal au cours d'une fouille dans l'Arctique, il l'attribuerait aux Dorsétiens.

Obstiné, Lee continua à suivre son propre instinct. Lorsque Jacques Rousseau prit sa retraite, son successeur au Centre d'études nordiques évinça Lee en douceur. Par la suite, quand Lee sollicita de modestes subventions afin de poursuivre ses recherches, ses demandes furent rejetées par tous les bailleurs de fonds, y compris le Conseil des Arts du Canada.

Lee refusait toujours de céder. Au cours de l'été de 1982, il revint à l'un de ses sites, celui qui avait suscité le plus de controverses : Sheguianadah, dans l'île Manitoulin. C'était là, dans les années 1950, qu'il avait trouvé des preuves convaincantes de la présence d'êtres humains en Amérique *avant* la dernière période glaciaire. Une occupation aussi ancienne était alors inadmissible au sein de la communauté archéologique établie, qui rejeta les découvertes de Lee. Aujourd'hui, de nombreux archéologues admettent la possibilité que des êtres humains aient déjà pu vivre en Amérique du Nord il y a trente mille ans. Tom espérait confirmer ses conclusions précédentes au moyen d'une dernière fouille.

Une semaine plus tard, il succombait à une violente crise cardiaque.

Pendant nombre de siècles, les familles de Tunits qui vivaient le long des côtes de la péninsule d'Ungava comptèrent sur le passage des vastes troupeaux de caribous à l'extrémité est du lac Payne pour survivre à l'hiver. Au début de septembre, les Tunits remontaient la rivière, de la côte jusqu'au goulet du lac, où ils remettaient en état les affûts et les clôtures qui guidaient les bêtes, avant l'arrivée du gros des troupeaux qui descendaient du nord. La chasse automnale avait lieu en partie sur terre, au moyen de l'arc et des flèches, mais surtout sur l'eau du goulet où l'on pouvait, depuis les bateaux, tuer un grand nombre de caribous à coups de lance pendant qu'ils traversaient à la nage. Lorsque les Tunits avaient abattu assez de caribous et caché assez de viande pour s'assurer un hiver d'abondance, ils s'installaient dans leurs maisons semi-souterraines pour jouir d'une longue saison d'échanges sociaux.

Nous autres, habitants du sud, avons tendance à imaginer l'hiver arctique comme une période de crainte et de misère marquée par le froid et la famine. Ceux qui ont fait l'expérience du mode de vie inuit savent qu'il s'agit là d'une idée fausse. Pour les Tunits du lac Payne, sans doute l'hiver était-il normalement une saison agréable et détendue, consacrée en bonne partie aux visites, aux fêtes, aux chansons, à la fabrication des outils et des vêtements, aux ébats amoureux et au sommeil que l'on prolongeait à sa guise. Si l'on se sentait à l'étroit dans les petites maisons, on pouvait sortir sur le lac et pêcher en forant la glace. Ou, lorsqu'il faisait clair de lune, on pouvait parcourir le pays enneigé à la recherche du lièvre et du renard. Du moment que les caches avaient été bien garnies en automne, il y avait assez de viande, de graisse et de combustible pour assurer le bien-être et la santé de tous, jusqu'au retour des troupeaux de caribous au printemps.

Quand les glaces achevaient de descendre les rivières en grondant, les Tunits mettaient leurs bateaux à l'eau et revenaient sur la côte, où ils passaient les mois ensoleillés de l'été à vivre du produit généreux de la mer.

Je présume que, après s'être installés sur la côte ungavienne et avoir fait plus ample connaissance avec les indigènes, quelques aventuriers des clans de traite prirent exemple sur les Tunits et remontèrent la rivière Payne pour passer l'hiver en compagnie des autochtones. Sans doute était-ce une façon plus conviviale de s'accommoder des longs mois d'hiver, préférable au séjour dans les maisons longues mal chauffées et trop éparpillées le long des côtes captives des glaces.

Au fil des décennies, de plus en plus d'hommes des clans de traite reconnurent certes l'avantage qu'il y avait à passer l'hiver dans l'arrière-pays, où l'on trouvait en quantité illimitée la meilleure nourriture possible (la viande et la graisse de caribou, auxquelles s'ajoutait le poisson frais), ainsi qu'une provision de combustible beaucoup plus abondante qu'aux abords des côtes.

Cependant, sans doute les Albains ne pouvaient-ils tous s'accommoder de vivre en étroite promiscuité avec les Tunits dans leurs maisons d'hiver exiguës. Je crois qu'un grand nombre d'Albains auraient préféré un mode de vie se rapprochant davantage de leurs propres traditions, et ceux-là auraient construit le village du site Cartier. Fait révélateur, cet établissement était situé à plusieurs kilomètres du campement grouillant de vie des Tunits, et sur la rive opposée du lac, comme si les occupants des deux camps avaient souhaité maintenir une certaine distance entre eux.

Les postes de chasseurs côtiers comme celui de Pamiok n'étaient sans doute pas complètement abandonnés pendant l'hiver. On avait probablement besoin de gardiens pour protéger les vaisseaux et leur gréement. Il était possible de relever ces gardiens de temps à autre, car les hommes pouvaient voyager vite et sans peine sur les rivières gelées entre le lac Payne et la côte.

À ses meilleurs jours, le site Cartier comptait cinq maisons qui, ensemble, pouvaient abriter 60 à 80 personnes. Comme les Tunits et les Albains continuaient à se mêler, beaucoup d'habitants du « village » finirent peut-être par se laisser entraîner sur l'autre rive et par passer l'hiver au goulet du lac avec leurs parents et alliés tunits. Comme ces *livyers* adoptaient de plus en plus le mode de vie indigène, le village fut peut-être laissé finalement à l'abandon.

Le Hauturier *arriva à l'île Pamiok pour y trouver les clans basés dans l'Ungava qui venaient tout juste de rentrer de leurs quartiers d'hiver au lac Payne. Il y avait beaucoup de nouvelles à échanger, mais l'événement qui suscitait le plus d'émoi parmi la population était la perspective de l'arrivée imminente du* Saint Stephan *dans la baie du Diana. Cette visite mit les habitants, tant albains que tunits, en ébullition, si grande était leur hâte de charger dans les bateaux les marchandises de traite recueillies au cours de l'année, pour prendre le chemin du nord.*

Les clans qui vivaient sur place ne possédaient plus de gros navires de haute mer comme le Hauturier, *s'en remettant à des bateaux plus petits qui pouvaient naviguer dans les rivières de l'intérieur tout en leur permettant encore de voyager en longeant les côtes. Ces bateaux étaient assez grands pour servir de toits aux maisons du lac Payne, mais trop petits pour couvrir les anciennes fondations de l'île Pamiok. Par conséquent, lorsqu'ils séjournaient dans l'île en été, les habitants de l'intérieur, tant tunits que* livyers, *plantaient leurs tentes au sein des vieux murs en profitant du terrain déjà nivelé.*

Le Hauturier *fut bientôt déchargé. En temps normal, on l'aurait halé jusqu'à sa fondation et retourné pour en faire la demeure des siens en sol étranger, jusqu'au jour où il aurait été temps de rentrer à Crona. Cette année, il en allait autrement. Pendant que certains restaient à Pamiok pour la chasse et la cueillette de marchandises de traite dans les environs, le navire, avec un équipage restreint, allait entamer un autre lointain voyage.*

CHAPITRE XXII

OKAK

Depuis toujours, les pérégrinations des troupeaux de morses devaient présenter un vif intérêt pour les hommes en quête de marchandises de traite. Dès le début, les chasseurs de l'ouest remarquèrent sans doute que l'approche de l'hiver déclenchait un exode des vaches marines vers l'est ; elles quittaient les baies d'Hudson et d'Ungava par le détroit d'Hudson. Beaucoup nageaient ensuite vers le nord jusqu'au détroit de Davis pour aller hiverner avec leurs congénères du haut Arctique ; mais d'autres obliquaient vers le sud au lieu du nord. Inévitablement, les chasseurs en vinrent à étudier de plus près ce déplacement des morses vers le sud.

Après avoir doublé la pointe septentrionale du Labrador, des éclaireurs longèrent la côte vers le sud sous la masse imposante des monts Torngat qui sortent des eaux au cap Chidley, gagnent en hauteur et en majesté pour finalement replonger dans la mer au bout de quelque 500 kilomètres.

Au sud des monts Torngat, le relief du Labrador s'adoucit pour former un plateau densément boisé. À la jonction des deux régions, les chercheurs de morses en provenance du nord trouvèrent sans doute par hasard la remarquable enclave côtière qui a pour centre le bassin d'Okak.

Ce bassin, quoique englobé par les contreforts des monts Torngat, n'en faisait pas partie. Ses vastes terres basses alimentaient des tourbières et des prairies herbeuses parsemées de bouquets d'épinettes, de mélèzes et de bouleaux.

La région avait d'autres attraits. Des milliers de caribous passaient l'hiver dans les vastes terres basses au bord des multiples anses prolongeant le bassin. Des nuées de lagopèdes jacassaient dans les creux où se groupaient les saules, dans les tourbières aux buissons chargés de baies.

Partout gambadaient les lièvres à raquettes. Les vallées boisées étaient l'hôte de l'ours noir, du rat musqué, du castor, du vison, de la loutre et du lynx. Protégée sur trois côtés par les montagnes tutélaires formant demi-cercle, la région d'Okak offrait une myriade de possibilités pour des gens qui étaient à la fois éleveurs et chasseurs.

Les premiers à s'aventurer dans le sud et à rentrer d'Okak dépeignirent sans doute les lieux en termes enthousiastes – portrait que renforcèrent d'autres visiteurs au cours des décennies suivantes. Des descriptions de ses pâturages naturels, de ses bosquets de grands arbres, de ses magnifiques rivières poissonneuses et de ses animaux exotiques éveillèrent sans doute de vibrants échos au cœur des fermiers de Tilli, inquiets de l'apparition des écumeurs scandinaves sur leurs côtes. De fait, quand vint le moment d'abandonner Tilli, certains fermiers décidèrent peut-être d'ignorer complètement Crona et de se réfugier tout à fait à l'ouest, au Labrador, pour s'y installer dans la sécurité et l'abondance qu'offrait l'oasis d'Okak.

À mon avis, les Albains du Xe siècle connaissaient bien la côte du Labrador vers le sud jusqu'à Okak ; quelques fermiers et au moins une poignée d'hommes des clans de traite y étaient peut-être déjà installés et y côtoyaient les Tunits.

Tout au long de l'hiver précédent, l'idée d'aller s'établir à l'ouest avait pris une place prépondérante dans les conversations du clan du Hauturier. *D'autres clans étaient déjà installés dans les territoires de l'ouest ; le fait d'y habiter en permanence leur conférait un avantage considérable sur leurs concurrents semi-nomades, qui allaient et venaient au gré des saisons. En outre, les marchands européens étaient de plus en plus enclins à faire la traite dans les nouveaux pays.*

À Havre-au-Sable, les anciens convenaient que l'heure de s'installer à l'ouest était venue pour leur clan. Mais où devaient-ils aller ? Les gens des clans de traite qui s'étaient établis en Ungava en avaient tiré maints avantages – mais il y avait un prix à payer. On ne pouvait ni élever d'animaux domestiques ni cultiver la terre dans la toundra des territoires de l'ouest. Ceux qui immigraient dans cette région devaient par conséquent renoncer à la vie de fermier, qu'ils aimaient et qui était une part essentielle de leur existence depuis la nuit des temps.

Le clan du Hauturier *ne voulait pas faire comme ceux-là. On se mit à discuter des possibilités qu'offrait Okak. Or, bien qu'on pût trouver des fourrures, des faucons et d'autres marchandises de valeur dans la région d'Okak, les vaches marines – qui formaient le cœur même de la traite – ne fréquentaient ces lieux qu'à l'époque de la migration, et encore étaient-*

elles prudentes et difficiles à chasser. Certes, Okak représentait un bon potentiel pour les fermiers, mais la région n'avait rien d'idéal pour les gens qui vivaient de la traite.

On croyait toutefois depuis longtemps qu'il existait, quelque part au sud d'Okak, un endroit où l'on pouvait trouver des vaches marines en nombre suffisant pour réjouir le cœur d'un chasseur. En fait, c'était en cherchant ce mystérieux hivernage qu'on avait découvert Okak. On avait abandonné la quête parce que le Labrador au sud d'Okak était couvert d'un sombre manteau de forêts, et c'était là le fief des Innus, les mystérieux habitants des bois que les Tunits prenaient soin d'éviter[1].

Du reste, les deux peuples s'évitaient mutuellement. Sans aller jusqu'à l'hostilité ouverte, ni l'un ni l'autre ne se sentait à l'aise avec son voisin. Ils vivaient dans deux mondes différents. Les Innus se limitaient aux contrées boisées alors que les Tunits (tout comme leurs amis et alliés albains) aimaient en général rester en terrain découvert.

Au milieu de l'été, juste avant que le clan du Hauturier eût décidé d'abandonner Crona, deux Tunits inconnus étaient arrivés à la rame dans la baie d'Okak, en provenance du sud. Leur visite causa quelque émoi. Leur bateau de peaux de phoque à pagaies doubles était d'une forme insolite, leurs habits de peaux étaient d'une coupe un rien étrange et leur dialecte un peu différent de celui des Tunits d'Okak. Les deux hommes expliquèrent qu'ils venaient d'une contrée située loin au sud en bordure d'une mer intérieure. Ils savaient, d'après les récits des anciens de leur tribu, que d'autres Tunits vivaient au nord. Alors, comme ils étaient jeunes et hardis, ils avaient entrepris de trouver ces cousins.

Ils en avaient long à dire sur leur pays et sur ses habitants, humains et autres. Une nouvelle intéressa tout spécialement les Albains d'Okak : ils apprirent que les morses venaient se reproduire en nombre astronomique sur les interminables plages de sable du pays des deux étrangers.

Le récit de cette visite avait atteint Crona dès l'automne de la même année. On en avait beaucoup discuté à Havre-au-Sable et les membres du clan en avaient provisoirement conclu qu'Okak était peut-être l'endroit qu'ils cherchaient. On décida que, le printemps venu, le Hauturier se rendrait à Pamiok comme d'habitude mais qu'il laisserait ensuite dans l'île la plupart de ses gens tandis que le patron et un équipage réduit au strict minimum iraient reconnaître Okak et, si possible, pousseraient plus loin.

On était déjà à la mi-juillet quand le Hauturier quitta Pamiok. Outre l'équipage, le patron avait pris à son bord plusieurs Tunits des deux sexes –

des parents de sa femme pour la plupart. Le voyage vers le sud, du moins au début, promettait de ressembler à une croisière aux allures de fête, qui donnerait l'occasion aux Tunits de rendre visite à des compatriotes dans des campements lointains et de voir des lieux qu'ils ne connaissaient que par les récits des longues veillées d'hiver.

Le Hauturier put traverser rapidement la baie d'Ungava et atteignit du côté du Labrador une passe façonnée par les glaciers, où les courants de marée se ruaient entre les parois avec la vélocité de torrents de montagne. Le navire profita du flot pour passer en flèche par ce raccourci qui menait de la baie à l'Atlantique.

Des tours balises jumelles, à l'extrémité est de la passe, marquaient une anse où les hommes des clans de traite campaient au printemps, le temps de recueillir le duvet d'une multitude d'eiders qui nichaient dans les îles voisines. Le poste était désert, si tard dans la saison, aussi le Hauturier, sans s'arrêter, fit route vers le sud à travers un labyrinthe d'écueils et d'îles qui grouillaient de marsouins et de petites baleines. Les monts Torngat l'accompagnaient sur tribord, profilant toujours plus haut leurs sommets crénelés.

Après avoir traversé l'extrémité du fjord de Nachvak (un gigantesque canyon flanqué de pics qui trônaient à plus de 1 500 mètres), le Hauturier pénétra dans la baie de Ramah, où il jeta l'ancre ; l'équipage gagna la rive à bord de la chaloupe. Les Tunits qui vivaient dans des tentes dressées le long de la plage leur réservèrent un accueil chaleureux. Ils venaient de tuer quelques gros caribous. On festoya ferme ce soir-là. Mais on travailla ferme le lendemain.

On ne fréquentait pas la baie de Ramah uniquement pour le caribou. On y venait depuis des millénaires pour une pierre translucide et enfumée, une variété de silex appelée quartzite de Ramah, qui se prêtait admirablement bien à la fabrication des pointes, des couteaux, des racloirs et d'une foule d'autres outils. Les gens du Hauturier chargèrent à bord une cargaison de pierres « semi-brutes » qu'ils utilisaient pour faire des cadeaux lors des échanges commerciaux et pour fabriquer des outils pour leur propre usage[2].

Poursuivant sa route vers le sud en dépassant l'entrée du fjord de Saglek, le vaisseau frôla l'île Nulliak où les Tunits de toute la côte se rassemblaient au printemps pour chasser les phoques du Groenland en migration.

Lorsque le navire parvint à quelques kilomètres au sud de Nulliak, la vigie aperçut au bout de la pointe Nuvutannak deux tours balises qui gardaient l'entrée du fjord de Hebron. À l'intérieur du fjord, une troisième tour singulièrement massive dominait du haut de ses trois mètres et demi un campement d'été des clans de traite d'Okak[3].

Les gens du Hauturier *reçurent à cet endroit un accueil enthousiaste ; on leur fit voir ensuite, avec fierté, dix jeunes faucons pèlerins et faucons gerfauts qui venaient de muer et qui, blottis sur des perchoirs, poussaient des cris pour réclamer des lambeaux de viande de caribou. On avait pris ces oiseaux au nid au flanc des falaises, dans les montagnes situées au nord et dans les monts Kaumajet au sud. Ils auraient pu payer la rançon d'un roi. Dommage… car bien peu d'entre eux survivraient à la longue et difficile traversée vers la lointaine Europe.*

Le matin suivant, le Hauturier, *désormais piloté par un homme d'Okak, longea la côte au pied de la muraille géante de Bishop's Mitre (la « Mitre d'évêque »), qui plonge dans la mer du haut de ses 1 200 mètres à l'extrémité de la péninsule de Kaumajet, vaste saillie sur l'océan. Au lieu de doubler la pointe méridionale de ce massif imposant, le* Hauturier *se glissa dans une passe étroite entre deux falaises qui s'élançaient vers le ciel, pour pénétrer dans la grande baie qui constitue la porte du fjord d'Okak. L'entrée du fjord se cachait derrière la masse d'une île où s'ouvrait, à l'extrémité nord, le port principal d'Okak, dont le goulet était flanqué de deux tours balises jumelles*[4].

Passant tel un fantôme, poussé par un souffle de vent d'est, le Hauturier *pénétra dans le port et le trouva cerclé de tentes. Le navire arrivait à un moment opportun, alors que la plupart des habitants de la région, albains et tunits, étaient rassemblés pour le plaisir et pour la traite.*

Aux premières lueurs de l'aube, le 23 juillet 1995, le VM *Alla Tarasova* doublait l'extrémité sud de la saillie des Kaumajet et filait dans la baie d'Okak. Le timonier ralentit pour pénétrer dans le port de l'île d'Okak. Le soleil ardent se leva sur les cimes des Kaumajet au moment où la chaîne de l'ancre fut déroulée à grand bruit. En moins d'une heure, les passagers avaient pris place à bord d'une flottille de canots pneumatiques Zodiac et se dirigeaient vers l'unique coin de rivage plat qu'on apercevait aux environs.

Claire et moi étions à bord du canot de tête. Nous débarquâmes tant bien que mal à la suite du chef de l'expédition archéologique, un Canado-Écossais long et maigre qui, au cours de la semaine précédente, nous avait servi de guide dans plusieurs sites tunits où il avait déjà effectué des fouilles sur le littoral du nord du Labrador.

Callum Thomson nous précéda bientôt au sommet d'une digue de trois mètres qui menait à une ancienne plage surélevée envahie par la broussaille touffue des bouleaux nains, au milieu desquels se dressaient, toutes de guingois, 20 ou 30 croix de bois. Selon notre déduction, il s'agissait sans doute du cimetière de la mission des frères moraves auprès des Inuits, active au XVIIIe siècle et abandonnée en 1919 lorsque la population fut presque anéantie par la grippe.

Il était clair que les Moraves n'avaient pas été les premiers à utiliser ce terrain plat, l'un des rares de ce rivage, et le seul à des kilomètres à la ronde où il y avait assez de terre pour qu'on pût creuser des tombes convenables. Toute la plage surélevée était criblée de cercles de tentes, de dépressions dénotant la présence d'habitations de creusement, et enfin d'agencements symétriques de grosses pierres. Confondus aux sites des habitations, de robustes plants d'angélique[5] poussaient un peu partout. De toute évidence, c'était là un lieu d'élection habité depuis une époque reculée.

À peine y avions-nous fait quelques pas que Callum s'arrêta et nous fit signe de le rejoindre. Il désigna le sol à ses pieds.

« Peut-être qu'il y a là l'une de ces fondations de maison longue dont vous n'avez pas cessé de parler. »

Il n'était pas facile de déceler s'il plaisantait ou s'il était sérieux. J'avais péroré pendant des jours à propos de maisons coiffées de bateaux et j'avais même eu l'effronterie de dire que je ne serais pas surpris si l'on découvrait des traces de fondations de ce genre dans la baie d'Okak.

Je me retrouvais maintenant au bord d'un renfoncement dont la forme et les dimensions correspondaient bien à celles de la plupart des fondations de maisons coiffées de bateaux, disséminées dans l'est de l'Arctique canadien. En longueur, la dépression faisait une quinzaine de mètres (personne n'avait de mètre à ruban ; nous prenions les mesures au pas) sur cinq mètres et demi de largeur environ. Les murs, qui selon toute apparence avaient été de mottes de gazon plutôt que de tourbe et de pierres, étaient depuis longtemps tombés en pourriture et réduits à des tertres de quelques centimètres de hauteur à peine.

Callum me jeta un regard sardonique, comme pour dire : « C'est *votre* affaire et non la mienne », puis il se détourna et s'éloigna d'un pas élastique pour se mettre à la recherche des ruines de la mission.

Je ne pouvais pas faire grand-chose, sinon regarder. Je n'avais pas de pelle et, du reste, la loi interdit de fouiller des sites archéologiques sans permis. Tout ce que je pouvais tirer de cet énigmatique trou dans le sol, c'était qu'il s'agissait apparemment de la chose que, selon ma déclaration cavalière, nous pouvions nous attendre à trouver.

Au delà de cette première dépression, la plage surélevée était un enchevêtrement presque impénétrable de bouleaux nains qui m'arrivaient à la cuisse, mais je me mis quand même à chercher… et je trébuchai dans une *seconde* dépression. À cet endroit, la végétation était si dense qu'il me fallut poursuivre mes investigations surtout avec mes pieds, mais je parvins à établir que les deux creux étaient de dimensions semblables.

L'espace d'une heure, déambulant aux alentours d'un pas pesant sous une petite pluie froide, je tâchai de saisir la signification de cette double découverte. Je remarquai que les deux sites se trouvaient à trois mètres et demi tout au plus de la ligne de marée haute et à moins de 12 mètres de la mer. Il me sembla qu'on avait déblayé une approche dans le fouillis de gros rochers qui jonchaient la batture, de manière à dégager un espace relativement lisse où l'on pouvait tirer à terre ou pousser à l'eau un bateau de bonnes dimensions, au pied des supposées maisons longues.

J'eus beau chercher, je ne pus trouver aucun autre détail apte à mieux éclairer ma découverte. La sirène du *Alla Tarasova* sonna le rappel et il fallut nous hâter de regagner les Zodiac. Peu après, le navire levait l'ancre et nous quittions la baie.

Ce soir-là, je mis Callum au pied du mur.

« Alors, dites-moi… à votre avis, qui donc a pu faire ces creux-là dans le sol ? Et de quoi s'agit-il ? »

Il mit du temps à répondre, pesant ses paroles avec soin.

« Ça ne ressemble à rien qu'aient pu faire les Moraves. On est en droit de se demander pourquoi quelqu'un aurait creusé un trou pareil dans un cimetière. À première vue, ce n'est pas non plus l'œuvre des Dorsétiens, des Thuléens, des Inuits ou des peuples archaïques maritimes. À mon avis, Farley, les questions sont là mais pas les réponses. Et les réponses ne viendront que le jour où vous aurez l'autorisation d'effectuer des fouilles. Ce jour-là, je me ferai un plaisir d'essayer de trouver les coupables[6]. »

Le vent tomba au moment où le Hauturier *pénétrait dans le port d'Okak ; le navire s'immobilisa. Il fut bientôt entouré de petites embarcations bondées de rameurs agités qui s'empressèrent de saisir les amarres et de haler le navire jusqu'au rivage, où on le tira doucement au sec à côté d'un vaisseau des habitants de la région, plus petit mais bien fait.*

Le débarcadère se trouvait droit devant les deux maisons longues ; des volutes de fumée bleue montaient des toitures basses, couvertes de gazon. Les gens du Hauturier *fronçaient le nez pour mieux capter ce parfum, car l'odeur du bois d'épinette était un délice que, dans leur pays sans arbres, ils avaient rarement l'occasion de savourer.*

Les voyageurs furent accueillis comme des rois par les habitants, car les vaisseaux qui naviguaient entre Crona et les territoires de l'ouest faisaient rarement escale à Okak. On demanda au patron du Hauturier *pourquoi lui et les siens étaient venus si loin dans le sud.*

« On a entendu parler d'une mer intérieure pleine de vaches marines. Ce n'est peut-être qu'une invention des Tunits mais on s'est dit qu'il fallait aller voir, si l'idée vous plaît. »

À certains de ses auditeurs, en fait, l'idée ne plaisait guère. Le territoire au sud de chez eux avait beau être inexploré, ils le tenaient pour leur chasse gardée. Toutefois, les chasseurs à qui appartenait le navire tiré à côté du Hauturier *réagirent avec enthousiasme. Ils expliquèrent qu'eux-mêmes avaient grande envie d'entreprendre un voyage d'exploration vers le sud mais qu'ils hésitaient à s'aventurer dans des contrées dominées par les peuples de la forêt.*

« Notre navire est petit, expliqua le patron. Trop petit pour transporter assez d'hommes pour venir à bout des habitants de la forêt s'ils se jettent sur nous. » Il s'interrompit et jeta un coup d'œil en direction du Hauturier. *« Mais votre navire, alors là… il pourrait facilement prendre une douzaine d'hommes solides en plus des vôtres. Avec deux vaisseaux et deux bons équipages, on serait tranquilles. Que diriez-vous si on partait vers le sud ensemble ? »*

L'offre était raisonnable.

Les deux jeunes Tunits arrivés du sud l'été précédent acceptèrent volontiers de servir de guides. Le patron du Hauturier *s'enquit minutieusement de leur pays. Ils racontèrent qu'ils vivaient sur les rives occidentales d'une île si vaste que bien peu de gens en avaient fait le tour. Au nord, dirent-ils, elle était séparée du continent par un détroit d'eaux vives qui surgissaient de la mer intérieure. Ils ajoutèrent qu'ils partageaient cette grande île avec le peuple de la forêt, mais ils s'empressèrent de rassurer les hommes des clans de traite à ce sujet : c'étaient des gens pacifiques avec qui l'on pouvait s'entendre.*

Lorsqu'on leur demanda pourquoi des Tunits avaient choisi de vivre si loin au sud de leurs compatriotes, et dans un pays si différent de leur toundra ancestrale, ils répondirent qu'ils habitaient là parce que la mer intérieure foisonnait d'un nombre incalculable de phoques et d'autres mammifères marins, notamment de morses ; or, comme les Albains le savaient sans doute, les Tunits étaient avant tout le peuple du phoque.

Et c'est ainsi que s'amorcèrent les préparatifs d'une expédition commune ; au bout de quelques jours, les deux vaisseaux étaient bien garnis d'hommes et de provisions en vue d'un long voyage vers le sud.

TROISIÈME PARTIE

L'ALBA DE L'OUEST

CHAPITRE XXIII

LA GRANDE ÎLE

TERRE-NEUVE ressemble à un bouchon de granite géant qui fermerait l'embouchure du golfe du Saint-Laurent. La province, quatre fois plus grande que l'Islande, deux fois plus que l'Écosse et l'Angleterre réunies, aussi vaste que la Californie, tourne le dos à l'Amérique du Nord. L'île, s'avançant dans l'Atlantique sur 1 000 kilomètres de plus que Halifax, sur 1 900 kilomètres de plus que New York, constitue l'extrémité orientale du continent.

Lors de la dernière glaciation, cette grande île subit la lourde domination des glaciers qui la dépouillèrent de sa végétation et de sa terre, couvrant sa surface de scarifications gigantesques. Quand les glaces fondirent enfin pour ne laisser que le miroitement des lacs et des rivières, la vie reprit ses droits sur cette ossature nue, petit à petit et non sans peine. Malgré le retrait du glacier proprement dit, l'ombre de cette présence polaire persista. Du fond des mers arctiques surgit alors, et surgit encore, un courant océanique qui refroidit les côtes du Labrador et de l'est de Terre-Neuve et qui, en hiver comme à l'amorce du printemps, les investit d'énormes champs de glace émaillés d'icebergs.

En majeure partie, l'île est hostile aux hommes qui dépendent de la charrue pour vivre. Une vaste portion de l'arrière-pays s'est couvert, et reste couvert à ce jour, d'une épaisse et inextricable forêt d'épinettes et de mélèzes. Ce que la forêt n'a pas revendiqué, le roc et les tourbières l'ont pris. Il existe des îlots de terre capables de nourrir des plantes aux racines profondes, mais par endroits seulement.

Toutefois, ce que la terre ne donnait pas volontiers, la mer pouvait le dispenser généreusement. Après le passage du glacier, la vie explosa dans les eaux du large. Alimenté par les courants froids et riches en éléments nutritifs, le plancton prit son essor, formant un bouillon de vie

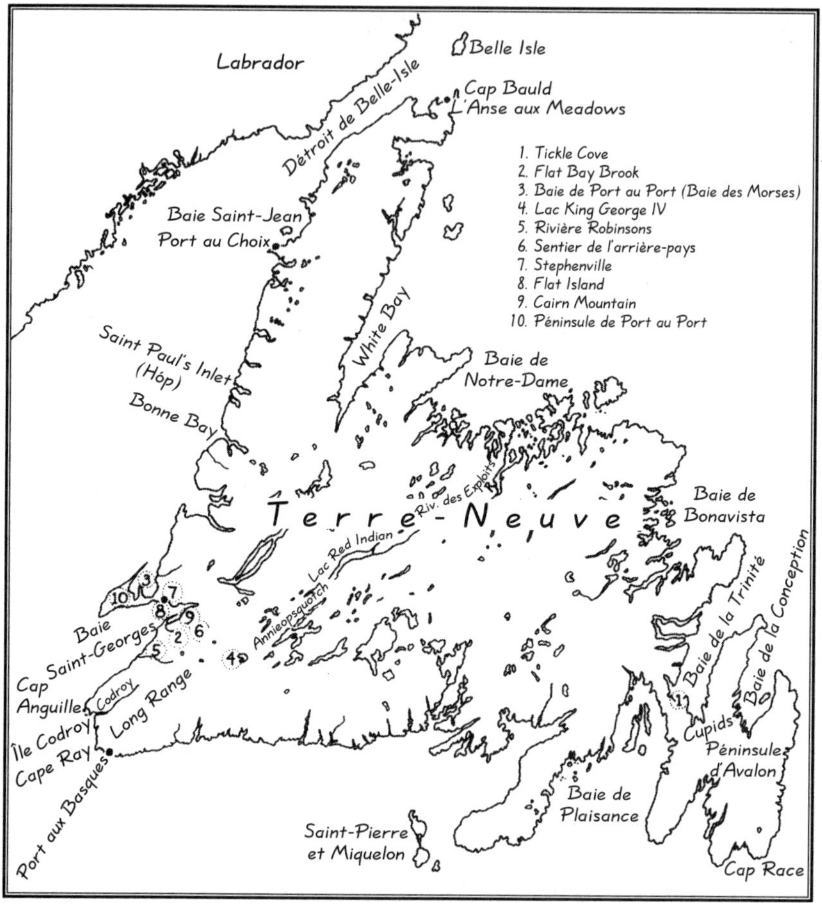

Carte de Terre-Neuve.

où venaient frayer les poissons en nombre incalculable. Les oiseaux de mer, par nuées à en remplir l'horizon, se nourrissaient du menu fretin et blanchissaient îles et falaises de leur guano. Chaque automne, des millions de phoques pélagiques arrivaient de l'Arctique pour hiverner et, au printemps, mettaient bas leurs petits sur la banquise au large des baies nordiques et dans le Golfe. Des colonies de baleines, petites et grandes, plus nombreuses qu'en aucun autre lieu de la terre, paressaient le long des vastes côtes rocheuses et surélevées. Des troupeaux de morses envahissaient baies et fjords, batifolaient dans les lagunes aux plages de sable. Les phoques gris et les veaux marins, accompagnés de vastes bancs de marsouins, fourmillaient dans les eaux côtières de l'île. Les homards, les moules, les palourdes, les bigorneaux et les crabes couvraient telle une croûte les récifs, les rochers du rivage et les platiers découverts par la marée. La loutre de mer, le vison de mer – espèce aujourd'hui disparue –, l'ours noir et l'ours blanc s'appropriaient les battures. Le saumon, l'omble chevalier, les anguilles, les aloses, d'autres poissons encore venaient s'assembler dans les ruisseaux et les rivières en telle multitude que l'eau agitée semblait bouillir.

Une variété infinie d'êtres vivants, sur mer et sous la surface des eaux entourant la Grande Île, foisonnaient avec une telle prodigalité que le golfe du Saint-Laurent, à cette époque, était à la mer ce que la plaine Serengeti en Afrique était à la terre.

C'est cette faune marine qui permit aux humains de prospérer dans l'île. La mer continua à assurer leur subsistance presque jusqu'à la fin du XXe siècle, où le génie destructeur de l'homme moderne fit un tel gâchis de la vie océanique environnante que la mer finit par trahir les humains qui dépendaient d'elle.

L'île était peut-être déjà peuplée il y a huit mille ans. Après ces premiers arrivants, appelés paléo-Indiens, vinrent leurs successeurs (à moins qu'il ne s'agît du produit d'une évolution), connus sous le nom de peuples archaïques maritimes. Les sites archaïques maritimes les plus anciens découverts jusqu'ici à Terre-Neuve ne remontent qu'à cinq mille ans environ, mais on a trouvé des sites déjà occupés il y a quelque sept mille cinq cents ans au Labrador, sur la rive du détroit de Belle-Isle, en un point qui n'est séparé de la côte de Terre-Neuve que par une vingtaine de kilomètres.

Les premiers habitants prospérèrent dans leur insularité. Leurs descendants allaient finalement devenir ces peuples que les arrivants européens devaient appeler Indiens rouges à cause de leur usage immodéré de l'ocre rouge. Nous les connaissons sous le nom de Béothuks.

Il y a quelque trois mille ans, les ancêtres des Béothuks commencèrent à partager leur univers insulaire avec les aïeux des Tunits. Jusqu'ici, on n'a découvert aucune trace de conflits entre ces deux peuples fort différents, aux cultures nettement distinctes. Mais il semble que la tolérance ait été la norme à l'époque dans les relations tribales et communautaires du monde entier, tant et aussi longtemps que les populations étaient petites et les ressources naturelles suffisantes, donc que les gens n'étaient ni forcés ni tentés de se livrer à une compétition funeste.

Au Xe siècle de notre ère, Terre-Neuve était passablement peuplée ; la générosité de la terre et de la mer suffisait plus qu'amplement à pourvoir aux besoins de tous.

Les Albains d'Okak et les Tunits redoutaient tous deux une rencontre avec les Innus durant le voyage qui s'amorçait. Le massif des Kiglapait, qui se projetait telle une lèvre au sud de la baie d'Okak, formait un cordon sanitaire qui isolait les peuples du nord et du sud du Labrador. On ne s'aventurait pas à la légère au delà de cette barrière, semblait-il.

Les deux Tunits du sud étaient beaucoup moins troublés, d'une part parce qu'ils avaient toujours entretenu des relations amicales avec les habitants des forêts de leur propre pays et d'autre part parce que les Innus ne les avaient pas inquiétés pendant leur voyage vers le nord.

Juillet s'achevait quand les deux vaisseaux quittèrent le port d'Okak, passèrent au pied du cap Kiglapait et pénétrèrent en pays inconnu. Le brouillard les enveloppa alors qu'ils naviguaient avec prudence dans le labyrinthe criblé d'îles de la baie de Nain.

Ce brouillard les dissimulait aux regards hostiles mais rendait leur allure désespérément lente. Néanmoins, les pilotes tunits guidaient le navire en toute sûreté d'une île invisible à l'autre, apparemment à vue de nez – ou du moins c'est ce qu'il parut aux Albains. On ne rencontra pas un Innu ; on n'en aperçut pas même un. En fait, les îles extérieures semblaient le royaume des seuls oiseaux et des bêtes de la mer.

À six journées d'Okak, la côte, jusque-là orientée vers le sud-est et couverte de forêts qui allaient s'épaississant, se mit à pointer presque plein sud et, deux jours plus tard, obliqua vers le sud-ouest. Les deux vaisseaux avaient atteint l'entrée du bras de mer qu'on appelle aujourd'hui détroit de Belle-Isle.

Les pilotes guidèrent les navires le long de la rive nord de ce détroit aux eaux vives, jusqu'au goulot étroit où moins d'une vingtaine de kilomètres séparent le Labrador de Terre-Neuve. Ils restèrent au large car des spirales de fumée montaient des forêts ténébreuses du continent, trahissant la présence menaçante des Innus. En atteignant la pointe Amour ils s'écartèrent du Labrador pour traverser le détroit.

Le courant de marée se ruait, si puissant qu'il menaça de les entraîner à l'ouest dans la mer intérieure. Mais ce ne fut pas la force indomptée du flot qui impressionna surtout les Albains pendant la traversée ; ils furent saisis d'admiration et de respect à la vue de la variété et du nombre vraiment prodigieux de créatures animales qui emplissaient le détroit. Ils croisèrent troupeau après troupeau de grandes baleines : des grises, des bleues, des baleines franches, des baleines à bosse, des rorquals, en train de manger, de batifoler ou tout simplement de passer. Un jour viendrait où cette concentration de leur population leur vaudrait un massacre d'une telle énormité que leur espèce serait pratiquement éliminée de la mer intérieure; mais ce jour sanglant était encore loin – à quelques siècles dans l'avenir.

Gagnant la côte de Terre-Neuve non loin de Flower's Cove, les voyageurs la longèrent vers le sud-sud-ouest en se maintenant toujours à bonne distance de la terre, non par crainte des Innus cette fois, mais parce que le rivage était plat et bordé de hauts-fonds et de récifs au point d'être quasi inabordable.

Environ un jour plus tard, ils traversèrent une baie pleine d'îles et d'oiseaux, l'actuelle baie Saint-Jean. Ils n'y étaient pas seuls. Dans la lumière opaline du petit matin, un groupe d'hommes aux cheveux et aux vêtements ocrés de bandes rouges s'étaient rassemblés auprès de deux canots d'écorce de bouleau de quelque six mètres, tirés sur une plage rocheuse de la Grande Île. Au signal de leur chef, un homme de haute taille à la peau tannée, ils s'étaient avancés dans les vagues déferlantes en tenant leur frêle embarcation à l'écart des rochers englués de varech. Au moment où le soleil triompha éclatant du cercle de collines auquel ils tournaient le dos, ils pagayaient en direction des îles du large nimbées déjà d'un chatoiement d'ailes.

Vol après vol, des marmettes et des macareux passaient en flèche et remplissaient l'air du bruit sifflant de leur course et du froissement de leurs ailes. Des fous de Bassan en formations serrées battaient l'air en cadence de leurs ailes à bout noir. Des sternes, des mouettes tridactyles et de grands goélands décrivaient des arabesques. Partout le ciel semblait s'animer.

La mer elle aussi s'animait à vue d'œil. Volant dans l'eau et non en l'air, d'interminables flottilles de grands pingouins passaient en déferlant. Alors qu'un de ces bataillons arrivait et marsouinait entre les canots, les hommes cessèrent de pagayer et leur chef palpa à son cou une amulette qui n'était autre qu'une mandibule de grand pingouin.

La matinée était à demi écoulée quand les pagayeurs atteignirent l'île de leur choix. Lorsqu'ils en furent tout près, une myriade d'oiseaux commença à s'envoler. Bientôt ils prirent leur vol en nombre tel que le ciel en fut obscurci comme par un blizzard. La lumière du soleil parut s'estomper. À la surface de la mer tomba en sifflant une pluie de fientes. Les masses ailées s'abattaient sur les intrus humains avec les mouvements de spirale d'une tornade. Le bruit de l'air battu par tant d'ailerons raidis et le vacarme métallique et dur des cris de tant d'oiseaux étaient tels que les hommes avaient peine à entendre leurs propres appels alors qu'ils sautaient à l'eau et transportaient leurs canots à travers les vagues qui roulaient sur la rive d'une île plate.

Les hommes avançaient épaules voûtées comme sous le poids de la vie. À moins de six mètres de la batture les attendaient les rangs serrés des grands pingouins si bien pressés les uns contre les autres que leurs épaules se touchaient presque. C'était une armée d'occupation de cent mille têtes.

Les pingouins les plus proches firent face aux envahisseurs, le corps droit, becs redoutables pointés en avant. Les hommes avançaient avec prudence ; chacun tenait devant soi, telle une lance, une longue pagaie pointue. Le chef palpa de nouveau son amulette et, d'une voix inaudible au milieu de la cacophonie, proféra des excuses pour ce qui allait suivre.

Les pagaies se transformèrent en fléaux. Les grands oiseaux commencèrent à reculer en trébuchant sur ceux qui les suivaient. Déconcertés par la bousculade, les oiseaux de l'arrière donnaient furieusement du bec contre leurs voisins et le chaos se répandait comme une onde parmi les bataillons serrés.

Les intrus continuaient à battre l'air, à fracasser les crânes et à rompre les cous. Tout s'accomplissait avec une hâte folle, comme si les auteurs du raid eussent craint une contre-attaque. Une demi-heure ne s'était pas écoulée que déjà ils commençaient à se retirer vers les canots en traînant derrière eux les oiseaux morts à pleines cordées.

Le chargement et la mise à l'eau des canots s'exécutèrent avec des gestes pressés de voleurs. À moitié suffoqués par la puanteur presque palpable du guano, les chasseurs pagayaient en hâte pour s'éloigner de l'île quand ils aperçurent le Hauturier *et son compagnon sur l'horizon marin. Les Béothuks furent épouvantés par la taille de ces intrus-là. En leur tournant le dos, ils déployèrent toutes leurs forces pour diriger les canots lourdement chargés vers le refuge sûr de la terre ferme.*

Les équipages des deux vaisseaux ne remarquèrent même pas les canots des Béothuks dans le lointain. Leur attention était concentrée sur la péninsule en saillie qui borde au sud la baie Saint-Jean, car c'était là qu'habitaient les deux pilotes tunits.

Par un jour d'été en 1963, j'arrivai avec ma femme dans cette même péninsule, qu'on appelle aujourd'hui Port au Choix. L'arrivée eut lieu par voie de terre à bord d'une vieille Vauxhall ; nous allions rendre visite à Elmer Harp, un archéologue du Dartmouth College qui effectuait des recherches sur la préhistoire de Port au Choix depuis 1949.

Après nous être installés dans une chambre peinte en rose du Billard's Tourist Home – le seul endroit où loger dans ce petit village de pêcheurs –, nous suivîmes un guide pour franchir le sommet chauve de la pointe Riche et pour nous rendre au site où Elmer et ses étudiants fouillaient les vestiges d'un vaste campement tunit.

Ce campement était situé face au Golfe, sur une plage en pente en forme de croissant, connue dans la région sous le nom de Phillips Garden, non qu'on y eût planté des pommes de terre autrefois, mais parce que l'endroit resplendit de fleurs sauvages du début du printemps à la fin de l'automne. Protégé sur trois côtés par une lisière d'épinettes fouettées par les vents, ce lieu est un jardin naturel où poussent en toute splendeur iris sauvages, boutons d'or, marguerites, asters et des dizaines d'autres fleurs, grâce à une belle couche de riche terre noire.

Ce sol fertile est constitué en majeure partie de déchets organiques déposés par les générations de Tunits qui vécurent à cet endroit pendant mille ans ou davantage.

Dans l'espace plutôt exigu de ce jardin (qui fait à peine 180 mètres sur 90), l'équipe d'Elmer avait localisé les vestiges d'une quarantaine d'habitations tunits. La plupart étaient des maisons d'hiver semi-souterraines dont l'aspect actuel se réduisait à quelques trous peu profonds d'environ 4,5 mètres carrés. Elles avaient eu jadis des murs de tourbe et des toits de perches recouverts de peaux de phoque ou de caribou. Il ne s'agissait pas d'habitations provisoires de nomades mais de l'établissement plus ou moins permanent de bon nombre de personnes.

Combien ? À contrecœur eût-on dit, Elmer risqua une réponse : « Peut-être 50, peut-être davantage ; mais pour une période donnée, il y avait sans doute toujours des absents, partis en mer à la pêche au saumon ou en montagne à la chasse au caribou. Ce n'était pas une forte population selon nos critères à nous, mais pour l'époque c'était beaucoup de gens au même endroit. »

Contrairement aux Européens de l'époque postcolombienne qui finirent par s'installer à Port au Choix en vivant principalement de la pêche, les Tunits tiraient surtout leur subsistance des phoques pélagiques – phoque du Groenland et phoque à capuchon – qui se rassemblent encore en foule dans le Golfe chaque printemps pour mettre bas leurs petits sur les glaces flottantes. Les vents et les courants dominants ont tendance à repousser ces bancs de glace vers le sud-est et à charrier de véritables pouponnières de phoques à proximité des avancées de terre dont la pointe Riche constitue un bon exemple. Il y a deux mille ans, les chasseurs tunits s'aventuraient depuis la pointe sur les glaces flottantes et regagnaient la terre ferme en tirant des traîneaux chargés de viande et de graisse de phoque, jeune et adulte.

On peut évaluer le succès et la durée de ces anciennes chasses en se reportant aux calculs d'Elmer : avec les os de phoque déjà exhumés par son équipe, il put remplir un wagon de marchandises. Il ne faut cependant pas oublier que ces os représentent l'accumulation des bêtes tuées en l'espace de mille ans. Le nombre de prises pour une année donnée paraîtrait sans doute minuscule en regard du chiffre de plus de un million de phoques du Groenland et de phoques à capuchon massacrés dans le Golfe en 1997 et en 1998, dont beaucoup, abattus en mer, n'ont jamais été récupérés – boucherie qui se poursuit, orchestrée et subventionnée par les gouvernements du Canada et de Terre-Neuve.

Les produits du phoque, viande fraîche, huile, viande séchée au soleil ou au feu, constituaient l'alimentation de base des Tunits. Ils pêchaient aussi le saumon et d'autres poissons, chassaient les oiseaux de mer et recueillaient leurs œufs (plus de 200 mandibules de grands pingouins ont été trouvées dans une sépulture de Port au Choix), pêchaient également le homard qui, encore en 1906, restait si abondant dans la baie Saint-Jean que le produit de la pêche permettait d'exploiter dix conserveries. Les Tunits faisaient la cueillette des coquillages et des baies en quantité et, enfin, chassaient le caribou, qui descendait jadis en grand nombre des montagnes de la Long Range pour hiverner dans les plaines côtières.

Les Tunits n'étaient pas le seul peuple à profiter de la fécondité de la région. Les Béothuks partageaient ces ressources avec eux, apparemment sur la base d'une entente amiable. Selon toute probabilité, les Béothuks et les Tunits empruntaient à la technologie et à la culture les uns des autres. Peut-être y eut-il également échange de gènes.

Après avoir passé quelque temps à Phillips Garden à effectuer des fouilles en volontaires et à nous imprégner d'un mode de vie aujourd'hui disparu, Claire et moi en vînmes à la conclusion qu'il faisait sans doute bon vivre à cet endroit il y a mille ans, tant dans la peau d'un Tunit que d'un Béothuk.

Les deux navires qui se rapprochaient de la pointe Riche furent observés alors qu'ils en étaient encore loin. Quand ils pointèrent enfin leur étrave dans la petite anse tout juste à l'est de Phillips Garden, une foule d'hommes, de femmes et d'enfants s'étaient rassemblés non loin de la rive. Toutes les craintes éprouvées en voyant apparaître ces énormes bâtiments s'évaporèrent au moment où les pilotes tunits poussèrent des cris de salutation assortis de mots rassurants.

Pendant que les Tunits de l'Ungava et d'Okak se mêlaient aux habitants de la région, les Albains cherchaient à se renseigner sur le pays qui les attendait plus avant et, en particulier, sur les vaches marines. Ils apprirent que les morses abondaient dans les eaux avoisinantes et sur certaines îles, mais c'était dans la baie des Morses, à sept jours de navigation plus au sud, qu'ils fourmillaient vraiment. Certaines saisons, aux dires des habitants, les morses s'y pressaient si nombreux que ni les Tunits ni les Béothuks ne se souciaient de risquer leurs bateaux ou leurs canots parmi eux.

Ces récits donnèrent grande envie aux hommes des clans de traite de pousser plus loin, mais ils durent refréner leur impatience. Près d'une semaine s'écoula avant que leurs pilotes consentissent à poursuivre le voyage, et ils exigèrent d'emmener toute une ribambelle de compatriotes de Port au Choix.

Pleins à craquer, escortés de plusieurs embarcations tunits qu'ils devaient parfois remorquer, le Hauturier *et son compagnon ne progressaient que lentement. Il leur fallut presque quatre jours pour longer une plaine marécageuse derrière laquelle la Long Range se rapprochait toujours en diagonale, pour atteindre finalement la mer à Bonne Bay.*

Les voyageurs n'explorèrent pas l'impressionnante série de fjords de Bonne Bay mais, après avoir été bloqués un jour et une nuit par une tempête, dans un port près de l'entrée de la baie, ils remirent à la voile et naviguèrent au pied d'imposantes falaises.

Un jour plus tard s'ouvrit devant eux le vaste panorama d'une baie verte toute pleine d'îles, qui pénétrait loin dans les terres couvertes d'épaisses forêts. C'était là le pays des Béothuks. Les pilotes aperçurent une mince colonne de fumée sur l'une des îles et, mettant le cap dans cette direction, entrèrent dans une anse où, sur une plage de sable, se dressaient plusieurs tentes de Béothuks.

Malgré ce qu'on leur avait dit de l'attitude amicale des habitants des forêts de l'île, les Albains éprouvaient une certaine appréhension. Les Tunits d'Okak et de l'Ungava, de même, se contentèrent de rester à bord ; trois Béothuks finirent par s'approcher à bord d'un de leurs canots de forme bizarre qui, vus de profil, ressemblaient à deux demi-lunes d'écorce de bouleau jointes ensemble. Après que les salutations d'usage furent échangées, et seulement alors, les visiteurs du continent consentirent à débarquer.

Les Béothuks, hommes, femmes et enfants, firent cercle autour des nouveaux venus ; les Albains se virent le point de mire d'une curiosité insistante, quoique amicale. Prudents, ils décidèrent de passer la nuit à bord de leur navire même si les Tunits de l'île dormaient à terre, où on les reçut avec danse et bombance à l'intérieur et à l'extérieur des tipis recouverts d'écorce.

On poursuivit le voyage le jour suivant; le Hauturier *prit les devants en serrant de près la masse compacte d'un cap – aujourd'hui Bear Head. Avant la tombée du jour, le navire était par le travers de Shag Island, dont les rives étaient couvertes de morses qui plongèrent dans la mer dans un jaillissement d'écume à l'approche des navires. À bord, il fut inutile de préciser qu'on avait atteint la baie des Morses.*

L'agglomération de Stephenville s'étale sur la rive nord-est de la baie Saint-Georges. À quelque huit kilomètres à l'ouest de la ville, la route bifurque. L'un des embranchements continue vers l'ouest en traversant un isthme de gravier battu des vagues, qui relie la terre ferme à la presqu'île de Port au Port. L'autre oblique vers le nord en suivant la côte et en contournant Table Mountain dont le sommet, à plus de 350 mètres, est couronné (ou souillé, selon le parti pris de chacun) par une énorme coupole blanche qui évoque vaguement une mosquée sans minaret.

Relique des années 1950, cette coupole abritait des radars à l'époque où l'Est et l'Ouest étaient à couteaux nucléaires tirés. Ces installations, censées donner l'alerte en cas d'approche de bombardiers russes en direction de la côte est américaine, ont été abandonnées depuis longtemps. Mais si l'on veut bien gravir la route érodée qui a cessé d'être carrossable, on a, du sommet, une stupéfiante vue panoramique qui porte à 50 ou 60 kilomètres à la ronde.

La perspective est dominée par la péninsule de Port au Port proprement dite, masse calcaire en forme de fer de lance géant dont la pointe, le cap Saint-Georges, à 40 kilomètres à l'ouest, se projette dans les eaux pâles du Golfe. Entre la presqu'île et la terre ferme s'étend la baie des Morses, qu'on appelle aujourd'hui baie de Port au Port. S'étirant sur une trentaine de kilomètres en longueur et une vingtaine en largeur, elle était jusqu'à tout récemment l'un des plus riches répertoires de créatures marines de la côte est nord-américaine.

Par un jour de septembre 1996, je fis halte avec Claire dans un village de pêcheurs où régnait un silence inquiétant – Boswarlos, sur la rive sud de la baie des Morses –, histoire de bavarder avec l'unique habitant que nous pûmes trouver, un vieux pêcheur qui méditait devant ses filets. Il nous apprit que la baie était désormais pratiquement abandonnée.

« Y a plus assez de poisson ici; les mouettes meurent de faim. J'ai ramené sept filets c'matin, tout ça pour quatre p'tits maquereaux, même pas d'quoi nourrir mon chat ! Y a plus de poisson ! Difficile à croire, peut-être, mais y avait même des morses ici avant – j'trouvais des dents et des os à Shoal Point. Et y avait plein de baleines. Même dans mon temps, les marsouins, ça grouillait encore comme des mouches. Pis les *poissons*… les morues entraient ici comme une marée de printemps en poursuivant les capelans et les harengs ! Les filets en étaient tellement remplis qu'y z'allaient au fond ! Pis les homards ! Quand j'étais jeune y avait deux, trois cents homardiers dans la baie ; y gagnaient tous leur vie. De nos jours, y en a pas plus d'une douzaine, qui ont de la misère à ramener de quoi s'acheter une caisse de bière ! »

La baie de Port au Port, la baie Saint-Georges et les eaux adjacentes regorgeaient autrefois de poissons – et de pêcheurs. Aux barques et aux baleiniers basques et portugais du XVe siècle succédèrent les flottes de smacks français et anglais puis les escadres de goélettes à voilure blanche, américaines, canadiennes et terre-neuviennes. Puis vinrent à leur tour les bateaux à moteur munis de seines, de palangres, de chaluts, et enfin, massacreurs de poissons par excellence, vinrent les dragueurs de fond.

À présent, ils ont tous disparu. Au cours de notre visite, Claire et moi n'avons vu *aucun bateau de pêche à l'œuvre* sur toute la vaste étendue d'eau salée qui baigne le sud-ouest de Terre-Neuve. Ces eaux jadis prodigieusement fécondes ont été si bien saignées de toute vie qu'on ne peut plus en tirer le moindre profit.

Il en allait tout autrement il y a mille ans.

CHAPITRE XXIV

LA JÉRUSALEM NOUVELLE

Le climat continua à s'améliorer au cours de la première moitié du Xe siècle et, selon moi, le sort des Albains s'améliora d'autant. Voici de quelle façon je me représente cette époque.

La menace viking ne pesait pas sur Crona dans l'immédiat. Les « joyeux guerriers » d'Islande étaient occupés à débusquer les « hommes des cavernes » et autres créatures nuisibles de cet acabit, ou à fendre le crâne de voisins importuns de leur propre race et à incendier leurs maisons. Les plus entreprenants faisaient voile vers l'est et s'embauchaient comme mercenaires sur le continent.

À l'occasion, des chasseurs scandinaves traversaient le détroit du Danemark et gagnaient les territoires de chasse du nord-est du Groenland, abandonnés depuis longtemps par les Albains, mais ces équipées n'étaient pas au centre des préoccupations albaines.

La navigation était active entre Crona et la Grande-Bretagne. Les vaisseaux qui transportaient des hommes d'Église et d'autres voyageurs, ainsi que des marchandises, faisaient la navette sans guère être inquiétés par les Scandinaves car les navires passaient loin au sud des eaux islandaises. Jamais la traite n'avait été si florissante et les perspectives d'avenir s'annonçaient meilleures encore à mesure que se dévoilaient les ressources apparemment illimitées de la Grande Île.

La rumeur de cette importante découverte se répandit rapidement dans les réseaux maritimes de la plupart des pays côtiers de l'Atlantique Nord. Bientôt, tous les marins européens surent qu'on avait découvert une terre nouvelle là-bas tout à l'ouest, une terre qui recelait une véritable mine de richesses.

Peu après le retour du premier vaisseau albain qui était allé reconnaître la baie des Morses, les hommes en quête de marchandises de traite commencèrent à exploiter ces territoires du sud. Au bout de quelques décennies, les seuls clans de traite qui restaient encore au nord-ouest étaient ceux dont la vie était inextricablement mêlée à celle des Tunits de ces régions. L'Ungava et la baie d'Hudson devinrent des lieux peu fréquentés. Les navires marchands se firent plus rares dans la baie du Diana. Après quelques milliers d'années, la prépondérance du nord dans les affaires albaines commençait à s'effriter.

Une fois l'Islande tombée aux mains des Scandinaves, le cap Farewell, à l'extrémité sud du Groenland, devint l'escale occidentale préférée des navires marchands européens. Les capitaines qui allaient plus loin en partaient et mettaient le cap droit à l'ouest jusqu'à ce que les montagnes du Labrador fussent en vue. Ils longeaient alors la côte vers le sud à destination d'Okak, le nouvel entrepôt commercial de l'ouest.

La plupart des clans de traite avaient déjà abandonné Crona pour s'établir surtout dans le fjord de Hebron et la baie d'Okak, où ils étaient à la fois à faible distance d'un port de commerce et à proximité relative des nouveaux territoires du sud. À ces clans de traite d'Okak se joignirent quelques familles de fermiers qui, soit prémonition, soit paranoïa, n'aimaient pas la proximité des Scandinaves en Islande et se déplaçaient peu à peu vers l'ouest.

Comme jadis, les clans de traite avaient tendance à s'établir le long des côtes. Les fermiers, eux, préféraient exploiter les vastes vallées le long des rivières qui descendaient des contreforts méridionaux des Torngat pour se jeter dans les principaux fjords. Ils y construisaient maisons et dépendances en combinant rondins et tourbe, et élevaient leurs petits troupeaux d'animaux domestiques.

Les chasseurs des clans d'Okak passaient l'été à Terre-Neuve sur la côte du golfe du Saint-Laurent, mais ni eux ni les fermiers n'étaient cloués dans les *crofts* pendant les mois d'hiver. Certains entreprenaient de longues expéditions de chasse dans les montagnes de l'ouest, en quête d'orignaux, de caribous, d'ours noirs et de grizzlys[1]. D'autres chassaient dans les bois plus près de chez eux, installant trappes et collets pour prendre les animaux à fourrure. D'autres encore préféraient chasser le long des côtes en compagnie de leurs parents et amis tunits, leur gibier favori étant les phoques, les petites baleines, les ours blancs et les renards arctiques.

Les femmes, les enfants, les vieillards et les hommes incapables de chasser restaient dans les fermes, où ils avaient fort à faire. Ils devaient, même si la plupart des animaux cherchaient eux-mêmes leur pitance, monter la garde pour les protéger des ours et des loups. Ils pêchaient en forant la glace des lacs et des étangs d'eau douce. Ils ramassaient du bois. Ils confectionnaient et réparaient vêtements, effets et outils en prévision de l'année à venir. Lorsqu'ils en avaient le loisir et que le temps était au beau, ils rendaient visite aux voisins, à pied ou en traîneau ; ces véhicules étaient tirés par de petits chevaux à poil long ou parfois par des chiens.

Le mode de vie de ces gens ressemblait beaucoup à celui des Européens qui colonisèrent le Labrador aux temps modernes. À une importante différence près. À cause du climat plus rigoureux, les *livyers* du Labrador de la période historique ont rarement pu garder d'autres animaux domestiques que des chiens[2].

L'été, les colons albains s'occupaient des animaux, faisaient les foins dans la mesure du possible, pêchaient, fumaient ou séchaient le saumon, l'omble et la truite, cueillaient des baies et cultivaient quelques plantes telle l'angélique.

À l'époque du solstice d'été, la population presque entière s'assemblait au port de l'île d'Okak pour y attendre l'arrivée des navires marchands. Ce temps-là était propice aux fêtes à la fois religieuses et profanes. Les Albains étaient pratiquants en dépit du fait qu'ils voyaient rarement un prêtre ou un quelconque gardien de leur foi. Les rassemblements estivaux attiraient également les visiteurs des régions lointaines, notamment les familles métisses des territoires du nord, désormais coupées du cours principal des affaires albaines. Ces festivités constituaient le point culminant de l'année mais, lorsque s'amorça la seconde moitié du siècle, les nouvelles en provenance de Crona commencèrent à assombrir l'horizon des Albains.

Alors que la population de Crona avait connu une croissance normale, celle de l'Islande était en pleine explosion démographique. À l'afflux original de colons norvégiens s'était ajoutée l'arrivée de milliers de Scandinaves en provenance des îles Britanniques. Ces derniers, ayant à faire face à de violentes révoltes de la population indigène ainsi qu'à l'invasion des Danois et d'autres peuples, avaient eu du mal à défendre leurs propriétés, voire même leur vie. Par conséquent, beaucoup vidèrent les lieux et gagnèrent l'Islande. Le double exode norvégien et britannique fut si massif que, en 950, la population islandaise atteignait, croit-on, près de 30 000 âmes.

Dans l'île, les terres utilisables et les moyens de gagner sa vie se faisaient de plus en plus rares. Un nombre croissant d'hommes se virent contraints de se tailler un avenir hors d'Islande, à une époque où les traditionnelles équipées de piraterie et de brigandage devenaient de plus en plus risquées et stériles dans une Europe désormais montée contre les Vikings et assoiffée de vengeance.

Pendant plus d'un demi-siècle, les Scandinaves islandais s'étaient accoutumés à prendre la mer vers l'est lorsqu'ils cherchaient fortune et renommée. Désormais, certains allaient se tourner vers l'ouest.

Le premier *knorr* noir qui fit son apparition sur les côtes de Crona produisit peut-être un effet disproportionné à la cause, car les Albains qui vivaient encore là-bas n'étaient plus satisfaits de leur sort. Comme la circulation des marchandises de traite ne passait plus désormais par Crona, de moins en moins de navires marchands fréquentaient ses ports pour y faire provision de produits locaux et y écouler des produits européens. L'insatisfaction croissante à l'égard d'un mode de vie de plus en plus contraint était alimentée par les récits enthousiastes à propos d'un nouveau monde au sud-ouest, de l'autre côté de l'océan.

L'arrivée des pirates scandinaves fut décisive pour la plupart des Albains de Crona, sans doute amèrement conscients de ce que ces raids présageaient pour l'avenir. Ils n'avaient pas oublié ce que les Vikings avaient fait à leurs ancêtres aux îles du Nord puis à Tilli. Les premiers raids contre Crona déclenchèrent une vague de départs en direction de l'ouest.

Vers 960, les derniers clans de traite avaient troqué leurs demeures au Groenland contre de nouveaux foyers à l'ouest. Au cours des deux décennies suivantes, la plupart des familles de fermiers en firent autant.

Bien que la baie d'Okak fût en mesure d'absorber bon nombre de clans de traite ainsi que quelques fermiers, elle ne pouvait accueillir toute la population de Crona.

Par bonheur, il n'était nul besoin de caser tant de monde à Okak.

Au milieu du Xe siècle, les Albains avaient exploré le sud-ouest de la Grande Île. Leurs descriptions de ses terres fertiles et de ses mers fécondes avaient longtemps alimenté les conversations de tous les habitants de Crona. Par petits groupes au début, puis en nombre sans cesse croissant à mesure que les gagnait la fièvre migratrice, les fermiers abandonnèrent Crona en faveur de la Jérusalem nouvelle de l'ouest.

CHAPITRE XXV

ERIK RAUDI

La vendetta faisait partie des mœurs scandinaves au Xe siècle, et l'Islande n'était pas une exception à la règle. Les querelles avec « mort d'homme » – simple euphémisme qui masquait souvent un meurtre – étaient chose courante. Tout individu avait une valeur monétaire en proportion de son rang et de ses relations. La vie des hommes et des bestiaux pouvait se monnayer presque avec la même facilité. Mais si un meurtrier tardait à verser le prix du sang ou d'autres compensations, il risquait d'être condamné au bannissement.

Un homme banni devait quitter la région, voire même le pays, selon la portée de la sentence, locale ou nationale. S'il refusait de partir, tout homme assez résolu et assez puissant avait le droit de le tuer impunément.

Vers 960, un homme appelé Thorvald Asvaldsson fut banni du district de Jaedar en Norvège pour avoir causé de multiples « morts d'hommes ». Comme beaucoup l'avaient fait avant lui dans des situations analogues, il chercha refuge en Islande avec sa famille, notamment avec son fils, un rouquin d'environ quatorze ans.

Les Thorvald étaient des arrivants tardifs. À l'époque où ils débarquèrent, toutes les bonnes terres avaient été prises ; il ne restait guère que les déserts de lave de l'arrière-pays, de même que les montagnes et les fjords peu accessibles de la péninsule du Nord-Ouest, qui avaient peut-être constitué l'ultime refuge des Albains désormais disparus. Thorvald finit par s'installer dans cette dernière région, sous la froide menace du Drangajökull.

Les sagas ne nous disent guère à quoi ressemblait la vie dans le nord pour les Thorvald, mais nous pouvons avancer une hypothèse basée sur des faits connus. Les fermes typiques de l'époque n'avaient qu'une seule pièce basse aux murs de tourbe, nantie d'une seule porte et dépourvue de fenêtres. Des rangées de poteaux supportaient une lourde toiture de gazon et divisaient l'intérieur en trois allées étroites. Celle du centre comportait un foyer sans cheminée ; les deux autres, des estrades de terre qui servaient de sièges, de lits et de bancs de travail aux membres de la famille.

La rentabilité d'une ferme de ce genre reposait sur la viande de boucherie et les produits laitiers. Le lait, qu'on laissait habituellement fermenter pour obtenir un caillé appelé *skyr*, fournissait l'aliment de base. Beurre, fromage et *skyr* étaient emmagasinés en prévision des mois d'hiver, où les vaches cessaient de donner du lait, affamées et enfermées qu'elles étaient dans des étables affreusement encombrées, pareilles à des terriers sans lumière. Dans le nord pauvre en ressources, seuls le poisson séché, la viande de phoque, les oiseaux de mer au goût rance et leurs œufs parfois pourris permettaient de varier l'alimentation.

Lorsque le fils de Thorvald, Erik Raudi (Erik « le Rouge »), atteignit sa majorité, il échappa à la pauvreté de Dranga en prenant femme dans une famille prospère du district de Haukadalur dans le sud. Il y devint propriétaire d'une ferme – sans doute la dot de son épouse – et ne tarda pas à démontrer la vérité de l'adage *Tel père tel fils*. Erik régla un différend avec un voisin du nom de Valthjóf en envoyant des esclaves déclencher un éboulement dans la propriété de cet homme.

Ce que voyant, Eyjólf la Bourse, un parent de Valthjóf, se vengea en tuant les esclaves. Alors, naturellement, Erik tua Eyjólf, ainsi que l'un de ses compagnons, Hrafn le Duelliste. Cet exploit rehaussa la réputation d'Erik mais lui attira de sérieux ennuis. La famille d'Eyjólf l'assigna à comparaître pour meurtre et il fut banni du district de Haukadalur. Il en décampa avec tant de hâte qu'il dut laisser les précieux montants de son siège d'honneur à la garde de Thórgest, un autre voisin.

Cet hiver-là, Erik et les siens se déplacèrent d'île en île dans le Breidafjördur en vivant comme les forbans qu'ils étaient. Quand vint le printemps, Erik risqua une incursion clandestine dans le Haukadalur pour récupérer les montants de son siège. Thórgest refusa de s'en départir, si bien qu'Erik et ses compagnons se cachèrent dans les bois du voisinage et firent le guet jusqu'au jour où Thórgest entreprit un voyage. Ils saccagèrent alors la ferme, s'emparèrent des montants et prirent le chemin du retour.

Or, rien ne pouvait jamais se régler aussi facilement en Islande. Thórgest pourchassa et rattrapa les auteurs du coup de main et, dans la mêlée qui s'ensuivit, les hommes d'Erik tuèrent deux des fils de Thórgest et plusieurs de ses compagnons. Ces nouvelles « morts d'hommes» entraînèrent dans la ronde et le district du Breidafjördur et celui de Haukadalur. Au printemps de 981, les alliés de Thórgest firent pression et intentèrent des poursuites contre Erik, qui se vit bannir une fois de plus. Cette fois, on le chassait d'Islande – et pour trois ans.

Comme son père, Erik choisit la route de l'ouest. Contrairement à son père, il n'était pas à la recherche d'une nouvelle patrie – du moins pas encore. Il s'en alla vers l'ouest à titre de Viking, résolu à tirer le meilleur parti possible de sa période d'exil. Il avait un objectif précis en vue: l'Alba au Groenland[1].

On prétend qu'Erik fut le découvreur du Groenland et cette assertion reste au cœur de l'un des mythes les plus durables qu'on ait forgé en sa mémoire. En réalité, Erik ne fut pas même l'un des premiers Scandinaves à atteindre le Groenland.

Le *Landnámabók*, véritable pierre angulaire de l'histoire islandaise, décrit comment Gunnbjörn Úlf Kragesson, l'un des colons norvégiens de la première génération en Islande, fut rafalé jusqu'à la côte est du Groenland dès 890. Par la suite, l'espace de quelques générations avant la naissance d'Erik, l'est du Groenland fut connu des Islandais sous le nom de Rochers de Gunnbjörn.

Le *Landnámabók* raconte dans un style vivant une autre expédition au Groenland qui eut lieu quarante ans avant l'exil d'Erik. Ce récit donne un aperçu révélateur des mœurs qui prévalaient en Islande à l'époque.

> Un homme appelé Hallbjörn épousa Hallgerd, la fille d'Odd de la Langue de terre. Après le mariage, le jeune couple passa le premier hiver dans la maison d'Odd et la bonne entente ne régnait guère entre eux. Snaebjörn le Sanglier, un cousin germain d'Odd de la Langue de terre, vivait également avec eux cet hiver-là.
>
> À la fin de mai, époque des déménagements en Islande, Hallbjörn se prépara à quitter la maison de son beau-père [...].
>
> Quand Hallbjörn eut sellé les chevaux, il alla chercher Hallgerd sur l'estrade où elle était assise. Quand il la pria de se lever et de l'accompagner, elle ne dit rien et ne bougea pas. Hallbjörn l'appela par trois fois en vain, puis lui chanta des bribes d'une complainte, mais cette chanson ne parvint pas à l'émouvoir. À la fin, il tordit ses longs cheveux dans sa main et tenta de la tirer de l'estrade, mais elle ne broncha toujours pas. Alors il dégaina son épée et lui trancha la tête.
>
> Lorsqu'il eut vent de la chose, Odd demanda à Snaebjörn le Sanglier de se lancer à la poursuite de Hallbjörn à cheval. Ce que fit

> Snaebjörn, accompagné de 12 hommes. Ils rattrapèrent Hallbjörn et, dans la bataille qui s'ensuivit, trois des hommes de Snaebjörn furent tués, ainsi que les deux compagnons de Hallbjörn. En fin de compte, quelqu'un trancha net le pied de Hallbjörn qui succomba à son tour.
>
> Pour échapper à la vengeance de la famille de Hallbjörn, Snaebjörn prit la mer à bord d'un navire qui lui appartenait pour moitié. Rólf des Sables rouges possédait l'autre moitié. Ils embarquèrent chacun 12 compagnons. L'un des compagnons de Snaebjörn était son père adoptif, Thórodd. Le principal compagnon de Rólf était Styrbjörn [...].
>
> Ils naviguèrent jusqu'aux Rochers de Gunnbjörn, mais lorsqu'ils atteignirent cette terre Snaebjörn refusa de les laisser débarquer pendant la nuit. Cependant, Styrbjörn quitta le navire et trouva des objets précieux cachés sous un tertre funéraire. Snaebjörn le frappa d'un coup de hache et lui fit tomber les objets des mains.
>
> Ils se bâtirent une cabane de pierre et y furent bientôt bloqués par la neige. Au printemps, ils en sortirent à la force des pelles.
>
> Un jour, alors que Snaebjörn travaillait à bord du navire et que son père adoptif Thórodd était dans la cabane, Styrbjörn et Rólf tuèrent Thórodd. Puis à eux deux ils occirent Snaebjörn.
>
> Ensuite, ils firent voile et atteignirent le Halgoland [en Norvège], d'où ils rentrèrent en Islande, où Rólf et Styrbjörn furent tués par Sveinung, qui à son tour fut occis par Thorbjörn [...].

Snaebjorn et Rólf naviguèrent vers l'ouest pour passer une saison à chasser dans l'est du Groenland pendant que les choses se calmaient chez eux. Le fait qu'ils découvrirent une sépulture où des objets valaient la peine d'être volés démontre que ce n'était certes pas eux les premiers arrivants sur cette côte.

Bien que les sources relatent la vie d'Erik en Islande et plus tard au Groenland avec une certaine abondance de détails, elles sont étonnamment laconiques à propos du « voyage de découverte » historique proprement dit. Nous n'avons que des bribes de récit à nous mettre sous la dent ; de trop rares bribes, en fait. Le récit suivant est un résumé de ma reconstitution des faits, telle que donnée dans *Westviking*[2].

Commençons par le texte même de la saga :

> Erik dit à ses amis qu'il projetait d'aller dans le pays que Gunnbjörn Úlf Kragesson avait trouvé lorsqu'il avait été emporté vers l'ouest de

> l'autre côté de la mer. Il appareilla depuis le Snaefell Jökul et approcha la terre près du glacier appelé Blaserk. Puis il navigua vers le sud en longeant la côte en quête de terres habitables [ou habitées].
>
> Il passa le premier hiver à Eriksey [« île d'Erik »], presque au milieu de l'établissement de l'est [fjords du sud]. Au printemps suivant, il pénétra dans l'Eriksfjord où il choisit un emplacement où établir une ferme. Cet été-là, il navigua dans les régions sauvages de l'ouest où il resta longtemps en donnant des noms à beaucoup d'endroits.
>
> Il passa le deuxième hiver dans l'île d'Erik [une île différente de la première] au delà du Hvarfsgnipa ; mais, le troisième été, il s'en alla au nord jusqu'au Snaefell et entra dans le Hrafnsfjord. Croyant avoir rejoint l'extrémité de l'Eriksfjord, il fit alors demi-tour et passa le troisième hiver dans l'île d'Erik [celle] située près de l'embouchure de l'Eriksfjord. L'été suivant il rentra en Islande.

Le navire d'Erik partit du Snaefellsnes, avec à son bord 20 ou 30 alliés et esclaves. Les alliés furent sans doute recrutés parmi ses intimes et ses proches parents et, comme nous le soupçonnons, incluaient peut-être un homme appelé Ari Márson, dont la femme était une cousine germaine d'Erik. Les hommes libres qui étaient à bord étaient armés d'épées, de lances et de haches d'armes. Des tonnelets de *skyr* et de beurre, des ballots de poisson séché étaient arrimés dans la cale sous des bâches en peau de phoque. Pour le reste, l'équipage allait compter sur les ressources du pays.

Le cap Farewell une fois doublé, Erik ne tarda pas à atteindre des « terres habitables », mais les sources parvenues jusqu'à nous ne nous en disent rien. Tout ce qu'on nous apprend, c'est qu'Erik passa l'hiver dans une petite île au large de ce qui allait devenir plus tard l'établissement de l'est du Groenland scandinave. Un passage de l'*Íslendingabók*, rédigé deux ou trois cents ans après le fait, nous fournit toutefois quelques renseignements additionnels.

> Le pays qu'on appela Gronland fut découvert et colonisé depuis l'Islande. Erik Raudi était le nom d'un homme du Breidafjord qui s'y rendit et en prit possession [...]. Tant à l'est qu'à l'ouest dans le pays, ils trouvèrent des habitations humaines, des débris de navires de peaux et des outils faits de pierre, qui leur donnèrent à comprendre que le peuple qui avait séjourné là était le même qui habitait le Vinland, peuple que les Groenlandais [scandinaves d'une époque ultérieure] appelèrent les Skraelings.

Pour comprendre ce récit il faut nous rappeler que les Scandinaves du Xe siècle ne concevaient pas le Groenland comme l'entité discrète que nous connaissons. Ils croyaient qu'il s'agissait d'une bande de terre qui commençait loin au nord-ouest de l'Islande, s'étendait vers le sud jusqu'au cap Farewell puis obliquait vers le nord jusqu'au fond de la baie de Baffin, dont elle formait le contour pour continuer vers le sud le long des côtes orientales de l'île Devon, des terres d'Ellesmere et de Baffin[3].

L'*Íslendingabók* raconte qu'Erik trouva des « habitations humaines » et des objets « tant à l'est qu'à l'ouest dans le pays ». Or, l'archéologie nous apprend que, à l'époque de la visite d'Erik, les autochtones du Dorsétien (les Skraelings des scribes islandais) habitaient en effet la rive ouest de la baie de Baffin mais qu'*aucun peuple autochtone ne vivait sur les côtes groenlandaises de cette baie* depuis plusieurs centaines d'années. Qui donc pouvaient être les bâtisseurs des habitations qu'Erik trouva dans l'est du pays ? Ma thèse est qu'il s'agissait des Albains.

Il n'existe aucun moyen de savoir si certaines de ces demeures étaient encore habitées quand Erik arriva au Groenland, mais il semble qu'il ne trouva que des maisons abandonnées.

Les Scandinaves étaient braves – plus que quiconque – mais, à mesure que les Vikings d'Erik remontaient peu à peu la côte ouest du Groenland, j'imagine qu'ils durent se sentir oppressés, voire intimidés, par ces contrées apparemment inhabitées. Que signifiait ce vide ? Des trolls avaient-ils fait disparaître les habitants ? Les gens avaient-ils été anéantis par les dieux ou par quelque mystérieux ennemi humain ? Ou encore, peut-être s'étaient-ils retirés en quelque lieu secret d'où ils préparaient à l'instant même une attaque contre ceux qui voulaient razzier leurs côtes ?

Selon moi, le navire d'Erik pointa tout doucement son étrave dans un fjord surnaturellement désert après l'autre ; la tension montait sans cesse… et c'est alors que survint un incident fâcheux.

Par une journée grise, les écumeurs se retrouvèrent engagés fort loin dans un fjord particulièrement étendu. Erik envoya sa chaloupe en reconnaissance dans des baies intérieures étroites. Près de l'extrémité d'un embranchement sinueux, le barreur de l'embarcation repéra quelque chose qui ressemblait à une traînée de fumée.

La chaloupe aborda une plage de gravier et l'équipage débarqua avec prudence. Les aventuriers n'avaient fait que quelques pas quand, avec des hurlements, une douzaine d'hommes surgirent d'un bond du couvert d'un petit bois de bouleaux en faisant pleuvoir flèches et pierres.

L'attaque était si inattendue que le petit groupe, pris de panique, se débanda, regagna la plage et sauta dans la chaloupe ; les hommes ramèrent comme des furieux pour se mettre en sûreté au milieu du fjord. Peut-être ne comprirent-ils que trop tard que l'un des leurs avait été blessé et laissé sur la plage.

Il semble qu'il se produisit en effet un événement semblable à cet incident imaginaire, comme l'indique le comportement ultérieur de la troupe d'Erik.

Quand les bourrasques de l'automne commencèrent à descendre de l'inlandsis en balayant tout sur leur passage, les Islandais se terrèrent dans une petite île à l'entrée de l'un des fjords du sud. Dans ce lieu exposé, ils s'apprêtèrent à passer ce qui fut sans doute un hiver très pénible.

En boudant le confort relatif et les abris qu'offraient une multitude d'endroits dans l'enfilade de fjords du sud, *les hommes d'Erik se conduisaient typiquement comme des Vikings forcés d'hiverner en territoire hostile.* Au lieu de chercher un refuge confortable pour la saison froide, ils *choisirent* une île extérieure isolée où l'on ne pouvait pas aisément les surprendre et d'où ils pouvaient gagner rapidement le large si les choses se gâtaient.

Les Scandinaves n'étaient pas masochistes. Certes, Erik n'aurait pas choisi ce genre de refuge (*or, il agit ainsi à chacun des trois hivers qu'il passa au Groenland*) s'il n'avait eu de bonnes raisons de craindre une attaque – non de la part des bêtes sauvages, des trolls ou des esprits, mais de la part des humains.

Nous pouvons imaginer les Islandais blottis tous ensemble dans leur cabane encombrée et gelée tandis que descendait la longue nuit et que les grands vents glacés arrivaient du nord en hurlant sur l'île nue d'Eriksey ; ils jouissaient d'un bien piètre confort physique et ne trouvaient guère la tranquillité d'esprit. Qu'ils aient ou n'aient pas déjà rencontré d'Albains vivants, il reste que le mystère de ce pays presque partout abandonné venait sans doute les hanter.

La perspective de mener à bien une expédition lucrative devait désormais leur paraître aussi sombre que l'hiver. Mais peut-être trouvaient-ils quelque réconfort à rêver et à parler des belles contrées verdoyantes qui s'étaient révélées à eux à l'intérieur des fjords. Et même, ce fut peut-être là, dans cette île décapée par les vents, qu'Erik eut la vision d'un pays qu'il habiterait avec les gens de sa race, dont il serait le suzerain – il serait pour ainsi dire roi d'un pays bien à lui.

La saga nous apprend que :

> Au printemps suivant, il pénétra dans l'Eriksfjord où il choisit un emplacement où établir une ferme. Cet été-là, il navigua dans les régions sauvages de l'ouest où il resta longtemps en donnant des noms à beaucoup d'endroits.

Quand le printemps le libéra, Erik alla reconnaître l'entrée du plus grand des fjords du sud où, nous dit-on, il choisit l'emplacement de la ferme qui allait porter le nom de Brattahlid. Je ne doute pas qu'il ait soigneusement remarqué la masse silencieuse d'au moins une, et probablement de plusieurs maisons de ferme abandonnées qui s'élevaient à l'emplacement choisi.

Il ne s'attarda pas dans le fjord qui allait un jour porter son nom. C'était peut-être un bon endroit où s'établir... mais le moment n'était pas encore venu. Il n'avait pas entrepris ce voyage pour coloniser des terres mais pour s'enrichir, lui et ses compagnons, aux dépens des autres. Il ne pouvait atteindre ce but tant qu'il n'aurait pas trouvé de victimes appropriées.

Il chercha ses proies au nord-ouest. Le temps de parcourir quelque distance au delà de la baie de Godthåb, il dut se rendre compte que tous les habitants, ou la plupart, avaient abandonné Crona.

Où étaient-ils donc passés ? Où, sinon dans ce pays que les Scandinaves connaissaient sous le nom de Hvítramannaland, ou Albania [4] ?

Erik poursuivit ses recherches, mais de toute évidence il n'avait guère qu'une vague idée de l'emplacement de l'Albania. Traversant le détroit de Davis, il semble qu'il ait parcouru les côtes de la terre de Baffin sur une distance indéterminée « en donnant des noms à beaucoup d'endroits » mais sans accomplir grand-chose d'autre.

Perplexe et déçu, Erik regagna les terres à l'est de la baie de Baffin.

> Il passa le deuxième hiver dans l'île d'Erik au delà du Hvarfsgnipa ; mais, le troisième été, il s'en alla au nord jusqu'au Snaefell et entra dans le Hrafnsfjord.

Il encaissa un deuxième hiver dans une autre île appelée Eriksey, située quelque part au nord du Hvarfsgnipa, aujourd'hui connu sous le nom de cap Desolation.

Ce fut sans doute un autre hiver lugubre. Les esclaves de sexe féminin durent connaître des moments particulièrement pénibles. Les hommes trouvèrent peut-être un exutoire à leurs émotions en se querellant. Il suffit de nous rappeler l'hiver sanglant que passèrent Rólf et Snaebjörn sur la côte est du Groenland pour acquérir la conviction que seule la main ferme d'Erik, prompte à brandir l'épée ou le poignard, parvint à mettre un frein aux désordres.

L'été suivant, Erik fit voile vers le nord en suivant la côte occidentale du Groenland. Peut-être nourrissait-il encore l'espoir de trouver au moins un campement de chasseurs albains dans cette direction. Ou peut-être avait-il abandonné l'idée de trouver des maisons à dévaliser et avait-il conclu que si ses hommes devaient acquérir des richesses ils devraient le faire en chassant.

Ils s'aventurèrent au cœur des anciens territoires de chasse nordiques des Albains de Crona. Le Hrafnsfjord était soit la baie de Disko ou le fjord d'Umanak (peut-être les deux); plus loin s'étendait une baie immense toute pleine d'icebergs. Naviguant dans la clarté d'un jour sans fin, Erik poussa assez loin pour voir l'horizon nord-est se muer en une énorme muraille de glace – c'était là le plus gigantesque front glaciaire de l'hémisphère nord.

C'était là le Snaefell; et c'est là qu'il fit demi-tour.

Erik et ses gens survécurent à leur troisième et dernier hiver d'exil dans l'île même où ils avaient passé la première saison froide; or c'est là un détail très curieux. Si Erik au bout de deux ans avait été convaincu que la population locale ne constituait aucune menace sérieuse, il aurait sûrement choisi de passer le dernier hiver dans un endroit qui promettait un certain confort matériel, comme l'emplacement à l'extrémité de l'Eriksfjord où il avait déjà « consacré la terre » avec l'intention de s'y installer un jour. Le fait qu'il s'en abstint suggère qu'il devait bel et bien percevoir une menace, réelle ou imaginée, une menace d'une ampleur suffisante pour obliger sa troupe de guerriers à se barricader sur une petite île sinistre tout au long du dernier hiver.

Bien que cette reconstitution de l'exil d'Erik à l'ouest concorde avec les faits prouvés, il existe d'autres interprétations possibles.

Peut-être l'évacuation du Groenland par les Albains avait-elle à peine commencé ou n'était réalisée qu'en partie quand Erik fit son apparition là-bas. Au lieu d'arriver dans un pays effectivement vidé de ses habitants, peut-être le trouva-t-il encore partiellement occupé, et ce par une population hostile à l'extrême. Peut-être lui arriva-t-il à Crona ce qui arriva à Ingólf à Tilli: il fut incapable de s'implanter solidement dans le nouveau pays et fut donc *forcé* de s'accrocher à sa périphérie. Il se peut, comme Ingólf encore, qu'il ait dû rentrer chez lui pour rassembler une force d'invasion avant d'être en mesure de prendre possession des terres. Tout ce que les sagas nous apprennent, c'est que :

> Au printemps suivant, Erik rentra en Islande et débarqua au Breidafjord [...]. Le printemps d'après, dans un combat contre Thórgest et ses hommes, le parti d'Erik eut le dessous. Plus tard, la paix fut conclue entre eux.
>
> Cet été-là, Erik entreprit de coloniser le pays qu'il appela Groenland [le « Pays vert »] parce que, disait-il, les gens se laisseraient plus aisément persuader d'aller dans ce pays s'il avait un beau nom.
>
> Les savants disent que, lorsque Erik partit coloniser le Groenland, 25 navires quittèrent le Breidafjord et 14 d'entre eux atteignirent le Groenland. Certains furent repoussés à terre et d'autres furent perdus en mer. Cela se passait quinze ans avant l'adoption du christianisme en Islande.

Il y avait beaucoup de mécontents en Islande à cette époque. Certains étaient arrivés trop tard pour trouver de bonnes terres. Certains trouvaient ennuyeux de rester redevables à des chefs de clan arrogants. D'autres, mêlés à des vendettas, craignaient pour leur peau. D'autres encore étaient tout simplement assoiffés de rapines comme au bon vieux temps. Tous ces hommes réagirent sans doute avec empressement lorsqu'on leur proposa de former une bande et de s'emparer du « pays vert » de l'ouest pour leur propre compte.

À mesure que progressait le printemps de 985, les navires commençaient à se rassembler dans les ports du Breidafjördur et du Borgarfjördur. Chacun transportait une trentaine de personnes, y compris les femmes, les enfants et les esclaves. Il y avait sans doute à peine assez de place pour emmener quelques vaches au cours de cette traversée initiale. Le gros du cheptel dut probablement rester en Islande en attendant d'être emporté plus tard.

Par un jour de juin qu'on jugea propice, selon les augures, la flotte appareilla ; mais, ou les augures avaient menti, ou ils avaient été mal interprétés. Les navires furent frappés par une effroyable catastrophe. Presque la moitié sombrèrent ou regagnèrent l'Islande tant bien que mal [5].

Le désastre – conséquence, peut-être, d'une éruption volcanique sous-marine – se traduisit certainement par de lourdes pertes. Néanmoins, les vaisseaux rescapés tirèrent si bien profit de la traversée que, l'espace de quatre siècles et demi, le Groenland (ou du moins sa partie sud) allait demeurer possession scandinave.

Si les Albains habitaient encore Crona à l'arrivée de la flotte d'invasion d'Erik, sans doute ne s'y attardèrent-ils pas davantage. Chargeant en hâte leurs vaisseaux, ils durent partir discrètement vers l'ouest en abandonnant Crona à ses nouveaux maîtres et à de nouvelles destinées.

CHAPITRE XXVI

ARI EN ALBANIA

Le *Landnámabók*, pierre commémorative de l'histoire de l'Islande au temps des Vikings, nous apprend qu'un jour, au cours du Xe siècle, un Islandais nommé Ari Márson

> traversa la mer jusqu'au Hvítramannaland [le « Pays des hommes blancs »], que d'aucuns appellent Irland Mikla [la « Grande Irlande »] et qui se trouve loin à l'ouest dans l'océan, près du Bon Vinland, qu'on dit situé à VI jours de navigation droit vers l'ouest en partant de l'Irlande [1]. Ari ne put revenir de cette contrée et il fut baptisé là-bas.
>
> Hrafn le Marchand de Limerick, qui avait longtemps vécu à Limerick en Irlande, fut le premier à rapporter cette histoire. Thorkell Gellirson dit que des Islandais, qui tenaient cette nouvelle du comte Thorfinn des Orcades, prétendaient qu'Ari avait été reconnu au Hvítramannaland et qu'il ne pouvait en partir mais qu'on le tenait là-bas en grande considération.

À ce récit, les *Annales du Groenland*, une chronique scandinave du XIe siècle, ajoutent ce qui suit :

> D'après ce qu'on écrit, au sud de la partie habitée du Groenland il y a des déserts, des régions inhabitées et des glaciers ; puis le pays des Skraelings, puis le Markland, puis le Bon Vinland. À côté, un peu plus loin, se trouve l'Albania [2], qui est le Hvítramannaland. Jadis, des navires s'y rendaient depuis l'Irlande. Des Irlandais et des Islandais y reconnurent Ari, fils de Már et de Thorkatla, de Reykjaness, dont on était sans nouvelles depuis longtemps et qui était devenu un chef dans ce pays.

Qui était Ari Márson ? Pour répondre à cette question il faut se livrer à une incursion dans la généalogie scandinave, digression qui paraîtra peut-être un tantinet ennuyeuse mais qui s'avère indispensable pour bien établir l'authenticité de l'extraordinaire aventure d'Ari à l'ouest.

Le *Landnámabók* nous apprend qu'Ari Márson était un descendant d'Úlf le Bigleux, l'un des pères fondateurs de l'Islande scandinave.

> Úlf [...] prit possession de tout le Reykness entre le Godfjord et le Goatfell. Il avait pour femme Bjorg, fille d'Eyvind l'Homme de l'est et sœur de Helgi le Maigre. Leur fils Atli le Rouge épousa Thorbjorg, sœur de Steinolf le Court. Leur fils Már de Reyknolls prit pour femme Thorkatla, fille de Hergils Hnappraz. Leur fils s'appelait Ari [suit le récit de l'aventure d'Ari à l'ouest, déjà cité plus haut] [...]. Ari prit pour épouse Thorgerd, fille d'Alf des Dalir, et leurs fils s'appelaient Thorgils, Gudleif et Illugi. C'était là le clan de Reykness.

La lignée d'Ari n'a pas moins de poids que celle des autres Islandais et elle est tout aussi bien attestée. Elle le relie à certains des personnages les plus notables de l'histoire islandaise, notamment Eyvind l'Homme de l'est et Aude la Sagace, la grande dame qui figure parmi les fondateurs de l'Islande.

Elle le relie aussi aux générations suivantes. Thorkell Gellirson (mentionné dans le récit du *Landnámabók*) était le petit-fils d'Ari. Thorkell était l'oncle d'Ari Thorgilson, l'auteur de l'*Íslendingabók* et probablement du *Landnámabók*, qui à eux deux forment la véritable pierre angulaire de l'histoire islandaise.

Thorkell Gellirson vécut durant la première moitié du XIe siècle ; il avait beaucoup voyagé et il était très bien informé. On sait qu'il a fourni à son neveu, Ari Thorgilson, une grande partie des renseignements qui figurent dans les chroniques, y compris, n'en doutons pas, l'histoire remarquable de son grand-père Ari Márson : comment il se retrouva en Albania – mot, soit dit en passant, qui n'est autre que la forme latinisée d'Alba.

La bonne foi d'Ari Márson est parfaite et son histoire est aussi solide que celles de la même période. Pourtant, la plupart des historiens ont choisi de l'ignorer ou de la rejeter. Cela s'explique aisément. Si l'on admet la véracité de l'histoire d'Ari, il faut reconnaître que les Scandinaves n'étaient pas, tout compte fait, les premiers Européens à « découvrir » l'Amérique du Nord.

Erik Raudi et Ari Márson étaient nés tous deux vers le milieu du Xe siècle. Tous deux grandirent et atteignirent l'âge d'homme dans l'ouest de l'Islande. Ils étaient parents par alliance par l'épouse d'Ari, Thorgerd, cousine germaine d'Erik. Ils devaient certainement se connaître. Ils étaient probablement camarades, même si (ou peut-être parce que) Ari appartenait à une famille riche établie dans le pays depuis longtemps, alors qu'Erik était un arrivant tardif qui n'avait guère d'autres ressources que ses propres talents et son ambition sans scrupule.

Au cours de l'hiver de 980-981, alors qu'Erik était empêtré dans le conflit qui l'opposait à Thórgest, un missionnaire chrétien parti de Norvège débarqua en Islande. On l'appelait l'évêque Frederik et il avait pour compagnon un soldat de fortune nommé Thorvald Kodranson, qui lui servait de garde du corps.

Il semble que Thorvald ait eu du pain sur la planche. Ceux qui faisaient du prosélytisme en faveur du Christ blanc dans l'Islande païenne étaient rarement bien accueillis. Non seulement leur fermait-on la plupart des portes, mais on levait souvent la main (armée ou non) sur eux. Néanmoins, Ari Márson, qui à cette époque était devenu l'un des meneurs du fameux clan de Reykness, traita le missionnaire en ami.

Ari lui-même, à ce qu'il semble, n'était pas encore prêt à embrasser le christianisme, mais son fils Gudleif se convertit et se fit le champion armé d'un autre missionnaire qui joua plus tard un rôle de catalyseur dans l'adoption de la nouvelle religion par l'Islande.

Tout comme les autres notables du district, Ari assista sans doute au Thing de 981 qui trancha le différend entre Erik et Thórgest. Ari était presque certainement du parti d'Erik, ne fût-ce que parce qu'il était de ses parents. Quand Erik fut banni à l'étranger, il décida d'aller au Groenland et il est possible qu'Ari l'ait accompagné dans ce qui s'annonçait comme une expédition viking lucrative.

Bien que les sagas ne nous donnent pas la date de l'arrivée d'Ari en Albania, nous pouvons déterminer l'intervalle où la chose dut se produire. Nous savons que Thorfinn Fendeur-de-Crânes, comte des Orcades, avait eu vent de la capture d'Ari et que le comte lui-même mourut en 988. Nous savons également qu'Ari était encore en Islande pendant l'hiver de 980-981. Comme la nouvelle de la capture d'Ari n'aurait guère pu atteindre le comte Thorfinn moins de deux ans après le fait, je déduis qu'Ari devint prisonnier en Albania entre 981 et 986, dates qui englobent la période de l'exil d'Erik au Groenland.

On se demande pourquoi Ari fut traité avec tant de clémence par ses ravisseurs albains. Pourquoi, au lieu de lui trancher la gorge, lui permirent-ils de devenir un membre important de leur société ? Peut-être parce qu'il était un ami des chrétiens. La saga mentionne qu'il *fut baptisé* en Albania.

Pour une raison ou pour une autre (l'amour d'une femme albaine ? le rejet des mœurs sanguinaires de la culture scandinave ?), Ari devint un Albain de facto.

Les sagas qui parlent d'Ari nous aident également à situer l'Albania/le Hvítramannaland qui, comme le précisent les sources, sont un seul et même pays. Les *Annales* rapportent qu'il existe plusieurs terres au sud du Groenland. Celles-ci incluent les rives occidentales de la baie de Baffin et du détroit d'Hudson [3].

On nous apprend qu'au sud du pays des Skraelings, qui comprenait la terre de Baffin et le nord du Labrador, se trouvait le Markland (le « Pays boisé »), c'est-à-dire la partie du Labrador couverte de forêts. Au sud du Markland il y avait le Vinland (le « Pays herbeux ») qui, comme en conviennent maintenant la plupart des experts, devait se trouver dans la partie est ou nord-est de l'île de Terre-Neuve [4].

> À côté [du Vinland], un peu plus loin [en retrait ?], se trouve l'Albania, qui est le Hvítramannaland.

Notons que l'Alba/Albania est *à côté* du Vinland, et non au sud de celui-ci. Les traducteurs anglais des sagas ne s'entendent pas sur le sens exact du mot qui suit ce *à côté*. Certains le rendent par « un peu après », d'autres optent pour « un peu en retrait » et d'autres encore pour « à quelque distance en retrait ». Quel que soit le sens choisi, il est clair que l'Alba, comme le Vinland, se trouvait à Terre-Neuve.

Cette hypothèse est confirmée par une carte dressée au début du XVIIe siècle par l'Islandais Jón Gudmonson, qui la traça à partir de cartes plus anciennes, maintenant disparues. Tout juste au sud du détroit de Belle-Isle, Gudmonson représente une étendue de terre qui ne peut être que Terre-Neuve. Elle porte un seul nom : ALBANIA. Non seulement la carte de Gudmonson nous montre l'emplacement qu'on attribuait à l'Alba à l'époque, mais elle précise que la source originale remonte avant le XIIe siècle, après quoi « Albania » est généralement remplacé par « Vinland » sur les cartes scandinaves en l'honneur du célèbre voyage de Leif Eriksson.

Si les scribes nordiques, plus tard comme alors, n'étaient guère précis quant à l'emplacement exact de l'Alba, les marins marchands européens savaient certainement où elle se trouvait. Le *Landnámabók* nous apprend que Hrafn, un marin scandinave vivant en Irlande, eut vent le premier de l'endroit où se trouvait Ari, et il est clair d'après le contexte qu'il tenait la nouvelle de marchands qui avaient vu Ari en Albania. Le passage des *Annales* est encore plus explicite. Il affirme catégoriquement que des Irlandais et des Islandais avaient reconnu Ari en Albania. Par « Irlandais » (« hommes d'Irlande »), on pouvait vouloir dire des marchands des ports anglais qui appareillaient vers l'ouest depuis l'Irlande. Les Islandais auxquels le texte fait allusion faisaient peut-être partie de l'équipage d'un navire commandé par Gudleif Gudlaugson, dont nous reparlerons plus loin.

Au printemps de 1997, Robert Rutherford, un artiste peintre de mes amis, me fit parvenir une reproduction d'un de ses tableaux, une vue du petit village de pêcheurs de Cupids, dans l'est de Terre-Neuve. Rutherford avait représenté le splendide panorama qu'on découvre du sommet du Spectacle Head, le cap qui domine Cupids et ses environs. Au premier plan figuraient des constructions qui ressemblaient singulièrement à des tours balises.

« Je savais bien que tu pigerais, pour les cairns, me dit Robert lorsque je lui téléphonai. Ils m'ont frappé tout de suite quand j'ai visité Cupids. Je n'ai jamais rien vu de pareil à Terre-Neuve ni ailleurs au Canada, en fait. Ils me rappellent les trucs néolithiques des Orcades et des Shetland. »

Selon Ginevra Wells, de la Cupids' Historical Society, les trois tours – groupées à moins de 100 mètres les unes des autres – ont davantage souffert des déprédations de l'homme que de la nature. Les visiteurs ont pris l'habitude d'en prélever des pierres et d'emporter les plus petites en guise de souvenirs.

La plus grosse tour, en forme de cylindre légèrement effilé de près de 1,5 mètre de diamètre, s'élève à plus de 1,2 mètre avant de se rétrécir à un diamètre de 1,2 mètre dans sa partie supérieure. La hauteur totale est aujourd'hui d'environ 2,15 mètres mais à l'origine la tour était un peu plus élevée, peut-être 2,45 mètres en tout. Son profil en double cylindre s'accorde à l'apparence générale de plusieurs balises de l'Arctique ; cette forme servait peut-être à transmettre un message particulier à qui savait voir.

La deuxième tour présente un diamètre d'environ 1,2 mètre à la base. Elle est également cylindrique à peu près jusqu'à mi-hauteur pour se terminer brusquement en pointe avec un diamètre de 60 centimètres à plus de deux mètres du sol.

D'anciennes balises d'origine inconnue dominent le village de Cupids dans la baie de la Conception, à Terre-Neuve.

La troisième tour, la plus petite, fait à peine 1,85 mètre et mesure moins de un mètre de diamètre. Conique, étroite, elle donne l'impression d'avoir été construite après coup ou d'avoir été démolie puis reconstruite en partie.

Les pierres furent sans doute apportées sur la hauteur de fort loin. La source la plus proche, un talus rocheux, se trouve à près de 100 mètres en contrebas et ne peut être atteinte qu'au prix d'un long détour en terrain difficile. Les pierres des balises elles-mêmes sont revêtues d'une épaisse couche de lichens et donnent l'impression d'être extrêmement anciennes.

Il semble qu'on ne sache rien des origines, de l'âge ou de l'utilité des « cairns ». Les habitants de la région disent qu' « ils ont toujours été là ». Or, « toujours » représente beaucoup de temps à Cupids, qui est l'une des plus anciennes colonies, voire *le* tout premier établissement européen de l'époque postcolombienne en Amérique du Nord, ayant été fondé officiellement en 1610 par John Guy au nom de la London and Bristol Society of Merchant Venturers. Toutefois, selon une croyance persistante, une famille appelée Dawes exploitait les terres de la petite baie dès 1550.

Contrairement à la plupart des entreprises de ce genre mises sur pied par les Anglais du XVIIe siècle à Terre-Neuve, la Seaforest Plantation (tel est le nom mélodieux que Guy donna à son établissement) n'avait pas pour vocation première l'exploitation des ressources marines. Elle était conçue comme projet d'élevage destiné à démontrer que la « New Founde Land » pouvait soutenir des entreprises agricoles.

Guy parcourut une bonne partie de l'est de l'île à la recherche du meilleur emplacement pour ce projet. Il trouva ce qu'il cherchait dans la baie de la Conception, à Cuper's Cove, ainsi appelée parce que des tonneliers (*coopers*) des poissonneries avaient coutume de s'y établir en été, histoire de profiter des très beaux bosquets de bois dur de la petite baie.

Cupids, selon le nom que prendrait finalement l'endroit, offrait également des possibilités exceptionnelles pour les fermiers, notamment un pâturage de montagne unique dans l'est de Terre-Neuve. Ce pré communal naturel, qui s'étend sur près de 6,5 kilomètres vers le sud, est appelé *the Grasses* (« les Pâturages ») et aujourd'hui encore le bétail vient y paître. En outre, les potagers de Cupids n'ont pas leurs pareils dans l'est de Terre-Neuve pour ce qui est de la productivité. Cupids était un choix logique pour une colonie à caractère pastoral.

Même si Cupids a probablement été habité de façon continue au cours des quatre cents dernières années, je n'ai pu trouver nulle part dans les textes historiques la moindre mention de ses balises distinctives. Et elles sont distinctives en effet. Un marin d'aujourd'hui qui connaîtrait leur existence, mais qui n'aurait à sa disposition ni carte ni aucun autre moyen de situer l'endroit, n'aurait guère de mal à le trouver. Un marin à la recherche de Cupids Cove il y a mille ans aurait pu trouver la petite baie tout aussi aisément, si les balises s'y dressaient à l'époque.

Or, c'était probablement le cas.

Les fermiers albains aux mains desquels Ari Márson était tombé au cours de la brève escarmouche dans le sud de Crona se préparaient depuis longtemps à émigrer. Ils ne perdirent pas davantage de temps. Presque avant que la chaloupe d'Erik Raudi, bondée de Vikings, fût hors de vue, les Albains étaient en train de charger deux petits navires qui les attendaient, cachés dans les replis du fjord.

D'aucuns parmi eux étaient d'avis de laisser Ari sur place, la gorge tranchée. Il fut sauvé lorsqu'on découvrit qu'il portait au cou une petite croix d'argent. Claudiquant, blessé à la cuisse par une flèche, il fut poussé à bord et lié à un banc de nage.

Chargés jusqu'à leurs marques, les petits vaisseaux appareillèrent à minuit. Une soixantaine de personnes s'entassaient à bord; il restait à peine assez d'espace pour les cinq vaches, le meilleur taureau, les trois poneys, la douzaine de moutons et les chiens – tout juste assez d'animaux pour commencer une vie nouvelle dans un pays neuf.

Au début, la chance sourit aux émigrants. La traversée de la mer du Labrador fut sans histoire. Après avoir repéré à l'horizon les sommets des Torngat, ils longèrent la côte vers le sud jusqu'aux balises qui marquaient l'emplacement du port d'Okak.

Lorsqu'ils entrèrent dans le port, ils le trouvèrent vibrant d'activité. Des douzaines de petites embarcations sillonnaient le bassin comme autant d'araignées d'eau et faisaient cercle autour d'un gros navire marchand anglais mouillé au milieu du courant. Cinq vaisseaux de traite se pressaient autour de lui bord à bord; les hommes étaient fiévreusement occupés à conclure des marchés pendant que le capitaine du navire recevait les chefs de l'endroit dans sa cabine à l'arrière et marchandait avec eux, en quête d'un pilote qui le conduirait à la nouvelle Alba dans le sud.

Une foule de Tunits et d'Albains se rassemblèrent quand les deux navires de Crona vinrent donner du nez sur l'un des débarcadères aménagés sur la plage. À la vue du Normand qu'on conduisait à terre mains liées et corde au cou, certains des assistants parlèrent de le tuer à coups de pierres mais la majorité étaient disposés à laisser le prêtre décider de son sort. Seulement, l'Alba de l'Ouest n'avait qu'un seul prêtre et, pour l'instant, il était loin au sud, dans la Grande Île où il resterait peut-être pendant des mois.

Les ravisseurs d'Ari haussèrent les épaules. Ils étaient eux-mêmes en route pour la Grande Île et le Normand n'avait causé aucun ennui jusque-là. En fait, l'une des femmes, une veuve avec quatre enfants, commençait à le regarder avec beaucoup d'intérêt.

Au début d'août, une petite flotte de vaisseaux en partance pour le sud quitta la baie d'Okak. Elle se composait du vaisseau marchand anglais, de trois navires de traite de la région (dont l'un transportait des immigrants) et des deux vaisseaux récemment arrivés de Crona.

À deux jours d'Okak, un coup de vent d'ouest happa la flottille alors qu'elle allait doubler la pointe à l'extrémité nord de Hamilton Inlet. Les vaisseaux de traite et le navire marchand parvinrent à s'abriter entre les îles du large mais les deux navires croniens, dont les patrons connaissaient mal la côte, furent emportés en haute mer.

Ils ne rejoignirent jamais le convoi. Pendant plusieurs jours et plusieurs nuits, ils naviguèrent à mât et à cordes, chassés vers l'est par le vent, poussés vers le sud par de forts courants. Ce fut une rude traversée. Surchargés de passagers, d'animaux et de bagages, les petits navires étaient souvent balayés d'embruns et de paquets de mer. Quand le vent tomba enfin, ils se retrouvèrent à la dérive, enveloppés d'un linceul de brouillard d'un froid mortel.

À bord, chaque créature vivante était trempée et glacée. Une puanteur presque palpable montait de la cale inondée. Il n'y avait pas de fourrage pour les bêtes et presque rien à manger pour les gens. Qui plus est, les patrons n'avaient aucune idée de leur position. Et ils ne pourraient la connaître que si le soleil perçait assez longtemps le coton pour leur permettre de calculer la latitude. Dans l'intervalle, il n'y avait rien à faire sinon attendre une déchirure du brouillard ou le lever d'un vent favorable.

À leur quinzième jour en mer, le soleil perça enfin. Les voiles pendantes se gonflèrent à la faveur d'un petit nordet. Les patrons observèrent le soleil et constatèrent qu'ils avaient atteint la latitude où, d'après ce qu'on leur avait dit, se trouvait la nouvelle colonie albaine. Ils mirent le cap à l'ouest.

L'aube du jour suivant révéla au sud un imposant promontoire qui avançait dans la mer ; à l'horizon ouest, une terre ondoyait au loin au delà des eaux miroitantes.

Les navires se rapprochèrent l'un de l'autre et les patrons se consultèrent. Il leur parut que le promontoire était peut-être le cap marquant l'est du détroit des Eaux vives, qui conduisait, comme ils le savaient bien, à la mer Intérieure. Ils n'avaient d'autre choix que d'aller voir. De toute urgence, gens et bêtes devaient débarquer pour se rafraîchir.

Les vaisseaux firent donc route vers le sud-ouest et, le soir même, abordèrent au flanc ouest du promontoire. Après quelques jours de repos, les immigrants continuèrent en direction du sud-ouest, mais bientôt il devint clair qu'ils n'étaient pas dans un détroit mais dans une immense baie. Déconcertés, ils en longèrent le fond et firent route vers le nord en remontant ses rives occidentales.

Un jour, ils découvrirent l'entrée d'une anse qui semblait offrir tout ce qu'ils attendaient d'une nouvelle patrie. Il y avait là des forêts vibrantes de vie où foisonnaient érables, bouleaux et autres essences exotiques. Ils débarquèrent au fond de l'anse et foulèrent une prairie estuarienne au sol alluvial si riche que bien peu d'Albains en avaient jamais vu de pareil. Au sud s'étendaient de vastes prés à flanc de montagne, tout envahis de hautes herbes.

La nature prodiguait là à foison de quoi nourrir hommes et bêtes. Les buissons chargés de baies et même les vignes sauvages abondaient[5]*. Les eaux de l'anse grouillaient de poissons, de homards, de moules et de pétoncles. Les saumons se pressaient dans la rivière qui se jetait au fond de l'anse en provenance d'un lac voisin, plein de truites. À quelques pas du débarcadère, les vaches se vautraient jusqu'aux genoux dans les blés sauvages et les pois de mer juteux.*

Les immigrants avaient perdu cœur en découvrant que le « détroit » était une baie sans issue et en comprenant qu'ils devraient peut-être rebrousser chemin jusqu'à Okak. La tentation de passer le reste de l'été dans cette anse attrayante était forte. Après tout, la nouvelle Alba de l'Ouest pouvait-elle leur offrir un endroit surpassant celui-ci ?

Ils s'attardèrent donc de jour en jour, parcourant la campagne luxuriante, découvrant avec joie les forêts qui sentaient bon et les pentes chargées de fruits. Même lorsque les vols d'oies là-haut leur rappelèrent que l'été était fini, ils différèrent encore leur départ. Finalement, ils résolurent de passer l'hiver sur place. Ils pourraient se remettre à la recherche de la nouvelle Alba l'été suivant.

Pendant que les enfants menaient les bestiaux au plateau de la montagne, où ils allaient s'engraisser en prévision de l'hiver, les hommes et les femmes travaillaient ensemble à bâtir des maisons au fond de l'anse. C'étaient en majeure partie des constructions traditionnelles mais on employa des poteaux au lieu de pierres pour renforcer les murs de terre qui supportaient des toits à charpente de bois recouverts de gazon.

Au cours de l'hiver, qui fut si doux que le bétail put non seulement survivre dehors mais y rester en pleine santé, les hommes explorèrent le pays alentour. Ils découvrirent plusieurs criques profondes le long des rives nord-ouest de la grande baie, mais aucune qui offrît des commodités comparables à celles de leur anse.

Un groupe, en s'aventurant loin à l'ouest, parvint aux rives de ce qu'ils prirent d'abord pour l'introuvable détroit mais qui, après plus ample exploration, se révéla n'être qu'une autre baie sans issue.

Fait singulièrement important, les éclaireurs ne parvenaient à trouver aucune trace d'habitations humaines, anciennes ou nouvelles, albaines ou indigènes. Les quelque 50 personnes en provenance de Crona étaient tombées, semblait-il, sur une portion de paradis qu'aucun être humain n'avait encore réclamé comme sien.

Quand vint le printemps, on ensemença la terre profonde au fond de l'anse. L'implicite était désormais fait établi. Ces gens n'allaient pas chercher plus loin leur patrie. Leur Jérusalem nouvelle était là.

Tôt cet été-là, l'un des navires, avec un équipage réduit au strict nécessaire, fut chargé de prendre contact avec d'autres Albains, si possible. Il revint juste avant l'automne, ayant trouvé et traversé le détroit des Eaux vives pour atteindre Okak. Une fois là, les hommes avaient troqué des fourrures pour augmenter leur cheptel.

Il restait une tâche à accomplir avant que la petite communauté pût s'installer bien au chaud pour le deuxième hiver. Tous les bras disponibles furent mis à contribution : il fallait ramasser, trier et transporter des pierres plates jusqu'au sommet de la haute colline qui protégeait la colonie du côté nord. Là, une équipe supervisée par l'un des hommes les plus âgés érigea trois tours balises. Visibles pour tout vaisseau qui approchait par le nord, elles proclamaient leur message.

« NOUS SOMMES ICI ! »

CHAPITRE XXVII

L'ALBA DE L'OUEST

Après avoir perdu les deux vaisseaux émigrants de Crona au large de Hamilton Inlet, le reste de la petite flotte poursuivit son chemin. Dix jours après avoir quitté Okak, les trois vaisseaux de traite et le navire marchand anglais atteignirent l'entrée de la baie des Morses. Une fois là, ils se séparèrent. L'un des vaisseaux de traite vira dans la baie et se dirigea vers la ferme de son clan sur les rives du Two Guts Pond. Les autres navires firent route vers l'ouest, en traversant la vaste extrémité de la baie, obliquèrent vers le sud en longeant la côte extérieure de la péninsule de Port au Port et pénétrèrent dans les vastes eaux de la baie Saint-Georges. Ils jetèrent l'ancre derrière Flat Island au fond de la baie.

Le rivage était un cimeterre de sable brandi sur plus de dix kilomètres et l'île était couverte de prairies naturelles où paissaient quantité de petites vaches et de poneys à poil long. Le mouillage, comme l'apprit avec joie le capitaine du navire marchand, était le meilleur abri qu'on pouvait trouver sur toute la côte sud-ouest de la Grande Île.

Les émigrants à bord du navire de traite furent ravis d'apprendre que la bande de terre arable bordant le fond de la baie s'étendait sur une cinquantaine de kilomètres et qu'elle était d'une qualité, leur assurait-on, qui surpassait tout ce qu'ils avaient connu jusque-là.

Les bonnes terres n'étaient que l'une des multiples richesses que dispensait la région. Les étés étaient longs, chauds et ensoleillés, mais avec assez de pluie pour rendre tout le pays verdoyant. Les hivers n'étaient jamais aussi durs qu'à Crona et il y avait des provisions illimitées de bois, et même des gisements de charbon affleurants.

Le bois de charpente avait toujours paru singulièrement précieux aux habitants des îles du Nord. Dans le voisinage de la baie Saint-Georges, on trouvait bois dur et bois tendre; la taille et l'abondance des arbres défiaient l'imagination.

Les sources de nourriture abondaient dans le pays. En saison, dans les multiples ruisseaux et rivières qui se jetaient dans la baie, se bousculaient en désordre aloses, gaspareaux, anguilles, truites et saumons. Les capelans pondaient sur les plages avec une telle profusion que les vagues déferlantes accumulaient les œufs luisants à hauteur de genou. À chaque frai, les harengs et les calmars faisaient bouillonner les eaux de la baie jusqu'aux limites des battures, si bien qu'on pouvait harponner les énormes morues qui suivaient ce menu fretin rien qu'en se campant sur les rochers de la rive, sans avoir à se mouiller les pieds.

Les hautes terres étaient tout aussi prodigues. Le caribou foisonnait, de même que les lapins, les lagopèdes et tout le menu gibier. Les ours noirs rôdaient dans les bois et les ours blancs chassaient à l'occasion sur le rivage. Lynx et loutres, visons et martres, castors, renards et loups étaient non seulement abondants mais assez peu méfiants, n'ayant pas encore appris qui était en réalité leur pire ennemi.

Et puis, il y avait la mer…

Les anses jumelles de la baie Saint-Georges et de la baie des Morses étaient les hôtes d'une multitude de morses, de baleines grandes et petites, de marsouins et de poissons. Les chasseurs des clans de traite qui exploitaient ces eaux pouvaient constituer des cargaisons entières en quelques semaines à peine. La nécessité d'effectuer des voyages qui les entraînaient à 1 500 kilomètres de chez eux et qui duraient un an ou davantage était désormais chose du passé.

Les avantages de la nouvelle Alba de l'Ouest paraissaient multiples. L'un d'eux, et non le moindre, était d'être libéré de la peur des agressions humaines. Les Albains et les Tunits avaient appris depuis longtemps à s'entendre. À présent, les Albains apprenaient à en faire autant avec les Béothuks qui, plus réservés que les Tunits, étaient d'un abord plus difficile. Il y avait d'inévitables querelles entre les trois peuples et le sang coulait parfois; mais dans l'ensemble ils vivaient en paix sur la même île.

La menace scandinave était désormais lointaine. Et si un jour les navires noirs revenaient en maraude, ils ne trouveraient pas facilement le chemin de la nouvelle Alba de l'Ouest. Et si jamais ils le trouvaient, ils auraient affaire à trois peuples en armes montés contre eux, et non plus à un seul.

Pendant trois siècles, les Albains avaient été chassés vers l'ouest sur les eaux grises de l'océan. Désormais, enfin, ils semblaient avoir trouvé leur terre promise.

MON PREMIER SÉJOUR dans la baie Saint-Georges eut lieu en 1965, alors que je voyageais en compagnie de Harold Horwood, un écrivain de Terre-Neuve. Nous vivions à la dure, sous la tente, préparant le thé sur un feu en plein air, attrapant des truites mouchetées pour le petit déjeuner. Nous passions beaucoup de temps avec une catégorie de gens dont le statut social pourrait se comparer à celui des bohémiens. On les appelait les Jakatars.

Plutôt petits et noueux en général, les cheveux noirs et le teint foncé, ils parlaient un mélange de français et d'anglais parsemé de mots m'ikmaws [1]. Certains pêchaient le homard, l'anguille, la morue et le hareng. D'autres étaient des « hommes de l'arrière-pays » qui passaient le plus clair de leur temps dans l'intérieur, à trapper, à servir de guides dans les montagnes et la toundra à des sportifs en quête de caribous, ou à conduire des pêcheurs à la mouche aux meilleurs repaires de saumons dans les *brooks* (« ruisseaux »), comme on appelle souvent les cours d'eau de la région, grands ou petits.

En outre, la plupart des Jakatars possédaient une ou deux vaches, quelques moutons, un tandem de petits chevaux robustes et une paire de chiens noirs dressés à rapporter le gibier d'eau. Bref, leurs demeures avaient tout du *croft*, sauf le nom.

Ces gens-là vivaient vieux. Peter Barfit, également connu sous le nom de Pierre Beaupatrie, avait quatre-vingt-quatorze ans lorsque nous fîmes sa connaissance. Il nous parla longuement de son enfance et s'étendit sur les voyages extraordinaires qu'entreprenaient autrefois les chasseurs et les trappeurs jakatars dans l'arrière-pays, s'absentant parfois de chez eux l'espace de plusieurs mois.

« Je suppose que la traite des fourrures fournissait le gros de votre revenu ? » lui demandai-je.

Peter me sourit de toutes ses rides. « C'est mal supposé. On obtenait que'que chose pour les fourrures, c'est sûr, mais presque tout notre avoir venait du bœuf et de l'agneau qu'on vendait aux Yankees et aux Frenchies des goélettes qui venaient pêcher sur la côte par centaines, le printemps et l'automne. Y en a qui auraient tout donné pour avoir d'la viande fraîche. »

Je savais que, jusqu'à la génération précédente, presque toutes les familles de Terre-Neuve avaient possédé une vache et quelques moutons, mais jamais je n'aurais cru cette terre de Caïn capable de produire du bœuf et de l'agneau à une échelle somme toute commerciale. J'en conclus que Peter exagérait.

Au cours d'un séjour ultérieur, j'approfondis mes recherches sur ce point et j'appris que ses propos étaient bien en deçà de la réalité. En 1898, une fois terminé le chemin de fer qui traversait l'île, la population de la baie Saint-Georges produisait le gros du bœuf frais vendu dans la lointaine capitale de Saint John's et dans la plupart des localités entre ces deux points. On me dit qu'on rassemblait parfois jusqu'à 300 têtes de bétail dans les enclos de Saint-Georges réservés à l'expédition. Et j'appris que, jusqu'en 1940, la vaste plaine estuarienne au fond de la baie Saint-Georges, que la guerre réduisit à l'état de désert de gravier et de béton pour la construction d'une base aérienne stratégique de la US Air Force, comprenait plusieurs fermes où paissaient, dans certains cas, au moins une centaine de bêtes.

Profitant du climat plus doux du Xᵉ siècle, les éleveurs trouvaient sans doute cette région encore plus avantageuse. Ils n'eurent même pas besoin de défricher afin de libérer la terre pour leur propre usage. De vastes prairies naturelles excédant 4 800 hectares au total entourent encore les nombreuses lagunes de la côte, s'étendent à l'embouchure des rivières ou couronnent de leurs ondulations les pointes et les îles de sable.

Comme je le découvris avec Claire en explorant la région au cours de l'été de 1996, la baie Saint-Georges et la vallée voisine de la Codroy constituent encore les régions agricoles les plus productives de Terre-Neuve et figurent parmi les meilleures de la côte atlantique canadienne. Nous y avons trouvé des pommiers, des poiriers, des pruniers et des cerisiers chargés de fruits ; des potagers produisant en abondance une remarquable variété de légumes ; des fermes consacrées à l'élevage des porcs et de la volaille et, dans les « hautes terres » le long de la côte sud de la baie, non seulement des élevages de bovins mais aussi des champs de maïs et de céréales.

Mais Flat Island, qui avait été si longtemps le centre de l'activité humaine dans le sud-ouest de Terre-Neuve, avait cessé de jouer ce rôle. Encore en 1900, Sandy Point, comme on appelait l'agglomération de l'île, comptait plus de 300 habitants, ce qui en faisait de loin le plus grand établissement de la côte ouest. À l'époque où je visitai les lieux avec Claire, Sandy Point était abandonné depuis trente ans. Il avait péri, nous apprit un homme aux cheveux grisonnants qui promenait son chien sur le rivage en face de l'île, à cause de la roue.

« Quand le chemin de fer puis la grand-route sont venus jusqu'ici, il y a eu de moins en moins de contrats pour les vaisseaux qui apportaient du fret ou qui transportaient du poisson salé ou des passagers à

Saint John's, dans les ports du Canada ou de la Nouvelle-Angleterre. Des fois, quand j'étais jeune, il y avait tellement de vaisseaux mouillés ici qu'on aurait presque pu traverser Flat Bay en sautant d'un pont à l'autre.

« Ma famille a toujours habité Sandy Point. Quand il a fallu s'en aller en 1962, on était presque les derniers à partir. Après, on a jeté les maisons à terre, ou bien on les a emportées par bateau sur la terre ferme. À la fin, il ne restait plus rien debout, à part les pierres tombales du cimetière.

« Depuis quand Sandy Point existe ? Ça, j'peux pas vous l'dire, monsieur. Y en a qui racontent que des gens vivaient ici avant le déluge.

« Mais quelle importance ! Ça fait un sacré bout de temps, en tout cas. »

CHAPITRE XXVIII

À LA RECHERCHE DE L'ALBA

À L'ÉPOQUE où j'écrivais *Westviking*, je me souciais davantage des endroits où étaient allés les Vikings que des raisons qui avaient motivé leurs expéditions. J'acceptais à peu près sans examen l'explication orthodoxe qui prétend qu'ils étaient poussés par la fièvre exploratrice combinée au désir de coloniser des terres lointaines et vierges.

La préparation du présent ouvrage m'a détrompé. Dès le début, il m'a paru que la principale, l'éternelle motivation des voyageurs scandinaves qui prirent le chemin de l'ouest était la soif de butin. La colonisation a bel et bien suivi, en Grande-Bretagne, en Islande et au Groenland, mais chaque fois une voie de feu avait été tracée par des pirates décidés à se livrer au pillage.

Les Scandinaves du Groenland ne firent pas exception à la règle. Ceux que mentionnent les sagas pour leurs expéditions vers l'ouest et leur traversée de la mer du Labrador n'ont pas voyagé à titre d'explorateurs ou de colons, mais en tant qu'écumeurs en quête de butin.

Le présent chapitre, ainsi que le suivant, présentent des relations synoptiques de voyages vikings connus sur le continent nord-américain ; les récits sont basés en partie sur les reconstitutions de *Westviking*, mais cette fois j'ai mis en lumière les intentions et les comportements.

Bjarni, fils de Herjólf, était un marin et un marchand aisé du sud-ouest de l'Islande. Ayant passé l'hiver de 984 en Norvège, il rentra chez lui au cours de l'été de 985 pour découvrir que son père était parti pour le Groenland avec l'expédition colonisatrice d'Erik Raudi.

Bjarni décida de partir aussi en dépit d'une lacune qu'il avoua franchement à son équipage : « Les gens diront peut-être que nous sommes imprudents, puisque aucun d'entre nous n'a déjà navigué dans la mer du Groenland. »

Ils quittèrent l'Islande avec leur cargaison de marchandises norvégiennes encore arrimées à fond de cale et furent happés par un vent du nord furieux qui les entraîna loin au sud-ouest de la route voulue. Après plusieurs longues journées difficiles en mer, ils arrivèrent en vue d'une terre. En l'approchant, ils virent un pays de collines densément boisées derrière un rivage escarpé percé de nombreuses petites baies semblables à des fjords.

Ils avaient atteint la côte est de Terre-Neuve [1].

À l'estime, et grâce au calcul de la latitude relative, Bjarni savait qu'il se trouvait loin au sud-ouest de sa destination. Il savait sans doute également que, quelques années plus tôt, Erik avait franchi une mer à l'ouest du Groenland et découvert une côte étendue. Pour Bjarni, il était probablement raisonnable de conclure que la terre d'Erik était contiguë à celle qu'il voyait maintenant devant lui. Il décida de la longer vers le nord jusqu'à ce qu'il eût regagné la latitude perdue.

Au bout de quelques jours, il en était à longer les forêts du Labrador. Ses hommes voulaient aller à terre mais Bjarni le leur interdit. Il s'obstina à longer la côte au pied des formidables monts Torngat, jusqu'au moment où il parvint à l'extrémité septentrionale du Labrador, qui se trouvait justement à la même latitude que la colonie d'Erik Raudi au Groenland. Il ne restait plus à Bjarni qu'à pointer son *knorr* vers l'est et à naviguer en maintenant cette latitude. Quatre jours plus tard, la vigie repéra des montagnes et des glaciers droit devant et, peu après, Bjarni faisait entrer son vaisseau dans le Sandfjord où son père, Herjólf, avait pris possession d'une terre.

Les sagas ne disent rien d'une escale possible de Bjarni à l'ouest mais, compte tenu du fait que son *knorr* avait été secoué par la tempête tout au long du chemin depuis l'Islande, le marchand chercha certainement un mouillage près de l'endroit où il avait atteint la terre, afin de remettre les choses en bon ordre et de se réapprovisionner en eau douce et en bois de chauffage. Le fait qu'il ait débarqué paraît implicite dans son refus de laisser ses hommes aller à terre au Labrador. Il n'était nul besoin de débarquer pour lors, dit-il, puisque « ni l'un ni l'autre [ni bois ni eau] ne nous manquent ».

Où l'escale possible à Terre-Neuve put-elle avoir lieu ? La baie de la Conception, la première étendue d'eau que les hommes de Bjarni risquaient de rencontrer en approchant Terre-Neuve par le nord-est, constitue la possibilité la le plus logique.

Et que risquaient-ils de trouver à cet endroit ? Du bois et de l'eau, certes ; du poisson et du gibier, probablement ; mais peut-être aussi des gens, ou du moins les traces d'une présence.

Je suis convaincu, par le comportement de Bjarni durant la suite du voyage et par sa conduite ultérieure, qu'il avait soit rencontré les Albains, soit trouvé de sérieux indices de leur présence plus ou moins récente dans les parages[2].

Comme Bjarni était un marchand au long cours qui fréquentait régulièrement les ports européens, il ne pouvait guère manquer de connaître l'Alba de l'Ouest par ouï-dire et il avait une certaine idée de l'endroit où elle se trouvait. Il devait fort bien savoir, naturellement, que les Albains haïssaient les Normands en général et les Islandais en particulier.

Bjarni n'avait rien d'un guerrier viking. C'était un capitaine marchand soutenu par une poignée d'hommes à peine. Se retrouvant sur une côte étrangère habitée par un peuple potentiellement hostile, il agit sans doute sagement en se sortant de là, avec son vaisseau, aussi vite que possible.

Les sagas nous apprennent qu'à son arrivée dans la nouvelle colonie d'Erik, Bjarni fut accusé de timidité, sinon de lâcheté, parce qu'il s'était abstenu d'explorer de plus près la terre lointaine de l'ouest. Que l'accusation eût été justifiée ou abusive, un fait demeurait : Bjarni avait ouvert la route aux Scandinaves vers les régions où se trouvait l'Alba de l'Ouest.

Sa contribution aux connaissances des Scandinaves ne déclencha aucune réaction immédiate. La perte de près de la moitié de la première vague de colons qui avaient fait voile vers le nouveau fief d'Erik avait refroidi semble-t-il tout désir de s'aventurer encore à l'ouest ; en outre, le dur labeur de l'installation dans une terre nouvelle préoccupa les compagnons d'Erik pendant quelque temps. En fait, ce ne fut que vers 995 que les Scandinaves du Groenland détournèrent leur regard des *crofts* qu'ils avaient remis en état pour le porter au delà de l'horizon ouest.

Pour les Albains du Nouveau Monde, le passage des territoires de chasse du nord à ceux du sud apporta des changements majeurs à la traite. L'ivoire des vaches marines en restait la clef de voûte mais le goudron de phoque ne valait plus la peine d'être produit en quantité commerciale et la demande d'huile de mammifères marins en Europe était largement comblée par les Basques, qui tuaient massivement les baleines franches dans leurs propres eaux.

Heureusement pour l'Alba de l'Ouest, le fléchissement de ces marchés était plus que compensé par un commerce destiné à façonner l'avenir du Nouveau Monde.

La traite des fourrures était en train de voir le jour en Amérique du Nord.

Les peaux de renard blanc et d'ours blanc avaient toujours constitué des marchandises de traite de premier choix. S'y joignaient à présent l'immense variété des pelleteries du Nouveau Monde, incluant lynx, vison de mer, loutre, martre, ours noir, grizzly et castor. La traite s'étendait peut-être même à l'orignal (appelé élan en Europe) et au bison (pendant de l'urus européen), dont les peaux étaient tellement recherchées pour la fabrication de vêtements, de boucliers et de cuirasses que, avant la fin du IXe siècle, ces deux espèces avaient été pratiquement exterminées en Europe. Cependant, l'orignal abondait dans la région du golfe du Saint-Laurent et le bison des bois rôdait encore dans les forêts de l'est, presque jusqu'aux côtes de l'Atlantique[3].

À mesure que s'accroissait la demande de pelleteries, les Tunits et les Béothuks durent nécessairement intervenir comme fournisseurs. Tels furent les humbles débuts d'un commerce destiné à croître et à s'étendre jusqu'à englober le continent tout entier.

L'afflux de richesses en provenance d'Alba de l'Ouest dut nécessairement éveiller la rapacité des Scandinaves du Groenland, et en particulier d'Erik Raudi. Quelque chose poussa certainement Erik à se lancer dans une nouvelle expédition viking à l'ouest. Le butin à rafler était le motif le plus vraisemblable, mais peut-être espérait-il aussi « délivrer » son parent Ari Márson, supposément retenu captif en Alba.

Au cours de l'hiver de 996, Erik et son fils aîné, Leif, décidèrent de partir vers l'ouest à l'aventure. En vue du voyage, ils remirent en état le *knorr* de Bjarni. Quand l'été amena le beau temps propice à la navigation, Erik enfourcha son cheval pour rejoindre le vaisseau mouillé dans le fjord en contrebas de Brattahlid. Mais Thor l'abandonna. Erik fit une chute et se blessa si grièvement qu'il dut renoncer à toute l'aventure. Leif appareilla donc sans lui, accompagné de Bjarni, qui lui servait de pilote et de capitaine[4].

La véritable nature de cette expédition est révélée par la saga qui signale que, à cette occasion, le *knorr* de Bjarni avait pris 35 hommes à son bord ! De toute évidence, c'était là une troupe de guerriers vikings et je crois qu'elle avait un objectif précis en tête.

La latitude relative de la nouvelle Alba de l'Ouest n'était sans doute un secret pour personne au sein de la communauté des marchands qui naviguaient dans l'Atlantique Nord. Bjarni, lui-même marchand hauturier, avait probablement accès à ce genre d'information. Il connaissait sans doute aussi la latitude de son propre point d'arrivée au Nouveau Monde.

Ces deux latitudes sont presque les mêmes. Les baies de la Conception et de la Trinité, qui embrassent la portion de la côte est où Bjarni arriva en vue de terre pour la première fois, s'étendent entre 47° 50' et 48° 40' de latitude Nord. La baie Saint-Georges, au sud-ouest de Terre-Neuve, va de 48° 0' à 48° 30' de latitude Nord. En comparant ces données, Bjarni était en mesure de déduire que, s'il cinglait vers l'ouest entre l'équivalent scandinave de 48° et de 49°, il allait trouver l'Alba. Si, lors de sa première visite à Terre-Neuve, il avait découvert des signes de présence albaine en provenance de Cupids Cove, sa déduction s'en trouva renforcée. Il ne devait jamais savoir que la masse entière de Terre-Neuve s'interposait entre la baie de la Conception et l'Alba de l'Ouest.

En fait, il atteignit cette fois la terre à l'extrémité septentrionale de la péninsule de quelque 150 kilomètres qui sépare la baie de la Conception de la baie de la Trinité, probablement à l'île Baccalieu, à 48° 10' de latitude Nord[5].

Leif et Bjarni durent alors choisir de s'engager dans la baie de la Conception ou dans la baie de la Trinité. Ils optèrent pour cette dernière.

Voici, à mon avis, ce qui arriva ensuite.

Le temps que le *knorr* eût pointé son nez dans les multiples ports et criques le long des côtes occidentales de la baie de la Trinité, l'été tirait à sa fin. Les Scandinaves étaient restés longtemps en mer, aussi firent-ils relâche à Tickle Cove Pond ; à partir de cette base sûre et confortable, des détachements d'éclaireurs explorèrent à bord de chaloupes la côte ouest de la baie de la Trinité. Ils ne trouvèrent rien qui fût de nature à combler leurs attentes.

L'hiver approchait maintenant ; ils tirèrent donc le *knorr* sur la plage de Tickle Cove, se bâtirent des cabanes de tourbe et de rondins et s'y installèrent. La saga nous apprend qu'ils passèrent une partie de leur temps à effectuer des reconnaissances à pied, et une partie à couper du bois et à cueillir des vignes. Au cas où ils ne parviendraient pas à frapper un grand coup, au moins ne rentreraient-ils pas chez eux les mains vides.

Les sagas ne disent rien de possibles rencontres avec d'autres humains mais donnent clairement à entendre que les Scandinaves étaient sur les charbons ardents. On ne nous dit pas de qui ou de quoi ils avaient peur. La région où ils passèrent l'hiver n'a jamais été habitée semble-t-il par les peuples autochtones. Les loups et les ours n'étaient pas de taille à effrayer les Vikings. Mais la possibilité d'être surpris par les Albains pouvait sans doute contribuer à les maintenir sur le qui-vive.

À l'arrivée du printemps, ils remirent leur *knorr* à l'eau et firent voile vers le Groenland, sans avoir rien tiré de leur aventure sinon des billots de bois, des vignes et peut-être quelques fourrures. Sauf à être perturbée par un incident, leur expédition ne risquait guère d'être considérée comme un succès.

Un incident vint en effet perturber le voyage du retour. Le *knorr* arriva à Brattahlid porteur d'une cargaison d'une telle valeur qu'elle permit à Leif de faire fortune.

Certaines sources affirment que Leif trouva un navire islandais ou norvégien naufragé sur une petite île au large de la côte groenlandaise. Il aurait supposément secouru l'équipage et récupéré la cargaison. Par la suite, l'équipage serait mort comme par hasard des suites d'un mal dont on ne dit rien.

Selon la saga,

> Leif fut connu dès lors sous le nom de Leif l'Heureux car il était désormais riche tant en biens qu'en renommée.

L'histoire que rapporte la saga avait pour auteur un Groenlandais, mais la version que nous connaissons est l'œuvre de clercs islandais chrétiens qui l'écrivirent beaucoup plus tard et qui n'étaient guère enclins à célébrer les exploits de piraterie de leurs ancêtres païens. Je soupçonne que, derrière cette histoire, se cachait peut-être une rencontre entre le *knorr* de Leif et un navire marchand européen qui partait pour l'Alba ou en revenait, ou encore un navire de traite albain.

Les gens du Hauturier *furent parmi les premiers clans de traite à quitter Crona pour s'installer à Okak. Beaucoup de clans arrivés après eux allèrent plus loin et s'établirent en Alba de l'Ouest. Les gens du* Hauturier *décidèrent de rester où ils étaient. Ils chassaient dans la mer Intérieure avec la même assiduité que les hommes des autres clans et passaient parfois l'hiver loin de chez eux, mais leurs fermes étaient toujours à Okak.*

Ils perdaient du temps à voyager entre les deux endroits mais jouissaient de certains avantages en compensation. Les navires marchands eu-

ropéens qui venaient dans l'ouest atteignaient généralement la côte dans la région des Torngat, puis faisaient escale à Okak, après quoi ils continuaient vers le sud ou ailleurs. Les gens des clans d'Okak avaient donc l'occasion de faire la traite les premiers et pouvaient obtenir d'excellents prix pour leurs marchandises.

Au début de juin 997, le Hauturier, *avec un équipage de huit hommes, six femmes et trois jeunes garçons, se préparait à regagner Okak et à quitter une anse de la baie des Morses où ses gens avaient passé l'hiver. On avait trouvé des morses à profusion et, sur les plages, l'abattage de l'été précédent avait rapporté plusieurs barriques d'ivoire.*

Durant l'hiver, les Béothuks avaient conduit quelques hommes du Hauturier *loin dans l'arrière-pays. De cette expédition, les Albains avaient rapporté d'énormes lots de fourrures qu'ils avaient obtenues en posant eux-mêmes trappes et collets ou en troquant des étoffes de laine teintes en rouge dont raffolaient les Béothuks. Parmi ces fourrures, il y avait des zibelines de première qualité, d'une valeur presque inestimable sur les marchés européens.*

Lorsque le Hauturier *appareilla pour son port d'attache, il transportait une riche cargaison, lourde et variée. À son propre chargement s'ajoutait la cargaison que lui avait confiée un autre clan de traite d'Okak, dont les chasseurs avaient décidé de passer un second été dans la baie des Morses.*

Le navire était surchargé mais personne à bord n'était inquiet. Le vaisseau tenait bien la mer et on allait longer la côte vers le nord en s'abritant à la moindre menace de mauvais temps.

Tout alla bien jusqu'au détroit des Eaux vives, qui était obstrué par les glaces. Elles représentaient un tel danger pour un vaisseau recouvert de peaux et surchargé qu'il ne pouvait être question de continuer. On débarqua dans l'anse qui s'appelle aujourd'hui Flower's Cove pour attendre la disparition des glaces.

Juin tirait à sa fin quand elles se retirèrent. Tout le monde à bord était devenu impatient. Le détroit franchi, le Hauturier *mit le cap au nord et longea la côte du Labrador en faisant force de voiles. Le vent du sud vira alors au nord-est. Le patron décida néanmoins de maintenir son cap, même s'il fallait pour cela louvoyer avec un vent qui se levait et une mer qui se creusait.*

La première bordée que tira le Hauturier *l'emporta à plusieurs kilomètres au large ; le temps de virer et de se rapprocher de la terre, le vent avait sensiblement forci, la mer était grosse. Bientôt, le* Hauturier *embarqua de l'eau du bord sous le vent.*

À ce moment, quelqu'un repéra une voile entre le navire et la terre. Il fallut du temps pour se rendre compte que le vaisseau étranger se rapprochait et plus de temps encore pour comprendre qu'il n'était pas albain. Et que ce n'était pas non plus un navire marchand ! Quand les gens du Hauturier *comprirent à qui, à quoi ils avaient affaire, le* knorr *venait droit sur eux.*

Ils virèrent et engagèrent la course. Surchargé, piquant lourdement du nez au sein des vagues qui se creusaient toujours, le Hauturier *tirait pourtant meilleur parti du vent que le* knorr *lancé à sa poursuite. Tout aurait pu bien finir pour le navire et son équipage si la barre n'avait pas cassé net entre les mains du timonier.*

Le Hauturier *fit de violentes embardées et plongea au creux d'une vague. Il ne pouvait plus que ballotter et le* knorr *cinglait droit sur lui. Puis le navire normand l'aborda et les grappins jaillirent dans une gerbe d'écume.*

Les Albains se battirent avec l'énergie du désespoir. Les femmes brandirent des défenses de morse en guise de lances. Leurs hommes sautèrent sur la rambarde exposée au vent avec des haches à main et des couteaux de chasse. Mais ils ne purent contenir l'assaut de la trentaine de guerriers armés d'épées et de haches d'armes.

Les Normands se jetèrent à bord en masse ; ce fut un bain de sang, le leur coulait aussi. Les hommes albains furent repoussés sur le demi-pont arrière, où ils furent abattus jusqu'au dernier qui, le bras tranché net au coude, parvint à rester debout jusqu'au moment où une hache normande lui fendit la tête en deux hémisphères écarlates.

Les survivants, femmes et jeunes garçons, furent jetés à bord du knorr. *En moins d'une heure, le* Hauturier *avait été vidé de sa cargaison et dépouillé de tout objet de valeur, y compris sa voile et son gréement en peau de morse.*

Puis les Vikings coupèrent les amarres et le navire partit à la dérive. Avec sa coque élevée sur l'eau, avec ses morts pour tout équipage, le Hauturier *s'éloigna pour son dernier voyage. Le vent et le courant l'emportèrent vers la côte et, quelques jours plus tard, les vagues déferlantes le jetèrent sur les plages de Porcupine Strand au Labrador.*

Or, un groupe de Tunits qui avaient quitté la Grande Île pour se rendre à Okak trouvèrent le navire par hasard. De crainte de rencontrer des Innus, ils avaient mis leur bateau à la voile à distance sûre au large lorsqu'ils aperçurent l'épave. Amenant la voile, ils pagayèrent avec précaution vers la rive pour voir de quoi il s'agissait, et trouvèrent les restes du Hauturier *qui servait de cercueil à son équipage.*

Croyant que des Innus avaient fait le coup, les Tunits, sans perdre un instant, s'écartèrent de cette plage désolée en emportant toutefois avec eux les corps mutilés des Albains.

Les Tunits apportèrent les corps à Okak où l'on ne tarda pas à comprendre que le massacre n'était pas le fait des Innus. Les profondes entailles dans les chairs et les os en témoignaient: c'était là l'œuvre d'armes de guerre et de fer. Les hommes assassinés portaient les marques indubitables des boucheries vikings.

Avant longtemps, on sut par toute la côte que les Fils de la mort avaient trouvé le chemin du Nouveau Monde.

La nouvelle glaça le sang de tout le monde. Bien que les habitants d'Okak fussent protégés par une barrière d'îles qui masquaient leur baie, ils postèrent néanmoins des guetteurs sur les hauteurs et tous les voyageurs qui longeaient la côte du Labrador se livraient à une surveillance attentive et inquiète.

En Alba de l'Ouest, les craintes étaient moins pressantes car on croyait peu probable que des écumeurs pussent s'aventurer si loin ou trouver un endroit si bien caché.

Ce qu'on redoutait surtout, c'étaient les attaques contre les navires marchands, car elles pouvaient perturber, voire même interrompre le commerce transatlantique pourtant vital.

En 999 ou environ, Erik Raudi tenta une autre expédition au Nouveau Monde. Le bref récit de la saga, tel que parvenu jusqu'à nous, nous en apprend davantage sur le Erik des dernières années que sur l'Alba.

> [Rentrant d'un voyage en Norvège,] Leif aborda dans l'Eriksfjord et rentra chez lui à Brattahlid [...]. Il proclama bientôt le christianisme et la foi catholique dans tout le pays [...]. Erik fut lent à décider s'il voulait s'attacher à ses anciennes croyances ou y renoncer. Mais [sa femme] Thiodhild embrassa sans tarder la foi nouvelle et fit construire une chapelle à quelque distance de la maison [...]. Thiodhild ne permit plus à Erik de coucher avec elle après avoir reçu le baptême, et cela le mit en fureur.
>
> À cause de tout cela, on lui suggéra d'explorer le pays que Leif avait découvert. Thorstein Eriksson, un homme bon et intelligent qui avait beaucoup d'amis, devait prendre la tête de l'expédition mais on invita Erik car tout le monde croyait que sa chance et sa clairvoyance allaient être d'un grand secours. Ils équipèrent le navire à bord duquel Thorbjörn Vífilson était venu au Groenland. Vingt hommes

furent choisis pour prendre part à l'expédition. Ils n'emportèrent presque rien, hormis leurs armes et leurs provisions [...].

Enchantés de leur plan, ils appareillèrent joyeusement et quittèrent l'Eriksfjord. Puis ils furent longtemps ballottés par les tempêtes en mer et ne purent maintenir leur cap. Ils arrivèrent en vue de l'Islande et virent même les oiseaux des eaux irlandaises. En vérité, leur navire fut emporté çà et là par tout l'océan.

En automne ils rebroussèrent chemin, épuisés d'avoir été si éprouvés et livrés aux éléments, et exténués par leurs labeurs. Ils arrivèrent dans l'Eriksfjord au tout début de l'hiver.

Erik dit alors : « Nous étions plus joyeux lorsque nous avons quitté ce fjord cet été, mais au moins nous sommes encore en vie. Nous aurions pu connaître pire sort. »

Erik avait sans doute une soixantaine d'années lors de ce voyage – il était vieux selon les critères de l'époque mais assez alerte pour vouloir coucher avec sa femme ou se lancer dans une expédition viking.

Le fait qu'il s'agissait bel et bien d'une expédition viking ne laisse guère de doute. Erik et ses compagnons embarquèrent un équipage choisi de 20 hommes qui « n'emportèrent presque rien hormis leurs armes et leurs provisions ». Aucun objet d'échange, rien de l'équipement des colons. C'était, encore une fois, une troupe de guerriers.

Nous ignorons les détails de ce qui arriva ensuite. Mais le navire eut beau essuyer du gros temps, il est difficile de croire qu'il ait pu errer au gré des vents par tout l'Atlantique Nord l'espace de trois mois et davantage, sans jamais toucher terre. Les hommes auraient depuis longtemps épuisé leurs réserves de vivres, d'eau et de combustible, sinon leur patience et leur endurance.

J'en conclus qu'ils accostèrent certainement une ou plusieurs fois. Mais ils ne trouvèrent jamais de colonie albaine ou, s'ils en trouvèrent une, ils furent repoussés par ses habitants.

Un fait est certain : cette fois, les pillards rentrèrent les mains vides. Et l'auteur de la saga excuse comme il peut leur échec.

Bien que le voyage de Leif à l'ouest ait été profitable, son échec (ainsi que celui de son père et de son frère) lorsqu'il tenta de trouver l'Alba semble avoir temporairement refroidi l'enthousiasme des Scandinaves à l'égard des expéditions vers l'ouest.

CHAPITRE XXIX

KARLSEFNI ET COMPAGNIE

Pour quelque temps, l'expédition infructueuse d'Erik et de Thorstein refroidit l'intérêt des Groenlandais pour l'Alba de l'Ouest. Puis, en 1003, un Islandais peu ordinaire, Thorfinn Karlsefni, échauffa de nouveau les esprits.

La reconstitution ci-dessous est un abrégé des récits des sagas, assorti de mes propres observations sur les motifs qui expliquent les actes[1].

> Thorfinn Karlsefni était un marchand islandais prospère[2]. Un été, il arma un vaisseau pour un voyage au Groenland. Snorri Thorbrandsson prit place à bord, ainsi que 40 autres hommes. Bjarni Grimolfsson et Thorhall Gamlason armèrent également un vaisseau pour accompagner Karlsefni au Groenland. Eux aussi prirent 40 hommes à leur bord.

Parce que les sagas présentent Karlsefni sous les traits d'un marchand, les historiens ont généralement présumé que son voyage au Groenland était une expédition commerciale. Mais examinons les faits : chacun des deux vaisseaux impliqués dans l'aventure transportait 40 hommes, dont 30 (comme nous le verrons plus tard) étaient des guerriers. Avec autant de personnes à bord, en plus des provisions et de l'équipement indispensables, il ne devait guère rester de place pour les marchandises.

Normalement, la manœuvre d'un *knorr* exigeait un équipage de cinq ou six hommes à peine. Si le navire faisait des affaires sur des côtes potentiellement hostiles, il pouvait prendre à son bord quelques hommes de plus. Mais les seules circonstances qui pouvaient justifier l'embarquement de *30 guerriers* en plus des matelots étaient les entreprises guerrières – ou les expéditions vikings, ce qui revenait à peu près au même.

Chacun des deux vaisseaux islandais transportait certainement quelques marchandises, ne fût-ce que pour s'assurer du bon accueil des Groenlandais, mais le commerce n'était pas le but premier de l'entreprise.

Certains historiens ont conclu que la taille des effectifs des deux navires indique qu'ils allaient entreprendre une expédition de colonisation. Mais les groupes de colons sont normalement constitués de familles : hommes, femmes et enfants. Une troupe de 60 guerriers ne répond pas au signalement.

La même remarque vaut pour écarter colonisation et commerce. Les navires n'auraient pas eu assez de place même pour un minimum de fournitures et d'équipement destinés à la colonisation, sans parler du bétail nécessaire à l'établissement de troupeaux viables[3].

Karlsefni s'adonnait normalement au commerce dans les ports européens où, selon moi, il avait entendu parler des marchandises de valeur qui arrivaient de l'Alba de l'Ouest ; il décida de tenter sa chance dans cette direction, non comme marchand, mais comme pillard. La saga nous apprend que « un accord intervint entre Karlsefni et ses hommes ; ils partageraient équitablement toute bonne chose qui viendrait à leur portée ».

La traversée fut sans histoire jusqu'au Groenland, où les deux équipages islandais passèrent l'hiver à Brattahlid à titre d'invités d'Erik. Au cours des longs mois d'obscurité, Karlsefni courtisa et épousa la belle Gudrid, veuve de l'infortuné Thorstein Eriksson.

Le projet de Karlsefni suscita des discussions enthousiastes, si bien que deux autres navires se joignirent à l'expédition projetée. L'un était un vaisseau groenlandais commandé par le troisième fils d'Erik, Thorvald ; l'autre était un navire marchand islandais affrété par Freydis, la fille bâtarde d'Erik.

> L'été même où Karlsefni arriva au Groenland, y parvint aussi un navire en provenance de Norvège, commandé par deux frères islandais, Helgi et Finnbogi [...]. Freydis partit de chez elle à Gardar afin de voir les deux frères. Elle leur demanda de mener leur navire au Vinland [avec l'expédition] et de se mettre de moitié avec elle pour tous les profits qu'ils pourraient faire [...]. Il fut convenu entre Freydis et Karlsefni que chaque navire de l'expédition devrait transporter 30 guerriers ainsi que quelques femmes. Mais Freydis rompit aussitôt l'accord et fit embarquer en secret cinq autres hommes à bord du navire des deux frères [...]. L'expédition comptait 160 hommes lorsqu'on appareilla.

Quatre navires transportant 160 personnes, des guerriers pour la plupart : c'était là une troupe vraiment redoutable pour le lieu et l'époque.

> Ils naviguèrent jusqu'à l'établissement de l'ouest puis gagnèrent les îles aux Ours [4]. Puis ils firent route vers le sud l'espace de deux jours et, parvenant à une terre, ils débarquèrent et l'explorèrent. Ils y trouvèrent quantité de grands rochers plats [...] et beaucoup de renards blancs. Ils appelèrent cet endroit Helluland [« Pays des pierres plates »] [5].
>
> De là, ils mirent le cap au sud-sud-est pour deux jours et atteignirent un pays boisé [...]. Ils poursuivirent leur route vers le sud et, au bout de deux jours, parvinrent à un cap au delà duquel s'étendait une longue plage de sable. Ils gagnèrent le rivage à la rame et trouvèrent la quille d'un navire sur une pointe à laquelle, pour cette raison, ils donnèrent le nom de Kialarnes.

Un peu plus au sud, ils envoyèrent deux esclaves irlandais à terre pour reconnaître le pays. Ceux-ci ne trouvèrent rien de remarquable sinon du blé sauvage et des baies. Puis,

> [i]ls parvinrent à un fjord à l'entrée duquel se trouvait une île entourée de courants violents [...]. Ils pénétrèrent dans le fjord et l'appelèrent Straumfjord [« fjord des Courants »]. Ils déchargèrent leurs vaisseaux à cet endroit et s'installèrent sur la rive.

Je présume que Karlsefni possédait des renseignements plus précis que ceux des Groenlandais quant à l'emplacement de l'Alba de l'Ouest et à la façon de s'y rendre. Outre la latitude relative du lieu, il semblait savoir que ceux qui voyageaient jusque-là arrivaient en vue de terre dans le nord du Labrador puis longeaient la côte vers le sud jusqu'à un détroit connu pour la force de ses courants. De là, ils faisaient route vers l'ouest en franchissant ce détroit jusqu'à une autre mer, et c'était sur le rivage *oriental* de cette mer que se trouvait l'Alba.

Pendant que l'escadre longeait la côte vers le sud, sans doute les vigies ouvrirent-elles l'œil, et le bon, comme disent les marins. Pourtant, si les navires se maintenaient même à une distance minimale au large pour éviter les innombrables hauts-fonds, récifs et brisants de la côte du Labrador, ils pouvaient fort bien ne repérer aucune trace d'habitation humaine, indigène ou autre [6].

Compte tenu du fait que la côte du Labrador, masquée d'îles et découpée selon un tracé complexe, s'étend sur près de 1 200 kilomètres, et que les pillards mirent à peine une semaine environ à la parcourir de bout en bout, leurs chances de repérer un établissement albain étaient minces. En fait, la seule trace de présence humaine que trouvèrent les Scandinaves sur la côte du Labrador fut la quille d'un navire découverte à Porcupine Strand. La quille d'un *navire*, fait à noter. Et non d'un bateau [7].

À mon sens, Karlsefni consacra tout son temps et ses efforts à la recherche du détroit qui donnait accès à la mer Intérieure et à la nouvelle Alba. Il semble avoir jeté un coup d'œil tant dans Groswater Bay que dans Sandwich Bay mais, comprenant que ce n'était pas là ce qu'il cherchait, il poursuivit sa route jusqu'au moment où l'expédition atteignit le détroit de Belle-Isle.

Il se produisit alors un événement singulier. Au lieu de pousser vers le sud-ouest en franchissant le Straumfjord, les Scandinaves débarquèrent à quelques kilomètres à peine du cap Bauld, qui marquait l'extrémité est du détroit. Et c'est là, à l'un des endroits les plus désolés, inhospitaliers et décapés par les vents qu'on puisse trouver à Terre-Neuve, qu'ils se préparèrent à passer l'hiver, alors qu'ils avaient encore quelques mois devant eux.

Pareil comportement serait inexplicable pour des colons. Il serait tout aussi bizarre pour des marchands. Mais c'est précisément le comportement qu'on pouvait attendre de la part de Vikings se préparant à installer leur repaire sur la côte d'un pays étranger dont les habitants avaient (ou allaient bientôt avoir) de bonnes raisons de se montrer sérieusement hostiles.

La baie des Épaves : tel est le nom de mauvais augure que porte cet endroit. Cette baie est si battue des tempêtes que ses rives, semble-t-il, n'ont jamais attiré d'habitants, hormis les gens de Karlsefni. Ayant moi-même essuyé un coup de vent dans cette baie (et encore était-ce en été), je comprends pourquoi les gens en général, et les marins en particulier, évitaient ces parages. Avec mon compagnon, je fus si malmené par les rafales et les vagues de ce coup de nordet qu'il fallut échouer notre doris à moteur sur la grève au milieu du fracas des vagues, manœuvre qui faillit causer la perte de notre bateau. Lorsqu'il fut question de nous frayer un chemin dans ce paysage de rochers nus, à peine pouvions-nous tenir debout, face à un vent rugissant qui nous arrivait sans obstacle du fin fond du Groenland. J'ai rarement été si durement secoué par les dieux des tempêtes ; et c'était l'été ! J'ai peine à imaginer à quoi devait ressembler la vie dans la baie des Épaves en hiver.

Sans anse ni port protecteurs, inabordable depuis la mer à moins de franchir les chevaux de frise des rochers et des brisants presque toujours blancs d'écume, cette côte ne pouvait plaire qu'à des gens qui ne voulaient pas de visiteurs. Mais la baie était admirablement située, commandant les approches du détroit par la rive sud, à l'entrée comme à la sortie. Les vaisseaux pouvaient être aperçus de loin depuis les hauteurs environnantes; *knorrs* ou chaloupes, ou les deux, pouvaient effectuer des sorties inattendues, quittant le couvert des îles pour surprendre des navires dont l'équipage était sans méfiance.

La baie des Épaves était en fait un repaire idéal pour des écumeurs. C'est là que les gens de Karlsefni édifièrent plusieurs constructions de bois et de tourbe qui furent mises au jour dans les années 1960 par l'explorateur norvégien Helge Ingstad. Ces constructions constituent maintenant les principales attractions du Parc historique national de L'Anse aux Meadows.

> Ils explorèrent alors le pays d'alentour [...]. Ils se contentèrent de reconnaître les lieux [...]. Ils y passèrent l'hiver mais ce fut un hiver rude pour lequel ils n'étaient pas préparés. La pêche cessa de donner et les vivres commencèrent à manquer [...].
>
> Au printemps ils tinrent conseil à propos de leur expédition. Thorhall le Chasseur voulait aller vers le nord aux environs des Furdurstrandir [Porcupine Strand] et de la Kialarnes [« pointe de la Quille »], afin de chercher le Vinland de ce côté[8]. Karlsefni voulait aller vers le sud, croyant que plus il irait dans cette direction, plus les chances de trouver seraient bonnes.

De toute évidence, les Scandinaves croyaient se trouver grosso modo dans le voisinage de l'Alba, mais leurs reconnaissances ne leur permirent ni de localiser le pays ni même d'avoir une indication de la direction où il fallait chercher. Il semble qu'un désaccord s'éleva entre les Islandais de Karlsefni et le contingent groenlandais à propos de ce qu'il convenait de faire ensuite. Il y eut même un conflit au sein de l'équipage de Thorvald Eriksson, différend qui se solda par la défection du bras droit de Thorvald, Thorhall le Chasseur, sitôt les eaux du détroit libres de glaces.

Appareillant à bord d'une chaloupe avec neuf compagnons groenlandais, Thorhall, qu'on s'entend à dépeindre comme un individu singulièrement ombrageux, fit route vers le nord en longeant la côte du Labrador, peut-être avec l'intention de rentrer chez lui. La chance l'abandonna ; Thorhall et sa bande furent emportés par un coup de vent d'ouest. Leur bateau finit par dériver jusqu'aux côtes d'Irlande, où l'équipage eut encore moins de chance. « Ils furent traités avec brutalité et réduits en esclavage ; Thorhall fut tué là-bas, selon ce que rapportent les marchands. »

Pendant ce temps, à la baie des Épaves, l'expédition commençait sérieusement à se démanteler. Thorvald Eriksson résolut de naviguer vers l'ouest en franchissant le détroit avec le reste de ses hommes pour voir ce qu'il pourrait trouver sur la côte septentrionale de la mer Intérieure. Avec ses compagnons, il passa l'été à reconnaître ce rivage où, à leur évidente déception,

> ils ne découvrirent nulle habitation, d'hommes ou de bêtes. Dans une des îles de l'ouest ils trouvèrent une remise en bois, mais aucun autre ouvrage bâti de main d'homme. Ils revinrent aux maisons [de la baie des Épaves] au temps des moissons [...] sans avoir accompli rien qui vaille.

Les sagas ne nous disent rien de Freydis Eriksdóttir et de la façon dont elle passa l'été avec son navire islandais et ses guerriers du Groenland. Certains historiens croient qu'elle accompagna Karlsefni vers le sud avec ses gens, mais il s'agit presque certainement d'une erreur de transcription d'un scribe qui a confondu Freydis avec Gudrid, la femme de Karlsefni, dans le récit d'un incident qui eut lieu à Hóp.

À mon avis, Freydis décida de ne pas se joindre à la recherche d'envergure visant à trouver l'endroit qui avait échappé à son père et à ses frères, choisissant plutôt de rester à la baie des Épaves, où elle était bien placée pour intercepter tout navire qui franchirait le détroit. Au lieu de chercher une proie, elle allait laisser les proies venir à elle.

Karlsefni semble avoir été le seul, parmi les chefs, à avoir quelque notion de l'endroit où se trouvait réellement l'Alba. Peut-être avait-il ses propres sources d'information ou peut-être était-il plus perspicace que les autres, tout simplement. Toujours est-il qu'il était convaincu qu'il fallait chercher vers le sud.

Par un jour de printemps, vers l'an 1004, Karlsefni et ses compagnons islandais franchirent le détroit à bord de leurs deux navires.

> À présent il convient de raconter comment Karlsefni navigua vers le sud en longeant la côte [ouest de Terre-Neuve] avec Snorri, Bjarni et leurs gens. Ils naviguèrent longtemps et parvinrent enfin à une rivière qui se déchargeait d'un lac pour se jeter dans une lagune et de là dans

> la mer. D'immenses bancs de sable obstruaient l'issue de la lagune de sorte qu'on ne pouvait y entrer qu'à marée haute. Karlsefni et ses gens y pénétrèrent et appelèrent cet endroit Hóp.

Hóp, en vieux norrois, est un mot qui désigne une étendue d'eau séparée de la mer par des barres de sable ou de gravier derrière lesquelles les vaisseaux peuvent s'abriter. Le lieu en question était probablement la grande lagune à l'entrée de Saint Paul's Inlet[9].

Quelques jours après l'arrivée des Islandais à Hóp, parurent neuf bateaux de peaux remplis d'« indigènes » – probablement des Tunits – qui arrivaient du sud[10]. Les sagas nous apprennent qu'ils débarquèrent, examinèrent les Islandais avec attention puis se rembarquèrent et repartirent vers le sud comme ils étaient venus. On ne nous dit pas ce qui se passa entre les deux peuples.

La troupe de Karlsefni avait maintenant parcouru plus de 300 kilomètres depuis son établissement de la baie des Épaves, et pourtant l'Alba restait encore introuvable. Les Scandinaves avaient enfin trouvé des êtres humains (ou avaient été trouvés par eux), mais ces humains possédaient de bons bateaux et des armes, et pouvaient représenter une menace sérieuse même pour les marins scandinaves. À mon avis, cette rencontre avec les Skraelings (synonyme d'« autochtones »), qu'on décrit comme des hommes « au teint basané, d'aspect désagréable, avec des cheveux très laids », décida Karlsefni à ne pas pousser plus loin vers le sud, du moins pour lors.

Doté comme il l'était d'un beau port, d'amples ressources de poisson et de gibier, de généreux pâturages naturels, Saint Paul's Inlet était un excellent endroit où s'arrêter et se réorganiser tout en décidant ce qu'on allait faire ensuite. L'anse était également bien située pour qui voulait effectuer des sorties et tendre des embuscades aux vaisseaux qui remontaient ou descendaient le long de la côte.

Karlsefni et ses gens restèrent à Hóp tout l'hiver suivant.

> Quand vint le printemps ils découvrirent, un matin de bonne heure, un grand nombre de bateaux de peaux qui arrivaient du sud à la force des rames [...].

Des signaux de paix ayant été échangés, les autochtones accostèrent. Ils apportaient avec eux de pleins ballots de « pelleteries et peaux ». Ils étaient venus faire la traite et, qui plus est, ils savaient ce que les Européens voulaient.

Les textes des sagas restent confus quant à la suite, mais il est clair que les autochtones voulaient des objets de métal et des étoffes de couleur en échange des fourrures. Karlsefni, qui n'était pas équipé pour la traite, dut improviser.

> Karlsefni réfléchit à la question puis ordonna aux femmes d'apporter du lait [ou du *skyr*] aux Skraelings qui, sitôt qu'ils l'aperçurent, ne voulurent plus autre chose. Il en alla donc ainsi : ils emportèrent leurs aubaines dans leur estomac.

À ce moment, nous apprend-on, le taureau de l'expédition sortit « par hasard » de la forêt, en galopant et en beuglant bruyamment.

> Les Skraelings en furent si terrifiés qu'ils coururent à leurs bateaux et s'éloignèrent en ramant [...] laissant derrière eux leurs ballots et leurs marchandises.

Serait-il possible que les Islandais eussent délibérément effrayé leur taureau pour semer la panique parmi leurs visiteurs et obtenir ainsi « leurs ballots et leurs marchandises » sans payer ?

Il ne semble guère douteux que les Scandinaves aient eu mauvaise conscience dans cette affaire. Quelques jours plus tard, lorsque les autochtones revinrent pour la troisième fois, ils furent accueillis par des guerriers scandinaves brandissant des armes. Les Skraelings répliquèrent par une volée de flèches et de pierres. D'après la saga, ils firent également usage d'une arme surnaturelle si horrible que « un grand effroi saisit Karlsefni et ses hommes, si bien qu'ils ne pouvaient songer qu'à la fuite ».

Les Islandais s'enfuirent en effet. La saga raconte que Freydis sortit de la maison et tenta de suivre les autres, mais il s'agit probablement d'une erreur de transcription ; ce devait être Gudrid qui « ne pouvait suivre les autres car elle était enceinte ». Cet automne-là en effet, Gudrid donna naissance à un fils, Snorri.

Alors, dit la saga,

> [e]lle s'empara d'une épée et, quand des Skraelings approchèrent, elle fit tomber sa chemise et frappa son sein du plat de l'épée nue. À cette vue, les Skraelings furent pris de terreur ; ils s'enfuirent jusqu'à leurs bateaux et s'éloignèrent en pagayant [...]. Deux des hommes de Karlsefni étaient tombés, ainsi qu'un grand nombre de Skraelings.

Deux Islandais périrent, mais aussi « un grand nombre de Skraelings », propos qui évoquent une sorte de massacre. Quoi que les indigènes eussent espéré de cette troisième visite, leurs espoirs furent noyés dans le sang.

> Il parut alors à Karlsefni et à ses gens que, même si c'était là un pays attrayant, leurs vies y seraient pleines de tribulations à cause des habitants ; ils s'apprêtèrent donc à partir.

Conclusion qui n'était pas sans sagesse, compte tenu de ce qui s'était passé. L'idée de continuer vers le sud n'était guère tentante à présent que les habitants étaient tout à fait montés contre eux. Les Islandais plièrent donc bagage, sans oublier les pelleteries volées ou échangées aux Skraelings, et ils reprirent le chemin du Straumfjord.

> Ils firent voile vers le nord en longeant la côte et trouvèrent cinq Skraelings endormis au bord de la mer [...]. Karlsefni jugea qu'ils devaient avoir été déclarés hors la loi dans leur propre pays ; il les mit donc à mort.

Selon la loi islandaise, les biens des hors-la-loi pouvaient être confisqués par ceux qui les mettaient à mort. Les occasions de pillage étaient rares sur cette côte ; il ne fallait pas rater celles qui se présentaient. Les meurtres se laissaient justifier facilement.

Le contingent islandais regagna le Straumfjord à la fin du printemps ou au début de l'été. On ne nous apprend rien de ce qui s'était passé en son absence, mais les prises y avaient sans doute été maigres car Karlsefni et Thorvald s'embarquèrent bientôt tous deux pour des expéditions estivales.

Thorvald croisa vers le nord, dépassa la Kialarnes et pénétra dans Hamilton Inlet où il repéra quelques bateaux de peaux retournés sur une plage ; des gens dormaient dessous. Les Groenlandais ramèrent jusqu'au rivage, cernèrent les bateaux et capturèrent les gens, sauf un homme qui parvint à s'enfuir. Les compagnons de Thorvald assassinèrent alors les huit personnes qu'ils avaient capturées et firent sans doute main basse sur le contenu de leur camp.

Qui furent les victimes de cette attaque ? Les sources ne les appellent pas Skraelings. La saga précise en outre que leurs bateaux étaient recouverts de peaux. Ce détail semble écarter les Innus, qui se servaient normalement de bateaux à revêtement d'écorce. Il s'agissait peut-être de Tunits. Mais il pouvait s'agir d'un groupe d'Albains surpris dans leur sommeil à l'intérieur des maisons coiffées de bateaux d'un poste de chasseurs. Quelles qu'aient été les victimes, leurs amis n'avaient pas l'intention de laisser leur mort impunie.

Le matin suivant, le navire fut attaqué par une flottille de bateaux remplis d'hommes en colère qui décochèrent sur les assassins une grêlée de flèches. Les Groenlandais hissèrent la voile et s'enfuirent, mais trop tard : Thorvald avait reçu une flèche dans le ventre ; il en mourut peu après. Ses hommes ramenèrent le navire au Straumfjord.

Karlsefni connut meilleur sort. Entrepreneur-né, il décida de s'essayer encore une fois à la traite des fourrures à la mode viking. Comprenant qu'il serait malavisé de renouveler sa tentative sur la côte ouest de Terre-Neuve, il rassembla à la baie des Épaves, en grattant ici et là, tout ce qui pouvait servir d'objets d'échange, puis fit voile vers le sud en longeant la côte est de la péninsule septentrionale de Terre-Neuve. Au fond de White Bay, il rencontra de nouveau des autochtones. Cette fois, il s'agissait presque certainement de Béothuks et, comme les autochtones de Hóp, ils avaient l'habitude de faire la traite avec les Européens.

> Une grande troupe de ces gens sortit de la forêt [...] leurs ballots remplis de petits-gris et de zibelines. Ils voulaient surtout obtenir des étoffes rouges [...]. En échange de peaux parfaites, les Skraelings acceptaient un empan d'étoffe rouge qu'ils nouaient autour de leur tête [...]. Les gens de Karlsefni commencèrent à manquer d'étoffe ; ils la séparèrent alors en bandes étroites, pas plus larges qu'un doigt. Mais les Skraelings continuèrent à donner [furent obligés de donner ?] encore autant, ou même davantage pour les obtenir [...]. [Puis] l'un des esclaves de la maison de Karlsefni tua un Skraeling [...]. Il y eut alors un combat et beaucoup d'hommes de l'armée indigène furent occis. L'un d'entre eux était grand et beau, et Karlsefni songea qu'il pouvait avoir été leur chef. Puis les Skraelings s'enfuirent dans les bois, chacun pour soi [...] [mais] abandonnèrent leurs marchandises [...]. Alors Karlsefni et ses compagnons appareillèrent et firent route vers le nord [...] ne voulant pas risquer davantage leur vie.

Les Islandais avaient réussi un autre coup de filet, mais cette façon de « faire la traite » ne pouvait pas devenir une méthode commerciale établie. Ce genre de transaction ne fonctionnait qu'une fois.

On ne sait pas vraiment si Karlsefni demeura à la baie des Épaves pour un autre hiver. Plus vraisemblablement, il appareilla et rentra chez lui le même automne.

Son voyage de retour au Groenland ne fut marqué que d'un incident jugé digne de mention par les auteurs des sagas.

> Lorsqu'ils quittèrent le Vinland ils eurent un vent du sud qui les conduisit au Markland. Ils trouvèrent là cinq Skraelings, un homme barbu, deux femmes et deux enfants. Les gens de Karlsefni capturèrent les deux garçons [les adultes s'échappèrent, dit-on, en « s'enfonçant dans le sol »] [...]. Ils emmenèrent les garçons avec eux et leur apprirent leur langue; puis ils furent baptisés [...]. Ils déclarèrent qu'il existait une terre de l'autre côté vis-à-vis de leur pays et qu'elle était habitée par des gens qui portaient des vêtements blancs, qui criaient à pleine voix et portaient devant eux des perches auxquelles des étoffes étaient attachées. On crut qu'il s'agissait sans doute du Hvítramannaland [...] [11].

Bien que ce passage établisse sans équivoque que l'Alba/le Hvítramannaland se trouvait quelque part à l'ouest du Groenland et que les Scandinaves du Groenland connaissaient son existence et son emplacement approximatif, les historiens les plus orthodoxes qui ont reconstitué les voyages scandinaves vers l'ouest ont toujours ignoré ce fragment. Il est facile de comprendre pourquoi.

Exprimés dans une langue qui leur était étrangère, les souvenirs d'enfance des deux jeunes captifs semblent décrire des cérémonies religieuses qui correspondent à ce que nous connaissons des rites chrétiens du nord de la Grande-Bretagne à l'époque des invasions scandinaves. Célébrants et participants étaient vêtus de blanc. Fait à remarquer, aucune pratique religieuse semblable à celles que décrit la saga n'a été signalée chez les peuples autochtones précolombiens du nord-est de l'Amérique du Nord.

Karlsefni ne rentra pas chez lui les mains vides. Outre les premiers esclaves indigènes à être ramenés d'Amérique du Nord, il avait à son bord « beaucoup de marchandises, notamment du bois, des vignes, des baies et *des articles confectionnés avec des peaux* [c'est moi qui souligne] ». Lorsque Karlsefni et Gudrid partirent du Groenland pour rentrer en Islande, « beaucoup prétend[ir]ent que jamais navire ne quitta le Groenland plus richement chargé que celui qu'il commandait », comme le nota l'auteur de la saga avec une pointe d'envie.

Freydis Eriksdóttir réalisa elle aussi un coup de filet – avec morts d'hommes. Nous ne savons pas si elle parvint à capturer un vaisseau albain ou européen, mais elle réussit certes à mettre la main sur un gros navire marchand.

Il s'agissait du navire des deux frères, Helgi et Finnbogi – le bâtiment à bord duquel Freydis avait quitté le Groenland. Une nuit d'hiver à la baie des Épaves, Freydis conduisit son contingent de Groenlandais à la cabane où vivait l'équipage islandais.

> Ils entrèrent et les surprirent dans leur sommeil ; ils les ligotèrent et les firent sortir un à un ; Freydis tuait chaque homme qui sortait. Bientôt tous les hommes étaient morts, mais restaient les femmes, et personne ne voulait les tuer. Alors Freydis dit : « Donnez-moi une hache. » Ce qui fut fait, et elle occit les cinq femmes qui étaient là et les laissa mortes sur place [...]. Après quoi ils reprirent la mer, eurent une bonne traversée et arrivèrent à l'Eriksfirth.

Dans la collection arnamagnéenne de Copenhague, il existe un manuscrit sur vélin, rédigé en latin et en islandais ; c'est un compendium de textes historiques. On croit que l'un des fragments proviendrait d'un manuscrit perdu depuis longtemps et rédigé par l'abbé Nicolas de Thingeyre en Islande, entre 1125 et 1159, année de sa mort [12].

> Au sud du Groenland il y a le Helluland, puis vient le Markland. De là on n'est pas très loin du Bon Vinland [...]. On raconte que Thorfinn Karlsefni fabriqua un *husanotra* [un instrument de navigation] puis partit à la recherche du Vinland. Il atteignit [la région] où l'on croyait que se trouvait ce pays, mais ne parvint pas à le découvrir.

CHAPITRE XXX

L'ÂGE D'OR

LES ESCARMOUCHES entre les Vikings de Karlsefni et les autochtones remplirent sans doute les Albains de l'Ouest de la plus noire appréhension. La trame sanglante dévidée par les Normands au fil des trois siècles précédents allait-elle se dérouler encore une fois ?

Je me représente les postes de guet établis le long des côtes, les vaisseaux prenant à leur bord un renfort de vigies et naviguant si possible de conserve en serrant de près les rivages protecteurs. Les marchands étrangers mirent peut-être un frein à leurs équipées vers l'ouest ou se retirèrent temporairement d'un commerce qui menaçait de devenir trop risqué.

L'espace de quelque temps, les liaisons transatlantiques déjà ténues semblèrent peut-être sur le point de se rompre. Mais certains marchands refusèrent de perdre espoir – ou de perdre courage. Et, de fait, les dangers qui se manifestèrent au cours de l'expédition de Karlsefni se révélèrent plus illusoires que réels. Les Scandinaves avaient appris à leurs dépens que les Skraelings pouvaient donner aux équipages des vaisseaux pillards autant et plus de fil qu'ils n'en pouvaient retordre et qu'il en coûtait d'énormes sommes pour effectuer des raids à l'ouest. D'un point de vue pratique (et les Scandinaves étaient des gens pratiques), les risques encourus en montant d'autres expéditions vikings à l'ouest l'emportaient sur les profits escomptés.

Quand s'acheva la première décennie du nouveau millénaire, la menace scandinave en Alba de l'Ouest s'estompait déjà. La navigation marchande transatlantique reprit son cours normal – qui, convenons-en, ne représenta probablement jamais plus qu'une poignée de vaisseaux par année. Les hommes qui vivaient de la traite vaquaient à leurs affaires comme autrefois pendant que de nouveaux *crofts* se répandaient dans les terres à pâturages du sud-ouest de Terre-Neuve. La vie à l'ouest était paisible en dépit de la vive hostilité qu'entretenaient les Albains à l'égard des Normands.

Vers 1025, un marchand islandais appelé Gudleif Gudlaugson, après un hiver passé en Norvège, gagna l'Irlande puis quitta Dublin à destination de l'Islande ou du Groenland. Il n'atteignit ni l'une ni l'autre. Lorsqu'il rentra enfin chez lui, il avait une singulière histoire à raconter. Ce récit a été préservé pour nous par le scalde anonyme qui composa l'*Eyrbyggja Saga* (*La saga de Snorri le Godhe*).

> Gudleif était un négociant et un marin accompli qui possédait un gros navire [...]. Vers la fin du règne de saint Olav[1], Gudleif prit la mer à Dublin pour une équipée commerciale [...]. À l'ouest de l'Irlande il dut affronter de forts vents d'est puis de nord-est et le navire fut entraîné hors de vue des côtes, loin à l'ouest puis au sud-ouest.
>
> On était à la fin de l'été et les hommes d'équipage promirent d'accomplir toutes sortes de vœux si seulement on pouvait atteindre une terre. Enfin, une terre apparut. C'était un vaste pays, mais ils n'avaient aucune idée de l'endroit dont il s'agissait. Épuisés par le combat qu'ils avaient livré à la mer, Gudleif et ses hommes firent relâche dans cette contrée.
>
> Ils trouvèrent un havre abrité mais bientôt des gens vinrent à leur rencontre. Ils ne savaient pas qui ils étaient mais songèrent qu'ils parlaient peut-être irlandais. Une grande foule qui leur parut de plusieurs centaines de personnes se rassembla, les fit prisonniers, les ligota et les emmena à quelque distance à l'intérieur des terres, où ils furent conduits devant une assemblée qui devait décider de leur sort.
>
> Gudleif comprit que certains voulaient les mettre à mort alors que d'autres proposaient de se les partager comme esclaves.
>
> Alors que les habitants discutaient encore de l'affaire, Gudleif et ses hommes virent approcher un groupe de cavaliers brandissant devant eux un étendard. L'un d'eux semblait être un chef. Tandis qu'ils approchaient, les Islandais virent que l'homme qui chevauchait derrière l'étendard était un vieillard à tête blanche, mais de haute taille et d'aspect courageux.
>
> Tous s'inclinèrent devant lui et l'accueillirent comme leur chef; les Islandais comprirent que toutes les décisions passaient par lui. Au bout d'un certain temps, il fit venir Gudleif et son équipage.

> Lorsqu'ils furent devant lui, il leur adressa la parole en islandais en leur demandant d'où ils venaient. Ils répondirent que la plupart d'entre eux étaient originaires d'Islande. Il voulut savoir lesquels étaient islandais ; Gudleif fit un pas en avant, salua le vieillard, obtint une réponse amicale [et les deux hommes lièrent conversation en parlant des gens d'Islande] […].
>
> Les habitants se mirent à demander que des mesures fussent prises à l'endroit de Gudleif et de ses hommes ; le vieillard s'écarta alors des Islandais et, appelant à lui 12 de ses gens, tint avec eux un long conciliabule. Enfin, ils revinrent tous à l'assemblée et le vieillard s'adressa à Gudleif :
>
> « Mes compatriotes et moi avons pris le temps d'examiner votre cas, dit-il, et ils m'ont laissé le soin de décider ce que nous devions faire de vous. Je vous accorde la permission d'aller où bon vous semblera. Vous trouverez peut-être la saison trop avancée pour prendre la mer, mais je vous conseille fortement de partir loin d'ici. Ces gens ne sont guère commodes et il n'est pas facile de traiter avec eux, or ils estiment que vous avez enfreint leurs lois.
>
> – Que dirons-nous si nous parvenons à rentrer chez nous ? demanda Gudleif. Que répondrons-nous si on nous demande à qui nous devons notre liberté ?
>
> – Cela, je ne vous le dirai pas, répliqua le vieillard. J'aime trop les miens et tous mes frères de sang pour les encourager à venir ici et à s'attirer le genre d'ennuis que vous auriez subis si je n'avais pas été là pour vous aider. J'ai vécu tant d'années que je m'attends à voir la vieillesse venir à bout de moi à tout moment, mais même si je devais survivre, il y a dans ce pays des gens plus puissants que moi et ils ne témoigneraient aucune pitié à des étrangers comme vous. Seulement, il se trouve qu'ils ne sont pas ici en ce moment. »
>
> Le vieillard fit apprêter leur navire et leur tint compagnie jusqu'au jour où un vent favorable leur permit de prendre la mer.

Durant cet intermède, il continua à lancer de sérieux avertissements :

> « Je défends à quiconque de se mettre à ma recherche car personne ne saurait trouver cet endroit, à moins d'être aussi chanceux que vous. Ce serait une entreprise vraiment sans espoir. Les ports sont peu nombreux et espacés, et les étrangers ici peuvent s'attendre à connaître une foule d'ennuis. »

Le scalde termine son récit par cette remarque:

> Certains croient que cet homme était peut-être Björn le Champion de Breidavík [un fanfaron et un coureur de jupons qui fut chassé d'Islande aux alentours de l'an 1000] mais ils n'ont pas d'autres raisons de le croire que le récit que nous venons de faire.

À mon avis, il est beaucoup plus probable que le vieillard qui voulait qu'on le laissât vivre en paix dans son pays d'adoption était Ari Márson. À cette époque, Ari aurait eu environ soixante-dix ans. Nous savons qu'il devint un homme influent parmi les Albains. Nous pouvons croire que, ayant passé quelque trente ou quarante ans en Alba, période au cours de laquelle il avait certainement fondé une famille, Ari Márson ne voulait ni retourner en Islande ni se voir aux prises avec des parents belliqueux décidés à le rapatrier de force s'il le fallait.

À quel endroit Gudleif avait-il débarqué?

Il est fort improbable que la tempête ait pu l'entraîner sur la côte de Terre-Neuve qui tourne le dos à l'océan, donc en Alba de l'Ouest. Okak ou même Hebron représentent de meilleures possibilités. Mais, plus vraisemblablement, Gudleif aboutit dans la main ouverte que forment les grandes baies et les fjords de l'est de Terre-Neuve, tout comme l'autre marchand islandais, Bjarni Herjólfsson, lorsqu'il fut détourné de sa route et chassé par le vent dans l'ouest de l'Atlantique Nord[2].

Qui étaient les gens que rencontra Gudleif?

Si ces gens avaient été des indigènes, le scalde l'aurait sûrement mentionné puisque, à cette époque, les Islandais en savaient assez long sur les Skraelings pour être en mesure de les reconnaître pour tels.

Mais il ne pouvait pas s'agir de Skraelings… *car ils possédaient des chevaux!*

La mention des chevaux a été utilisée par nombre d'historiens pour jeter le discrédit sur toute l'histoire sous prétexte que, comme chacun sait, il n'y avait pas de chevaux au Nouveau Monde; ils y furent introduits depuis l'Espagne au XVIe siècle.

Mais les Albains possédaient des chevaux et ils les apportèrent sans aucun doute avec eux lors de leur émigration vers l'ouest. On trouve encore des descendants de cette ancienne race chevaline aux îles du Nord, en Islande et au Groenland. Je ne serais pas étonné d'apprendre que les robustes poneys indigènes à poil long qui subsistent encore (quoique tout juste) à Terre-Neuve soient porteurs de gènes provenant des poneys que Gudleif vit là-bas il y a près de mille ans.

Si les gens en question n'étaient pas des indigènes – et rien de ce qu'on nous en dit ne le suggère –, qui donc étaient-ils? Ma thèse est qu'il s'agissait d'Albains ou, à tout le moins, de métis d'origine albaine et indigène.

Grâce au vieil Islandais, Gudleif et ses gens eurent la vie sauve. Peut-être s'en tirèrent-ils mieux encore. Le fait que la saga n'ait pas identifié le lieu où aboutit Gudleif ni donné la position de ce lieu même en termes généraux est incontestablement curieux. Ayant effectué la traversée *tant à l'aller qu'au retour*, Gudleif devait savoir où était situé ce pays. Je soupçonne que la cargaison de marchandises européennes du *knorr* resta sur place lors du départ de Gudleif... parce qu'on l'avait troquée contre un chargement de marchandises de traite albaines.

Il est certes significatif que Gudleif ne se rendit pas directement chez lui en Islande. Au lieu de cela, il effectua une deuxième traversée de l'Atlantique... jusqu'au bout, pour rentrer à Dublin! Ce ne fut certainement pas par hasard. Mais si l'on suppose que Gudleif avait écoulé ses marchandises en Alba, il n'aurait eu plus rien à vendre en Islande. Il aurait eu, toutefois, une cargaison de marchandises de traite à vendre en Europe.

Je crois que l'espoir de se livrer par la suite au négoce avec l'Alba explique la réticence de l'auteur de la saga à révéler l'emplacement et le nom du pays visité par Gudleif. C'étaient là des secrets commerciaux. L'accent mis par la saga sur les difficultés et les dangers auxquels on s'exposait en tentant de trouver ce pays, ou d'y survivre si on le trouvait, avait probablement pour but de préserver le secret.

Les Albains étaient chrétiens déjà dès le VIIe siècle. Aux environs de l'an 1000, l'Islande et le Groenland finirent par embrasser le christianisme. Par la suite, les trois peuples furent réunis sous l'égide d'une seule circonscription de l'Église romaine: l'archidiocèse de Hambourg et de Brême. Les prélats de cet archevêché avaient de puissantes raisons d'entretenir des relations étroites avec leurs lointains fidèles de l'ouest, l'une d'elles étant d'assurer la rentrée constante du denier de saint Pierre – et de leurs propres deniers.

Selon les annales islandaises, un prêtre saxon ou celte appelé Jón effectua un voyage à l'ouest jusqu'au « Vinland » vers 1059. Les historiens ont suggéré qu'on l'avait envoyé là-bas pour convertir les Skraelings, mais l'Église à cette époque ne s'intéressait pas au prosélytisme à l'endroit des « Sauvages » qui, de l'avis de nombreux ecclésiastiques, ne possédaient pas une âme humaine. Il est plus logique de supposer que Jón fut envoyé en Alba de l'Ouest pour veiller aux intérêts de l'archevêché de Hambourg et de Brême.

Il ne fut pas le seul homme d'Église à effectuer ce voyage. Une légende de la carte du Vinland de l'université Yale nous apprend que

> Erik, légat du Saint-Siège, évêque du Groenland et des régions circonvoisines, alla dans ce très vaste et très riche pays [le Vinland], par la grâce du Dieu tout-puissant, dans la dernière année du pontificat de notre Très Saint-Père le pape Pascal [1118], y séjourna longtemps tant l'été que l'hiver, puis reprit la route du nord-est à destination du Groenland et y poursuivit ses œuvres avec la plus humble obéissance à la volonté de ses supérieurs.

Il s'agissait là de Mgr Erik Gnupsson, qui se rendit probablement au Groenland dès 1112. Il n'était pas *seulement* évêque du Groenland, mais aussi des « régions circonvoisines » (à l'exception de l'Islande, qui avait son propre évêque). Vraisemblablement, par « régions circonvoisines », on voulait dire le Vinland/l'Alba.

Le cogue flamand d'aspect balourd était le troisième navire marchand à atteindre l'Alba au cours de l'été de 1118, mais, des trois, ce fut cette arrivée qui provoqua le plus d'agitation car le vaisseau avait pour passagers des ecclésiastiques, et l'un d'eux était un évêque !

Aucun prélat de haut rang n'avait visité le Nouveau Monde auparavant. En fait, pour le plus clair de leur existence, les paroisses albaines avaient dû se débrouiller sans prêtre ou se partager un seul desservant débordé. À présent, semblait-il aux fidèles, les lointains princes de l'Église allaient racheter leur négligence prolongée.

Au moment où le cogue pénétra dans la baie Saint-Georges, Mgr Gnupsson découvrit un vaste cirque de collines couvertes de sombres forêts et hautes de quelque 300 mètres. Bien en vue au sommet d'une montagne isolée, à quelques kilomètres dans les terres, dominant l'unique mouillage sûr de la baie, deux grandes colonnes de pierre se projetaient vers le ciel tels les doigts boudinés d'un géant enseveli[3].

Le navire cingla plus avant dans la baie et l'évêque vit qu'en maints endroits les forêts cédaient le pas à un front de prairies qui s'élargissait près de l'embouchure des multiples cours d'eau. Enchâssées dans cette bande de terre verdoyante, se dressaient par groupes discrets des maisons de ferme avec leurs dépendances.

Enfin, le cogue doubla la pointe de sable de Flat Island et vint pesamment mouiller dans le port bien protégé situé derrière l'île. L'approche du navire avait été signalée quelques heures plus tôt et une foule considérable s'était assemblée près des cabanes de rondins éparpillées de Sandy Point – pour l'Alba, c'était là presque un village.

L'évêque et son entourage ne pouvaient déceler de signes évidents de la prospérité dont jouissait l'Alba selon la rumeur publique, sinon dans les habits de fête et les ornements que portaient certains de leurs hôtes. C'était là un peuple sans ostentation dont la richesse était principalement déterminée par le nombre de bêtes qui paissaient dans les prés et par la quantité de vivres entassés dans les caves et les resserres bien abritées. Si l'évêque n'avait pas épluché au préalable les manifestes des cargaisons livrées dans les ports baltes par les navires marchands qui fréquentaient l'Alba, il aurait pu être dupe.

Parmi ces cargaisons avait figuré l'un des plus gros arrivages de rohart jamais vu de mémoire d'homme. Les autorités des ports, tout comme les marchands, tiraient des profits princiers de ces importations, alors que l'Église était loin de recevoir ce qu'elle considérait comme sa juste part. C'était l'une des tâches de Mgr Gnupsson que de corriger cette situation.

Lorsque les hommes qui vivaient de la traite pénétrèrent pour la première fois dans la baie des Morses, ils crurent certes avoir trouvé une vraie mine d'ivoire. Mais au bout de quelques années, ils découvrirent que la *véritable* « mine d'ivoire » se trouvait à peine à 150 kilomètres à l'ouest. Il s'agissait de l'archipel de la Madeleine, appelé autrefois îles Ramées et rebaptisé îles de la Madeleine par la province de Québec.

Au XVIIIe siècle, les îles de la Madeleine abritaient encore la plus grande concentration de morses jamais signalée en un même lieu. À une époque antérieure, ces troupeaux à eux seuls auraient pu fournir ivoire et autres produits du morse en quantité suffisante pour satisfaire la plupart des besoins de l'Europe. C'était un fait dont Mgr Gnupsson était sans doute bien informé [4].

Pendant son séjour, qui dura au moins un an, l'évêque visita probablement la majeure partie de l'Alba de l'Ouest. À son retour en Europe, il rendit certainement compte à ses supérieurs de tout ce qu'il avait vu et entendu. Ce rapport est peut-être encore enfoui dans le labyrinthe des archives du Vatican, mais le compte rendu verbal des voyages de Gnupsson au Nouveau Monde dut circuler dans les cercles ecclésiastiques, maritimes et commerciaux de l'Europe occidentale. Si l'existence et l'emplacement de l'Alba avaient été des secrets assez bien gardés à une certaine époque, ce n'était sans doute plus le cas.

Depuis 900 ou environ, le climat de l'ouest de l'Atlantique s'était progressivement amélioré, apportant des étés plus longs et plus chauds, des hivers plus doux et une diminution du nombre de tempêtes. En 1100, cette tendance avait entraîné dans la région de profonds changements, avantageux pour la plupart aux Albains.

Mais aux Tunits, non. Les Tunits de Terre-Neuve étaient avant tout des chasseurs de mammifères marins. Leurs proies favorites étaient les phoques des mers arctiques (phoques à capuchon et phoques du Groenland) qui chaque printemps se rassemblaient par millions sur la banquise du Golfe pour mettre bas et pour nourrir leurs petits. À mesure que le climat se modifiait et apportait du temps plus doux, l'épaisseur et la persistance des glaces du Golfe diminuait; vint le jour où elles cessèrent d'offrir un habitat sûr pour les bébés phoques. Par conséquent, la plupart des phoques pélagiques abandonnèrent la mer Intérieure pour aller mettre bas sur la banquise le long des côtes du Labrador[5].

À mesure que les phoques se retiraient, les Tunits les suivaient vers le nord. Les autres subirent une métamorphose et s'associèrent de si près aux Albains qu'il devint pratiquement impossible de les en distinguer.

Le mode de vie des Albains eux-mêmes connut des modifications capitales. Le climat chaud fait diminuer de façon désastreuse la durée de vie des bateaux recouverts de peaux; ce facteur, combiné à l'abondance du bois de qualité, encouragea les Albains à passer aux navires en bois. Mais la construction de ces vaisseaux exige beaucoup plus de temps et de main-d'œuvre et, comme les Albains n'étaient plus contraints d'effectuer de longues traversées, ils construisirent des bâtiments plus petits.

Les hauturiers avaient cessé d'exister. Les Albains du Nouveau Monde étaient désormais des caboteurs.

Une évolution similaire eut lieu au Groenland à la même époque. Malgré la possibilité d'aller chercher du bois au Markland, les Groenlandais perdirent leur tour de main ou n'éprouvèrent plus le besoin de construire de gros vaisseaux. Par conséquent, tout comme les Albains, ils devinrent de plus en plus dépendants des navires étrangers pour maintenir leurs liaisons avec l'Europe.

Les négociants d'Angleterre, d'Irlande, de Flandre et des ports baltes effectuaient maintenant des traversées de l'Atlantique… et en tiraient des profits satisfaisants. La demande de rohart ne cessait d'augmenter. Les fourrures du Nouveau Monde étaient toujours avidement recherchées sur les marchés européens (et le seraient encore jusqu'à l'ère moderne). D'autres marchandises de traite, tels les faucons, valaient encore autant et même davantage. Le temps favorable, les marchés favorables, l'afflux des marchandises, tout contribuait à l'avantage de chacun.

Pendant que les hommes qui vivaient de la traite abattaient des vaches marines sur les plages de la baie des Morses et des îles Ramées, trappaient les animaux à fourrure dans l'arrière-pays du Labrador et de Terre-Neuve, les fermiers albains prospéraient le long des côtes sud-ouest de la Grande Île. Le temps clément leur permettait d'agrandir leurs pâturages et de grossir leurs troupeaux. Ils pouvaient récolter d'amples provisions de céréales, notamment des ancêtres de l'avoine et de l'orge modernes.

La qualité des fermes était à son meilleur dans le sud de l'Alba mais sans doute était-elle bonne aussi à Cupids. Les conditions étaient moins satisfaisantes à Okak, si bien que les immigrants de cette région, se joignant à l'excédent de population des environs de Saint-Georges, établirent des fermes dans la région de la Codroy et peut-être ailleurs également.

Les Scandinaves du Groenland se tiraient bien d'affaire eux aussi, tant comme fermiers que comme chasseurs. Ils pouvaient se procurer des marchandises de traite (à défaut d'obtenir tout ce qu'ils désiraient) au nord de leurs propres établissements. En 1150, les colonies jumelles du Groenland étaient plus prospères que jamais et subvenaient aux besoins d'une population qui n'atteignait pas moins de 3 000 âmes.

Alors que le XIIe siècle tirait à sa fin, l'ouest de l'Atlantique Nord connaissait son âge d'or.

CHAPITRE XXXI

LE DROGIO ET L'ESTOTILAND

AU XIIIe SIÈCLE, le nord-ouest de l'Atlantique fut la scène d'une activité maritime considérable. À cette époque, un navire marchand – peut-être scandinave, mais pas forcément – trouva le chemin du bassin de Kane au fond de la baie de Baffin. Une fois là, il connut un triste sort, peut-être aux mains d'indigènes belliqueux récemment arrivés de l'ouest et connus aujourd'hui sous le nom de Thuléens[1].

Les archéologues Peter Schledermann et Karen McCullough ont exhumé les débris du navire et de sa cargaison (notamment des rivets de fer et même quelques cottes de mailles) en fouillant des ruines du Thuléen sur la côte occidentale du bassin de Kane. Une autre archéologue canadienne, Patricia Sutherland, a trouvé dans un site thuléen de la terre d'Ellesmere, non loin du bassin de Kane, le fléau de bronze d'une balance de marchand remontant à la même époque.

Vers 1266, au Groenland, les autorités religieuses de la colonie scandinave du sud envoyèrent une expédition dans le nord-ouest de la baie de Baffin, sous prétexte de déterminer jusqu'où les Thuléens avaient pénétré vers le sud, mais aussi, selon toute vraisemblance, afin de connaître le sort du navire marchand disparu.

Des vaisseaux fréquentaient les eaux de l'Arctique canadien, tant vers l'ouest que vers le nord. Les annales islandaises de 1285 signalent la découverte d'une terre inconnue jusqu'alors, située à l'ouest de l'Islande. D'abord baptisée îles aux Eiders, elle porta ensuite le nom de Terre-Nouvelle. À huit reprises, les annales font mention de ces îles, si bien qu'en 1289, la curiosité du roi Erik de Norvège fut suffisamment piquée pour justifier l'envoi d'un émissaire appelé Rolph, chargé d'explorer cette région.

On nous apprend que Rolph séjourna en Islande l'année suivante, « à la recherche d'hommes pour une expédition à Terre-Nouvelle ». Les annales ne nous disent rien de l'issue de l'entreprise mais d'autres sources nous donnent un aperçu fort intéressant des voyages que les Scandinaves effectuèrent vers l'ouest à cette époque.

Ces sources comprennent cinq sagas, œuvres d'imagination pour une bonne part, mais basées sur des sources traditionnelles. Je les ai présentées dans *Westviking*[2]. Elles confirment que les Scandinaves connaissaient le détroit d'Hudson sous le nom de Skuggifjord, connaissance manifestement acquise à l'occasion de plusieurs expéditions dans cette région, probablement toutes reliées à la découverte de Terre-Nouvelle.

Où était Terre-Nouvelle ? Elle ne pouvait pas se trouver au Groenland même, ni au Helluland, au Markland ou au Vinland, qui étaient tous relativement bien connus. Les annales précisent que cette terre était *à l'ouest* de l'Islande, ce qui, dans le jargon de l'époque, signifiait qu'il fallait la chercher à la même latitude que l'Islande.

Partant de l'Islande vers l'ouest, si l'on ignore le Groenland, on se retrouve dans le détroit d'Hudson, dans la portion de la rive nord comprise entre Markham Bay et Cape Dorset. À cet endroit, la côte forme une baie de 260 kilomètres de long, profonde de 50 kilomètres et peuplée d'îles qui encore aujourd'hui restent en partie inexplorées mais abritent la plus vaste population d'eiders nichant dans l'Arctique canadien. La latitude de ces îles est comprise entre 63° 30' et 64° 30', coordonnées qui englobent le tiers de l'Islande dans sa partie sud.

En 1978, en fouillant les ruines d'une maison thuléenne du XIIIe siècle à Lake Harbour au détroit d'Hudson, tout juste à l'est de Markham Bay, des archéologues ont mis au jour une figurine de bois vêtue à l'européenne, d'une cape à capuchon. Le petit personnage sculpté porte une croix gravée à la poitrine.

Rien n'indique que les Groenlandais aient navigué vers le sud au cours de cette période. Selon moi, les Albains et leurs alliés indigènes continuaient à rendre improductives toutes les incursions scandinaves qui prenaient cette direction.

À cette époque, les Albains en quête de marchandises de traite connaissaient sans doute la plupart des terres bordant le golfe du Saint-Laurent. Toutefois, ils n'avaient guère de raisons de s'y installer. Le Golfe, à l'exception de l'île du Prince-Édouard, n'offrait aux fermiers rien qui pût se comparer aux terres du sud-ouest de Terre-Neuve, déjà situées assez loin de l'Europe pour rendre difficiles les liaisons maritimes entre les deux continents.

Datant du XIIe siècle, cette figurine portant robe et capuchon, avec une croix gravée à la poitrine, a été trouvée dans une ruine inuit du Thuléen à Lake Harbour au détroit d'Hudson.

Les produits du morse, et l'ivoire en particulier, constituaient toujours la clef de voûte du commerce pour le Nouveau Monde. *Le miroir royal*, un compendium d'histoire norvégienne remontant aux environs de 1250, nous apprend qu'au Groenland

> tout ce dont on a besoin pour l'amélioration des terres doit être acheté à l'étranger, tant le fer que tous les matériaux utilisés pour la

> construction des maisons. En échange de ces matières, les marchands rapportent [en Europe] les produits suivants : peaux de renne, pelleteries, peaux de phoque et cordes de l'espèce connue sous le nom de cordages de cuir, que l'on taille dans le poisson appelé morse, et aussi des dents de morse.

Et aussi des dents ! En 1262, Olav, évêque du Groenland, quitta son diocèse avec tant d'ivoire à bord de son vaisseau que, après son naufrage sur la côte islandaise, des défenses furent rejetées sur le rivage trois cents années durant.

En 1323, le légat du pape pour la Norvège et la Suède perçut, pour le diocèse de Gardar au Groenland, une dîme s'élevant à environ 1 400 livres de rohart. Cet ivoire fut vendu en Flandre, pays qui représentait désormais un important débouché pour les marchandises de traite du Nouveau Monde.

L'importance du morse n'était pas près de se démentir, comme le souligne le passage suivant à propos des îles de la Madeleine – texte écrit vers la fin du XVIe siècle par Richard Hakluyt, chroniqueur infatigable des expéditions maritimes anglaises.

> L'île [...] est plate et affleurante, et les poissons fréquentent ses côtes par milliers pour se reproduire aux mois d'avril, mai et juin ; lesdits poissons sont énormes et arborent deux grandes dents [...] et ils ne quittent pas leurs petits [...]. Lesdites bêtes sont aussi grosses que des bœufs [...] leurs peaux aussi grandes que des peaux de bœufs [...]. Les corroyeurs les considèrent comme un excellent matériau pour la fabrication des targes [boucliers] [...]. On a vendu des dents en Angleterre aux couteliers et aux peigniers pour huit groats et trois shillings la livre, alors que le meilleur ivoire [d'éléphant] vaut deux fois moins. Un habile médecin m'a montré l'une des dents de ces bêtes et m'a assuré les avoir essayées dans des remèdes administrés à ses patients, et les avoir trouvées souveraines contre les poisons, tout autant que les cornes de licorne.

Si les XIIIe et XIVe siècles réservèrent de beaux jours aux Albains de Terre-Neuve, ils furent moins tendres à l'égard des *livyers* de la baie et du détroit d'Hudson.

Aux alentours de l'an 1000, une nouvelle peuplade redoutable en provenance de l'Alaska se mit à traverser l'Arctique canadien. C'étaient les Thuléens, ancêtres des Esquimaux modernes.

Selon l'archéologue Moreau Maxwell, un long passé guerrier les avait opposés aux tribus sibériennes qui empiétaient sur leurs territoires et ils s'étaient livrés à des luttes intestines à cause de la surpopulation en Alaska. Ils savaient se battre et, dans leur marche vers l'est, ils apportèrent avec eux des arcs aux cordes de tendon de modèle asiatique, d'une efficacité redoutable.

Les Tunits furent incapables d'endiguer cette marée étrangère. Ils n'avaient aucune connaissance, aucune expérience des choses de la guerre ; ils ne possédaient aucune arme conçue pour s'attaquer à leurs semblables. L'invasion thuléenne déferla vers l'est et les Tunits furent submergés.

La progression des Thuléens fut aussi rapide que meurtrière. Vers 1200, les nouveaux venus avaient atteint le bassin de Kane, en vue du Groenland. Moins d'un siècle après, ils occupaient la baie de Disko, au milieu de la côte ouest du Groenland et assez près des établissements scandinaves des fjords de Godthåb.

Leur pénétration dans le sud-est de l'Arctique canadien ne fut pas aussi rapide. Vers 1250, ils avaient pris pied à l'extrémité septentrionale du Labrador, mais en l'espace d'un siècle ils ne progressèrent pas davantage vers le sud. Ils n'occupèrent pas non plus la côte occidentale de la baie d'Ungava.

Je crois que ce phénomène est dû au fait que la population d'origine tunit et albaine parvint à mettre un frein à l'intrusion étrangère. Quand l'attitude belliqueuse des Thuléens vint à s'émousser avec le temps, peut-être les *livyers* se mêlèrent-ils alors aux nouveaux venus pour devenir les ancêtres des Inuits modernes du détroit d'Hudson, de l'Ungava et du nord du Labrador – peuple qui acquit la réputation de résister avec une opiniâtre efficacité aux incursions des Européens de l'ère moderne.

De toute évidence, on continua à vivre en paix dans le centre sud du Labrador au cours de ces deux siècles mais, vers 1350, une sérieuse détérioration du climat (le début de ce qu'on a appelé la petite période glaciaire) commença sans doute à faire la vie dure aux fermiers. À mesure que s'intensifiaient le froid et les intempéries, le bétail avait de plus en plus de mal à survivre aux hivers. En outre, comme pour aggraver les choses, les Scandinaves du Groenland reparurent sur la côte du Labrador.

En 1347, selon les annales islandaises, un vaisseau groenlandais « de retour du Markland » arriva avec un équipage de 18 hommes en Islande. Après y avoir passé l'hiver, navire et équipage reprirent la mer jusqu'en Norvège.

La plupart des historiens ont considéré ce voyage comme un séjour pacifique au Markland; les Groenlandais avaient besoin de bois. Or, les vaisseaux groenlandais de l'époque étaient petits et auraient eu peine à transporter 18 hommes avec leur équipement et une cargaison suffisante de bois de charpente. En outre, pourquoi aurait-on eu besoin de tant d'hommes pour aller abattre des arbres? Nous devons aussi nous demander pourquoi, au lieu de rentrer chez eux, les Groenlandais naviguèrent d'abord jusqu'en Islande pour pousser ensuite jusqu'en Norvège. Convoyer du bois en Norvège était aussi absurde qu'apporter de l'eau à la rivière!

À mon avis, ces 18 hommes formaient probablement une bande de Vikings tardifs qui navigua jusqu'au Labrador pour attaquer les colonies albaines, les camps tunits ou les navires qui se livraient au cabotage.

Les effets du climat toujours plus hostile, joints aux actes de piraterie, conduisirent peut-être à l'abandon des établissements albains au Labrador; mais, avant d'en arriver là, Okak reçut la visite involontaire de quelques Européens, et nous devons à l'un d'entre eux la description la plus instructive de l'Alba de l'Ouest.

En 1558 parut à Venise un livre relatant un voyage au Nouveau Monde. Traduit en anglais, le récit fut incorporé par Richard Hakluyt dans son ouvrage *The Principall Navigations, Voiages and Discoveries of the English Nation*, sous un titre qu'on peut rendre comme suit: « Découverte des îles de Frisland, Iseland, Engroenland, Estotiland, Drogeo et Icaria, faite par deux frères, MM. Nicolas et Antonio Zeno ».

Nicolo Zeno, arrière-arrière-petit-fils de ce Nicolas Zeno, était nominalement l'auteur de la relation, ayant compilé le texte à partir de lettres et d'autres documents écrits par les deux frères et retrouvés dans les papiers de la famille Zeno.

Bien que le récit ait été bien reçu à l'époque, les historiens récents l'ont en général rejeté sous prétexte qu'un certain nombre de toponymes, dans le texte et sur la carte qui l'accompagne, ne correspondent pas aux noms modernes. Ce que les critiques ne comprennent pas, c'est que maints noms de lieux ont été inventés délibérément afin de cacher les noms réels.

Pour les marchands aventuriers de l'époque (et c'est ce qu'étaient le premier Nicolas et son frère), il était d'usage de tenter de dissimuler l'emplacement des sources de leurs richesses. Par conséquent, Nicolo le jeune, séparé de ses sources d'information par près de deux siècles, dut travailler avec les noms de code destinés à induire en erreur des concurrents du XIVe siècle. Et il ne possédait pas la clé du code.

La majeure partie du livre traite d'une série d'expéditions de piraterie entreprises en Norvège, aux Orcades, aux Shetland et en Islande sous la conduite des frères Zeno, embauchés comme mercenaires par un chef qu'ils désignent sous le nom de Zichmni. La véritable identité de ce chef reste inconnue, mais il s'agissait semble-t-il d'un « roi des mers » des îles de l'ouest de l'Écosse.

Le livre inclut la relation d'une expédition de piraterie transatlantique qui eut lieu entre 1386 et 1396 et dont la cible semble avoir été l'Alba de l'Ouest.

Le texte établit qu'une flotte pillarde, commandée par Zichmni et Antonio Zeno, traversa l'Atlantique jusqu'à une terre qui était presque certainement la côte est de la Nouvelle-Écosse. Voguant vers le nord, la flotte doubla alors l'île du Cap-Breton ou franchit le détroit de Canso et pénétra dans le golfe du Saint-Laurent pour atteindre les environs de Pictou en Nouvelle-Écosse. À cet endroit, Zichmni parvint si bien à provoquer les autochtones que ces derniers faillirent mettre un point final à toute l'expédition. En fait, il est possible que les Indiens aient éliminé Zichmni lui-même après la fuite d'Antonio Zeno, qui rentra à bon port avec la plupart de ses vaisseaux.

L'origine de l'incursion de Zichmni n'est autre qu'un séjour accidentel au Nouveau Monde que firent, quelques années plus tôt, certains pêcheurs hébridéens ou islandais. C'est leur histoire qui nous importe avant tout.

> Zichmni, étant un homme fort vaillant et courageux, avait résolu de se rendre roi et maître des mers. C'est pourquoi, profitant toujours des conseils et des services de M. Antonio, il décida de l'envoyer vers l'ouest avec quelques barques, car dans lesdites régions, certains de ses pêcheurs avaient découvert des îles [les mots « îles » et « terres » étaient interchangeables à l'époque] très riches et populeuses ; ladite découverte fut relatée point par point [par Antonio, qui la tenait de première main du pêcheur] dans une lettre rédigée comme suit [...].
>
> Il y a vingt-six ans [v. 1360], quatre bateaux de pêche prirent la mer ; une violente tempête s'étant élevée, lesdits bateaux furent très durement secoués l'espace de plusieurs jours sur l'océan ; quand la tempête cessa enfin et que le temps se mit au beau, ils découvrirent une île appelée Estotiland, qui se trouvait à plus de 1 000 milles à l'ouest du Frisland [de l'Islande] ; l'un des bateaux fit naufrage sur ladite île et les

> six hommes qui étaient à bord furent capturés par les habitants et conduits dans une belle ville populeuse, où le roi de ce lieu envoya quérir maints interprètes ; or il n'en put trouver aucun qui comprenait la langue des pêcheurs, sauf un qui parlait latin et qui par hasard avait fait naufrage lui aussi sur la même île ; ledit interprète leur demanda au nom du roi de quel pays ils étaient ; ayant compris leur situation, il raconta tout au roi, qui ordonna aux étrangers de rester dans le pays ; ils se soumirent donc à sa volonté puisqu'ils ne pouvaient faire autrement.

La distance parcourue par les pêcheurs nous donne une première indication du lieu où ils étaient arrivés en vue de terre. Une traversée de 1 000 milles marins vers l'ouest à partir des Hébrides ne conduirait un vaisseau qu'aux trois quarts de l'Atlantique, alors que la même distance, à partir de l'Islande, mènerait un navire à une centaine de milles de la côte sud-est du Labrador – la côte la plus proche en Amérique du Nord. Le lieu du naufrage aurait pu être le Labrador ou Terre-Neuve mais, comme nous le verrons, Terre-Neuve fut la deuxième « île » où séjournèrent les pêcheurs.

Les six naufragés étaient arrivés en Estotiland, lieu représenté sur la carte compilée par Nicolo le jeune comme une portion du Labrador. Cette position concorde avec celle que lui donne le cartographe Abraham Ortelius sur sa mappemonde *Theatrum orbis terrarum*, publiée en 1570. Au XVIIe siècle, Petri, sur sa carte du Nouveau Monde, est encore plus précis, puisqu'il situe l'Estotiland au Labrador, au nord de Hamilton Inlet.

L'allusion à un autre naufragé qui parlait latin suggère la présence d'un prêtre, car peu de laïcs à l'époque savaient le latin. On ne spécifie pas qu'il s'agit d'un prêtre, mais on semble suggérer une sorte de lien entre cet homme et la religion par une allusion ultérieure à certains vieux livres latins que l'on tenait, sinon pour sacrés, du moins comme dignes d'un grand respect.

> [Les naufragés] séjournèrent cinq ans dans l'île et en apprirent la langue ; l'un d'eux se rendit dans diverses parties de l'île et il rapporte qu'il s'agit là d'un pays fort riche où abondent toutes les commodités du monde, un pays un peu plus petit que l'Islande mais beaucoup plus fertile, avec en son milieu une très haute montagne.

La mention d'une haute montagne peut aider à situer l'Estotiland aux environs d'Okak et/ou de Nain, car c'est la région où les monts Torngat se dressent à pic avant de se presser vers le nord.

> Les habitants sont des gens pleins d'esprit [avisés] et ils possèdent tous les arts et toutes les facultés que nous avons ; on peut croire qu'au temps jadis ils avaient commerce avec nous, car ledit pêcheur affirme avoir vu des livres latins dans la bibliothèque du roi, livres que ces gens ne comprennent plus à présent ; ils parlent une langue étrange et se servent de lettres ou de caractères [connus] d'eux seuls.

« Ils possèdent tous les arts et toutes les facultés que nous avons » : ce n'est certes pas ainsi que des Européens du XIVe siècle auraient décrit les habitants de régions sauvages. De toute évidence, le pêcheur ne trouvait pas les gens d'Estotiland très différents de lui-même, sinon par la langue. Sa description des habitants tranche nettement avec le portrait qu'il brosse des autres peuples rencontrés plus tard, qu'il qualifiera carrément de « Sauvages ».

« On peut croire qu'au temps jadis ils [les Estotilandais] avaient commerce avec nous [c'est-à-dire les Européens] » : voilà une phrase singulièrement lourde de sens.

Le commentaire à propos des livres latins semble faire écho aux allusions qu'on retrouve dans l'*Íslendingabók* et le *Landnámabók* concernant l'occupation de l'Islande par des chrétiens avant l'arrivée des Scandinaves. La mention de la « bibliothèque du roi » est sans doute une exagération, mais elle établit le fait que les livres latins (il s'agissait vraisemblablement de livres religieux) étaient encore objets de vénération.

> Ils font du commerce avec l'Engroenland, d'où ils rapportent des fourrures, du soufre brut et du brai ; ledit pêcheur raconte en outre qu'il existe au sud un vaste pays populeux où l'on trouve beaucoup d'or. [Dans ce pays] on sème du maïs, on brasse de la bière et de l'ale, laquelle est une sorte de boisson dont les gens du nord font usage comme nous du vin. Ils ont de très vastes forêts, ils entourent leurs habitations de murs et possèdent moult villes et châteaux.

Dans ce passage, une bonne partie de la description d'Antonio se ramène à des généralités sur l'ensemble des territoires situés au sud de l'Estotiland, mais la remarque à propos du commerce avec l'Engroenland (le Groenland) est particulièrement importante. Les fourrures et le brai, produits des forêts de conifères du Nouveau Monde, étaient peut-être apportés au Groenland pour être réexpédiés en Europe ; d'autre part, le soufre, produit de l'Islande, parvenait peut-être en Estotiland en transitant par le Groenland[3].

> Ils construisent de petites barques et savent se servir de la voile, mais n'ont pas de pierre d'aimant et ne connaissent pas non plus l'usage du compas. Pour cette raison, lesdits pêcheurs étaient tenus en haute estime, si bien que le roi les envoya vers le sud avec 12 barques jusqu'à un pays qu'ils nomment le Drogio ; mais pendant la traversée ils subirent de telles intempéries qu'ils crurent périr en mer ; or, ayant échappé à cette mort cruelle, ils connurent un sort plus cruel encore car ils furent pris [faits prisonniers] dans ce pays et la plupart d'entre eux furent mangés par les Sauvages.

On peut présumer que les six pêcheurs furent envoyés au Drogio dans le sud parce que c'était là l'établissement le plus important. L'allusion à une flotte de 12 vaisseaux suggère que le déplacement de la population d'Okak vers le sud était peut-être déjà commencé.

Les tribulations des pêcheurs étaient loin d'être terminées. Ils firent naufrage à nouveau, cette fois sur une côte habitée par des « Sauvages ». Il semble, d'après la suite, que leur malheureux navire fut entraîné vers l'ouest dans le détroit de Belle-Isle et que les pêcheurs tombèrent aux mains des Indiens qui vivaient sur la côte nord du Golfe.

> Mais ledit pêcheur, avec ses compagnons, montra [aux Sauvages] comment prendre du poisson avec des filets, et sauva ainsi leur vie ; [ils] allaient chaque jour pêcher en mer et dans les rivières, ils prenaient du poisson en grande abondance et l'apportaient aux notables du pays, geste grâce auquel ledit pêcheur s'attira tant de faveur qu'il était fort aimé et honoré de tous.
>
> La renommée de cet homme s'étant répandue aux quatre coins du pays, il se trouva un seigneur fort désireux de le prendre avec lui afin de voir comment il usait de son art miraculeux de la pêche, si bien qu'il déclara la guerre à l'autre seigneur dont il était autrefois le partisan ; il eut finalement le dessus, car il était plus puissant et meilleur guerrier que lui ; le pêcheur lui fut donc envoyé avec ses compagnons. En l'espace de treize ans, qui est le temps qu'il passa en ces pays, selon ses dires, il fut ainsi envoyé auprès de plus de 25 seigneurs, car ils ne cessaient de se faire la guerre entre eux, tel seigneur contre tel seigneur, et ce dernier contre un autre, dans le seul but d'obtenir que ledit pêcheur demeurât avec eux, si bien que, parcourant tout le pays sans jamais se fixer nulle part, il en vint à connaître presque toutes ces contrées. Il prétend que c'est un très vaste pays et, pour ainsi dire, un nouveau monde ; les gens y sont fort grossiers et

> dépourvus de toute bonté [...], ils ne possèdent aucun métal d'aucune sorte, ils vivent de la chasse, ils se servent de certaines lances de bois dont ils aiguisent la pointe, ils ont des arcs dont les cordes sont taillées dans des peaux de bêtes; ils sont très féroces, se font cruellement la guerre entre eux et se mangent les uns les autres.

Les Indiens qui vivaient sur la côte nord du Golfe à cette époque étaient sans doute des Algonquins, ancêtres des tribus montagnaises et naskapis qui se font appeler Innus.

La facette la plus révélatrice de cette portion du récit est le portrait qu'on y brosse des autochtones, qui sont explicitement appelés Sauvages. En gros, on les décrit dans les termes mêmes qu'employèrent la plupart des premiers observateurs européens. *Mais cette description est en opposition flagrante avec celle des habitants de l'Estotiland.* Les deux peuples étaient *distincts*, voilà qui ne peut faire aucun doute.

Le narrateur et ses compagnons passèrent plusieurs années parmi les Indiens, se déplaçant vers l'ouest de tribu en tribu sur une distance considérable en suivant la côte nord du Golfe. Il semble que les pêcheurs aient été adoptés et bien traités par la population indigène, comme le laisse supposer l'expression « fort aimé et honoré de tous ».

> Or, ledit pêcheur, ayant habité tant d'années en ces contrées, forma le dessein de rentrer si possible dans son [propre] pays, mais ses compagnons, désespérant de jamais le revoir, le laissèrent partir à la grâce de Dieu et restèrent pour leur part où ils étaient. Ainsi donc, il leur dit adieu, s'enfuit à travers bois vers le Drogio et fut très bien accueilli par le seigneur voisin, qui le connaissait et qui était un grand ennemi de l'autre seigneur; et c'est ainsi, courant d'un seigneur à l'autre – et c'étaient ceux chez lesquels il avait séjourné auparavant –, qu'il parvint enfin, au bout d'un long temps et de maints voyagements, au Drogio, où il demeura trois ans.

Ce passage décrit, en termes raisonnablement directs, comment le pêcheur parvint à reprendre le chemin de l'est et à atteindre le territoire d'une tribu qui vivait sur la rive nord-ouest du détroit de Belle-Isle, qu'il traversa vraisemblablement avec l'aide des Indiens. Il fit route ensuite vers le sud du Drogio, que j'identifie à l'Alba de l'Ouest.

Fait significatif: on ne donne aucune description des Drogiens. Selon toute vraisemblance, le pêcheur était maintenant de retour parmi des gens qu'il lui semblait bien connaître, et il ne répéta donc pas ce qu'il avait déjà dit à propos des Estotilandais. Si le peuple du Drogio avait été d'une autre culture sensiblement différente, le narrateur aurait certainement décrit ces gens avec autant de détails que les Sauvages.

> Quand, comme par un heureux hasard, il apprit par les habitants que certains bateaux venaient d'arriver sur la côte, il lui vint bon espoir d'accomplir son dessein ; il alla au bord de la mer et leur demanda de quel pays ils venaient ; ils lui répondirent « d'Estotiland », ce dont il fut extrêmement content ; il les pria de bien vouloir le prendre à leur bord, ce qu'ils firent fort volontiers, et comme il possédait la langue du pays [indien] et que nul [à bord des navires] ne parlait cette langue, il leur servit de truchement.
>
> Par la suite, il s'adonna au commerce avec eux, si bien qu'il devint très riche et put équiper sa propre barque pour rentrer au Frisland, où il rendit compte à son maître [Zichmni] des richesses de ces pays[4].

Ici, nous avons affaire à un récit sans détour qui nous apprend comment le narrateur se livra au commerce auprès des tribus indiennes, s'enrichit et parvint finalement à rentrer au Frisland.

En somme, cette relation constituait, pour l'époque, un récit presque sans fioritures où un Européen naufragé sur la côte du Labrador raconte comment il fut secouru par les habitants, comment il prit la mer vers le sud avec certains d'entre eux à destination de Terre-Neuve, fit naufrage de nouveau, cette fois sur la côte nord du Golfe, vécut quelque temps avec les Indiens de cette côte, parvint finalement à se rendre au Drogio et y reprit la mer comme marchand jusqu'au jour où il fut assez riche pour avoir son propre navire ou pour payer son passage jusqu'en Europe.

Le narrateur établit une nette distinction entre la population indigène et un autre peuple de type européen. J'estime qu'il s'agissait des Albains et que, vers 1370, ils formaient encore une société qu'un Européen estimait à peu près taillée dans la même étoffe que la sienne.

Ce fut le récit de ce pêcheur qui incita Zichmni à se rendre au Nouveau Monde mais, comme Antonio nous l'apprend :

> nos grands préparatifs pour l'expédition maritime en Estotiland furent entrepris à un moment funeste car, trois jours avant notre départ, ce pêcheur, qui devait nous servir de guide, mourut ; malgré cela, le seigneur [Zichmni] ne voulut pas renoncer à l'entreprise.

Zichmni fit donc voile vers l'ouest, sans pilote, et par conséquent ne trouva ni l'Estotiland ni le Drogio.

Sans le savoir, le pêcheur s'était acquitté de sa dette envers ses bienfaiteurs du Nouveau Monde en mourant juste au bon moment.

CHAPITRE XXXII

LES GROENLANDAIS

NOTRE NAVIRE avait poursuivi sa route toute la nuit quoique, à proprement parler, il n'y eût pas de nuit, car le soleil ne disparaissait sous l'horizon que pour reparaître en moins d'une heure. Nous avions fait une excellente traversée de la baie de Baffin, redoutée des marins pour ses gros grains et ses eaux obstruées de glaces ; nous avions navigué sans encombre par calme plat. L'eau était si tranquille que seul le sillage de notre vaisseau troublait la surface transparente comme verre où se reflétait l'image imposante de centaines d'icebergs emportés vers le sud dans leur dérive majestueuse amorcée dans la baie de Melville, enfanteuse de titans.

Quand j'allai sur le pont à six heures du matin, on venait d'apercevoir la terre. Seulement, ce n'était pas de la terre. C'était un scintillement de glace et de neige plein l'horizon ; l'œil et l'esprit en étaient éblouis.

Le commandant en second, un Norvégien, vint se camper à mes côtés sur le pont latéral.

« Vous voyez ces petites taches noires à tribord ? » me demanda-t-il en pointant l'horizon du tuyau de sa pipe. « Ce sont les îles aux environs d'Upernavik. Rien que du roc. Rien derrière, à part la neige et la glace. Rien devant, sauf une mer chargée de glaces. » Il s'interrompit pour tirer une bouffée de sa pipe.

« Mon grand-père allait à la chasse au phoque dans l'est du Groenland, à peu près à cette hauteur-ci. Il avait donné un surnom à ce pays. L'autre face de l'enfer ! L'envers glacé de la fournaise, comme qui dirait. Pourtant, il revenait toujours, il a fait ça pendant plus de cinquante ans. On n'a pas besoin d'envoyer un Norvégien au diable. Il prend le chemin de l'enfer tout seul. »

L'île Kingiktorsuak est l'une de ces calottes de roc noir qui constituent l'archipel côtier coincé entre l'inlandsis et la mer. L'île se trouve à 25 kilomètres à peine au nord de la petite ville d'Upernavik. En approchant de ce port, notre navire passa assez près de Kingiktorsuak, si bien que je pus voir son sommet dénudé.

À une certaine époque, de petits cairns s'élevaient sur la crête. Avant 1824, tous s'étaient écroulés ou, plus vraisemblablement, avaient été mis en pièces par les Esquimaux qui espéraient trouver des objets de valeur à l'intérieur. À l'été de 1824, un homme appelé Pelimut trouva effectivement quelque chose par terre à côté des cairns en ruine. Il s'agissait d'une petite pierre portant une inscription runique scandinave grossièrement gravée [1] :

> Erling Sigvatsson, Bjarni Tordsson et Einride Oddson ont érigé ces cairns la veille du dimanche des Rogations, et ont gravé de belles runes.

Les érudits s'interrogent quant à l'année où cette inscription fut gravée dans la pierre mais tous sont d'avis que ce fut sans doute après 1135 et avant 1333. Entre ces deux dates, donc, des Normands durent passer l'hiver non loin d'Upernavik, à quelque 1 600 kilomètres au nord du cap Farewell. Les anciens territoires de chasse des Albains, maintenant installés ailleurs, avaient désormais de nouveaux maîtres.

La chasse ne fut pas le seul aspect de la vie groenlandaise qui changea de mains vers cette époque. En 1152, la responsabilité du diocèse groenlandais passa de l'archevêché de Hambourg à celui de Nidaros (Trondheim) en Norvège.

L'Église avait commencé à exercer une forte influence sur les Scandinaves du Groenland peu après que Leif Eriksson leur avait amené le premier prêtre aux alentours de 988. Vers 1075, Adam de Brême écrivait que « les évêques gouvernent l'Islande et le Groenland comme des rois ». Au cours des siècles suivants, le pouvoir de l'Église s'affaiblit en Islande mais les établissements scandinaves du Groenland continuèrent à vivre sous une théocratie quasi absolue car, pour les archevêques de Nidaros, cette île isolée était une source de richesses inestimable.

Au milieu du XIIIe siècle, la colonie groenlandaise du sud (l'établissement de l'est, selon le nom officiel) était devenue un État gouverné par l'Église. L'évêché, situé à Gardar, possédait à part entière plus du tiers des terres utilisables – et c'étaient de loin les terres les meilleures et les plus productives. Beaucoup, parmi ceux qui étaient nominalement propriétaires du reste, étaient endettés envers l'Église ; leur situation, semble-t-il, les plaçait à peine au-dessus des serfs. La population de l'établissement de l'est ne s'élevait guère à plus de 2 000 habitants, et pourtant elle devait entretenir une cathédrale, 11 autres églises, un monastère augustinien, un couvent de Bénédictines et un « palais » épiscopal assorti d'une ferme dont les étables pouvaient abriter 120 vaches [2]. Au moins quatre des églises étaient des édifices massifs en pierres de taille. Compte tenu des ressources disponibles, leur construction dut représenter, en temps, en énergie et en argent, une dépense par personne comparable à l'effort qu'entraîna l'édification des plus grandes cathédrales d'Europe.

Au début du XIIIe siècle, l'Église exerçait une autorité presque absolue sur les Groenlandais du sud, mais il en allait tout autrement dans le nord. Au cours des deux siècles qui suivirent la fondation des deux établissements, chacun avait évolué selon sa propre voie.

Les Groenlandais du nord (de l'établissement de l'ouest, comme on l'appelait) s'étaient mis à vivre de la traite. L'élevage demeurait une composante de leur vie mais n'était pas d'une suprême importance. Au début du XIIIe siècle, ils consacraient une bonne partie de leur temps à la chasse, à la pêche et à la trappe, et en tiraient le gros de leurs revenus. Ils parcouraient librement le pays et, comme tous leurs semblables, étaient réfractaires à l'autorité absolue sous toutes ses formes.

La reconstitution ci-dessous est ma propre appréciation de ces gens et de leur histoire.

Les habitants du nord ne bâtirent que quatre églises et il semble que, à l'amorce du XIIIe siècle, une seule d'entre elles ait été encore active – si tant est qu'elle ait représenté autre chose qu'un avant-poste religieux négligé dans une colonie en train de devenir apostate, si elle ne l'était déjà.

Non seulement les habitants du nord rejetèrent l'autorité théocratique dès le tout début de leur histoire, mais ils rejetèrent de même l'autorité des rois. En 1261, les colons du sud renoncèrent à leur indépendance et prêtèrent serment d'allégeance au roi de Norvège. Dès lors, ils lui payèrent un tribut et consentirent aux restrictions que leur imposa la Norvège. Il semble que la population de la colonie du nord se dispensa tant de l'un que des autres.

Un fait nouveau, dans la seconde moitié du XIIIe siècle, élargit le fossé et aggrava l'opposition entre les deux groupes.

Déjà, en 1250, les Thuléens avaient atteint Upernavik dans leur marche progressive vers le sud. Seuls de faibles échos des premières rencontres entre Scandinaves et Thuléens nous sont parvenus, mais ces échos laissent croire que, au début, les Scandinaves du Groenland traitèrent les Skraelings du Thuléen de la même façon que les gens de Karlsefni avaient traité les Tunits et les Indiens de Terre-Neuve et du Labrador.

L'*Historia Norwegiæ*, écrite au XIIIe siècle, nous apprend que :

> Au nord des terres où habitent les Groenlandais, des chasseurs ont trouvé des pygmées appelés Skraelings. Ces gens sont tels que, s'ils sont blessés par une arme sans être atteints mortellement, leurs plaies blanchissent sans saigner ; mais s'ils sont blessés à mort, leur sang ne cessera guère de couler.

Selon toute probabilité, l'information contenue dans l'*Historia Norwegiæ* provenait des colons du sud. Si elle reflétait également l'attitude des colons du nord, alors ces derniers ne tardèrent pas à changer de manières, comme nous le verrons bientôt.

L'arrivée de ces « trolls » (les Scandinaves chrétiens considéraient les Thuléens comme tels) semble avoir suscité dans le sud du Groenland le même genre de réaction que déclenchait l'apparition d'une meute de loups dans le voisinage des ranches modernes. Lorsque les Thuléens atteignirent la baie de Disko, on crut qu'il était temps de procéder au nettoyage.

En 1266, les théocrates de Gardar, siège de l'évêché groenlandais, lancèrent une expédition vers le nord, histoire de voir ce qu'ils pouvaient faire pour arrêter l'invasion de ces créatures que l'Église tenait pour des émanations du démon. Plusieurs navires y participèrent avec à leur bord, selon toute vraisemblance, une force considérable d'hommes bien armés. Les chroniques sont vagues quant à la destination et à l'issue de l'entreprise, mais les hommes atteignirent la baie de Melville, où

> ils virent quelques habitations skraelings mais furent incapables d'accoster à cause des ours [...]. Abordant dans certaines îles au sud du Snaefell [dans la région d'Upernavik], ils trouvèrent les endroits où habitaient les Skraelings [...] puis ils rentrèrent chez eux à Gardar.

Nulle part il n'est question de véritables rencontres avec les Skraelings ; cependant, il est difficile de croire qu'il n'y en eut aucune – ours ou pas. Or, s'il y eut contact, nous pouvons inférer sans risque d'erreur qu'on fit usage des épées et des haches d'armes d'une manière qui confirma sans doute la remarque de l'*Historia Norwegiæ* selon laquelle les Skraelings saignaient abondamment lorsqu'ils étaient blessés à mort.

Les fervents chrétiens de la colonie du sud réagirent à la présence des Skraelings avec haine et répugnance, mais il semble que la population de la colonie du nord ait réagi tout autrement. Bien qu'il n'existe aucun document remontant à l'époque des premiers contacts et confirmant ce fait, tout indique que les Scandinaves de la région de Godthåb s'accommodèrent de la présence des Thuléens [3]. Il y eut peut-être des conflits au début, mais les relations évoluèrent jusqu'à l'adoption d'un compromis mutuellement avantageux. Comme les Albains et les Tunits l'avaient découvert avant eux, c'était là l'attitude la plus sage [4].

Le célèbre voyageur du Grand Nord Vilhjalmur Stefansson, qui en savait long sur les relations entre Esquimaux et Européens, était d'avis que

> [l]es Scandinaves de la colonie du nord, moins nombreux, moins en contact avec l'Europe, connaissant moins de succès avec leurs vaches et leurs moutons, et dépendant davantage de la chasse, en vinrent sans doute beaucoup plus facilement, pour toutes ces raisons, et parce qu'ils rencontraient les Esquimaux plus souvent, à un sentiment de tolérance et plus tard d'égalité à leur endroit [...]. Les chasseurs eurent sans doute de plus en plus de raisons d'adopter le mode de vie et la façon de penser des Esquimaux ; jusqu'au jour où, selon toute probabilité, la majorité de ces hommes eurent des épouses esquimaudes, tout comme la majorité des trappeurs blancs de l'Alaska et du Grand Nord canadien [...]. L'adoption du mode de vie esquimau progressa pacifiquement, selon toute vraisemblance, jusqu'au jour où l'établissement de l'ouest cessa d'être un avant-poste de la culture européenne ou de la religion chrétienne [5].

La monnaie la plus communément utilisée par les Groenlandais dans leurs transactions avec le reste du monde était l'ivoire de morse et les peaux – marchandises qui provenaient pour la plupart de l'établissement de l'ouest. Les Groenlandais disposèrent de bonnes quantités de ces deux produits jusqu'au milieu du XIIIe siècle environ, où une certaine rareté se fit sentir.

En 1260, cette « pénurie de monnaie » était devenue si sérieuse que les théocrates de Gardar se virent dans l'impossibilité de payer les dîmes exigées par Nidaros. La cause de la pénurie n'est guère un mystère. Les habitants du nord avaient cessé de payer les dîmes à Gardar et les habitants de l'établissement de l'est étaient incapables de combler le déficit par leurs propres moyens.

L'évêque de Gardar ne fut pas le seul à en être marri. Vers 1275, l'archevêque de Nidaros se vit contraint de présenter des excuses au pape Jean XXI pour défaut de paiement des impôts du Vatican. L'archevêque allégua le fait que les dîmes du Groenland avaient cessé d'affluer dans ses coffres. Le pape répliqua par un rappel des devoirs qui incombent aux subordonnés et par une bulle d'excommunication à l'encontre des Groenlandais jusqu'à l'acquittement de leur dette.

En 1279, le pape Nicolas III, plus indulgent, leva l'excommunication ; mais les marchandises de traite groenlandaises n'arrivaient toujours pas. En 1282, la dîme fut surtout payée en peaux de vache et de phoque, produits de l'établissement de l'est, dont la valeur était hélas moindre sur les marchés européens.

Selon Stefansson, le pouvoir de la théocratie groenlandaise atteignit son point culminant avant 1300 et ne cessa de péricliter par la suite. Je crois que cet affaiblissement fut le résultat direct d'une rupture entre les deux colonies. Les annales de 1342, rédigées par Mgr Oddson, évêque d'Islande, touchent le nœud de la question.

> Les habitants du Groenland ont délibérément abandonné la vraie foi et la religion chrétienne pour se mélanger aux peuples d'Amérique [*ad Americæ populos se converterunt*].

Comme l'a fait remarquer Stefansson, l'emploi de l'expression « peuples d'Amérique » au lieu de « Skraelings » est sans doute une tentative de clarification ultérieure due à la plume du latiniste islandais qui, vers 1637, effectua la transcription des annales de l'évêque – celle qui parvint jusqu'à nous. La transcription comporte une autre erreur. Le texte original devait certainement se lire comme suit : « Les habitants *du nord* ou *de l'ouest* du Groenland ». Pourquoi ? Parce que nous savons en toute certitude que le christianisme se maintint dans l'établissement de l'est pendant encore un siècle. Mgr Oddson ne pouvait manquer de savoir que, de son vivant, le sud du Groenland était encore chrétien.

Des preuves archéologiques démontrent que les Thuléens habitaient déjà Godthåb vers 1330 et que, manifestement, le mélange entre Esquimaux et colons scandinaves était déjà nettement engagé à cette époque[6].

Les Groenlandais du nord qui désiraient s'adonner à l'élevage continuaient à prendre soin du bétail, mais le gros de la population de l'établissement de l'ouest vivait avant tout de la chasse ; or, à ce mode de vie, les Skraelings étaient passés maîtres.

L'Église fit sûrement tout ce qui était en son pouvoir pour mettre un terme à ce que le clergé stigmatisait comme une descente aux enfers de l'hérésie et du paganisme. Mais ce fut peine perdue. La rupture totale entre les deux colonies était devenue inévitable.

Pareille scission ne représenta sans doute pas une bien rude épreuve pour les habitants du nord. Sans doute continuèrent-ils à chasser, en quête de marchandises de traite, et à commercer avec les marchands anglais, flamands ou autres qui, sans faire escale dans l'établissement de l'est, naviguaient directement jusqu'à celui de l'ouest. En cela, ils n'avaient pas le choix, car le Groenland était désormais officiellement fermé à tous les marchands étrangers, par ordre du roi de Norvège, déterminé à faire de la traite un monopole royal. L'ennui, c'est que les colons apostats du nord rejetaient la suzeraineté de la Norvège aussi résolument que celle du Vatican.

C'était l'établissement de l'est qui pâtissait de cette situation. Non seulement il était privé des marchandises de traite récoltées par les gens du nord, mais en plus ses habitants étaient coupés de tout accès aux territoires de chasse nordiques. Par conséquent, ils n'avaient pas grand-chose à offrir aux marchands. Quand un *knorr* du roi arrivait au Groenland (et parfois, aucun ne se montrait plusieurs années d'affilée), la population avait peu d'effets à troquer pour obtenir les produits européens, sinon des peaux de vache et de phoque, et une étoffe de laine rêche ; rien qui eût assez de valeur pour défrayer beaucoup plus que le coût du transport jusqu'à Bergen. Il n'était guère étonnant de voir les vaisseaux du roi espacer de plus en plus leurs visites.

Les privations qui en résultèrent firent sans doute grand tort à la population laïque du sud (déjà appauvrie), car elle demeurait fortement dépendante des approvisionnements européens. L'effet de cet appauvrissement sur les théocrates fut probablement catastrophique. Non seulement l'Église du Groenland était privée de la plus grande part de ses revenus, elle devait subir en outre une sérieuse diminution du prestige dont son pouvoir dépendait. La situation était intenable. Il fallait mettre l'établissement de l'ouest au pas.

En 1348, à la mort d'Arni, évêque de Gardar, le siège épiscopal fut laissé vacant l'espace de vingt ans. Pendant presque toute cette période, un prêtre nommé Ivar Bardarson assuma la responsabilité du diocèse. Un peu avant ou après 1350, Bardarson prit part à une expédition dans l'établissement de l'ouest. Les historiens ont supposé qu'il s'agissait d'une mission de sauvetage visant à soulager les habitants du nord de la menace skraeling, mais la vérité semble tout autre.

Vers 1364, Bardarson rentra en Norvège, où il dicta un compte rendu de ses aventures au Groenland.

> Là-bas dans l'établissement de l'ouest se trouve une grande église qu'on appelle l'église de Stensness [...]. À présent, les Skraelings se sont emparés de tout l'établissement de l'ouest. On y trouve certes des chevaux, des chèvres, des vaches et des moutons, mais tous sauvages, et il n'y a personne [les autochtones n'étaient « personne » aux yeux des autorités ecclésiastiques], ni chrétiens ni païens.
>
> Tout ce qui est noté ci-dessus nous fut raconté par Ivar Bardarson, un Groenlandais qui exerça pendant de nombreuses années la fonction d'intendant de la maison de l'évêque à Gardar au Groenland ; il nous a relaté comment il avait vu tout cela et comment il fut choisi par le Laugmader [celui qui édictait les lois] pour aller dans l'établissement de l'ouest combattre les Skraelings afin de les chasser dudit établissement. Mais à leur arrivée ils n'y trouvèrent personne, ni chrétiens ni païens ; à peine y avait-il quelques vaches et quelques moutons à l'état sauvage. Ils firent provision de ces vaches et de ces moutons et en tuèrent autant que les navires pouvaient en transporter ; ils remirent à la voile avec cette cargaison. Le susdit Ivar était du groupe.

Cette affaire, loin de ressembler à une tentative de sauvetage, sent le raid à plein nez. Laissés sans soins, les chevaux, les vaches, les chèvres et les moutons n'auraient pu survivre assez longtemps dans la région de Godthåb pour devenir « sauvages ». Les animaux que trouvèrent Bardarson et les autres devaient appartenir à quelqu'un. Ivar ne pouvait guère admettre qu'ils appartenaient à des gens d'origine scandinave car son geste aurait alors été l'équivalent d'un vol perpétré aux dépens de ses propres compatriotes. Mais si les habitants étaient stigmatisés comme Skraelings et moins qu'humains (ou non humains), et qu'ils s'étaient « emparés de tout l'établissement de l'ouest », Bardarson pouvait se tirer d'affaire.

À mon avis, le processus d'intégration des deux ethnies était déjà si bien engagé que les théocrates du sud étaient prêts à faire une croix sur tous les habitants de l'établissement de l'ouest, considérés comme des renégats qui avaient adopté le mode de vie indigène. Puisqu'ils avaient mêlé leur noble sang aesir à celui des Skraelings, les habitants du nord méritaient le genre de traitement qu'on réservait aux sauvages et devaient, en fait, être considérés eux-mêmes *comme des Skraelings.*

L'escadre de vaisseaux du sud entra probablement dans le Lysefjord (le plus méridional des fjords de l'établissement de l'ouest) et y navigua jusqu'à Stensness, où se trouvait la principale église et les domaines ecclésiastiques. Trouvant le pays aux mains des « Skraelings », les gens du sud remplirent leurs navires de butin puis s'enfuirent et regagnèrent l'établissement de l'est.

L'apostasie dans l'ouest devint alors un sujet d'inquiétude pour le souverain. En 1355, le roi Magnus Eriksson ordonna à un fonctionnaire appelé Powel Knudsson de conduire une force armée au Groenland car, déclarait-il,

> pour le bien de Notre âme et de Nos parents, qui tout comme Nous ont soutenu le christianisme au Groenland, Nous ne permettrons pas la destruction du christianisme au Groenland sous Notre règne.

Puisque le christianisme n'était pas menacé dans l'établissement de l'est, le roi ne pouvait faire allusion qu'à celui de l'ouest. Rien, dans les chroniques parvenues jusqu'à nous, n'indique que Knudsson alla effectivement au Groenland. S'il le fit, il ne parvint pas à ramener l'établissement de l'ouest dans le droit chemin.

En 1379, selon les chroniques islandaises, « les Skraelings attaquèrent les Groenlandais, tuèrent 18 hommes et capturèrent deux garçons et une esclave ».

En général, les historiens ont supposé qu'il s'agissait là d'une attaque esquimaude contre l'établissement de l'est. L'incident, en effet, aurait *pu* constituer un raid de représailles perpétré par les « Skraelings », mais il aurait pu tout aussi bien décrire le sort subi par l'équipage d'un vaisseau de l'établissement de l'est (l'énumération des victimes, en genre et en nombre, semble bien correspondre) tué et capturé au cours d'un raid contre les habitants du nord.

Les récits recueillis de la bouche des autochtones groenlandais par les premiers visiteurs européens modernes qui abordèrent dans le pays font certes état d'une période troublée remontant aux siècles antérieurs. La majorité des historiens ont conclu que ces récits avaient pour fondement les souvenirs de raids effectués par des pirates européens dans le sud du Groenland. Ma thèse est qu'ils avaient fort probablement pour origine les souvenirs d'escarmouches entre les deux établissements scandinaves.

Au début du XVe siècle, le conflit s'aggrava en escalade. En 1448, le pape Nicolas V écrivit aux évêques de Skálhölt et de Hólar en Islande pour les charger d'envoyer des prêtres au Groenland. Là-bas, dit-il aux évêques, la situation était devenue désespérée.

> Il y a trente ans [c'est-à-dire en 1418], des barbares en provenance d'une côte avoisinante tenue par les païens ont attaqué les habitants du [sud du] Groenland fort cruellement et ont tant dévasté la mère patrie et les édifices du culte par le feu et l'épée qu'il ne reste plus sur cette île que neuf églises paroissiales [...]. Les malheureux habitants des deux sexes [...] ils les emmenèrent en captivité dans leur propre pays. Mais, comme l'ajoutent les auteurs de ladite plainte [que citait le pape], comme la plupart des captifs sont depuis rentrés chez eux et ont réparé ici et là leurs maisons en ruine, ils désirent ardemment voir rétablir et accroître le service divin.

Les historiens se sont livrés à de longs débats en tentant d'interpréter cette lettre. Certains croient qu'elle fait allusion à une attaque des Esquimaux groenlandais contre l'établissement de l'est. D'autres y voient un raid d'autochtones en provenance du Labrador. D'autres encore croient que les scélérats étaient des pirates européens, de préférence britanniques. D'autres enfin remettent en question l'authenticité de la lettre sous prétexte que ce qu'elle décrit ne tient pas debout.

Mais ces faits se tiennent, et se tiennent même fort bien si l'on suppose qu'en 1418, des « Skraelings » de l'établissement de l'ouest ont effectué un raid dévastateur dans l'établissement de l'est – une attaque dont la cible première était la théocratie et toutes ses œuvres.

Le fait d'incendier systématiquement les lieux saints de la « mère patrie » suggère qu'il s'agissait là du geste d'hommes qui nourrissaient une puissante animosité envers l'Église. Apparemment, cette hostilité ne s'étendait pas aux gens ordinaires. Bien que des gens eussent été faits prisonniers et emmenés (comme otages ?), ils furent ramenés chez eux ou on leur permit de regagner leur foyer et de recouvrer leur liberté. On imagine mal des marchands d'esclaves européens agissant de la sorte. Un fait reste établi hors de tout doute : les auteurs du coup de main venaient d'une « côte avoisinante » – donc relativement proche. Je suis persuadé que leur demeure ne se trouvait pas plus loin que dans les fjords de Godthåb.

La théocratie du Groenland ne se remit jamais du raid de 1418, au cours duquel il semble que la plupart des membres du clergé aient été tués ou contraints à fuir le pays. À notre connaissance, aucun prêtre n'a jamais remis les pieds au Groenland jusqu'en 1721, année où un pasteur luthérien nommé Hans Egede parvint à s'y rendre.

Dans cet intervalle de quelque trois siècles, le Groenland fut coupé de tout contact non seulement avec l'Église, mais également avec la Norvège. Cependant, le contact avec l'Europe n'était pas entièrement rompu. Au début du XVe siècle, les baleiniers basques exploitaient les eaux du Groenland et, au cours de la première moitié de ce siècle, un nombre croissant de navires d'Angleterre et d'autres pays européens se mirent à pêcher la morue des bancs d'Islande et à commercer avec les Islandais.

Certains de ces aventuriers entrèrent sans doute en contact avec les Groenlandais. Des fouilles effectuées dans un ancien cimetière à Herjólfsnes ont mis au jour des vêtements taillés à la mode du XVe siècle mais confectionnés avec l'étoffe du pays.

Egede raconta qu'à son arrivée au Groenland, les seuls habitants étaient des Esquimaux. Les Scandinaves avaient apparemment disparu sans laisser d'autres traces que des ruines abandonnées depuis longtemps.

Depuis l'époque d'Egede, je ne sais combien d'historiens ont entrepris d'expliquer la disparition des Scandinaves du Groenland. On a soutenu de diverses manières, et souvent avec passion, qu'ils avaient été terrassés par la peste noire, massacrés par des Esquimaux nouvellement arrivés, affamés parce que des nuées d'insectes avaient dégarni leurs pâturages, anéantis à cause du refroidissement du climat, enlevés et réduits en esclavage par des pirates britanniques ou enfin qu'ils avaient émigré en Amérique du Nord.

Des dizaines de livres et des centaines d'articles savants ont été consacrés à la recherche du fin mot de cette énigme, mais seuls quelques auteurs, dont Fridtjof Nansen et Vilhjalmur Stefansson, semblent avoir frôlé la vérité. Et cette vérité est que les Scandinaves du Groenland *n'ont jamais disparu* – ils se sont seulement métamorphosés.

La métamorphose est un thème récurrent de toutes les mythologies indigènes. Les Scandinaves du Groenland se sont métamorphosés en se mêlant aux autochtones.

Presque toutes les descriptions des autochtones du Groenland, remontant jusqu'à l'an 1500, qui représente le début de l'ère moderne, signalent qu'ils étaient et sont encore de race métissée, et se montrent nettement différents des peuples esquimaux de pure race thuléenne, tant pour l'apparence, les activités, les biens personnels que pour le comportement. En outre, la plupart des récits traditionnels qui relatent des rencontres entre Scandinaves et autochtones laissent à penser qu'un long processus général de métissage était en jeu.

Les habitants actuels du Groenland ne présentent pas des traits européens simplement, comme on le prétend parfois, à cause de leur association avec les Danois et les autres Européens qui vinrent au Groenland après Egede. S'ils sont métissés, c'est avant tout parce qu'ils sont les descendants des peuples esquimaux et scandinaves qui s'installèrent au Groenland il y a mille ans.

Et qui y sont encore.

CHAPITRE XXXIII

LES JAKATARS

MA QUÊTE albaine semblait tirer à sa fin, et pourtant il me manquait des preuves indépendantes confirmant la présence des Albains dans la baie Saint-Georges.

Un jour, j'ouvris un recueil d'instructions nautiques intitulé *Newfoundland Pilot.* Cette bible des marins a pour fondement les travaux du capitaine James Cook, qui effectua le levé des côtes de l'île et en dressa la carte dans les années 1760 avant de trouver la renommée et la mort dans le Pacifique. Comme le *Pilot* contient tous les renseignements dont un marin a besoin pour naviguer n'importe où dans les eaux terre-neuviennes, je me demandais s'il pouvait m'apprendre quelque chose d'utile à propos de la baie Saint-Georges. Je tombai sur le passage suivant :

> *Fond de la baie Saint-Georges* [...]. Le port de Saint-Georges est protégé [...] par Flat Island [...] l'établissement de *Sandy Point* est situé à l'extrémité est de cette île et comptait, en 1945, 250 habitants [...] à 3,5 milles [5,6 km] au sud-ouest [...] se trouvent le *Muddy Hole* et le *Flat Bay Brook. Cairn (Steel) Mountain* est située à sept milles [11,3 km] à l'est-sud-est du Muddy Hole. C'est une remarquable masse de minerai de fer de 1 005 pieds [300 m] de hauteur. Il y a deux cairns de pierre au sommet de la montagne, qui auraient été construits, dit-on, par le capitaine Cook[1].

Comme Cook fut le premier à décrire et à cartographier la côte ouest de Terre-Neuve, j'avais déjà étudié son journal, ses cartes et ses notes minutieusement détaillées. J'y avais appris que, en 1766, lorsque Cook fit le levé de cette côte, il n'y avait pas d'habitants européens permanents. Les pêcheurs – français pour la plupart – exploitaient ces eaux à la saison propice mais passaient rarement l'hiver sur place. Outre ces habitants occasionnels, la seule population locale rencontrée par Cook était une « tribu indienne » de la baie Saint-Georges.

Nulle part Cook ne mentionne avoir érigé des cairns. S'il s'était effectivement donné l'énorme peine de construire deux balises assez grosses pour être visibles loin au large, au sommet d'une montagne située à sept milles marins du rivage (16 kilomètres par voie de terre), il aurait certes consigné le fait par écrit. Même si les premiers Européens modernes à s'installer dans la baie Saint-Georges vers 1830 avaient pu attribuer les balises au capitaine Cook, je ne voyais pas de raison d'adhérer à cette hypothèse.

Mais si les cairns n'étaient pas l'œuvre de Cook, qui donc les avait construits ? Et quand ?

Une enquête sur le terrain semblait s'imposer. J'aurais préféré me rendre dans la baie Saint-Georges à bord de ma petite goélette terre-neuvienne pour apercevoir Cairn Mountain depuis la mer mais, hélas, comme disent les marins, le petit navire avait touché terre pour la dernière fois.

Avec Claire, je me décidai pour un camion d'une demi-tonne que nous fîmes transporter à Terre-Neuve dans les entrailles d'un traversier qui fait la navette entre North Sydney et Port aux Basques.

Et c'est ainsi qu'un beau matin de septembre nous vit filer à vive allure sur la Transcanadienne, direction nord en sortant de Port aux Basques, entre les deux mamelons de granite géants qui marquent l'extrémité sud de la Long Range. Tard cet après-midi-là, nous parvînmes à un pont qui enjambait une rivière turbulente. Un panneau nous apprit qu'il s'agissait de Flat Bay Brook. Nous fîmes halte sur le bas-côté pour jeter un premier coup d'œil fort attendu à Cairn Mountain et aux balises jumelles qui en couronnaient le sommet.

Certes, une montagne se dressait devant nous ; un éperon saillant qui se projetait au flanc de la Long Range. Mais son sommet arrondi et dénudé était vierge de tout cairn ou de toute autre construction visible.

Étions-nous au mauvais endroit ? Les cartes topographiques me confirmaient que non. Le *Pilot* se trompait-il ? Impossible ! Le *Pilot* est une source à peu près aussi infaillible que peut l'être une autorité humaine. Déroutés, nous reprîmes la route jusqu'à un poste de garde forestier et nous demandâmes au responsable, un homme d'âge mûr, si à sa connaissance il existait des constructions au sommet de Cairn Mountain – ou Steel Mountain comme on l'appelle maintenant.

« Ah ça oui, certainement. Vous voulez dire la tour de prévention des incendies de la Bowaters. Eh bien, monsieur, on l'a démolie il y a quelques années. »

Les cairns de pierre ne lui disaient rien du tout, et pourtant il était né en vue de Cairn Mountain et avait grandi dans la région.

« Vous en faites pas, ajouta-t-il avec un désir de plaire tout terre-neuvien. Peut-être que Len Muise saurait quelque chose. Son vieux père était garde-feu à la tour. Je vais lui donner un coup de fil. »

Et c'est ainsi que je fis la connaissance de Leonard Muise, un bel homme d'environ quarante-cinq ans, solidement bâti, teint basané et cheveux noirs – un homme débordant de vitalité. Né près du cap Saint-Georges, Len est un Jakatar.

Prospecteur pendant quelques années, il est à présent professeur de techniques minières au collège de la région, à Stephenville. Mais il a toujours été et est encore, dit-il, un homme de l'arrière-pays. « D'aussi loin qu'on se souvienne, les miens étaient des gens de l'arrière-pays. Qui pêchaient, qui s'occupaient de la ferme sur la côte pendant l'été, mais, l'hiver venu, tout ce monde-là s'en allait dans l'intérieur, les bois, les montagnes, la toundra, pour chasser et trapper jusqu'au printemps. C'était leur vie. La plus belle qui soit ! »

Len me raconta que, enfant, avec un cousin de son âge, il était souvent monté au sommet de Cairn Mountain en compagnie de son père. Pendant que Muise l'aîné montait la garde, à l'affût des incendies forestiers, dans une petite cabine tout en haut d'une tour branlante, Len et son cousin jouaient à la guerre en faisant semblant qu'il y avait des forts là où s'élevaient deux tas de pierres au faîte de la montagne. C'était la seule chose pouvant ressembler à des « cairns » qu'il se rappelait avoir vu là-haut.

Len entreprit d'élucider pour moi l'énigme des cairns disparus. Il découvrit que tous deux étaient encore debout au début des années 1940 mais que, pendant la guerre, la Bowaters Pulp and Paper Company avait ordonné la construction d'une tour de prévention des incendies au sommet de Cairn Mountain. Quand les entrepreneurs eurent besoin de lourdes pierres pour stabiliser la tour, ils démolirent l'une des deux balises.

Ellis Parsons, un homme âgé de quatre-vingts ans, avait travaillé à la tour en 1953. Il se souvenait d'avoir vu la balise restante, qui s'élevait à quelque deux mètres et demi ou deux mètres trois quarts de hauteur, avec une circonférence d'au moins trois mètres. Toutefois, au cours des années suivantes, ce cairn fut également démantelé pour mieux stabiliser la tour. À la fin des années 1950, les deux balises avaient été réduites à l'état de décombres, et c'était de ces amas que Len et son cousin s'étaient servi en guise de forts.

Peu de gens de la baie Saint-Georges sont assez âgés pour se rappeler les « cairns » tels qu'ils étaient jadis, mais Len finit par trouver quelques personnes qui s'en souvenaient. Toutes s'accordaient à décrire les cairns comme des tours cylindriques ou quasi cylindriques de deux mètres et demi à trois mètres de hauteur, d'environ 1,2 mètre de diamètre, soigneusement bâties sans mortier.

Ni Len ni moi ne pûmes trouver quelqu'un qui eût connaissance d'un fait permettant d'attribuer la construction des cairns au capitaine Cook, ou d'expliquer à quoi ils servaient. Leur emplacement aussi loin dans les terres en faisait de bien douteux repères pour la navigation. Il est certain en tout cas qu'ils n'étaient pas situés de manière à servir de jalons pour guider les navires qui entraient dans les différents ports de la baie. Compte tenu de la quantité de temps et d'énergie qu'avait sans doute requis leur construction (chacun devait comprendre au moins 3,4 mètres cubes de roc), il est indubitable qu'ils furent construits pour quelque puissante raison. À mon avis, ils furent édifiés pour les mêmes motifs – et par les mêmes bâtisseurs – que les tours balises du Labrador, de l'Ungava et de l'est du haut Arctique.

À Terre-Neuve, le mois de septembre est souvent le plus beau de l'année. Ce fut le cas en 1996. Le soleil resplendissait au point de faire paraître le petit vent d'ouest presque aussi chaud qu'un zéphyr des Antilles. Les nuits étaient fraîches et étoilées. Jour après jour, Claire et moi explorions les côtes, improvisions des pique-nique sur les plages sonores, escaladions de vieilles collines vénérables en faisant des pieds et des mains au milieu des buissons chargés de bleuets mûrs, quand nous ne nous aventurions pas dans « l'arrière-pays » par les petits chemins forestiers creusés d'ornières qui serpentaient le long de ruisseaux bruyants, au fond des vallées couvertes de sombres forêts.

Nous prenions amplement le temps d'écouter les gens de la région tout en goûtant à ces fameux produits de l'hospitalité terre-neuvienne que sont les tartes aux prunes (dont les fruits provenaient du jardin de nos hôtes), les anguilles fumées, la viande d'orignal salée, la soupe de palourdes et les confitures de chicoutés (une variété locale de framboises). Partout, nous rencontrions un solide optimisme. Malgré la fermeture de la pêche qui les faisait vivre, malgré les autres maux économiques aigus qui affligeaient l'île, les gens ne pliaient pas l'échine. Ils demeuraient calmement confiants et sûrs d'eux-mêmes.

« C'est vrai qu'il ne circule pas beaucoup d'argent, admit un homme âgé de l'une des communautés jakatars. Mais qu'est-ce que ça peut bien faire ? On a plein de légumes dans le jardin, plein de produits du pays, on a une vache et un cochon, du bois pour se chauffer et pour construire tout ce qu'il nous faut. On a des voisins, de la parenté, et il y a du plaisir pour tout le monde. Les temps sont durs mais on va en réchapper, comme toujours. Il ne nous arrivera pas grand mal, parce que c'est comme un coin de paradis ici. »

Voici comment je me représente ce « coin de paradis » par une journée de septembre il y a six cents ans.

L'Alba de l'Ouest se préparait pour l'hiver. De Port aux Basques à la vallée de la Codroy, et tout au long des rives verdoyantes de la baie de Port au Port et de la baie Saint-Georges, les fermiers travaillaient dehors dans leurs petits champs éparpillés, maniant la faucille pour récolter la dernière avoine et le dernier *bere* de la saison. Dans les bleuetières, garçons et filles faisaient compétition aux gros ours noirs.

Loin au large, sur les eaux scintillantes du Golfe, les hommes qui vivaient de la traite rentraient au port après avoir passé l'été à abattre des vaches marines sur les plages où ces bêtes fourmillaient, aux îles de la Madeleine, à l'île du Prince-Édouard et à l'île Miscou. Certains avaient obtenu des pelleteries des autochtones de ces îles et de la terre ferme en leur offrant en échange de l'étoffe du pays ainsi que des ustensiles de cuivre ou des outils de fer. Quand ils n'avaient pas d'objets de métal, les hommes faisaient la traite avec du quartzite de Ramah à l'état brut [2].

Le commerce avec l'Europe avait toujours accusé des hauts et des bas. Même aux meilleures époques, seuls les marchands européens les plus intrépides se risquaient à traverser l'Atlantique, et on parlait d'année exceptionnelle quand plus d'un ou de deux vaisseaux atteignaient l'Alba de l'Ouest. Certaines années, pas un navire ne paraissait et, en raison des événements funestes qui assombrissaient alors l'Europe, ces interruptions se faisaient de plus en plus fréquentes. Cependant, la pénurie périodique de marchandises européennes ne se traduisait pas par de grandes privations pour les colons de l'ouest. Sauf pour les métaux, ils étaient essentiellement autosuffisants [3].

Des siècles de vie dans le Nouveau Monde avaient modifié maintes facettes de leur existence. Mais tout n'était pas changé. Même s'ils s'étaient rapprochés, par les liens du sang et les coutumes, des habitants aborigènes, ils restaient fidèles à leur patrimoine fermier et à la tradition chrétienne. Même s'ils partageaient la vie des nations autochtones, mêlaient leur sang et leur culture aux leurs, ils demeuraient néanmoins un peuple à part entière.

En outre, selon les critères de l'époque – peut-être de toutes les époques –, les gens qui vivaient dans le sud-ouest de Terre-Neuve au XVᵉ siècle menaient une belle vie.

Leurs compatriotes, plus au nord, n'avaient pas cette chance. Ils devaient faire face à l'empiètement implacable de la marée thuléenne. La résistance combinée des Albains et des Tunits avait ralenti l'invasion mais ne l'avait pas arrêtée. En 1300, les Thuléens, qui étaient parvenus à occuper la pointe septentrionale du Labrador, constituaient une menace imminente pour les peuples côtiers du sud.

Ceux qui adoptèrent le mode de vie indigène et qui parvinrent à conserver leur mobilité trouvèrent la situation tendue, mais non insupportable. Ceux qui dépendaient de leurs *crofts* et qui demeuraient donc liés à un seul lieu trouvèrent la situation intolérable. Ils finirent par abandonner le Labrador.

Le peuple thuléen se répandit lentement vers le sud telle l'avancée imperturbable des glaciers. Vint le jour où, avant le milieu du siècle, il n'y eut plus trace d'une présence albaine même métissée au Labrador ou dans les anciens territoires de chasse du nord et de l'ouest. La civilisation tunit elle-même, pure ou métissée, disparut peu après. Les archéologues croient que les Tunits opposèrent peut-être leur dernière résistance dans l'est de l'Ungava et dans le centre nord du Labrador, où leur présence aurait persisté sous une forme reconnaissable jusqu'à la fin du XVᵉ siècle environ.

Au début du XVᵉ siècle, les Scandinaves étaient en fait sortis de l'histoire albaine. Au Groenland, comme nous l'avons vu, les luttes intestines, l'effondrement de l'hégémonie norvégienne et l'arrivée des Thuléens étaient en train de miner la prépondérance et l'influence scandinaves.

L'Islande, elle aussi, était désormais exclue de la saga occidentale, ayant encaissé une série d'horribles calamités. Quatre éruptions volcaniques majeures eurent lieu au cours du XIVᵉ siècle, suivies d'épidémies qui culminèrent en 1402-1403 quand se déclencha la peste noire qui, dévastatrice, tua les deux tiers de la population restante. Et l'île n'était pas encore au bout de ses peines. Par la suite, de plus en plus, ses côtes et ses eaux furent le champ de bataille d'une nuée de pêcheurs européens qui se livraient à une concurrence féroce et qui souvent ne valaient guère mieux que des pirates. Au lieu d'aller piller des côtes étrangères, les Scandinaves d'Islande furent bientôt entièrement accaparés par leurs tentatives pour repousser de leurs propres côtes les spoliateurs étrangers. Les Albains d'Islande avaient jadis essayé d'en faire autant. La boucle était bouclée.

À la fin du XIVe siècle, presque toute l'Europe était en proie à une agitation qui confinait au chaos. Partout, ce n'étaient que guerres et rumeurs de guerre. Le conflit entre la France et l'Angleterre, qu'on a appelé guerre de Cent Ans (1339-1453), n'était que le symptôme d'un désordre généralisé et d'une anarchie sans frein qui touchaient politique, religion, société et commerce. La piraterie en mer et le brigandage sur terre étaient devenus les normes de la conduite humaine.

Ces troubles semblent avoir été aggravés par trois facteurs. Le premier fut l'apparition et l'évolution rapide des armes à feu qui, en 1400, étaient devenues des engins meurtriers. Le deuxième fut la transformation qui fit de la pierre d'aimant un compas efficace pour les marins. Le troisième fut la combinaison entre la croissance démographique et le début d'une détérioration prolongée du climat, qui anéantit les récoltes ; il en résulta une famine d'envergure assortie d'instabilité sociale.

L'effervescence qui s'ensuivit commença à déborder l'Europe vers la fin du XVe siècle. Elle fut répandue aux quatre vents par une nouvelle race de marins qui naviguaient à bord de nouveaux types de navires et qui, avec l'aide du compas perfectionné et de la puissance funeste des armes à feu, parvinrent en fin de compte à infester les quatre coins de la terre du virus de la cupidité poussée jusqu'à la manie.

La petite équipée flibustière de Zichmni semble avoir été le premier claquement du fouet qui allait s'abattre à l'ouest sur les épaules du Nouveau Monde. D'autres entrepreneurs suivirent bientôt les traces de Zichmni en mer ou y frayèrent leur propre chemin. L'histoire a retenu les noms et les exploits d'à peine une poignée de ces écumeurs européens qui, à la fin du XVe siècle, vinrent se déverser en Amérique en un flot toujours croissant, en se disputant les profits qu'on pouvait tirer de ce monde vierge.

Ils n'étaient pas tous coulés dans le même moule. Les Espagnols et les Portugais semblent avoir excellé dans l'art de la férocité et de la brutalité, surtout dans le rôle de trafiquants d'esclaves qu'ils s'étaient donné. En 1501, Gaspar Cortereal et son frère Miguel appareillèrent de Lisbonne pour leur seconde expédition vers l'ouest. Ils croisèrent le long des côtes de Terre-Neuve et du Labrador jusqu'à l'automne, où les deux caravelles mirent le cap à l'est. Seul le navire de Miguel regagna son port. Entre autres trophées, il rapportait sept captifs indigènes,

« hommes, femmes et enfants ; et dans l'autre caravelle, qu'on attend d'heure en heure, il en viendra 50 autres ». Un témoin contemporain, Pietro Pasquaglio, ajouta : « Ces gens ressemblent à des gitans pour ce qui est du teint, des traits, de la stature et de l'aspect [...] ils sont fort timides et doux mais bien faits [...] [les marins] ont rapporté de là-bas un morceau d'épée doré, brisé [...]. L'un des garçons portait aux oreilles deux anneaux d'argent [...]. Ils fourniront une excellente main-d'œuvre et seront les meilleurs esclaves jamais obtenus. »

Comment on les obtint, voilà ce que l'histoire ne dit pas.

On ne connaît pas le sort du vaisseau de Gaspar. Il n'est pas impossible que les 50 captifs qu'il avait à son bord se soient révélés autre chose que des esclaves « doux »... et que, révoltés, ils se soient emparés du vaisseau et, même, soient parvenus à regagner une côte amie.

Les premiers aventuriers anglais, de Bristol pour la plupart, prirent le chemin de l'ouest en passant par les pêcheries d'Islande, supposément pour exploiter l'extraordinaire abondance de morues des Grands Bancs et des eaux à l'est de Terre-Neuve. Mais ils n'éprouvaient aucun scrupule à s'emparer de tout autre butin de valeur qui se trouvait à leur portée. Y compris les esclaves. Si la traite des esclaves n'était pas leur activité première, il reste qu'ils trempèrent dans ce trafic. Ils décimèrent les autochtones, en particulier les Béothuks, les tuant comme des bêtes nuisibles qui se mettaient en travers du labeur légitime des honnêtes gens en dérobant à l'occasion des outils et des ustensiles de métal, de la toile à voile et des filets.

Les Français étaient peut-être un peu moins sauvages, mais les atrocités qu'on leur connaît furent assez effroyables.

Fait à retenir : dans la plupart de leurs premiers contacts avec les Européens, les indigènes sont décrits comme accueillants et amicaux. Cependant, au cours des rencontres subséquentes, on voyait habituellement les flèches voler dans une direction tandis que les tromblons tonnaient de l'autre. En un rien de temps, les autochtones avaient brutalement perdu toute illusion quant aux intentions des Européens et au comportement qu'ils pouvaient en attendre.

Les Basques semblent avoir constitué une sorte d'exception. Bien qu'ils aient supprimé quantité de créatures animales du Nouveau Monde, en particulier des grandes baleines, dans d'horribles massacres, ils semblent avoir commis peu de crimes contre l'humanité incarnée par les autochtones. Peut-être étaient-ils en relation d'empathie avec les indigènes parce qu'ils étaient eux-mêmes traités comme des primitifs par les Européens qui méprisaient leur antique culture et leur langue ancienne. On enviait aux Basques leurs remarquables talents de marins et leurs succès commerciaux ; ils fournissaient presque toute l'huile de baleine que consommait l'Europe (et à l'époque c'était un produit de base essentiel) ; tout cela contribuait à mettre les Basques au ban de la société.

En poursuivant les baleines dont ils vendaient l'huile et les fanons, les Basques furent conduits jusqu'au golfe du Saint-Laurent. Leurs gros vaisseaux, qui tenaient bien la mer, suivirent les grandes baleines dans le détroit de Belle-Isle et devinrent les précurseurs de la vaste flotte de baleiniers qui allait fréquenter ces eaux au XVIe siècle. Beaucoup de Basques exploitèrent la côte ouest de Terre-Neuve, qu'ils en vinrent à connaître aussi bien que le golfe de Gascogne.

Un nombre considérable de toponymes, donnés par les Basques, sont encore en usage à Terre-Neuve, quoique sous une forme plutôt corrompue. C'est le cas de Port au Choix (*Portuchoa*), Port au Port (*Oporportu*) ou Cape Ray/cap de Raye (*Cadarrayco*).

Les Basques donnèrent également des noms aux habitants des côtes où ils établissaient des postes baleiniers.

Il se pourrait qu'un de ces noms eût été *Jakatar*.

Le mot *Jakatar* (orthographié d'une multitude de façons, notamment Jack-a-tar, Jakotar, Jackitar, Jackataw et Jacqueetar) fait sa première apparition dans l'histoire écrite au milieu du XIXe siècle, dans le journal d'un ministre anglican qui desservait Sandy Point dans la baie Saint-Georges. Le 23 mai 1857, le révérend Henry Lind notait :

> Je suis allé voir un pauvre homme […]. Lui et sa famille appartiennent à une race fort méprisée et délaissée, les Jack a Tars ; ils parlent un dialecte impur mêlant le français à l'indien, [sont] catholiques romains et ne respectent presque aucune loi.

Bien que la Grande-Bretagne n'eût officiellement pris possession de l'ouest de Terre-Neuve qu'en 1904, quelques marchands de Jersey s'étaient établis dans la baie Saint-Georges dès les années 1840. Ils remarquèrent que la population locale se composait d'Indiens micmacs en provenance de la Nouvelle-Écosse, de quelques Acadiens d'expression française et d'« indigènes » au teint basané, aux cheveux et aux yeux noirs, appelés Jakatars.

Voici ce que Leonard Muise peut nous dire au sujet des Jakatars :

« Nous nous sommes toujours adaptés à l'air du temps. Les mariages mixtes ne nous ont jamais fait peur et nous avons une tradition de partage et de bonne entente avec les autres. On nous a toujours dit que nous étions un mélange entre les M'ikmaws, probablement les Béothuks, de même que les Français et d'autres peuples européens, mais nous avons l'air différents et nous agissons autrement. Frank Speck, dans son livre à propos des cultures anciennes, dit que les vieux d'ici (vers 1922) parlaient des « Anciens » – et ce n'étaient pas les Béothuks – qui vivaient dans la baie Saint-Georges avant l'arrivée des M'ikmaws. Peut-être que nous, les Jakatars, nous descendons de ces gens-là aussi [4]. »

Certains philologues soutiennent que le mot *Jakatar* vient de « Jack-tar », un surnom qu'on donnait aux marins de la Royal Navy à l'époque des grands voiliers. Mais les habitants de la côte ouest de Terre-Neuve n'eurent que des relations fort marginales et transitoires avec les hommes de la marine britannique avant 1840 (et ils en eurent à peine davantage par la suite). La similarité des noms est presque certainement une coïncidence.

Le mot *Jakatar* pourrait-il provenir du français ? Rien ne l'indique. Ou du m'ikmaw ? Même réponse. Serait-ce un mot béothuk ? Tout ce que nous savons de cette langue se résume au contenu d'un lexique établi grâce à deux des derniers survivants connus de cette race, et rien dans ce vocabulaire ne permet d'éclaircir les origines du mot *Jakatar*.

Reste encore une piste.

Au Moyen Âge, l'un des mots basques pour désigner Dieu était *Jakue*, variante évidente de *Jainko* [5]. La particule *tar* était, et est encore, un suffixe basque signifiant (entre autres choses) « qui se rapporte à » ou « relatif à ». Des linguistes basques m'ont dit que, selon les usages du XVe siècle, *Jakutar* aurait pu constituer un mot convenable pour décrire ceux qui adorent ou vénèrent le Dieu des chrétiens.

Les premiers Basques qui abordèrent la côte ouest de Terre-Neuve auraient pu trouver que c'était là un nom approprié pour des indigènes qui avaient connaissance de leur Dieu et qui le vénéraient peut-être de façon manifeste. Pareils attributs les auraient certes distingués des autres peuples aborigènes que les Basques auraient pu rencontrer, et auraient justifié l'attribution d'un nom distinct.

Il est certain que les éléments d'une croyance et d'une pratique religieuse demeurent en effet profondément gravés dans les sociétés humaines même lorsque celles-ci subissent des changements et des bouleversements d'une importance capitale, étalés sur de longues périodes. En 1585, quand le navigateur anglais John Davis débarqua sur la côte sud-ouest du Groenland, il n'y trouva pas âme qui vive. Il trouva toutefois un cimetière (probablement des caveaux de pierre) où reposaient les corps de plusieurs autochtones vêtus de peaux de phoque. Rien n'indiquait que les personnes défuntes fussent entrées en contact avec des Européens auparavant… sauf un détail : des croix étaient plantées sur les tombes.

Quelles que soient leurs origines et l'origine de leur nom, les Jakatars se considèrent *toujours* comme un peuple à part entière et déclarent que le sud-ouest de Terre-Neuve, et en particulier la baie Saint-Georges et celle de Port au Port, constitue leur pays natal et ancestral.

CHAPITRE XXXIV

LE SENTIER DE L'ARRIÈRE-PAYS

Le jour était jeune; mais l'homme était vieux et gravir la montagne l'avait fatigué. Content d'être arrivé, il s'assit par terre dans l'ombre étirée que projetait l'une des deux balises jumelles. Du haut de cet endroit privilégié, il pouvait découvrir au loin toute l'ampleur de la baie dont les rives verdoyantes abritaient la majeure partie de la population.

L'homme avait poussé son canot à la perche pour remonter le Flat Bay Brook jusqu'au sentier de la montagne, puis il avait commencé son ascension; un rêve l'avait incité à se rendre là-haut. Aucun vaisseau européen n'avait paru dans la baie depuis près d'une génération mais, la nuit précédente, l'homme avait vu en songe un navire qui approchait – il était sur le point d'arriver.

Seuls les gens d'âge mûr ou les vieillards se souvenaient du dernier navire marchand qui avait atteint la baie. Il avait apporté des marchandises à profusion, mais aussi sa lourde part de mauvaises nouvelles. Le subrécargue, qui parlait la langue du pays, avait raconté que les flibustiers sillonnaient les eaux européennes en essaims si nombreux que seuls les bâtiments de guerre jouissaient d'une certaine sécurité, et même eux étaient menacés. Les navires marchands étaient pillés, incendiés et coulés, ou dissuadés de prendre la mer. Le subrécargue, un solide gaillard de Bristol, avait pris quant à lui une décision: « Si notre vieux rafiot parvient à retremper sa quille dans les eaux de la Severn, je mets sac à terre et je débarque pour de bon. »

Le départ du vaisseau marchand avait été un triste événement; ceux qui virent le bâtiment s'amenuiser à l'horizon savaient fort bien qu'ils ne reverraient peut-être pas son pareil avant longtemps.

À présent, alors que le vieil homme protégeait ses yeux de l'éclat aveuglant du soleil sur la mer, il crut voir danser une voile au loin. Tout âgé qu'il était, il avait encore la vue perçante. Il regarda, figé sur place, son rêve de la nuit se transformer en réalité dans le matin – en une manière de réalité – car jamais il n'aurait pu imaginer un vaisseau comme celui qui cinglait maintenant vers lui.

Il se dressait très haut sur l'eau telle une falaise, ses dimensions encore exagérées par les volumineux gaillards d'avant et d'arrière. Au lieu d'arborer la traditionnelle voile carrée et le mât unique habituel, il avait trois mâts, un grand emplanté au milieu et deux plus petits à l'avant et à l'arrière. Et ces mâts portaient tant de toile que le vaisseau ressemblait davantage à une flotte qu'à un seul bâtiment.

Confondu par son aspect, le vieillard le suivit des yeux jusqu'au moment où il devint évident que le navire faisait route vers le port de Flat Island ; alors il descendit en hâte de son poste d'observation pour aller colporter l'extraordinaire nouvelle.

Alors que le vaisseau étranger lofait pour doubler l'extrémité de Flat Island, il déploya en poupe un grand pavillon dont l'emblème était inconnu des gens qui se rassemblaient en hâte sur la plage. Puis un guidon plus petit fut hissé au sommet du grand mât. Ce pavillon avait un aspect plus familier : il portait une croix blanche sur fond cramoisi. Le vaisseau étranger, quelles que fussent son identité et sa provenance, arborait un pavillon chrétien.

En fait, c'était une caraque basque, l'une des premières à s'aventurer loin dans le Golfe. Ses vigies avaient repéré les tours jumelles de Cairn Mountain alors qu'on était encore loin au large, et le capitaine avait décidé d'aller voir ce que ces tours signalaient.

Il était mû par bien plus qu'une curiosité oiseuse. Son gros vaisseau (qui déplaçait plus de 200 tonnes) était un baleinier. Depuis son entrée dans le détroit de Belle-Isle, il avait navigué au milieu des cétacés qui abondaient dans ces eaux. À présent, l'équipage avait hâte de trouver un bon port où l'on pourrait installer les fourneaux sur le rivage et d'où les baleinières pourraient sortir en mer pour chasser au harpon les géantes dont on extrayait une huile qui valait presque autant que de l'or.

Escarpée au nord, la côte avait rebuté les hommes, mais ils avaient trouvé ce qu'ils cherchaient dans la baie Saint-Georges. Ils trouvèrent aussi un peuple accueillant qui, somme toute, ne semblait pas si différent de leur propre race.

LA RECONSTITUTION suivante comporte maintes conjectures mais je me sens assez sûr de sa validité pour me passer de l'habituel barrage de restrictions.

L'Alba de l'Ouest fit bon accueil aux Basques qui arrivèrent au XVe siècle. Par la suite, l'espace de plusieurs décennies, les autochtones et les nouveaux venus entretinrent des relations amicales et mutuellement avantageuses. Arrivant au début de l'été, repartant normalement à la fin de l'automne ou hivernant parfois sur place, les baleiniers apportaient des marchandises européennes qu'ils échangeaient contre des fourrures, des vivres et de la main-d'œuvre. Les hommes de la région aidaient les Basques à découper le lard et à en extraire l'huile ; certains devinrent experts dans l'art de manier les avirons et les harpons à bord des baleinières rapides et élancées.

Les fermiers fournissaient aux baleiniers les produits de leurs *crofts* et soulageaient les étrangers des corvées de dépeçage où l'on se poissait les mains de sang et de lard à longueur de journée. Les hommes qui jadis vivaient de la traite et qui avaient pratiquement abandonné leur commerce séculaire, faute de débouchés, avaient désormais trouvé une raison de s'y remettre. Ils recommencèrent à fréquenter les fabuleuses échouries de morses des îles du Golfe et ne tardèrent pas à monter un commerce florissant en faisant la traite des peaux et de l'ivoire avec les baleiniers.

D'année en année, les Basques arrivaient toujours plus nombreux, jusqu'au jour où leurs fourneaux crachèrent des fumées noires et grasses tout au long de la côte ouest de Terre-Neuve, du détroit de Cabot au détroit de Belle-Isle, et aussi le long d'une bonne part de la côte sud du Labrador. À la fin du XVe siècle, des dizaines, sinon des centaines de vaisseaux basques chassaient la baleine dans les eaux du Golfe.

Leurs équipages se composaient d'hommes frustes qui semblaient toutefois se conformer à un code de conduite qui régissait non seulement leur façon de se traiter entre eux mais aussi leur comportement envers les indigènes. Les documents, si rares qu'ils soient, indiquent qu'ils firent toujours preuve de plus d'humanité envers les autochtones que les autres Européens de l'époque.

Au début du XVIe siècle, les marins basques qui s'aventuraient vers l'ouest rapportaient dans les ports du golfe de Gascogne de riches cargaisons d'huile, de fanons de baleine, d'ivoire et de fourrures. Les Basques étaient discrets ; néanmoins, les Français au nord et les Portugais comme les Espagnols au sud ne pouvaient manquer de flairer comme une odeur d'argent dans le vent d'ouest. Avant même le début du siècle nouveau, des aventuriers de ces trois nations suivirent les Basques dans le Golfe.

Certains des nouveaux venus étaient des pêcheurs qui se souciaient surtout de prendre d'énormes quantités de morues. Mais beaucoup étaient, en fait, les Vikings de leur temps. S'ils se conformaient à un code de conduite, ce dernier n'avait qu'un seul credo : chacun pour soi et tant pis pour les plus faibles.

Ces aventuriers étaient de la même trempe que les écumeurs qui avaient causé tant de ravages dans les eaux européennes pendant plus d'un siècle. Et, tout comme leurs pairs qui avaient semé le désordre et la destruction parmi les habitants des côtes de maints pays d'Europe, ces hommes dévastèrent les régions côtières de l'ouest de l'Atlantique.

Ils n'avaient jamais éprouvé de grands scrupules à l'endroit de leurs compatriotes européens. Ils n'en éprouvèrent guère, voire pas du tout, envers les autochtones du Nouveau Monde et ils les traitèrent avec ce suprême degré de sauvagerie que seul l'homme civilisé semble capable d'atteindre.

Les indigènes et leurs biens étaient considérés comme des objets dont on pouvait tirer parti. Tant que les autochtones s'avéraient utiles en aidant les nouveaux venus à pomper de l'or, des fourrures et d'autres marchandises de valeur, on *pouvait* souffrir qu'ils survécussent – de préférence en esclavage. Cependant, s'ils résistaient ou se montraient peu coopératifs, ils étaient trop souvent victimes de massacres et de rapines. Certains des « aventuriers » qui abordèrent les côtes du Nouveau Monde semblent avoir pris autant de plaisir à décharger leurs couleuvrines bourrées de mitraille sur les foules autochtones que les guerriers nordiques pris de frénésie en avaient autrefois à empaler des nourrissons sur la pointe de leurs lances.

Au début, les flibustiers des côtes sud et ouest de Terre-Neuve étaient peu nombreux et donc contraints à une certaine circonspection. Au commencement, il se peut même qu'ils aient payé les fermiers pour obtenir de la viande et du grain, et fait la traite avec eux pour obtenir de l'ivoire et des fourrures. Mais cette façon de faire des affaires ne dura pas. Quand les nouveaux arrivants se firent plus nombreux, beaucoup abandonnèrent toute prétention commerciale et se livrèrent au vol pur et simple.

Les autochtones de la côte sud-ouest de Terre-Neuve, dont les ancêtres tunits, béothuks et albains étaient parvenus à éconduire les Normands de Karlsefni, ne purent résister à ces nouveaux écumeurs qui arrivaient armés d'arbalètes et de canons. Les *crofts* ou les campements situés à moins d'une journée de marche des côtes étaient exposés à des descentes soudaines qui se soldaient par la mort de ceux qui résistaient quand on raflait les marchandises et les bestiaux – ou les gens. Les hommes qui s'adonnaient à la traite osaient à peine hisser une voile au large par crainte d'attirer un navire pirate prêt à fondre sur eux. Les îles et les plages où ils avaient si longtemps recueilli l'ivoire et les peaux de morse étaient désormais en possession des nouveaux venus rapaces qui versaient le sang de leurs concurrents et celui des morses presque avec la même prodigalité.

Les Béothuks furent les premières victimes. Par tradition, ils avaient coutume de passer l'hiver loin dans l'intérieur, où les caribous étaient plus abondants et plus faciles à chasser. Au printemps, ils gagnaient les côtes pour prendre du poisson, des oiseaux de mer et des mammifères marins. Leur sécurité restait assurée dans l'arrière-pays, mais leurs rencontres désastreuses avec les Européens les forcèrent dans une large mesure à abandonner les côtes et les ressources naturelles qui y avaient naguère assuré leur subsistance.

L'Alba de l'Ouest offrait sans doute des cibles presque irrésistibles aux marins d'outre-Atlantique qui venaient d'arriver dans les eaux du Nouveau Monde et qui avaient désespérément besoin de nourriture fraîche, ayant survécu de justesse à une traversée de plusieurs semaines où ils n'avaient consommé que de la chair salée douteuse et des biscuits pleins de charançons.

De plus en plus, les fermiers se voyaient sans doute dans l'obligation d'abandonner leurs *crofts* côtiers à la saison des raids, qui s'étendait du début du printemps à la fin de l'automne – justement la période où il fallait s'occuper des cultures et des moissons. Beaucoup prenaient déjà l'habitude d'hiverner à quelque distance dans l'arrière-pays, où ils pouvaient s'abriter des pires intempéries dans des habitations que les villageois des petits ports de pêche de Terre-Neuve appellent encore aujourd'hui des maisons d'hiver. Mais désormais les habitants de l'Alba de l'Ouest se retrouvaient exilés *pendant l'été*, contraints de chercher des endroits où, dans l'intérieur, on pouvait cultiver la terre et trouver du fourrage.

Ces endroits étaient rares. L'un d'eux se trouvait dans la vallée supérieure de la Codroy, qui pénétrait assez loin dans les terres pour offrir de raisonnables garanties de sécurité et qui était assez large et fertile pour assurer la subsistance d'un nombre considérable de fermiers et d'animaux de ferme.

Il est impossible de savoir quand les habitants des côtes de la région de la Codroy (du cap Anguille à Port aux Basques) se retirèrent dans l'intérieur, mais l'histoire a préservé un récit qui touche peut-être ce sujet.

En 1497, un aventurier vénitien qui avait anglicisé son nom et se faisait appeler John Cabot, appareilla de Bristol à destination de certaines terres de l'ouest connues des marins de ce port. Cabot commandait un navire et un équipage anglais et il prit presque certainement pour pilote un homme qui connaissait le Nouveau Monde.

Après quelque trente-cinq jours en mer, une vigie aperçut les hauteurs du nord-ouest de l'île du Cap-Breton. Cabot vogua vent arrière vers une autre terre proche, qui était sans doute le sud-ouest de Terre-Neuve. C'est là, aux derniers jours de juin, qu'il effectua une petite escale que l'histoire a retenue.

Seuls des récits fragmentaires de l'expédition maritime de Cabot ont survécu, la plupart dans la correspondance de ses contemporains. Le meilleur de ces récits se trouve dans une lettre de John Day (qui était peut-être un agent de l'Espagne), adressée au grand amiral d'Espagne.

> [...] ils débarquèrent avec un crucifix et des bannières déployées aux armes du Saint-Père et du roi d'Angleterre [...] et ils trouvèrent de grands arbres de l'espèce dont on fait des mâts [...] et le pays [alentour] est très riche en pâturages [...]. Ils découvrirent une piste qui s'enfonçait dans les terres, virent un endroit où l'on avait fait du feu, virent du fumier qui leur sembla provenir d'animaux de ferme [...]. Il [Cabot] n'osa pas s'aventurer dans l'intérieur au delà d'une portée d'arbalète et, après avoir fait provision d'eau douce il regagna son navire [...]. [Ils naviguèrent ensuite vers l'est] en suivant le rivage [et] [...] il leur sembla qu'il y avait des champs à un endroit où ils crurent voir aussi des établissements.

Cabot fit voile vers l'est en longeant la côte sud jusqu'au cap Race d'où il repartit pour l'Angleterre sans avoir rencontré un seul autochtone. De toute évidence, Cabot et les indigènes de Terre-Neuve s'évitèrent mutuellement. Ils avaient sûrement leurs raisons d'agir ainsi.

Si bref qu'il soit, le récit de Day contient des éléments d'un intérêt capital.

L'allusion aux *pâturages*, par exemple. Le mot espagnol employé par Day désigne de façon explicite des terres où l'on fait paître des animaux *domestiques.*

La mention d'une *piste* (on peut aussi traduire le mot du texte original par *petit chemin*) suggère quelque chose de plus large que les sentiers souvent presque invisibles employés par les Indiens.

Le mot *fumier* sous-entend des excréments d'animaux *domestiques.* Je crois qu'on peut supposer sans risque d'erreur que les hommes de Cabot, originaires de l'ouest de l'Angleterre, savaient sans doute reconnaître le fumier des animaux de ferme lorsqu'ils en voyaient, et qu'ils l'auraient appelé par son nom. Ils n'auraient guère pu le confondre avec les excréments des ours ou des caribous, les seuls gros animaux sauvages de la région.

Une quatrième allusion fait état de la nervosité évidente de Cabot à l'idée de rencontrer des indigènes. Pourquoi aurait-il été si craintif sinon parce qu'il savait très bien que la ruche était déjà en pleine effervescence et que les abeilles risquaient d'être en colère et de se montrer dangereuses ?

Un dernier point à considérer est l'allusion à de possibles *champs* et à des *établissements.* Le mot espagnol utilisé par Day pour *établissements* se traduit également par « habitations ». Pourquoi les hommes de Cabot auraient-ils cru voir des champs et des habitations dans un pays sauvage partout ailleurs ? Peut-être parce qu'ils avaient trouvé des traces convaincantes de la présence d'une population d'éleveurs le long de cette côte.

Peut-être ne saurons-nous jamais où Cabot débarqua exactement, ni ce qu'il trouva, mais le récit de Day donne une description convaincante, quoique de seconde main, de ce qui était peut-être un établissement agricole de la région côtière de la Codroy.

Les gens de la baie de Port au Port et de la baie Saint-Georges n'avaient pas de refuge aussi commode à leur disposition. Bien que de nombreuses petites rivières se jettent dans ces deux baies, la plupart sont si étroitement encaissées entre les montagnes que leurs vallées ne sont d'aucune utilité pour des fermiers.

Il existe une exception remarquable : la rivière Robinsons, qui se jette dans la baie Saint-Georges à une trentaine de kilomètres au sud-ouest de Flat Island. Coulant vers l'ouest en traversant la Long Range, les eaux turbulentes de cette rivière se trouvent encore à quelque 275 mètres au-dessus du niveau de la mer à 40 kilomètres à peine à l'est de l'embouchure. À cet endroit, sur une distance de plus de trois kilomètres, et sans raison apparente, le cours d'eau devient droit, calme et sans dénivellation en passant entre deux parois abruptes et boisées qui le dominent de près de 200 mètres. Résultat : voici une petite vallée cachée merveilleusement protégée et dotée d'un microclimat tout particulier qui permet l'épanouissement d'une extraordinaire série de prairies herbeuses.

Cette oasis remarquable au milieu des montagnes a récemment retenu l'attention des scientifiques qui, à cause de son caractère unique, en ont fait une réserve écologique. Mais la population de la région la connaît depuis longtemps et l'appelle *the Grass* (« le Pâturage »).

Au début du XXe siècle, plusieurs familles habitaient encore cet endroit et y vivaient de l'élevage des moutons et des vaches. Des ruines témoignent de leur occupation des lieux, notamment celles d'un petit moulin. Ces gens mettaient jusqu'à deux jours pour voyager de la côte à chez eux, en terrain si difficile que les véhicules à quatre roues motrices d'aujourd'hui parviennent à peine à effectuer le trajet. La vallée était un refuge dont les quelque 200 hectares de pâturages et de terre arable auraient pu faire vivre une douzaine de familles de fermiers ou davantage, dans une sécurité presque absolue.

Toutefois, la vallée n'aurait pu suffire à abriter toute la population de l'Alba de l'Ouest.

À l'époque où je vivais à Terre-Neuve, dans les années 1960, je consacrai une bonne part de mon temps à effectuer des recherches sur la disparition des Béothuks.

Le cœur de leur pays était le bassin de la rivière des Exploits. Ce cours d'eau prend naissance aux sources mêmes d'un lac isolé de l'extrémité sud-ouest de l'île, appelé non sans grandiloquence le lac King George IV. La rivière Lloyds en draine le trop-plein au nord-est dans le lac Red Indian. Ce dernier donne naissance à la rivière des Exploits qui se jette enfin dans la mer par la baie de Notre-Dame, à plus de 300 kilomètres de sa source.

Michael John, qui était le chef de bande des M'ikmaws à Conne River dans la baie d'Espoir à l'époque où j'étais à Terre-Neuve, m'apprit que son peuple croyait que le lac King George avait été le dernier refuge des Béothuks. Incapable de trouver quelqu'un qui pût me donner des renseignements de première main à propos de cet endroit, je décidai de le visiter moi-même. Aucune route n'y conduisait mais un pilote de mes amis offrit de m'y emmener en hydravion.

Nous gagnâmes d'abord le lac Red Indian, nous posant dans plusieurs anses où les Béothuks avaient établi autrefois de grands campements d'hiver. Il n'en restait plus aucune trace. Une fois à l'extrémité sud-ouest de ce lac long de quelque 65 kilomètres, l'appareil survola les rapides écumants de la rivière Lloyds, bordée d'une forêt de grandes épinettes. Des deux côtés, des collines grises s'élevaient toujours plus haut ; bientôt nous fûmes encadrés par les monts Annieopsquotch.

Soudain, la vallée nous fit déboucher dans un vaste cirque qui abritait le lac King George, dont les nombreuses baies se projetaient de tous côtés sur un plateau défendu par un cercle de montagnes d'aspect dénudé et inabordable. Cependant, autour du lac ondulaient d'exubérantes forêts veinées d'innombrables ruisseaux et parsemées d'étangs au fond de creux herbus. On ne voyait aucune trace de présence humaine nulle part.

L'hydravion vira sur l'aile en douceur pour faire le tour du plateau, puis descendit pour survoler de près le vaste élargissement du lac à son extrémité sud-ouest. Sous nos pieds, l'eau sembla exploser : des milliers et des dizaines de milliers de canards et d'oies s'envolèrent comme pour protester contre notre intrusion. Virant en hâte, l'appareil s'éloigna, mais j'eus le temps d'apercevoir un troupeau d'une cinquantaine de caribous qui s'enfuyaient en désordre dans l'une des nombreuses îles herbues.

L'hydravion effectua un second tour, volant assez haut pour éviter d'entrer en collision avec les oiseaux, et nous vîmes que toute la partie sud du lac, avec ses îles et ses rives parcourues de ruisseaux, formait une véritable broderie constituée de centaines d'hectares de pâturages d'un vert si éclatant qu'on eût dit des champs cultivés.

Je cherchais des mots pour exprimer mon étonnement quand mon ami le pilote me devança.

« Tu parles d'une planque ! Personne n'en croirait ses yeux ! C'est comme une sorte de paradis terrestre indien ! »

L'après-midi tirait à sa fin et, comme il était dangereux de se poser la nuit à la base hydroaérienne, nous fîmes demi-tour à contrecœur. J'en avais assez vu pour comprendre pourquoi les derniers Béothuks avaient fort bien pu chercher asile dans cet endroit extraordinaire.

Trente ans plus tard, alors que je réfléchissais à la question du lieu où les fermiers albains de la côte ouest avaient pu eux aussi trouver refuge pour se garder du fléau des écumeurs européens, je me rappelai ma trop brève visite au lac King George. Aurait-il pu donner asile aux Albains comme il avait donné asile, disait-on, aux Béothuks ? Cela me paraissait peu probable. En effet, comment les éleveurs de la côte ouest auraient-ils pu se déplacer avec tous leurs effets et leurs animaux en franchissant la barrière de la Long Range ? Et comment, s'ils étaient venus à bout d'une marche qui me paraissait des plus ardues, ces éleveurs auraient-ils pu survivre au cœur d'un pays qui était en fait un îlot de forêt vierge enchâssé dans une toundra subalpine ?

Je posai ces questions à Len Muise.

« Facile. Ils auraient pu aller là-bas à pied et en revenir à volonté, en empruntant le Country Path. »

– Vous voulez dire qu'il y a une route à partir de la baie Saint-Georges ? demandai-je, incrédule.

– Pas une route, mon vieux. Le Country Path. Le sentier de l'Arrière-pays. On part du Flat Bay Brook près de Cairn Mountain, on escalade une crête en longeant le Three Brooks jusqu'au sommet des montagnes. Après, ce n'est plus qu'une petite promenade dans la toundra en altitude, puis on redescend au lac King George – Chris's Pond, comme l'appelaient nos vieux. C'est l'affaire de 50 ou 65 kilomètres tout au plus ; deux jours de marche, et de marche facile. Avec Melvin White – c'est un Jacko comme moi –, je suis allé au lac King George une douzaine de fois. »

La conversation en resta là jusqu'à un soir de novembre où Len me téléphona.

« Mon vieux, j'ai des nouvelles pour vous. Melvin White dit qu'on peut facilement conduire des vaches, des poneys, des moutons jusqu'à Chris's Pond en suivant le sentier de l'Arrière-pays, à condition d'y aller mollo. Mel dit qu'il y a un grand cairn de pierre, plus haut qu'un homme, au sommet d'une grosse colline à peu près à mi-chemin. On n'a qu'à marcher dans cette direction-là, d'après lui. La colline s'appelle Dolly's Lookout, parce qu'une vieille M'ikmaw avait l'habitude de trapper dans ce coin-là.

« Ah oui, j'allais oublier. Quand on regarde vers l'est du haut de Cairn Mountain, on peut voir le cairn de Dolly's Lookout. Et du haut de la colline de Dolly on est juste en face de Blue Hill sur la rivière Lloyds, tout près de l'endroit où elle se jette dans le lac King George. Certains disent qu'il y a les ruines d'un ancien cairn au sommet de Blue Hill aussi. »

Len m'expliqua que lui et Melvin White avaient l'intention d'aller en motoneige jusqu'à Dolly's Lookout, sitôt que la neige serait assez épaisse.

Au début de 1997, il me fit parvenir une lettre ainsi que plusieurs photos.

« Dimanche, nous avons essayé encore. Il faisait un froid de canard, -25 °C plus le refroidissement éolien. Le cairn se trouve à 550 mètres d'altitude et il fait un drôle de spectacle avec ses deux mètres et quelque de hauteur sur un mètre de largeur. Il faisait trop froid pour prendre les vraies mesures. Si nous ôtions nos gants longtemps nos mains commençaient à geler. Le cairn marque la mi-chemin du sentier de l'Arrière-pays qui permet d'aller et venir dans tous les coins de l'intérieur de Terre-Neuve. »

Melvin White et sa femme retournèrent à Dolly's Lookout au cours de l'hiver de 1997-1998, un jour où ils ne risquaient pas d'être changés

Cette tour balise marque la mi-chemin du sentier de l'Arrière-pays
qui relie la baie Saint-Georges au lac King George IV
dans l'ouest de Terre-Neuve.

en statues de glace. Cette fois, ils photographièrent aussi un tas de grandes pierres anguleuses à quelque six mètres au sud de la colonne.

« Il y avait assez de pierres, raconta Melvin, pour bâtir un autre cairn. Je suis sûr qu'il y en avait bel et bien deux là-bas à une certaine époque. L'autre a probablement été démoli. Il n'aurait pas pu s'écrouler tout seul. Les cairns sont trop bien construits. Le sommet de Dolly's Lookout est lisse comme un crâne chauve. Pas de pierres qui traînent là-haut. Les anciens glaciers ont tout emporté. Les pierres des cairns devaient provenir du fond d'un ravin à 800 mètres de là et à environ 100 ou 120 mètres en contrebas. »

Len Muise récapitula :

« Quelqu'un s'est donné une peine de tous les diables pour bâtir des tours au sommet de Cairn Mountain et de Dolly's Lookout. Par paires, en plus, comme si c'était une sorte de code pour montrer le chemin du lac King George. Je ne pense pas que le vieux capitaine Cook ait jamais pu faire ça. Les M'ikmaws et les Béothuks ne faisaient pas ce genre de choses-là non plus. J'ai demandé aux hommes qui fréquentent la forêt et l'arrière-pays un peu partout et ils me disent qu'il n'existe rien qui ressemble à ces cairns-là, nulle part ailleurs dans l'intérieur de Terre-Neuve. »

Le sentier de l'Arrière-pays répondait à ma question sur la façon dont les fermiers de la côte avaient pu voyager entre la mer et le lac King George. Mais auraient-ils pu survivre avec leur bétail si loin à l'intérieur des terres ?

Au cours des années 1980, le lac King George fut découvert par le monde extérieur quand on construisit une route dans les montagnes pour relier au réseau routier provincial un certain nombre de petits villages de pêche isolés de la côte sud. La région des Annieopsquotch, presque inaccessible auparavant, fut dès lors prise d'assaut par les camions à quatre roues motrices, les véhicules tout-terrain et les motoneiges. Presque du jour au lendemain, le lac King George devint un paradis pour les chasseurs, les pêcheurs et même les touristes. Y vinrent aussi des scientifiques. Et ils furent tellement impressionnés qu'ils recommandèrent que le lac fût protégé. En 1996, le gouvernement provincial fit de la baie du sud et des rives adjacentes une réserve écologique [1].

C'était reconnaître bien tardivement un lieu considéré depuis longtemps comme unique par les Béothuks, les M'ikmaws, les Jakatars et, comme je le crois, les habitants de l'Alba de l'Ouest.

Les prés naturels ou pâturages, à l'embouchure et le long du cours inférieur des deux rivières (des Exploits et Lloyds), qui se jettent dans la baie du sud, totalisent plus de 650 hectares. Melvin White, qui a exploré le secteur à fond, estime que les pâturages du lac King George pourraient actuellement satisfaire les besoins, en foin et en fourrage, de 40 à 50 petits fermiers comme l'étaient les gens de son peuple autrefois, comme ils le sont encore aujourd'hui dans une certaine mesure. Qui plus est, il existe quantité de bons terrains alluviaux où faire pousser des céréales, des légumes et peut-être même des arbres fruitiers.

« Il n'existe pas de meilleur endroit pour exploiter des fermes à Terre-Neuve », me dit Melvin. Des études récentes sembleraient corroborer ses dires. Non seulement l'enclave du lac King George possède l'écosystème le plus riche de Terre-Neuve, elle jouit en outre de la plus longue saison de végétation. Elle a toujours fait vivre une faune surabondante, allant du lièvre arctique au caribou, du lagopède à la bernache du Canada, de la truite à la ouananiche, de la martre à l'ours noir. Il ne fait aucun doute qu'elle *aurait pu* faire vivre une colonie de fermiers assez importante.

Mais devint-elle effectivement un refuge pour la population de l'Alba de l'Ouest ?

« Si les Anciens ont été obligés de s'éloigner de la côte et d'aller vivre ailleurs, c'est probablement là que bon nombre d'entre eux seraient allés, dit Len. Des gens sont certainement allés là-bas il y a longtemps, et ont pris la peine de construire ces gros vieux cairns le long du sentier de l'Arrière-pays pour que les autres sachent comment les trouver.

« Un de ces jours, on va dénicher quelque chose aux alentours de Chris's Pond. Peut-être un crâne de vache. Peut-être un trou dans le sol à l'endroit où se trouvait une maison. Melvin et moi, on va retourner là-bas l'été prochain pour jeter un coup d'œil. C'est le pays des Jakatars, vous savez ; et ceux qui ont vécu là – peu importe qui ils sont – étaient aussi des nôtres. »

POSTFACE

LA PLUPART des communautés autochtones qui vivaient le long du littoral atlantique du Nouveau Monde se retirèrent loin des côtes au cours du XVIe siècle afin de se soustraire aux agressions souvent mortelles des pêcheurs, des baleiniers, des trafiquants d'esclaves et des autres Européens rapaces qui ne cherchaient qu'à s'enrichir.

Parce que les éleveurs étaient particulièrement vulnérables, ils furent sans doute parmi les premiers à se réfugier ailleurs. Je crois qu'une certaine tradition pastorale se maintint aux environs du Grass et du lac King George IV mais, plus vraisemblablement, les Albains se tournèrent de plus en plus vers le mode de vie béothuk pour survivre.

Au cours du XVIIe siècle, l'empire des écumeurs européens sans foi ni loi s'affaiblit quelque peu à mesure que la France et l'Angleterre gagnaient la mainmise effective sur un nombre croissant de régions côtières du Nouveau Monde. Les indigènes qui avaient cherché refuge dans « l'arrière-pays » commencèrent alors à reparaître, quoique avec prudence, pour faire la traite, chasser et pêcher en mer, et peut-être pour s'établir de nouveau comme fermiers.

Regagner les côtes ne fut pas possible partout. Dans l'est et le nord-est de Terre-Neuve, les « planteurs » anglais et les pêcheurs saisonniers continuaient à faire preuve envers les Béothuks d'une hostilité qui confinait au génocide – persécution qui allait finalement conduire à l'extermination des Indiens rouges dans l'est et le centre de l'île.

Les pêcheurs français qui fréquentaient les côtes ouest et sud-ouest de Terre-Neuve traitaient les autochtones de façon plus humaine, peut-être parce que les Français n'avaient pas les moyens d'écraser les « Sauvages ».

Il se trouva donc que les peuples anciens de la pointe sud-ouest de l'île purent perdurer et même prospérer. Dans les premières décennies du XVIIIe siècle, des groupes de M'ikmaws de l'île du Cap-Breton vinrent se joindre à eux. Ces M'ikmaws ne furent d'abord que des trappeurs itinérants, mais certains finirent par rester et par s'intégrer à la communauté de la côte sud-ouest.

À la fin du XVIIIe siècle s'ajoutèrent quelques dizaines d'Acadiens, des fermiers d'origine française contraints de fuir la Nouvelle-Écosse après la confiscation de leurs terres par les Anglais. Ayant établi depuis longtemps des liens du sang avec les M'ikmaws du continent, les Acadiens n'eurent aucune peine à se fondre aux populations existantes du sud-ouest de Terre-Neuve. Ils donnèrent une nouvelle impulsion au penchant pour l'élevage, si bien que le mode de vie de la région prit de plus en plus la forme d'un amalgame entre l'exploitation de petites fermes et les activités propres aux cultures autochtones.

Les trappeurs m'ikmaws du XIXe siècle maintinrent une présence transitoire dans une bonne partie du sud et du nord de Terre-Neuve, mais les Béothuks cessèrent d'exister – du moins est-ce là ce que soutinrent les Européens, dont la domination s'étendait désormais à l'île entière. Mais ils se trompaient. Des hommes et des femmes qui vivaient encore près de la baie Saint-Georges et de la vallée de la Codroy se considéraient comme des Béothuks et se désignaient de ce nom. Ce ne fut qu'au début du XXe siècle que le nom finit par disparaître.

Et ceci nous amène à notre propre époque… et à la fin apparente de notre histoire.

Mais, si l'on en croit Leonard Muise, la fin n'est pas pour tout de suite.

« Tous ces peuples anciens, Farley – les Dorsétiens, les Indiens rouges, ceux qui vous appelez les Albains –, ils ne se sont pas tout simplement éteints et envolés en fumée, vous savez.

« Ne le croyez surtout pas ! La vérité est qu'ils sont encore tous là, ici, tout près. Dans la région de Saint-Georges, de Port au Port et aussi de la Codroy. Un de ces jours, des scientifiques vont probablement s'amener par ici et voudront analyser notre ADN pour savoir d'où nous venons. Je me doute qu'ils seront bien surpris de ce qu'ils vont trouver.

« Mais nous, les Jakos, eh bien… nous ne serons pas surpris le moins du monde parce que, voyez-vous, nous savons exactement qui nous sommes. »

NOTES

LE COMMENT ET LE POURQUOI

1. Farley Mowat, *Westviking: The Ancient Norse in Greenland and North America*, Toronto, McClelland and Stewart, 1965; Boston, Little, Brown and Company, 1965.

CHAPITRE PREMIER
LES DÉBUTS

1. Farley Mowat, *Canada North*, Toronto, McClelland and Stewart, coll. « Canadian Illustrated Library », 1967.
2. La rivière Payne et beaucoup d'autres lieux de l'Ungava ont arbitrairement reçu de nouveaux noms français, donnés par le gouvernement de la province de Québec. J'ai retenu, en général, les noms originaux qui ont reçu la sanction du temps.

CHAPITRE II
LE *HAUTURIER*

1. Les restes de tels bateaux ont sans doute disparu depuis longtemps mais des vaisseaux de la lignée du *Hauturier* étaient encore en service en Irlande au moins jusque dans les années 1970; toutefois, la toile goudronnée et même les feuilles de plastique avaient alors remplacé les peaux de bêtes en guise de matériau de revêtement.

   Ces *curraghs*, comme les appelaient les Celtes irlandais, sont les descendants des bateaux utilisés par les indigènes du nord de la Grande-Bretagne bien avant les invasions celtes; ils relevaient de la tradition circumpolaire des vaisseaux recouverts de peaux. Des documents irlandais nous apprennent que, avant le VIe siècle, les *curraghs* étaient recouverts de peaux de bœuf, sans doute parce que les peaux de morse étaient devenues introuvables.

   En 1976, la réplique d'un *curragh* de 11 mètres, recouvert de cuir, avec un équipage de cinq hommes et près d'une tonne de provisions, navigua de l'Irlande à Terre-Neuve avec escale en Islande. On sait que les oumiaks de Sibérie et d'Alaska, recouverts de peaux de morse ou de phoque barbu, atteignaient 18 mètres de longueur ou davantage et pouvaient transporter jusqu'à 40 passagers avec leurs bagages pour la traversée de la mer de Béring. Nous pouvons supposer que les embarcations revêtues de peaux des aborigènes du Nord de l'Europe étaient au moins aussi efficaces.

En Irlande, le National Museum possède un modèle réduit d'un *curragh* équipé d'avirons de gouverne et de nage, ainsi que d'un mât et d'un espar, tous d'or martelé. Découvert dans le comté de Derry, le modèle remonterait, croit-on, au Ier siècle de notre ère. Il représente un vaisseau large et non ponté, renflé et arrondi de l'avant, avec une poupe et une proue symétriques – vaisseau conçu avant tout pour naviguer à la voile mais équipé d'une source motrice auxiliaire sous la forme de 18 rameurs qui ne prenaient que la moitié de la capacité de transport disponible, le reste allant aux passagers ou à la cargaison. Un vaisseau pareil devait nécessairement mesurer près de 15 mètres de longueur.

Aucun modèle de bateau des îles du Nord (albain) n'est parvenu jusqu'à nous mais des bateaux de pêche de neuf mètres, recouverts de peaux de phoque, existaient encore dans le nord des Shetland jusqu'au XXe siècle. En 1810, l'île isolée de Saint Kilda gardait le contact avec le continent au moyen d'un *churaich*, un vaisseau à carcasse légère recouvert de peaux de phoque gris, capable de transporter 20 passagers, plusieurs têtes de bétail ou un fret considérable.

Les fondations des maisons nord-américaines coiffées de bateaux nous fournissent une série de dessins des contours de ces vaisseaux. On en distingue deux catégories. Vingt-cinq fondations sont assez bien conservées pour permettre des mesures exactes : les vaisseaux faisaient en tout de 12 à 14 mètres de longueur. Six autres appartiennent à la catégorie des grands vaisseaux de 21 à 24 mètres. Les premiers semblent représenter le type commun des vaisseaux de haute mer. Les derniers étaient peut-être spécialement construits pour le commerce transatlantique.

Les navires des deux catégories ont un rapport longueur-largeur de 3,1 pour 1 à 3,5 pour 1. Tous étaient larges, bien arrondis à l'avant comme à l'arrière, avec un tirant d'eau sans doute relativement faible et une tonture de faible à modérée. Bien que les *knorrin* scandinaves des Xe et XIe siècles eussent été revêtus de bois et non recouverts de peaux, leurs lignes et leurs dimensions s'inspiraient probablement de modèles albains et ne différaient peut-être pas essentiellement, pour l'apparence extérieure, de ces vaisseaux des îles du Nord.

CHAPITRE III
LES VACHES MARINES

1. Les Sibériens emploient le mot *valuta* pour désigner les marchandises de petite dimension mais de grande valeur, notamment les métaux précieux, les gemmes, les fourrures et l'ivoire. C'est dans ce sens que j'utilise le mot *valuta* dans ce livre.

[N.D.T. : En anglais, cet emprunt du russe s'amalgame facilement à d'autres mots pour former des locutions (*valuta seekers*, *valuta clan*, *valuta vessel*, *valuta trade*, *valuta voyage*, etc.). Le français se prêtant mal à ces combinaisons, j'ai dû me résigner à l'emploi de l'équivalent le plus proche de *valuta*, soit « marchandises de traite ».]

2. J'ai décrit en détail la destruction catastrophique des morses dans *Sea of Slaughter*, Toronto, McClelland and Stewart, 1984, 5e partie, « Finfeet ».
3. Voir chapitre IV, note 2.
4. Dans la plupart des annales maritimes, y compris celles de l'Égypte, de la Grèce et de Carthage, on exprimait traditionnellement les distances marines en multiples de un « jour de navigation », soit de la distance qu'un vaisseau pouvait normalement parcourir en un jour dans des conditions optimales. Les jours de navigation, en tant qu'unités de distance marine, demeurèrent en usage dans le nord de l'Europe même après le XIVe siècle de notre ère. Bien que cette unité ait une valeur variable selon le type de vaisseau, elle équivaut en gros à 100 milles terrestres ou 160 kilomètres.

CHAPITRE IV
PYTHÉAS

1. Une source de l'époque classique désigne un grand promontoire au nord-ouest de la Gaule sous le nom de Calbion. Il s'agit presque à coup sûr d'une déformation de Cap Albion (C. Albion) et le lieu désigné, selon toute probabilité, serait Land's End, à l'extrémité sud-ouest de la Cornouailles.
2. L'introduction du mot *orca* dans la langue grecque puis dans la langue latine est peut-être due à Pythéas. À mon avis, les indigènes des îles du nord de la Grande-Bretagne appelaient le morse *orc*, d'où le nom donné par Pythéas à l'archipel : île des Orcs – et, plus tard, Orcadies. Le mot *orca* devait finir par acquérir le sens plus général de « monstre marin », et c'est avec cette acception qu'on l'employait au Moyen Âge. Au XIXe siècle, un sens plus spécifique apparut lorsqu'on inclut le mot dans la classification de Linné sous la forme *Orcaella*, nom d'un genre regroupant les orques et les épaulards. Donc, si l'on s'en tient à l'usage des mots, le morse (*walrus*) est devenu l'épaulard (*killer whale*).
3. Pline (l'Ancien) nous apprend dans son *Historia naturalis* (écrite vers 77 après J.-C.) qu'un historien très antérieur, Timée, dont les œuvres sont perdues, a fait mention d'une île appelée Mictis, « qui se trouve à l'intérieur de la mer [c'est-à-dire au large] à six journées de la Bretagne, d'où provient l'étain, et que les Bretons s'y rendent à bord de bateaux d'osier recouverts de peaux cousues ensemble ». Que Mictis et Tilli soient un seul et même lieu, cela reste discutable, mais cette mention établit le fait que les indigènes de Grande-Bretagne pouvaient effectuer des traversées de six jours en plein océan, à bord de bateaux recouverts de peaux.

CHAPITRE V
LES ALBAINS ET LES CELTES

1. Les historiens modernes tiennent généralement pour acquis que la racine *alb* est d'origine latine. Toutefois, Vittorio Bertoldi, dans « Problems of Etymology », *Zeitschrift fur Romanische Philologie*, vol. 56, 1936, p. 179-188, démontre que la racine *alb* est pré-indo-européenne. Elle fut probablement introduite dans la langue latine sous forme d'emprunt ; le sens « blanc » fut ajouté par association avec la

neige qui coiffait les montagnes. Les mots « Albain » et « Albania » sont les formes latinisées de « Alb » et « Alba ».

2. Ian Grimble a remarquablement résumé cet épisode catastrophique et peu connu de l'histoire européenne dans *Highland Man*, Inverness (Écosse), Highlands and Islands Development Board, 1980. La citation ci-dessous se trouve à la page 47.

« À l'époque où les envahisseurs celtiques déferlèrent sur l'Europe, le continent était habité par des peuples non indo-européens qui furent vaincus, réduits en esclavage ou repoussés dans des régions inaccessibles. Parmi ces peuples figuraient les Ligures, dont la population se concentra dans les Alpes liguriennes et en Corse, où Sénèque remarqua en 41 après J.-C. qu'ils parlaient encore la langue ligurienne. Citons également les Basques, qui, aujourd'hui encore, dans les Pyrénées, parlent leur propre langue non indo-européenne. Au temps de César, ils occupaient une bonne partie de la Gaule et ils y répandirent leurs propres lois et leurs coutumes malgré la double menace des Celtes et des Romains. Mais, à cette époque, un grand nombre de ces aborigènes aux cheveux noirs et au teint brun avaient oublié leur langue et leurs traditions; ceux qui les préservèrent étaient ceux-là mêmes qui s'étaient établis dans des régions reculées.

« Les caractères génétiques ont une telle persistance qu'aujourd'hui encore il existe une ressemblance marquée entre les groupes sanguins de la Ligurie, du Pays basque, du pays de Galles, de l'Irlande et des Highlands écossaises, qu'on ne peut considérer comme accidentelle. »

CHAPITRE VI
L'ARMORIQUE

1. Les Celtes d'expression gaélique, connus sous le nom de Scots, vivaient alors dans le nord-est de l'Irlande. Ils ne traversèrent dans les régions du nord de la Grande-Bretagne qui portent aujourd'hui leur nom que vers le IIIe ou le IVe siècle de notre ère.
2. Bède ne fut pas le seul historien ancien à considérer les Pictes comme des immigrants et des envahisseurs en provenance du continent. Nennius, un chroniqueur gallois du IXe siècle, croyait qu'ils avaient traversé la mer jusqu'aux « îles appelées Orcades, puis avaient dévasté nombre de régions du nord et [à l'époque de Nennius] occupé environ le tiers de la Bretagne ». Gildas, un prêtre du VIe siècle, croyait également qu'ils avaient traversé la mer et « s'étaient installés dans les régions les plus reculées de la Bretagne et, avec les Scots, avaient saisi toutes les contrées vers le sud jusqu'au mur [d'Hadrien] ».

CHAPITRE VII
LE NORD EN GUERRE

1. En fait, il n'est nullement certain que les Armoricains furent les bienvenus en Alba du Nord à titre de réfugiés. Il se peut qu'on leur ait refusé tout asile et qu'ils aient débarqué en tant qu'envahisseurs. Quoi qu'il en soit, les conséquences et le résultat final restent essentiellement les mêmes.
2. *Broch* est un mot scandinave que les Vikings employèrent lors de leurs raids au VIIIe siècle pour désigner les tours. Le mot signifie « fort » lui aussi.

3. Certains historiens ont avancé que ces forts furent délibérément incendiés par leurs bâtisseurs afin d'obtenir un effet de vitrification, mais il n'existe aucune preuve convaincante à l'appui de cette théorie.
4. Un autre excellent exemple d'un ensemble de fortins interdépendants se trouve aux Orcades dans l'île de Rousay, où trois brochs s'élèvent à moins de 500 mètres les uns des autres. Cette proximité a laissé les historiens perplexes, comme en témoigne clairement le guide touristique officiel : « Une telle concentration, en effet, est tout à fait extraordinaire et demeure à ce jour un phénomène inexpliqué. »

CHAPITRE VIII
AU PAYS DES PICTES

1. Nous ne savons pas comment le nom des Pictes gagna la prééminence au sein des peuples armoricains. Il se peut que, ayant moins souffert que les autres aux mains de César, ils se soient révélés, en exil, comme la plus forte des tribus survivantes. Quoi qu'il en soit, les mots « Pictes » et « pays des Pictes » (Pictland) perdurèrent dans le nord pendant près de huit siècles.
2. Les historiens ont longtemps cru qu'aucune tentative d'invasion romaine n'avait eu lieu en Irlande. Toutefois, la découverte récente d'un camp militaire romain dans l'est de l'Irlande démontre que les légions avaient à tout le moins établi une tête de pont sur le rivage.
3. Les auxiliaires de la flotte romaine transportaient les engins de siège qu'on utilisait à terre, notamment les balistes et les catapultes qui auraient pu, les unes comme les autres, détruire un broch ou l'obliger à se rendre.

CHAPITRE IX
FETLAR

1. Plutarque (vers l'an 75 après J.-C.) nous apprend qu'un Grec appelé Demitrius, à l'emploi des Romains en Grande-Bretagne au Ier siècle de notre ère, raconta que les autochtones lui avaient appris l'existence d'une grande île située loin à l'ouest de l'île de Bretagne et dont le nom, aux oreilles du Grec, ressemblait à Cronus. Cette île était, semble-t-il, le Groenland. Quoi qu'il en soit, il est certain que les eaux entre l'Islande et le Groenland étaient connues des géographes du début de l'ère chrétienne sous le nom de mer Cronienne. Voir *Westviking*, p. 5-6.

CHAPITRE X
L'ALBA RESSUSCITÉE

1. Les chroniqueurs de l'époque savaient fort bien que l'Écosse était habitée par deux peuples différents. Ils les distinguaient en les appelant Pictes du Nord et Pictes du Sud. Le mot « Picte » était devenu un nom générique. Les Pictes du Nord étaient en fait les Albains.

CHAPITRE XI
LES FILS DE LA MORT

1. F. T. Wainwright, *The Northern Isles*, Édimbourg, Th. Nelson and Sons Ltd., 1962.
2. John Marsden, *The Fury of the Northmen*, New York, Saint Martin's Press, 1993.

CHAPITRE XII
LA FUREUR DES NORMANDS

1. A. W. Brøgger, *Ancient Emigrants*, Oxford, 1929.
2. *À l'origine, c'étaient les Peti et les Papæ qui habitaient ces îles. Les hommes du premier de ces peuples, soit les Peti, étaient à peine plus grands que des pygmées.*

Peti est une déformation de Picti, le nom latin générique par lequel les scribes scandinaves désignaient tous les habitants de l'Écosse, hormis les Irlandais. *Papæ* désigne peut-être en particulier les prêtres chrétiens, mais, plus probablement, aurait lui aussi un sens générique: « chrétiens », par opposition à « païens ». Il faut remarquer que l'*Historia* n'affirme pas que les Picti étaient des pygmées ; la connotation qu'on veut inférer est qu'ils étaient physiquement inférieur aux Scandinaves.

[...] *ils s'affairaient avec une ardeur stupéfiante à bâtir et à armer leurs bourgs.*

Il n'y avait ni bourg ni village dans les archipels jumeaux. Il existait toutefois plus de 100 brochs, plus ou moins remis en état, où les gens pouvaient se rassembler quand sévissait une menace. Des fouilles archéologiques ont révélé que le broch de Gurness (l'un des huit brochs jalonnant les rives de l'Eynhallow Sound, aux Orcades) fut largement réparé au cours du VIIe siècle. On ajouta de nouveaux murs extérieurs et des fossés ; des maisons furent construites tout près, au pied de la muraille protectrice.

Mais à midi, complètement épuisés, ils se cachaient dans leurs petites maisons souterraines, écrasés sous le poids de la peur.

Le mépris habituel des vainqueurs à l'égard des vaincus est ici manifeste, mais le texte nous donne néanmoins un poignant aperçu d'un peuple aux abois, exténué, de gens craignant si fort pour leur vie qu'ils ressentaient le besoin de se cacher en plein jour dans leurs maisons semi-souterraines aux murs épais.

Quant à savoir d'où venaient ces gens [les Picti] *avant d'habiter cette région, nous n'en avons aucune idée. Quant aux Papæ, on leur donne ce nom à cause des vêtements blancs qu'ils portent, comme les membres du clergé. C'est à cause de cet habillement que, en langue teutonne, tous les membres du clergé sont appelés* papæ.

En général, les historiens donnent au mot *papa* (pluriel *papæ*), qu'on trouve dans les textes latins scandinaves, son sens le plus restreint de « père », ou « prêtre ». Le mot avait probablement un sens beaucoup plus large, comme « papiste », qui désigne un fidèle de la religion placée sous l'autorité du pape. Cette phrase du texte peut sembler insignifiante mais elle recèle d'importants sous-entendus. En s'en tenant au sens le plus restreint, beaucoup d'historiens ont été amenés à conclure que les *papæ* des sagas scandinaves étaient des ermites et des prêtres, peu nombreux, vivant dispersés çà et là dans des régions sauvages. L'autre interprétation, selon laquelle *papæ* désigne des groupes d'hommes, de femmes et d'enfants assez considérables, membres ou adeptes de l'Église de Rome, peut être alors commodément ignorée. Nous verrons plus loin l'importance de cette interprétation lorsqu'il sera question des colonies qui précédèrent celles des Scandinaves en Islande.

L'*Historia* remarque en outre que les gens connus sous le nom de *papæ* portaient des vêtements blancs semblables, mais pas nécessairement identiques, à ceux des membres du clergé chrétien. Ce détail prendra lui aussi de l'importance lorsque nous aborderons la question de l'identité des habitants du Hvítramannaland (« Pays de l'homme blanc »), également appelé Albania par les scribes scandinaves.

[...] *Or sous le règne de Harold le Chevelu – je parle ici du roi de Norvège, bien entendu –, quelques pirates apparentés au très puissant pirate Rognvald franchirent avec une vaste flotte la mer de Solund. Ils chassèrent ces peuples de leurs demeures séculaires et les anéantirent complètement; après quoi ils soumirent les îles à leur volonté.*

À l'époque, sous la plume des clercs faisant office de scribes, le mot « pirates » était synonyme de « Vikings ». Quelles que soient les incertitudes dans l'interprétation du corps du texte de l'*Historia*, il n'existe aucun doute quant au sort que subirent les habitants des îles du Nord.

3. Archibald R. Lewis, *The Northern Seas*, Princeton, Princeton University Press, 1958.
4. De nombreux historiens ont identifié les Lochlannach aux Vikings. Cette interprétation est presque certainement incorrecte. Le mot est gaélique et signifie « les hommes du loch Lann » (variantes: Lainn, Loinn, Linnhe, Lyn, Lorne, Larne).

   À l'origine, les Lochlannach étaient des pirates celtes en provenance des rives du loch Larne en Irlande. Leur première mention dans l'histoire concerne un raid en Ulster au Ier siècle avant J.-C. Les Lochlannach étaient l'une des tribus dalriades qui pillèrent puis envahirent l'ouest de l'Écosse, où elles s'établirent dans deux fjords contigus: le loch Linnhe et le loch Loin. À partir de cette base bien située, les Lochlannach poussèrent leurs raids vers le nord et le sud, selon les circonstances. D'après les *Annales d'Innisfallen*, « les Hébrides et l'Ulster furent pillés par les Lochlann », encore en 798.

   Bien que les Lochlannach eussent probablement collaboré avec les Scandinaves, comme beaucoup de Scots à ce qu'il semble, ils étaient eux-mêmes des pirates et des écumeurs d'origine indubitablement celte et irlandaise.

CHAPITRE XIII
TILLI

1. Jusque dans les années 1880, on rencontrait encore dans ces eaux des troupeaux de rorquals communs de plus d'un millier d'individus. C'était juste avant que les Norvégiens se missent à les exterminer à bord de baleiniers à vapeur munis de canons lance-harpon. En 1884, un certain capitaine Milne, qui commandait un Cunarder transatlantique, passa au milieu d'un rassemblement de rorquals de ce genre au sud-est de l'Islande. Il le compara à « un espace aussi vaste que la moitié d'un comté, rempli de locomotives qui crachaient de la vapeur toutes ensemble comme si leur vie en dépendait ».
2. Voir Farley Mowat, *Sea of Slaughter*, Toronto, McClelland and Stewart, 1984, chapitre VI, « White Ghost ».

3. Les baleines grises furent exterminées dans l'ouest de l'Atlantique au cours du XIXe siècle.
4. Farley Mowat, *op. cit.*, 5e partie, chapitre XV, « Sea Tuskers ».
5. Des fondations complètes n'étaient peut-être pas nécessaires lorsqu'un vaisseau ne devait fournir qu'un abri temporaire. Des sites archéologiques du nord-ouest du Groenland et du Labrador suggèrent que les navires étaient parfois retournés *sur le côté* pour former, en fait, une sorte d'abri en appentis. Aux endroits où il n'y avait pas de pierres convenables pour construire des fondations, les navires ont pu être tournés sur le flanc et maintenus avec des étais de bois. À bord des oumiaks du Groenland et de l'Alaska, on transportait souvent des pièces de bois taillées, destinées à cet usage précis. Je me suis moi-même abrité, au cours de très violentes tempêtes, et notamment d'un blizzard, sous un canot de charge retourné sur le flanc. Nous empêchions la neige et le vent d'entrer au moyen d'une cloison faite de peaux de caribou fixée avec des piquets devant le côté exposé.

CHAPITRE XIV
LE REFUGE

1. Le savoir conventionnel veut que les Irlandais aient été les premiers habitants des îles Britanniques (sinon de l'Europe) à explorer la partie ouest de l'Atlantique Nord. Les Irlandais ont beau jeu pour l'affirmer, car la plupart des rares chroniques qui nous soient parvenues et qui décrivent des voyages de l'époque préscandinave dans l'Atlantique proviennent d'anciens manuscrits irlandais appelés *immrama*. Rédigés en latin par des clercs, les *immrama* se veulent la chronique des aventures (et mésaventures) des prêtres irlandais des VIe et VIIe siècles qui se lancèrent dans des entreprises à caractère religieux.

   Toute chronique semblable aux *immrama* qu'aient pu posséder les Albains a depuis longtemps disparu. Comme, du reste, a disparu leur langue, effaçant du même coup toute l'histoire d'un peuple. À moins, bien entendu, que des fragments de cette histoire aient été préservés par absorption dans les récits populaires d'autres peuples. On pourrait réunir de bons arguments pour démontrer que les *immrama* contiennent, en fait, des allusions à des voyages vers l'ouest autres qu'irlandais, que les scribes du clergé d'une époque ultérieure attribuèrent aux saints marins de l'Irlande.
2. Comme nous l'avons déjà vu (chapitre XII, note 2), le mot *papar* était probablement un terme norrois générique désignant ceux qui croyaient au Christ blanc en général.
3. Le fait que l'Islande était bien connue des Européens du continent depuis des siècles, avant sa prétendue découverte par les Scandinaves, semble fermement confirmé par les événements suivants :

Vers 330 av. J.-C.	Pythéas voyage jusqu'à Tilli.
3 av. J.-C. à 65 ap. J.-C.	Sénèque écrit : « Le jour viendra [...] où Thulé ne sera pas la dernière des nations. »
23-79 ap. J.-C.	Pline l'Ancien désigne l'île sous le nom de Tylen.
84	La flotte d'Agricola contourne l'île de Bretagne par le nord et signale avoir vu Thulé.

100-168	Les cartes de Ptolémée, datant probablement du Ier siècle de notre ère, montrent Thulé ; sa situation géographique est approximativement exacte.
363	L'expédition navale de Théodose attaque les Pictes à Thulé.
v. 500	Les voyages (probablement légendaires) d'Arthur et de Malgo à Thulé reconnaissent au moins l'existence de l'endroit.
500-600	L'historien gothique Jordanes situe Thulé loin à l'ouest de l'Europe.
v. 500	Brendan se rend aux Féroé et en Islande.
600-700	L'archevêque Isidore de Séville décrit Thulé comme l'île la plus lointaine du monde connu et la situe au nord-ouest de l'île de Bretagne.
v. 620	Une ferme de type européen est construite aux îles Vestmann.
730-733	Bède le Vénérable parle de Thulé dans ses écrits.
700-800	Selenius mentionne Thulé dans son *Livre des merveilles.*
770-790	Dicuil raconte que des moines sont allés à Thulé. Patrick, évêque des Hébrides, fait allusion à l'Islande sous le nom de Thulé.
865	Premier séjour historique des Scandinaves en Islande.

4. Margrét Hermanns-Audardóttir, *Islands Tidiga Bosattning*, Umea (Suède), Umea Universitet, 1989.

   Il convient de noter que, malgré le fait qu'on n'ait pas sérieusement mis en doute, hors de l'Islande, la validité des découvertes de Hermanns-Audardóttir à Heimaey, la plupart des historiens islandais défendent toujours la thèse de la primauté de la découverte et de la colonisation de cette île par les Scandinaves.
5. L'exploration de ces régions lointaines n'exigeait pas nécessairement autant de temps qu'on a bien voulu le croire. Au cours des étés de 992 et de 993, Erik Raudi explora toute la côte ouest du Groenland vers le nord, au moins jusqu'à la baie de Melville, en plus d'effectuer, semble-t-il, la traversée du détroit de Davis pour explorer une partie des côtes de la terre de Baffin. Voir à ce sujet ma reconstitution de ses voyages dans *Westviking* et le chapitre XXV du présent ouvrage.

CHAPITRE XV
L'ELDORADO DE L'ARCTIQUE

1. Comme nous le verrons plus loin, il n'y avait pas d'indigènes au Groenland lorsque les Albains y arrivèrent.
2. Voir chapitre XVI, « Les Tunits », note 4.
3. Peter Schledermann a décrit son travail archéologique dans l'Arctique dans deux livres : un compte rendu scientifique, *Crossroads to Greenland* (1990), et un récit vulgarisé plus personnel, *Voices in Stone* (1966). Les deux ouvrages ont été publiés dans la collection « Kamatik Press » par le Arctic Institute of North America de l'université de Calgary, Calgary, Alberta.

CHAPITRE XVI
LES TUNITS

1. Bien que le mot « Inuit » soit aujourd'hui le nom que l'on préfère employer dans l'est de l'Arctique canadien, les peuples de l'ouest de l'Arctique, de l'Alaska et de la Sibérie, de même origine, utilisent le mot « Esquimaux ».

   Il existe plusieurs variantes pour « Tunit », notamment « Tornait » et « Torneq ». Le mot nous est parvenu par le biais des Inuits et l'un des sens que ceux-ci lui donnent est « qui n'est pas de ce monde » ; autrement dit, « créature étrangère ».
2. Pour un exposé complet à propos des Tunits et de leurs ancêtres, je recommande l'ouvrage de Robert McGhee, *Ancient People of the Arctic*, Vancouver, UBC Press, 1996.
3. H. B. Collins, dans *Yearbook of Physical Anthropology*, vol. 7, p. 75-123.
4. Heather Pringle, « New Respect for Metal's Role in Ancient Arctic Cultures », dans *Science*, vol. 277, 8 août 1997, aborde ce problème. « Ce n'est que récemment que [les archéologues] en sont venus à comprendre que les objets de métal étaient autrefois très dispersés mais relativement abondants dans l'Arctique », écrit Pringle. Elle poursuit en faisant remarquer que de nouvelles techniques d'identification des taches de rouille et d'autres oxydes métalliques ont permis de conclure que « les objets de métal étaient communs dans des sites localisés à des centaines de kilomètres des rares sources de cuivre et de fer [naturels] du Nord, fait qui suppose l'existence de réseaux commerciaux complexes [...]. Les chercheurs ont mis du temps à reconnaître ce commerce florissant des articles de métal [...] en grande partie parce que les objets de métal étaient si précieux qu'on les abandonnait rarement et donc qu'il n'y avait rien à trouver pour les archéologues. »

   Elle cite l'anthropologue Allen McCartney, de l'université de l'Arkansas : « Le métal est un matériau qu'on peut continuer à utiliser jusqu'à ce qu'il tombe pratiquement en poussière. Il est donc difficile d'en trouver [dans les sites de l'Arctique] car, si un objet de métal est assez gros pour que quelqu'un l'ait vu, ce quelqu'un l'aura pris et emporté. »

   Pringle rapporte qu'une équipe de l'université de Calgary, munie de détecteurs de métal et d'autres appareils de technologie de pointe, a trouvé les traces, presque microscopiques dans certains cas, de 288 morceaux de cuivre et de fer dans deux sites dorsétiens (tunits) de l'île Little Cornwallis. Ces sites se trouvent à quelques kilomètres de deux fondations coiffées de bateaux.

   Une bonne partie du fer trouvé dans les sites de l'est de l'Arctique provenait, croit-on, de fragments d'une énorme météorite de nickel et de fer qui percuta le cap York à la pointe nord-ouest de la baie de Melville, à une date inconnue il y a deux mille à dix mille ans. Selon Pringle, « les recherches actuelles suggèrent que les habitants préhistoriques de l'Arctique commencèrent à marteler ce métal pour en faire des outils il y a mille deux cents ans environ », donc dans la seconde moitié du VIIIe siècle.

   Or, pendant le VIIIe siècle, de même que plusieurs siècles auparavant et au moins deux siècles par la suite, *aucun peuple autochtone n'habitait le Groenland, la terre d'Ellesmere ou la partie nord du bassin de la baie de Baffin*. Les seuls humains qui semblent avoir fréquenté cette région à ce moment précis étaient les Albains en quête de marchandises de traite. Je crois qu'il est raisonnable de supposer qu'ils furent les premiers à découvrir et à exploiter les fragments de la météorite du cap

York, qu'ils mirent ce fer météoritique à la disposition des Tunits du nord-est de l'Arctique canadien sous forme d'objet d'échange et qu'ils en révélèrent la provenance au profit des Tunits et de leurs successeurs, les Thuléens.

CHAPITRE XVII
LES TERRITOIRES DE L'OUEST

1. Une nouvelle période de temps froid et de tempêtes s'abattit sur le Nord vers la fin du VIIIe siècle. Elle se prolongea pendant cent ans environ et occasionna un nouvel accroissement du pack arctique, de sorte que la navigation dans le bassin de Kane et au delà devint difficile, voire impossible.
2. Thomas E. Lee, « Archaeological Findings, Gyrfalcon to Eider Islands, Ungava, 1968 », dans *Travaux divers*, n° 27, Québec, Centre d'études nordiques, Université Laval, 1969.

CHAPITRE XVIII
LES EXPÉDITIONS VIKINGS

1. Les sources islandaises sont étudiées plus en détail dans *Westviking*, Toronto, McClelland and Stewart, 1965, 1re partie, annexe A.

CHAPITRE XIX
LA COLONISATION

1. Un chef scandinave présidait à sa maisonnée du haut d'un siège surélevé flanqué de deux montants, symboles de son autorité, souvent sculptés d'une profusion d'ornements. Si le chef établissait sa demeure ailleurs, il prenait soin d'emporter ces montants avec lui. En en faisant mention ici, on indique qu'Ingólf avait l'intention de s'établir en Islande.
2. On peut présumer que les frères avaient poussé une reconnaissance aux deux endroits ou à l'un des deux et qu'ils y avaient même passé l'hiver au cours d'expéditions précédentes. Certains géographes estiment que les deux endroits, en fait, étaient peut-être effectivement des îles à l'époque d'Ingólf et de Hjörleif.
3. Ces îles portent encore le nom de Vestmannaeyjar.

CHAPITRE XX
CRONA

1. En général, les historiens islandais s'accordent pour dire que la plupart des toponymes actuels de l'île furent attribués à l'époque de la colonisation scandinave et ont été retenus, plus ou moins inchangés.

   Les Scandinaves qui nommèrent les lieux au cours de cette période étaient des païens (l'Islande n'adopta pas le christianisme avant l'an 1000), et pourtant un certain nombre de toponymes islandais incluent des mots dont le sens suggère une présence chrétienne ou un lien avec le christianisme. Il s'agit des mots *kross*, *kirk* et *papa*. Le mot *kross* semble avoir désigné en particulier des croix dressées, visibles de loin. En général, *kirk* signifie aujourd'hui « église » mais, à l'époque des premiers Islandais, le mot désignait souvent une petite chapelle – toujours chrétienne. Les païens scandinaves appelaient temples les lieux de leur propre culte.

Les Scandinaves étaient pragmatiques. Un colon qui apercevait une croix dressée sur une pointe appelait volontiers l'endroit Krossness (« pointe à la Croix »), nom sous lequel les habitants connaissaient probablement déjà ce lieu. Et le nom restait. Si ce colon établissait une ferme à l'endroit où se trouvait une chapelle ou un sanctuaire chrétiens, il pouvait fort bien nommer ce lieu Kirkjubol (« place de la Chapelle »), même s'il était personnellement un fidèle adorateur de Thor.

Les chapelles, les sanctuaires et les croix étaient les attributs distinctifs des pays chrétiens de jadis. Selon moi, les Scandinaves qui occupèrent l'Islande absorbèrent et perpétuèrent une toponymie existante incluant les noms de nombreux lieux saints. De nouveaux noms authentiquement scandinaves, d'inspiration similaire, s'ajoutèrent sans doute quand les Normands se convertirent au christianisme, mais les toponymes plus anciens persistèrent.

Un examen superficiel de la carte de l'Islande livre 59 noms en *kirk*, *kross* ou *papa* dans l'est de l'île, 33 le long de la côte méridionale, 25 dans les régions de l'ouest et 29 dans la péninsule du Nord-Ouest. Ces noms identifient 36 endroits où se dressaient autrefois des croix, 29 emplacements où se trouvait une chapelle, 7 lieux qui se distinguent par l'inclusion de la particule *papa* et quelque 34 *crofts* ou fermes dont les noms incluent l'un ou l'autre des trois mots ci-dessus. À mon avis, un grand nombre de ces toponymes, sinon la majorité, doivent leur existence au fait que les Albains habitèrent le pays.

2. Quand les Scandinaves s'emparaient d'un pays, le sort qui attendait les habitants indigènes était l'un des suivants : ils pouvaient s'enfuir ; ils pouvaient rester, auquel cas ils risquaient fort d'être massacrés ou réduits en esclavage. Esclaves, ils pouvaient être vendus à l'étranger ou contraints à travailler chez eux. Un autre choix consistait à se retirer dans des terres éloignées dont personne ne voulait, où les réfugiés pouvaient espérer survivre jusqu'au jour où les Scandinaves en venaient à les considérer comme des prédateurs nuisibles (tels des loups) et à leur donner la chasse ou à les capturer.

D'une manière ou d'une autre, certains traits génétiques des habitants originaux devraient néanmoins avoir été préservés au sein de la population actuelle. L'ampleur et le degré d'influence de ce résidu varient sans doute selon les conditions locales.

Aux Shetland, certains traits physiques distinctifs semblent avoir persisté un certain temps dans les îles de Yell, d'Unst et de Fetlar.

Les Orcadiens ne semblent pas présenter de traits visiblement persistants, sans doute parce qu'il n'y avait aucun endroit dans cet archipel où des exclus pouvaient se cacher, sauf peut-être à Hoy pendant une brève période.

Je crois que l'un des refuges importants en Islande fut la péninsule de Dranga, ce poing noué que le nord-ouest de l'Islande brandit en direction de Crona. Cette région fut l'une des dernières à attirer les colons nordiques. Il se pourrait fort bien que des réfugiés albains eussent tenu dans ces lugubres vallées l'espace d'une ou deux générations, jusqu'au jour où, inévitablement, ils furent submergés même en ce refuge.

3. Lors des fouilles à Brattahlid, les techniques de datation au carbone 14 n'avaient pas encore été inventées, si bien qu'on ne put dater le site avec exactitude. Les historiens scandinaves ont présumé que la ferme ne pouvait être antérieure à l'année de l'arrivée d'Erik au Groenland. Bien que le site ait été considérablement perturbé, il devrait être encore possible d'y prélever des échantillons se prêtant à l'analyse au carbone 14 et donc de déterminer son âge véritable. Cependant, les archéologues du Danemark ou d'ailleurs n'ont manifesté aucun intérêt pour cette tâche.

   Il se pourrait fort bien que de nombreuses fermes scandinaves aux îles du Nord, en Islande et au Groenland eussent été construites sur les emplacements d'habitations existantes. Comme les constructions successives étaient souvent très semblables, de même que les outils et les ustensiles utilisés par de nombreuses générations d'habitants, il est impossible de déterminer exactement l'identité des premiers arrivants ou la date de leur arrivée, sauf à employer des techniques de datation modernes.
4. J'ai évalué la nature et les qualités des navires de haute mer de l'époque et discuté les techniques de navigation dans *Westviking*, Toronto, McClelland and Stewart, 1965, annexes E et F.
5. Voir *Westviking*, annexe J, « The Old Church Documents ».

CHAPITRE XXI
L'UNGAVA

1. Le mot *livyers* est un terme originaire du Labrador qui désigne les gens de sang mêlé et qui signifie « ceux qui vivent ici ». Je l'emploie de préférence aux autres mots de sens analogue.
2. Il est parfois difficile de distinguer les marques faites par les couteaux d'acier de celles que laissent les outils de silex, mais celles que font les scies et les haches de métal sont aisément reconnaissables. Il est particulièrement important de noter que les Dorsétiens ne sont pas censés avoir eu l'usage du foret, et pourtant Lee a trouvé de nombreux objets façonnés, en provenance des couches d'occupation du Dorsétien récent, qui ont été nettement et habilement percés, presque à coup sûr, à l'aide de morceaux de métal.
3. Thomas E. Lee, « Payne Lake, Ungava Peninsula, Archaeology, 1961 », dans *Tra vaux divers*, n° 12, Québec, Centre d'études nordiques, Université Laval, 1966 ; « Archaeological Discoveries, Payne Lake Region, 1966 », dans *Travaux divers*, n° 20, Québec, Centre d'études nordiques, Université Laval, 1968.
4. Certains experts rejettent la présence postulée d'Européens en Amérique du Nord à l'époque précolombienne sous prétexte qu'on n'a trouvé in situ que peu d'objets de provenance européenne datant de cette période. L'objection serait valide, appliquée à l'importante circulation d'objets d'échange de l'époque postcolombienne. Mais le fait est que les échanges commerciaux précolombiens entre l'Europe et l'Amérique du Nord (Groenland inclus) se déroulaient à une échelle relativement réduite. Les navires marchands étaient petits, peu nombreux et leurs visites souvent espacées. Les chroniques confirment que, pour une année donnée, on voyait rarement arriver plus de deux ou trois navires au Groenland à l'époque scandinave, et qu'il s'écoulait parfois plusieurs années sans qu'aucun navire marchand

parût là-bas. Les échanges commerciaux avec le continent nord-américain étaient probablement tout aussi sporadiques.

Qui plus est, les cargaisons qui arrivaient étaient presque entièrement consommées par les colons ; il n'en restait que peu de choses à troquer avec les indigènes. Et « consommer » est bel et bien ici le mot juste. Les biens d'équipement, en particulier les objets de métal, étaient conservés avec soin de génération en génération, jusqu'au jour où ils se désintégraient littéralement à force d'usure. La rareté de ces objets dans les sites archéologiques des fermes groenlandaises occupées quatre siècles durant par les Scandinaves témoigne du soin avec lequel on couvait les biens importés. Nous pouvons être certains que les colons européens de l'époque précolombienne en Ungava, au Labrador et à Terre-Neuve devaient protéger de même les articles importés, si bien qu'on n'en relève guère de traces.

Il est probable que les biens d'équipement européens ne parvinrent même pas aux peuples autochtones d'Amérique du Nord en quantité appréciable avant le XVIe siècle – non parce que les Européens étaient absents mais parce que eux-mêmes thésaurisaient la plupart des articles importés dont ils disposaient. Quoi qu'il en soit, les échanges commerciaux entre les autochtones et les premiers immigrants européens n'avaient pas nécessairement pour objet les biens d'équipement. Nous savons que lors des expéditions scandinaves à Terre-Neuve on troqua surtout des marchandises périssables tels les tissus de couleur et même les produits laitiers – et cela malgré le fait que certaines de ces expéditions étaient montées par des marchands islandais qui possédaient sans doute une bonne quantité de biens d'équipement.

5. Thomas E. Lee, « Payne Lake, Ungava Peninsula, Archaeology, 1964 », dans *Travaux divers*, n° 12, Québec, Centre d'études nordiques, Université Laval, 1966 ; « Fort Chimo and Payne Lake, Ungava, Archaeology, 1965 », dans *Travaux divers*, n° 16, Québec, Centre d'études nordiques, Université Laval, 1967 ; « The Cartier Site, Payne Lake, Ungava », dans *Anthropological Journal of Canada*, vol. 17, n°s 1 et 2, Ottawa, 1979.

6. Il est possible que les maisons du site Cartier aient été coiffées de bateaux. Bien que trois des cinq aient été endommagées au point qu'on ne puisse plus déterminer leur longueur avec précision, dans tous les cas la largeur interne était d'environ quatre mètres. Les deux maisons dont la longueur originale peut être évaluée avec certitude mesuraient de 10 à 12 mètres. Coiffer ces constructions de bateaux (compte tenu du fait que la poupe et la proue dépassent à chaque bout) aurait exigé des vaisseaux de 12 à 14 mètres de longueur. Le rapport longueur-largeur aurait donc été de 2,8 pour 1 à 3,0 pour 1 – les vaisseaux auraient été plutôt étroits pour des navires de haute mer, mais auraient convenu, et même avantageusement, pour la navigation dans les rivières et les lacs de l'intérieur.

   Des navires relativement gros comme ceux-là auraient-ils pu faire la navette entre la baie de Payne et l'embouchure du la rivière Payne ? Oui, probablement. Des canots de charge de la baie d'Hudson, qui mesuraient huit mètres et étaient manœuvrés par des Inuits, effectuaient régulièrement ce trajet jusqu'à une époque récente, grâce à leur faible largeur et à leur lourde construction de bois et de toile, qui leur donnaient à peu près le même tirant d'eau qu'un navire recouvert de peaux d'une douzaine de mètres.

CHAPITRE XXII
OKAK

1. « Innus » (mot à ne pas confondre avec « Inuits ») est le nom que se donnent à eux-mêmes les Indiens du Labrador. Les Innus sont les descendants des peuples archaïques maritimes et incluent les tribus que les Européens désignent sous le nom de Naskapis et de Montagnais. Ce sont avant tout des nomades, chasseurs de caribous, dont les déplacements saisonniers couvraient récemment encore la plupart des régions boisées du Labrador et du nord de l'Ungava.
2. Les Albains établis à l'ouest faisaient sans doute un usage important du quartzite de Ramah, non seulement comme objet d'échange mais aussi pour la fabrication de leurs propres outils. Thomas Lee a conclu qu'un certain nombre d'objets, façonnés avec cette variété de silex et découverts au cours des fouilles des maisons longues de l'île Pamiok dans la baie d'Ungava, ne provenaient pas des Dorsétiens, des Thuléens ou des Inuits, mais étaient peut-être de fabrication européenne. Ces questions sont discutées et illustrées dans *Travaux divers*, n° 20, 1966, et n° 27, 1968, ainsi que dans *Collections Nordicana*, n° 33, 1970, publications du Centre d'études nordiques, Université Laval, Québec.
3. Ces trois balises existent toujours ; les deux plus petites ont cependant subi quelques dommages.
4. Seuls existent encore les restes tronqués de l'une des deux balises. L'autre n'est plus que décombres.
5. L'*Angelica archangelica*, communément appelée angélique, est une plante ombellifère robuste dont la tige riche en eau ressemble un peu à un pied de céleri coriace. Plante indigène du nord de l'Europe et de certaines régions de l'Asie, elle constituait l'un des aliments de base des premiers peuples qui s'installèrent dans les régions nordiques après le retrait des glaciers. En fait, l'angélique fut peut-être la première plante « cultivée » par ces chasseurs-cueilleurs primitifs.

   Partout où allaient les habitants du Nord, l'angélique les accompagnait. On en trouve maintenant dans de nombreuses régions de l'Islande, du sud du Groenland et du nord-est de l'Amérique du Nord. Ce fut peut-être la première d'une multitude de plantes étrangères introduites dans le nouveau continent par les Européens. Je l'ai vue croître dans la proximité immédiate de la plupart des sites qui ont été, à mon avis, habités par les Albains.
6. En septembre 1997, j'ai pu effectuer une autre brève visite au site d'Okak, en compagnie de Callum Thomson et de Keith Nicol, un géographe de l'université Memorial de Terre-Neuve. Encore une fois, nous n'avons pu jeter qu'un coup d'œil superficiel au site mais Nicol put du moins conclure que les dépressions jumelles ne pouvaient être attribuées à des causes naturelles. Pour sa part, Callum remarqua que, *si* les dépressions correspondaient en effet à des habitations, il était probable, vu l'abondance du bois et la facilité avec laquelle on en trouve dans la région, qu'elles étaient couvertes de toits de bois.

   J'admets, dans la mesure où les constructions furent utilisées sur une période assez longue, qu'on finit par les couvrir en combinant bois et gazon. Toutefois, *à l'origine*, elles ont pu être coiffées de bateaux.

CHAPITRE XXIV
LA JÉRUSALEM NOUVELLE

1. On trouvait le grizzly de la toundra en Ungava et vers l'est dans les monts Torngat jusqu'à la période historique, où l'espèce fut exterminée dans ces régions. Voir *Sea of Slaughter*, Toronto, McClelland and Stewart, 1984.
2. Au XVIIIe siècle, les pêcheurs de Terre-Neuve fréquentaient le Labrador en grand nombre, et beaucoup s'y établirent à demeure. Certains emmenèrent des femmes de chez eux mais de nombreux colons prirent des épouses inuits. Ces *livyers* tentèrent d'élever des animaux domestiques. Les missionnaires établis à Okak possédaient quelques vaches à une certaine époque ; des familles installées ailleurs avaient parfois un poney, mais en général bien peu de projets d'élevage connaissaient le succès. Cet échec était surtout attribuable à la sérieuse détérioration climatique qui s'amorça au XIVe siècle pour se prolonger jusqu'au XIXe. Au XVIIIe siècle, le climat était si rigoureux que les vaches et les chevaux ne pouvaient survivre à l'hiver qu'enfermés dans les étables et nourris de main d'homme. Mais entre-temps le fourrage était devenu si rare dans la région qu'il n'en restait presque plus, et le coût de son importation de l'étranger était prohibitif.

CHAPITRE XXV
ERIK RAUDI

1. J'ai exposé en détail les données qui étayent cette affirmation dans *Westviking* ; toutefois, de nouvelles preuves m'ont été signalées récemment.

   Dans les collections du musée Willem Barents à Terschelling en Hollande, il existe une carte établie vers 1598 retraçant les voyages d'exploration de Willem Barents dans l'Arctique. Quoique consacrée avant tout au célèbre voyage de Barents dans le Nord de l'Europe, la carte couvre également des régions situées loin à l'ouest. Le Groenland y est représenté et le nom Alba figure sur la côte. La source des données pour les régions occidentales reste inconnue mais pourrait fort bien avoir été scandinave.
2. Voir *Westviking*, chapitres II à V inclusivement.
3. *Ibid.*, annexe D, « Norse Geographical Concepts ».
4. À la fin du Xe siècle, quand ce récit fut consigné par écrit, Hvítramannaland et Albania étaient des noms interchangeables désignant une terre située à l'ouest du Groenland.

   Les clercs qui faisaient office de scribes et qui traduisaient en latin les sagas de la tradition orale supposèrent peut-être que le mot « Albania » était dérivé du latin *alba*, qui signifie « blanc ». Cette méprise fut peut-être à l'origine du mot Hvítramannaland – « Pays de l'homme blanc ».

   D'autre part, il se peut que les Scandinaves aient donné à l'Alba de l'Ouest le nom de Hvítramannaland à cause des vêtements blancs qui semblent avoir été l'apanage du clergé albain, voire de la population entière au cours des solennités. Ce fait est confirmé par la description des Albains de l'Ouest que firent les enfants skraelings capturés sur la côte du Labrador par Karlsefni et ses compagnons. Voir chapitre XXIX, « Karlsefni et compagnie ».

Il se pourrait également que le nom Pays de l'homme blanc ait été un exemple de racisme désignant les peuples à peau blanche par opposition aux autochtones.

5. Voir *Westviking*, chapitre VI, « The Ocean Whirl », p. 75-76.

CHAPITRE XXVI
ARI EN ALBANIA

1. Les textes latins parvenus jusqu'à nous disent *VI doegr*. Mais, en six jours, un vaisseau de l'époque n'aurait même pas traversé la moitié de l'Atlantique. La saga originale disait sans doute *XVI doegr*, durée qui correspond de près à la véritable distance séparant l'Irlande de Terre-Neuve. Les erreurs de chiffres de ce genre sont communes dans les documents du Moyen Âge.
2. Voir chapitre XXV, « Erik Raudi », note 4.
3. Voir *Westviking*, annexe D, « Norse Geographical Concepts ».
4. En vieux norrois, *vin* signifie « herbe » ou « pâturage ». C'est seulement après l'adoption du christianisme et du latin en Norvège et en Islande que le mot *vin* fut confondu avec le mot méditerranéen (dérivé du latin) signifiant « vin », pour finalement acquérir ce sens. Par la suite, les scribes ont par erreur traduit Vinland par « Pays du vin », erreur perpétuée jusqu'à nos jours par les érudits.
5. La vigne sauvage poussait, semble-t-il, dans l'est de Terre-Neuve et probablement dans d'autres régions de l'île jusqu'au refroidissement du climat qui s'amorça après le XIVe siècle. Voir *Westviking*, p. 125-128.

CHAPITRE XXVII
L'ALBA DE L'OUEST

1. Les Européens appelèrent Micmacs les autochtones de la Nouvelle-Écosse et de certaines régions adjacentes des provinces de l'Atlantique. On est maintenant en train de remplacer ce nom par le mot indigène « M'ikmaw » ou « M'iqmaw ».

CHAPITRE XXVIII
À LA RECHERCHE DE L'ALBA

1. Je suis parvenu à cette conclusion au terme d'une reconstitution approfondie du voyage, exposée en détail dans *Westviking*, chapitre IX, « America Discovered ».
2. Il est également possible que Bjarni ait rencontré des indigènes, mais la péninsule d'Avalon fut l'une des régions les moins attrayantes pour les autochtones jusqu'à l'époque postcolombienne, qui amena nombre de pêcheurs européens dans les parages. Ces nouveaux venus attirèrent des Béothuks (mais jamais beaucoup) – ceux qui recherchaient les produits européens. Des découvertes archéologiques récentes suggèrent effectivement qu'il n'y avait peut-être pas d'indigènes dans la péninsule d'Avalon à l'époque de Bjarni.
3. Voir *Sea of Slaughter*, Toronto, McClelland and Stewart, 1984, chapitre IX, « The Passing of the Buff ».

4. La présence de Bjarni dans cette expédition est confirmée par la légende de la carte du Vinland. Voir R. A. Skelton et coll., *The Vinland Map and the Tartar Relation*, New Haven (Conn.), Yale University Press, 1965.
5. J'ai abordé ces questions dans *Westviking*, chapitre XI, « The Vinland Voyages » et annexe L, « Leif Eriksson's Vinland Discovery ». Les vignes étaient très recherchées ; on les utilisait, comme les brins d'osier, pour calfater les bordés à clins des vaisseaux vikings.

CHAPITRE XXIX
KARLSEFNI ET COMPAGNIE

1. On trouvera ma reconstitution de l'expédition de Karlsefni dans *Westviking*, 3e partie et annexes M, N et O.
2. Il convient de répéter que, pour les Scandinaves, le commerce et le pillage étaient par tradition des activités interchangeables et complémentaires. Les Scandinaves pillaient quand ils en avaient envie ; autrement, ils s'adonnaient au commerce. Les capitaines et propriétaires de trois des quatre navires de l'expédition de Karlsefni étaient nominalement des marchands.
3. Comme je l'ai déjà noté, les navires scandinaves qui entreprenaient de longues équipées en mer prenaient souvent à leur bord deux vaches laitières ainsi qu'un taureau pour servir ces vaches. Mais cela n'aurait pu suffire à constituer un troupeau pour une colonie.
4. L'établissement de l'ouest de l'époque se trouvait dans la baie d'Ivigtut, tout juste à l'ouest du cap Desolation. Il porta ensuite le nom d'établissement du milieu, bon nombre d'années plus tard, lorsque les fjords de Godthåb usurpèrent le nom d'établissement de l'ouest. Voir *Westviking*, note de la page 152.
5. Le nom Helluland se veut peut-être une description des énormes falaises aux parois quasi verticales qui encadrent telles des murailles certaines parties des fjords et des côtes du nord du Labrador.
6. En 1995, puis en 1997, j'ai navigué tout au long de la côte du Labrador et, même si notre bateau serrait le rivage d'aussi près qu'on pouvait le faire sans danger, nous n'avons vu *aucun* signe révélant que cette vaste contrée était habitée ou qu'elle l'eût jamais été, à moins de pénétrer dans les baies et les fjords profonds, et même alors les traces de vie humaine étaient rares et espacées.
7. La saga précise que c'était la quille d'un *navire* et non d'un *bateau*, mais ne donne aucun indice quant à son origine. Or, la quille d'un navire de bois fait partie intégrante du vaisseau et, normalement, ne se détache pas de la coque d'une épave. Par contre, la quille d'un vaisseau recouvert de peaux (de loin la partie la plus résistante de la carcasse) se détache aisément et peut subsister longtemps après que le revêtement de peaux et la charpente de bois légère sont tombés en pourriture ou sont emportés par les flots. La quille trouvée à Porcupine Strand pouvait bien provenir d'un navire albain.
8. Les copistes qui produisirent les dernières versions des sagas (celles que nous possédons aujourd'hui) semblent avoir systématiquement substitué le mot « Vinland » aux mots « Albania » ou « Hvítramannaland », qui étaient les noms scandinaves originaux de cette région.
9. Voir *Westviking*, chapitre XXI, « The Land of Hope ».

10. On ne connaît pas avec certitude l'identité des Skraelings rencontrés à Hóp. Nous pouvons déduire, à partir des éléments que nous possédons, qu'il ne s'agissait probablement pas de Béothuks. Selon toute vraisemblance, ces hommes étaient des Tunits ; toutefois, les archéologues n'ont pas trouvé jusqu'ici de preuves d'une occupation tunit continue à Terre-Neuve après le IXe siècle.

    Il existe une faible probabilité que ces hommes aient été des Albains mais, si c'était le cas, pourquoi ne furent-ils pas reconnus pour tels par les compagnons de Karlsefni ? Selon moi, il s'agissait soit de Tunits, soit de métis d'origine tunit et albaine. On ne peut douter qu'ils avaient l'habitude de faire la traite avec les Européens et de leur réserver un accueil amical, mais ils pouvaient fort bien se battre pour se défendre en cas de nécessité.
11. Ces autochtones étaient peut-être des Tunits, mais il pouvait également s'agir d'Innus.
12. Collection arnamagnéenne, manuscrit n° 194, 8vo.

CHAPITRE XXX
L'ÂGE D'OR

1. Il s'agit du roi Olav qui régna en Norvège de 1015 à 1028.
2. Il est clair, d'après le récit de la saga, que l'endroit où débarqua Gudleif n'était pas le seul établissement de la région, ni même le plus important.
3. Deux tours balises existaient à cet endroit lorsqu'on effectua les premiers levés topographiques de la baie Saint-Georges au XIXe siècle ; elles étaient encore là vers le milieu du XXe siècle mais des entrepreneurs les détruisirent pour construire une tour de prévention des incendies à Cairn Mountain, dont le nom est devenu Steel Mountain depuis. Voir chapitre XXXIII, « Les Jakatars ».
4. Les morses étaient également abondants dans d'autres régions du Golfe. On en trouvait d'énormes populations sur les plages de l'île du Prince-Édouard et de l'île Miscou. Elles furent exterminées elles aussi, surtout pour leur huile, par des exploitants des XVIIIe et XIXe siècles. Voir *Sea of Slaughter*, chapitre XVI, « Sea Tuskers ».
5. Tentant de nier leur culpabilité dans le déclin et la suppression effective de la pêche de fond dans l'Atlantique canadien, les gouvernements du Canada et de Terre-Neuve accusent les ravages causés par les populations de phoques à capuchon et de phoques du Groenland pour justifier la guerre impitoyable qu'ils leur ont déclarée. Depuis 1996, avec l'appui du gouvernement, un véritable pogrom s'est soldé par le massacre d'au moins un million de phoques. Le majeure partie des maigres profits qu'on a tirés de cette boucherie provient de la vente des pénis de phoques sur les marchés asiatiques, où l'on s'en sert comme aphrodisiaques.

    Au printemps de 1998, le temps exceptionnellement doux a provoqué une réduction massive de la quantité de glaces propices au développement des phocidés. Certains biologistes estiment que la proportion de bébés phoques ainsi perdus pourrait s'élever à 40 pour cent au moins. Malgré cette affreuse catastrophe naturelle, les gouvernements concernés ont permis et encouragé un autre massacre qui aurait provoqué, croit-on, la mort d'au moins un demi-million d'adultes et de juvéniles.

    La « chasse » au phoque qui sévit au Canada est, de tous les endroits au monde, celle qui entraîne actuellement la destruction du plus grand nombre de grands mammifères sauvages. Pour un historique de ce phénomène, voir *Sea of*

Slaughter, chapitre XVIII, « Death on Ice (Old Style) » et chapitre XIX « Death on Ice (New Style) ».

CHAPITRE XXXI
LE DROGIO ET L'ESTOTILAND

1. On appelle ces paléo-Inuits Thuléens parce que certains des premiers objets façonnés attribués à ces autochtones furent découverts près d'un poste de traite du nord-ouest du Groenland, appelé Thulé par ses fondateurs. Ce nom n'a aucun lien avec Tilli ou avec les Albains.
2. Voir *Westviking*, annexe P.
3. Vers 1516, Erik Valkendorf, archevêque de Nidaros, se renseigna sur le Groenland auprès de marchands qui faisaient du commerce à Trondheim. Il nota que parmi les exportations groenlandaises figuraient ours noir, lynx, castor, loutre, martre, hermine (belette) et carcajou – or on ne peut trouver aucun de ces animaux au Groenland. Les pelleteries parvenues au Groenland ne pouvaient provenir que d'Amérique du Nord.
4. Avant son expédition transatlantique, Zichmni avait pris la tête d'au moins une expédition importante contre l'Islande. Ce fut probablement là qu'il recueillit le récit du pêcheur ; il ramena l'homme avec lui en Écosse afin d'utiliser ses services comme pilote dans une entreprise au Nouveau Monde.

CHAPITRE XXXII
LES GROENLANDAIS

1. Ces cairns n'étaient pas des tours balises. Les archéologues qui ont étudié ce site signalent avoir trouvé trois amoncellements de pierres, dont aucun n'aurait pu constituer un cairn de plus de 1 à 1,2 mètre. L'inscription runique nous apprend que trois hommes édifièrent les cairns en un seul jour, ce qui nous permet d'estimer qu'il s'agissait sans doute de petites constructions.
2. Il y avait supposément 190 fermes dans l'établissement de l'est et 90 dans celui de l'ouest, mais les relevés en ont localisé moins de 170 dans le premier et 70 dans le second. Les estimations de la population ont même atteint le chiffre de 8 000 âmes. Je crois ces données très exagérées. La mortalité infantile élevée, combinée au faible rendement de la plupart des fermes, limita sans doute sérieusement le nombre de personnes dont chaque établissement pouvait assurer la subsistance à tel ou tel moment. Il n'y eut peut-être jamais plus de 800 habitants dans l'établissement de l'ouest, et jamais plus de 2 000 dans celui de l'est.
3. Les rares chroniques qui concernent les Scandinaves du Groenland relatent presque exclusivement des événements qui se produisirent dans la colonie du sud (établissement de l'est). Aucune relation de ce qui se déroula dans celle du nord n'est parvenue jusqu'à nous. Comme la rédaction de chroniques était une fonction dévolue au clergé, l'absence de documents écrits en provenance de la colonie du nord semble indiquer une absence parallèle de prêtres.
4. Les Scandinaves islandais ne semblent pas avoir fourni d'immigrants à l'établissement de l'ouest pendant plusieurs années, voire plusieurs décennies après la pre-

mière colonisation d'Erik Raudi dans le sud. Par conséquent, il n'est pas impossible que quelques Albains qui, pour une raison ou pour une autre, demeurèrent à Crona au moment de l'exode, aient encore habité dans les fjords de l'ouest lorsque les premiers Islandais atteignirent cette région. Si les deux peuples étaient alors relativement égaux en nombre, peut-être en arrivèrent-ils à un compromis au lieu de se faire la guerre. La présence d'un peu de traditions et de sang albains dans l'établissement de l'ouest pourrait aider à expliquer l'antipathie qui s'instaura entre les établissements de l'est et de l'ouest.

5. Vilhjalmur Stefansson, *Greenland*, New York, Doubleday Doran and Co., 1942.
6. L'examen de squelettes en provenance de cimetières de l'établissement de l'ouest, effectué en 1942 par K. Fischer-Møller, indique qu'un métissage considérable existait déjà entre Scandinaves et Esquimaux, avant même que les habitants de l'établissement de l'ouest eussent rejeté l'Église (voir K. Fischer-Møller, « Skeletons from Ancient Greenland Graves », *Med. Om. Gronl.*, vol. 89, nº 4 [Copenhague], 1942).

CHAPITRE XXXIII
LES JAKATARS

1. *Newfoundland Pilot*, 1re édition, Ottawa, Canadian Hydrographic Service, 1952, p. 254-255.
2. On a trouvé des objets façonnés et des éclats de quartzite de Ramah aux îles de la Madeleine et dans plusieurs localités du golfe du Saint-Laurent.
3. Les premiers colons de la baie Saint-Georges parvinrent peut-être à se procurer une quantité limitée de fer en faisant fondre des nodules de différents oxydes ferreux connus sous le nom de fer des marais, qu'on trouve dans de nombreuses tourbières de Terre-Neuve. On a pu établir que le fer des marais a été extrait par les occupants scandinaves du site de L'Anse aux Meadows aux environs de l'an 1000.
4. On ne saurait douter que les M'ikmaws et les Français font tous deux partie du patrimoine jakatar. M'ikmaws et Français atteignirent la baie Saint-Georges au XVIIIe siècle : les Français en tant que réfugiés de l'Acadie et les M'ikmaws à titre d'immigrants en provenance de l'île du Cap-Breton. Tous deux étaient catholiques romains et vivaient depuis longtemps en étroite association.

   L'allusion de Leonard à Frank G. Speck se réfère à l'ouvrage *Beothuks and Micmacs*, Indian Notes and Monographs, Museum of the American Indian, Heye Foundation, 1922. « Les Micmacs prétendent connaître Terre-Neuve depuis des temps reculés. Ils font état d'un peuple qu'ils appellent les Anciens, qui vivait sur les côtes sud et ouest de l'île avant le XVIIIe siècle. »
5. Aymery Picaud, un pèlerin du XIIe siècle qui voyagea au Pays basque, écrivit que le mot basque pour désigner Dieu était *Jakue*, variante dialectale possible du mot usuel, *Jainko*.

CHAPITRE XXXIV
LE SENTIER DE L'ARRIÈRE-PAYS

1. Voir le *King George IV Ecological Reserve Management Plan*, Saint John's, Terre-Neuve, ministère du Tourisme, de la Culture et de la Récréation, division des Parcs et des Espaces naturels, gouvernement de Terre-Neuve et du Labrador, 1997.

INDEX

Cet ouvrage
composé en Minion corps 11 sur 13
a été achevé d'imprimer
en novembre deux mille
sur les presses de

AGMV Marquis

Cap-Saint-Ignace (Québec).